사회복지조직연구

지 은 구 저

청목출판사

머리말

모든 인간은 탄생과 함께 조직적 삶을 살아간다. 즉, 가장 기본적인 조직구성으로서의 가족과 국가 그리고 기업조직과 각종 모임이나 집단들을 위한 조직 등 인간은 조직과 떨어지고 싶어도 떨어질 수 없는 조직적 삶을 살아간다고 할 수 있다. 사회복지를 공부하는 학생들 뿐만 아니라 대부분의 대학생들은 기본적인 조직적 삶을 살아가기 위해 대학생활을 준비한다고도 할 수 있으며 대학 졸업과 함께 그들은 그들이 속한 조직에서 그들의 꿈과 이상을 실현하기 위해 노력한다. 사회복지 분야도 산업사회와 후기산업사회를 거치면서 사회복지 본래의 목적인 사회문제를 해결하기 위한 다양한 유형의 수많은 조직들을 출현시켰으며 많은 사회복지사들은 그들이 추구하는 가치를 실현시키고자 다양하고 복잡한 조직적 삶을 살아가고 있다.

후기산업사회의 특징 중의 하나로서 공공복지부분의 민영화는 비영리 사회복지조직의 급작스런 팽창과 발전을 가져다주었다. 현재 우리나라의 비영리조직의 숫자는 최근 급속도로 증가하고 있는 실정이다. 한국민간단체총람에 따르면 2003년 기준으로 전국에 등록되지 않은 단체를 포함하여 약 2만 5천 개의 비영리단체가 있는 것으로 추정되며 행정자치부에 설립 신고된 민간비영리단체의 수도 2005년에 638개의 정부조직(중앙행정기관)을 제외하고 5천 개 이상의 민간비영리조직이 있는 것으로 파악되고 있다. 대부분의 비영리조직은 사회적 서비스의 재화와 서비스를 전달하는 것을 목적으로 설립되어 있다. 결국 사회적 서비스 보다 구체적으로는 사회복지재화와 서비스를 전달하는 것을 목적으로 하는 사회복지조직은 현대사회에 있어서 가장 급속도로 확대·발전하는 조직이라고 볼 수 있다. 이러한 후기산업사회의 한 현상으로서 나타나고 있는 비영리사회복지조직의 증가는 사회복지조직 전반에 관한 이론적 발전을 동시에 가져다주어야 한다. 하지만 우리나라의 경우 사회복지조직에 대한 연구는 그다지 활성화되어 있지 못하며 특히 조직이론 전반과 조직의 발전, 변화, 기술, 조직의 수행능력, 조직구조건설 등에 대한 이론들이 활발히 논의되고 있지 못하고 있다.

본서는 사회적 서비스를 전달하는 사회복지조직에 대한 심도 있는 이론적 연구를 통해 사회복지조직의 이론적 토대와 조직의 구조, 조직이 사용하는 기술, 조직과 지역 또는 경제, 정치, 사회적 환경과의 관계, client와의 관계, 조직의 수행능력에 대한 이론 및 수행력 평가분석기법, 새로운 조직으로 거듭나기 위해 시도할 때 필요한 조직의 설계와 재설계 그리고 비공식적 조직구조 등에 대한 기초적 이론과 지식을 제공하는 것을 일차적 목적으로 한다. 이와 같은 목적을 성취하기 위해서 본서에서는 사회복지재화나 서비스를 효과적으로 전달하기 위해서 필요한 제반 행동들의 총체로서 또는 사회적 단위로서 사회복지조직의 다음과 같은 측면들을 분석하고 설명하기 위해 노력하였다.

첫째, 조직은 무엇이고 사회복지조직은 다른 일반조직과는 어떠한 차이가 존재하는가?

둘째, 사회복지재화와 서비스를 효과적으로 전달하고 발전시키기 위해서 사회복지조직을 어떻게 설립할 것인가?

셋째, 어떻게 보다 효과적인 조직구조를 건설할 수 있을 것인가?

넷째, 조직이 수행하는 수행능력을 어떻게 측정 또는 평가할 수 있으며 보다 효과적인 서비스 또는 문제 해결적인 서비스를 제공하기 위하여 조직의 수행능력을 제고 또는 증대시킬 수 있는 방안은 무엇인가?

다섯째, 사회복지기관에서 사회복지사들이 제공하는 도움기술은 구체적으로 어떠한 특성을 가지고 있으며 그 기술은 무엇이고 사회복지사들이 사용하는 기술은 노동의 분업과 발전에 힘입어 어떠한 모습으로 변화하고 있는가?

여섯째, 사회복지조직은 client와 어떠한 상호관계를 유지하는 것이 바람직하며 보다 발전적인 관계는 무엇인가?

일곱째, 사회복지조직을 둘러싸고 있는 정치, 경제, 사회, 문화적인 환경의 변화는 조직에 어떠한 대응과 변화를 가져다 주는가?

여덟째, 생존을 위해 사회복지조직이 변화하고 발전하기 위해서 필요한 조건은 무엇인가?

아홉째, 사회복지조직이라는 공식적 조직과 사회복지조직 안에서 사회복지사들이 결성하는 비공식적 조직 사이의 방향과 상호관계는 무엇이어야 하며 무엇인가?

이러한 질문에 대한 대답을 구하는 과정은 결국, 조직의 설립에서부터 조직의 운동양식 그리고 더 나은 조직으로의 변화 발전과정에 대한 총체적인 이해를 구하는 과정으로 이해될 수 있다. 본서가 조금이나마 사회복지조직연구에 이론적 기초를 제공할 수 있기를 소망한다.

2007년 1월

지은구

차 례

제1장

조직과 사회복지조직

제 1 절 조직의 개념

1. 조직과 이성

조직은 이성적인가? 경제학의 기본개념은 바로 인간이 이성적(또는 합리적)이라는 논리에서부터 시작한다. 인간이 시장에서 자기가 팔 물건과 살 물건에 대해서 무엇보다도 잘 알고 그리고 자기가 선택한 물건이나 판 물건에 대해서는 자기가 책임질 수 있다고 한다는 의미에서 인간은 이성적이다. 이러한 이성적 인간이라는 개념은 인간이 계획을 수립하고 정책을 결정한다고 하는 결정수립과 기획단계에서도 중요한 이론적 틀의 역할을 수행하고 있다. 결정수립을 위한 점진주의적 결정 방법이든 또는 조직 운영을 위한 장기적 계획을 수립하는 전략적 계획이든 아니면 프로그램계획이든 대부분의 결정수립과 기획을 위한 이론들은 기본적으로 결정수립과 계획을 작성하는 행위의 주체인 인간이 이성적으로 행동한다는 이론에 근거한다고 볼 수 있다. 따라서 조직이 이성적인가라는 질문은 곧 조직 안에서 조직의 운명을 결정하는 조직 구성원들이 이성적인가 하는 문제로 귀결될 수 있다고 보여진다. 조직은 하나의 구체성을 띠고 있는 운동체이면서 수동적인 측면을 가지고 있다. 즉, 조직은 구성원이 없이는 어떠한 기능도 불가능하다는 측면에서 수동적일 뿐만 아니라 조직 안에 있는 구성원들이 어떻게 행동하는가에 결정적인 영향을 받는다는 점에서 또한 수동적이라고 볼 수 있다. 하지만 조직은 또한 실현시키고자 하는 목적을 분명히 가지고 있으면서 꾸준히 목적을 성취하려고 하는 구성원들의 행동을 담고 있는 구체적인 목적을 가지고 있는 운동체라고 볼 수 있다.

조직이 이성적이지 못하다고 한다면 이는 조직이 직접적으로 살아 있는 생명체가 아니고 살아 있는 생명체인 인간들에 의해서 운영과 기능이 전적으로 이루어진다는 의미에서 이성적이지 못하다고 얘기할 수 있을 것이다. 어떤 의미에서 이 말은 진실이기도 하다. 하지만 조직은 그 외적, 내적 환경 없이는 그 운영과 기능을 상실할 수밖에 없는 모순 집합체이다. 즉, 조직성원들을 포함하는 조직의 내적 환경과 조직에 영향을 미치는 정치 경제 사회적 환경들이 조직의 기능과 운영에 절대적인 영향력을 행사해서 조직의 운명을 결정지으며 그런 절대적 체계 안에 놓여 있는 조직은 내적 그리고 외적 환경과의 꾸준한 상호행동과 관련 하에서 발전과 쇠퇴를 거듭한다고 볼 수 있다. 이러한 조직의 운동노선에서 조직의 구성원들이 그 운동노선의 방향을 결정하는 중심적인 열쇠를 가지고 있는 주체이기 때문에 조직과 조직구성원은 결국 하나로서 보여질 수밖에 없다. 따라서 결국 조직구성원이 발전하면 조직은 발전하며 조직이 쇠퇴하면 조직구성원들도 쇠퇴하는 길을 걷게 된다. 따라서 조직은 이성적 인간들에 의해서 운영과 기능이 이루어지는 이성적인 운동조직이라고 볼 수 있는 것이다. 이러한 입장을 **경제주의적 조직주의 입장**이라고 볼 수 있다.

하지만 모든 인간이 이성적이지 않은 것과 마찬가지로 조직의 운영주체인 조직구성원들도 모두 이성적이지 않은 것도 또한 사실이다. 사회복지가 모든 인간은 개별적이며 각자 처해진 상황과 조건에 따라 그 존재가 다르게 해석되어질 수 있다는 것을 강조하여 모든 인간이 이성적이라는 보편적 인간성을 부정하는 것과 마찬가지로 이러한 인간들로 구성된 조직도 또한 이성적이지 않고 모두 개별적이며 각각의 조직들은 각각의 특수한 조건과 상황에 맞는 특수한 조직이라고 볼 수 있다. 이러한 조직주의 입장을 **사회복지적 조직주의 입장**이라고 얘기할 수 있다.

사회복지적 조직주의입장은 모든 인간이 보편적으로 자기가 선택하고 자기가 선택한 것을 책임질 수 있을 만큼 공통적으로 그리고 보편적으로 이성적일 수 없다는 것을 기본 전제로 시작한다. 인간은 주어진 조건과 상황에 따라 이성적일 수 있다는 것을 인정하면서 동시에 또한 이성적이지 않다는 것을 강조한다. 경제주체로서 모든 인간이 이성적이라고 한다면 자본주의 시장경제가 가지고 있는 가장 큰 결점 중 하나인 시장의 실패는 이론적으로 결코 이루어질 수 없고 또한 모든 인간이 이성적이라고 한다면 사회복지 대상으로서 즉, client로서의 인간은 존재할 수 없게 된다. 자신들이 자신들의 문제를 스스로 깨닫고 또한 어떻게 자신들의 문제를 해결해 나가는 것이 가장 최선인지도 알고 있으면 그리고 현명한 선택을 할 수 있다고 한다면 그러한 client는 사회복지적 측면에서는 이미 client가 아니기 때문이며 사회문제의 해결을 가장 우선적으로 해결해야 할 최선의 조직적 목적으로 갖는 대부분의 비영리조직들은 그 존재의 의미가 사라지게 될 것이다. 결국 모든 인간은 이성적이지 않다. 때로는 국가에 의해서 또는 지배계급에 의해서 특정계급은 의도하든 의도하지 않든 비이성적인 계급으로 몰락하기도 하며 사회적으로 배제되어 있는 비이성적인 사회계층으로 범주화되기도 한다. 초기 빈곤은 비이성적인 인간들이 행하는 행동의 결과였다. 즉, 게으르고 일하기 싫어하는 이성적이지 않은 사람들이 바로 빈곤한 사람들이며 이들은 알코올중독자이면서 동시에 범죄자로 낙인찍혀 그들의 사회·경제·정치적 조건과 상황은 고려되지 않은 채 사회적 일탈자로 인식되었었다. 인간이 이성적이라는 보편적인 경제적 사고를 가지고 있다면 이러한 빈곤한사람들은 당연히 그들이 이성적으로 행동하지 않았기 때문에 스스로 빈곤할 수밖에 없는 것으로 해석되어진다. 하지만 인간은 그렇게 단순하게 해석되어질 수 없으며 인간을 구성하는 집단, 조직, 지역, 그리고 사회 또한 그렇게 단순하게 해석되어질 수 없다는 것은 주지의 사실이다.

빈민, 노숙자, 장애인, 약물중독자, 노인, 아동, 여성 등 사회 여러 계층의 사람들은 그들의 주어진 조건과 상황에 따라서 이성적일 수도 있고 비이성적일 수도 있다. 이들 소외계층들의 모든 조건과 상황들이 그 시대의 사회, 경제, 정치, 그리고 문화적 조건과 상황 하에서 철저하게 이해되고 인식되어지는 범위 안에서 인간은 이성적이라고 볼 수 있다는 것이 바로 사회복지적 이성관이라고 볼 수 있다. 모든 빈민이 다 노숙자가 아니고 모든 알코올중독자가 빈민이 아니듯이 이간이 이성적이라는 사실은 어떤 인간에게는 그럴 수도 있고 어떤 인간에게는 전혀 사실이 아니게 되는 것이다. 부자가 약물중독자가 될 수 있고 정치적 강자들이 범죄자가 될 수 있듯이 완전한 이성적 인간이란 존재할 수 없게 된다. 결국 이러한 의미에서 조직도 역시 이성적일 수 있고 아닐 수도 있으며 완전한 이성적 조직은 존재할 수 없고 다만 이성적으로 행동하기를 원하는 조직들은 존재가 가능하고 볼 수 있다. 왜냐하면 그 조직구성원들이 이성적일 수도 비이성적일 수 있는데 당연히 조직구성원들로 구성되어 있는 조직은 이성적일 수도 있고 비이성적일 수 있게 되는 것이며 조직 구성원들이 완전히 이성적인 구성원들이 아니기 때문에 조직 자체도 완전히 이성적으로 운영되고 기능할 수 없다는 의미이다.

따라서 이러한 의미에서 이성적이든 비이성적이든 인간이 해결할 수 없는 문제들을 치료하고 해결해 나가는 것이 가장 주된 사회복지학의 중심주제라고 한다면 사회복지조직도 사회문제의 해결을 위해 이성적으로 행동하기 위해 노력하는 것일 뿐이다. 결국, 조직이 이성적인가? 하는 문제에 대한 대답은 모든 이간이 이성적이지 않듯이 조직 또한 이성적이지 않으며 모든 인간들이 각각의 시대에 맞는 정치, 경제, 사회, 문화적 조건의 외적 상황과 그 자신만이 가지고 있는 독특한 내적 상황에 대한 진지한 고려에 기초해서 이성적으로 행동하도록 노력하는 것과 마찬가지로 조직도 그들 조직이 공존하고 있는 시대에 맞는 조건과 상황 등에 대한 조직의 외적 환경과 조직구성원들에 대한 철저한 이해와 인식 등의 내적 환경에 대한 조건과 상황에 기초해서 그들의 목적을 성취해 나아가기 위해 노력하는 조직구성원들의 공동 운동체라고 볼 수 있는 것이다.

2. 조직의 정의

기본적으로 조직은 사회를 구성하는 하나의 중요한 구성요인이 된다. 조직을 체계주의적 관점으로 바라본다면 조직은 하나의 체계이다. 모든 조직은 인적 그리고 물적 자원들을 투입하여 다양한 방식으로의 변형을 통해서 재화와 서비스의 산출물의 분배와 생산에 그들의 모든 노력을 기울인다. 조직은 다양하고 변화하는 기술적 경제적 사회적 정황에서 쇠퇴하고 발전하고 부상하는 매우 복잡한 역동적인 체계라고 정의할 수 있다. Parsons(1960)는 조직이 다른 형태의 사회체계와는 구별되는 특성을 가지고 있는데 그것은 바로 조직이 구체적이고 분명한 특정 목적을 성취한다는 점이라고 강조하였다.

Shafritz과 Ott(2001)는 조직이 특정 목적을 가지고 있는 **사회적 단위(social unit)**라고 정의하였다. 이는 Blau와 Scott(1962)가 특정한 목적을 성취하는 것을 목적으로 설립된 많은 사람들로 구성된 사회적 단위로 조직을 정의한 영향을 그대로 이어받은 결과라고 생각된다. Shafritz과 Ott(2001)에 따르면 조직은 목적을 가지고 있고 참여자들을 유인하고 또는 끌어들이고 그리고 목적을 성취하기 위해 자원을 할당하고 필요로 하며 활동을 조정하고 분리하기 위한 어떤 형태의 **구조(structure)**를 사용한다고 한다. 그리고 다른 사람들을 인도하고 관리하는데 있어 특정 사람들에 의존한다고 한다. 또한 이런 조직의 속성들은 조직을 둘러싸고 있는 환경에 크게 의존한다고 강조하였다.

또 다른 한편으로 조직은 임무와 조정에 의해서 유지되는 일련의 역할이 모여 있는 곳이며 구조적으로 조직은 역할, 임무, 그리고 조정을 필요로 한다는 견해가 있다. 이러한 정의는 Lakey, Lakey, Napier and Robinson(1995)에 의해서 주장되었다. 그리고 Barker(1995)는 사회복지사전에서 공식적으로 구조화된 사람들, 도구, 자원의 배열이 함께 미리 결정된 목표를 성취하기 위해서 제도화된 전략들을 통해서 오는 것이 조직이라고 정의하였다. 또한 Barnard(1938)는 조직을 두 사람 또는 그 이상의 사람들이 의식적으로 협조한 행동이나 힘의 체계라고 정의하고 공식적 조직과 비공식적 조직이라는 개념을 구분하였으며 Dawson(1996)은 조직을 집단적, 개인적 목표를 성취하기 위해서 공식적인 모임으로 사람들이 함께 엮여 있는 집합체라고 정의하였다.

결국 조직은 목적을 성취하기 위해서 다양한 역할을 수행하는 사회적 단위 또는 체계라고 정리할 수 있다.

3. 인간과 조직

조직을 인생주기적 관점에서 바라본다면 조직은 탄생과 함께 성장기를 거치고 쇠퇴기를 거쳐서 사라지기도 하고 재창조되기도 하지만 기본적으로 행동의 주체 즉, 행동을 실행하는 주체는 조직이 아니고 인간이라고 할 수 있다. 다시 말해 조직이 무엇인가를 원하고 무엇인가를 행동하고 무엇인가를 가지는 것이 아니라 인간이 무엇인가를 원하고 행동하게 된다는 것을 의미한다. 따라서 조직은 행동의 관점에서 본다면 많은 사람들의 소망과 희망을 공통의 굳건한 행동으로 연결시켜 주는 사회적 도구라고 할 수 있다. 따라서 조직은 인간들을 연결시켜 주는 연결체라고 할 수 있다. 결국, 인간 없이 조직은 존재할 수 없다고 할 수 있다. 하지만 모든 조직이 인간들에게 열려 있는 것은 아니라고 할 수 있는데 이는 조직과 인간을 연결하는 연결고리(affiliation)가 있어야 조직으로 입장하는 것이 가능하다는 것을 의미한다. 즉, 가족이라는 조직의 연결고리는 바로 혈연관계라는 것이고 일반기업과 인간들의 연결고리는 고용이라고 할 수 있다. 이러한 연결고리는 결국 조직구성원들에게 동질감을 제공해 준다. 따라서 모든 조직은 배타적이라고 할 수 있다(Dawson, 2003).

제 2 절 조직화와 조직

조직화는 조직을 만드는 과정이다. 조직화를 통해서 조직이 형성된다고 할 수 있다. 좀더 구체적으로 얘기한다면 조직화는 조직이 기능하도록 또는 움직이도록 만드는 과정이다. 대부분의 사회복지기관에서 사회복지행정가들은 조직하고 기관의 활동을 지도하는 것이 필요하다. 이는 사회복지행정가들이나 관리자들이 효과적인 조직을 설립하고 유지할 책임이 있으며 조직이 기능하는 것을 돕도록 하는 책임도 가지고 있다는 것을 의미한다. 조직은 한 기관의 구조와 조직이 어떻게 기능하는지를 설명해 준다. 그리고 조직은 다양한 계층에 있는 직원(staff), 위원회의 배열, 이사회구조, 명령 체계(the chain of command), 그리고 기관의 틀에 관련이 있는 요인들을 포함한다(Skidmore, 1995). 이러한 조직의 요인들을 포함하여 사회복지의 재화와 서비스를 전달하기 위한 조직구조를 만드는 것이 행정가들에게 있어서 중요한 하나의 역할이며 임무라고 볼 수 있다.

Skidmore(1995)에 따르면 **조직화는 기관의 구조를 현실에 맞게 그리고 효과적으로 바꾸는 사회적 과정**이라고 한다. 따라서 행정에 있어서 전통적인 과정인 **조직화는 조직을 기능적이고 구조적인 상태로 만들기 위해 필요한 행동들**을 포함한다. 결국 Skidmore의 견해는 조직화는 조직에 필요한 요인들을 배치 또는 배열하고 조직구조를 만들어서 조직이 기능하도록 만드는 과정이라고 간단히 요약할 수 있다. Skidmore(1995)에 따르면 조직은 일반적으로 두 개의 중요한 의미를 내포한다고 하는 데 두 개의 중요한 의미는 다음과 같다.

첫째, 기관의 구조(또는 조직구조)
둘째, 조직화되는 과정(조직화 또는 조직설계)

따라서 조직에 있어서 조직의 구조와 조직화가 중요한 부분이라고 볼 수 있다. 조직화하는데 있어서 일반 관리측면에서의 입장은 활동이나 행동을 조직화하는 가장 최선의 방법을 찾는 것이라고 볼 수 있다.

하지만 Perrow(1973)가 지적한 바와 같이 조직화하는데 있어서 하나의 유일한 최선의 방법은 존재하지 않는다. 활동을 조직화하는 것은 시장과 기술 등을 포함하는 조직적 환경과 이해당사자들의 외적 요구에 크게 의존한다. 사회복지서비스도 마찬가지로 사회복지서비스를 제공하는 다양한 활동들을 조직화하는데 있어 하나의 유일한 최선의 방법은 존재하지 않는다고 볼 수 있다. 따라서 사회복지행정의 역할은 사회복지서비스를 제공하기 위한 더욱 적합한 조직적 형태나 구조를 찾기 위해 더 큰 관심과 노력을 기울여야 한다는 점이다.

제3절 조직이 필요한 이유: 왜 조직을 만들어야 하는가?

왜 조직이 필요한가? 다시 말해 조직화는 왜 필요한가? 좀더 구체적으로 사회서비스 또는 사회복지서비스를 제공하는데 왜 조직 또는 기관이 필요한가? 우리는 여기서 조직적 측면에서 사회복지서비스를 제공하는데 있어 왜 조직이 필요한가에 대한 근본적인 질문에 대한 대답을 찾기 위해 노력할 것이다. 결론부터 얘기하자면 개인적으로 사회복지서비스를 전달하는 것보다 조직을 통한 사회복지서비스의 전달이 어떠한 측면에서건 간에 훨씬 좋다고 생각되었기 때문에 사회복지서비스의 전달을 위한 조직들이 나타나게 되었고 조직들의 수가 증대되었다고 볼 수 있다.

거대한 규모의 조직 없이 자동차, 버스, 항공기 등이 만들어질 수 없음을 쉽게 이해할 수 있듯이 체계적인 조직 없이 현대의 복잡하고 다양한 사회복지서비스를 제공 또는 전달한다는 것은 불가능하다고 얘기할 수 있다. 다시 말해 일반 개개인들이 단순하게 그리고 직접 사람들을 돕는 것보다 사회복지조직을 통해서 사회복지서비스를 전달하는 것이 보다 더 좋은 방식이라고 생각하였기 때문에 사회복지조직은 19세기 이후 급속도로 발전하였다고 얘기할 수 있다. 좀더 구체적으로 사회복지조직이 등장하게 된 이유에 대해서 살펴보면 크게 여섯 가지의 이유를 찾아볼 수 있다. 그것들은 다음과 같다.

첫째, 사회복지주체들 사이의 노동의 분업
둘째, 역사적인 원인
셋째, 경제적인 원인
넷째, 정치적인 원인
다섯째, 기술적 원인
여섯째, 정보의 원인

1. 사회복지 주체들 사이의 노동의 분업

노동의 분업은 구체적으로 사회복지의 세 주체 사이의 사회복지노동의 분업을 의미하며 가장 일반적으로 사회복지조직이 등장하게 된 이유를 설명한다. 즉, 사회복지의 세 주체인 client, 사회복지사(또는 사회복지기관), 그리고 후원자(정부를 포함) 사이의 거래에 있어서의 노동의 분업을 의미한다고 볼 수 있다. client집단이나 후원집단과 함께 일하는 매개집단으로서의 사회복지조직의 중요성이 강조된다. 다시 말해 지역에는 사회복지서비스를 전달하는데 필요한 client집단, 후원집단, 사회복지조직 등의 세 집단의 이해당사자들이 존재한다. 만약 client와 후원집단만 있다면 복지의 전달은 자선이나 시혜와 같은 봉건적 전달체계로만 가능할 것이기 때문에 체계적인 사회복지서비스나 사회복지기관 등을 통한 사회구조적이고 복합적인 사회문제의 해결은 불가능하게 될 것이며 마찬가지로 client와 사회복지기관만 있다고 해도 후원집단으로부터 사회, 정치 그리고 경제적 지원을 받을 수가 없어 효과적이고 효율적이며 책임 있는 사회문제의 해결은 불가능할 것이다. 또한 후원집단과 사회복지기관만 있다면 이는 복지전달체계의 직접적인 대상이 사라지기 때문에 사회복지 존재의 기반을 상실하게 되는 결과를 초래한다. 결론적으로 client, 후원집단, 사회복지기관이 함께 구성되어 있음으로 인해 사회복지행정을 통한 효과적이고 효율적이며 적절하고 공평한 사회복지재화와 서비스의 전달가능하기 때문에 매개조직으로써 사회복지조직의 필요성이 강조되게 된다.

따라서 사회복지재화와 서비스의 교환과 거래는 기본적으로 다음과 같은 세 집단에 의해서 이루어진다고 볼 수 있다. 첫 번째 집단은 사회서비스전달을 위해 필요한 자원을 공급하는 후원집단(정부기관을 포함한다)이고 두 번째 집단은 후원집단들이 제공하는 자원을 필요로 하는 client집단이며 세 번째 집단은 client와 후원집단구성원 사이를 연계시키는 활동을 하는 사회복지조직들이 있다. 사회복지조직이 필요하게 된 이유에 대한 사회복지서비스의 전달에 직접적인 관련이 있는 주체들 사이의 분업이라는 가장 일반적인 이유 이외에 추가적으로 좀더 구체적인 설명을 위한 다섯 가지 정도의 이유들을 생각해 볼 수 있는데 그것들은 다음과 같다.

2. 역사적인 원인

사회복지조직이 등장하게 되는 필요성에 대한 역사적 원인은 간단히 말해서 사회복지조직이 사회복지사들에게 그들의 직무에 대해 더 큰 통제를 할 수 있게 만들기 때문에 조직이 필요하게 되었다는 것이다. 즉, 사회복지사들이 그들의 업무에 대한 상황을 통제하기 위한 노력으로 조직이 등장하게 되었다는 것을 의미한다. 예를 들어 19세기 자선조직협회(Charity Organization Societies, COS)라는 조직이 처음 등장하게 되는 원인은 이미 많은 학자들이 지적한 바와 같이 개인적인 자선활동을 좀더 체계적으로 통제하고 조직화할 필요성이 제기되었기 때문이었다(Baghadi 1975). 즉, 개인적 자선이나 구호활동으로 충분하였던 사회복지분야가 자본주의의 발전, 특히 산업사회의 발전을 이끌었던 과학기술혁명으로 인해 급속하게 진행되면서 도시화와 산업화는 급속도로 진행되었고 이와 함께 수많은 사회문제를 양산하게 되었으며 역사적으로 개인적이고 산발적인 자선이나 구호활동으로는 도저히 사회문제를 해결할 수 없는 시대에 도달하여 개인적 차원에서 이루어졌던 자선이나 구호업무들을 사회복지사들이 통제해야 할 상황에 직면하였으며 더 나아가 사회문제를 해결하기 위한 조직적 차원에서의 통제와 대응이 필요하게 되었다는 점이 지적될 수 있다.

3. 경제적인 원인(거래비용 절감)

간단히 말해서 사회복지조직이 등장하게 되는 이유에 대한 설명을 경제적 원인에 의존한다면 사회복지조직이 등장하게 되는 필요성은 거래비용을 절감하기 위해서라는 것이다. 이 이론은 1930년대 Coase(1937)에 의해 제시되었는데 그에 따르면 시장에서 조직이나 회사 등이 등장하게 되는 이유는 바로 생산과 분배 그리고 경제적 재화의 교환에 있어 가장 효율적인 형태는 개인적 구매자와 판매자 사이의 계약에 기초한 거래비용절감 때문이라고 한다. 이는 다시 말해 사람들이 채소를 사기 위해 채소가게에 가서 사는 것이 채소를 만든 사람에게 직접 가서 사는 것보다 더 나은데 이는 채소경작자의 측면에서 보면 개인적으로 찾아오는 소비자들에게 직접 채소를 팔기 위해 기다리는 것보다 채소가게에 많은 양의 채소를 계약에 의해 판매함으로써 일정한 수준의 안정적인 수입이 보장되기 때문에 이익이 되고 채소를 구입하는 소비자의 입장에서 본다면 가까운 채소가게에서 채소를 구입함으로써 채소경작자를 직접 찾아가서 사는데 들어가는 시간과 돈을 절약할 수 있기 때문에 이익이 되기 때문에 결국 채소가게라는 조직이 구매자와 판매자에게 동시에 거래비용을 낮춤으로 인해 거래비용을 절감할 수 있는 기회를 제공해 주기 때문에 경제적 원인으로써 조직이나 회사가 필요하게 된다는 것이다.

Coase의 조직이 등장하게 되는 이유를 설명해 주는 거래비용이론을 사회복지조직의 등장원인에 적용해서 살펴본다면 다음과 같이 설명되어질 수 있다. 즉, 사회복지서비스 거래의 주체는 후원집단, client집단 그리고 사회복지사 집단으로 구분할 수 있다. 후원자의 측면에서 본다면 일부러 시간을 내고 개인적 경비를 들여서 client들을 찾아가서 후원이나 지원을 하는 것보다 사회복지조직을 통해서 지원이나 후원을 하게 되면 시간과 돈을 절약할 수 있으며 client입장에서 본다면 개인적 후원자들에게 후원을 받기 위해 무작정 기다리는 것보다 전문적 기관인 사회복지조직을 통해서 지원을 받는 것이 훨씬 안정적이고 체계적인 지원이나 보호를 받을 수 있게 된다. 결국 시간과 돈을 절약하기 위해서 client와 후원자 입장에서 본다면 사회복지사라는 전문가들로 구성된 사회복지조직에서 사회복지서비스를 제공하는 것이 시간과 돈을 절약할 수 있기 때문에 후원자들이 직접 client들을 찾아다니면서 사회복지서비스를 제공하지 않고 조직이라는 매개체를 이용해서 사회복지서비스가 제공되게 된다.

결국 후원집단은 전문적인 후원조직의 도움 없이는 지원이나 후원을 할 의지가 있지만 어디로 후원을 어떻게 해야 하는지를 모르고 동시에 client집단은 필요한 자원을 연결시켜 주는 조직이 없이는 안정적인 후원이나 지원을 잃을 수 있기 때문에 조직이 필요하게 되는 것이다. 물론 현실적으로는 거래비용절감이라는 이론 하나 때문에 사회복지조직이 생기지는 않았지만 이 이론이 사회복지조직이 등장하게 되는 필요성을 설명하는데 있어 더욱 편리하고 더욱 손쉽게 사회복지서비스를 제공하는 것이 조직의 설립에 영향을 미쳤다는 것을 이해하는데 많은 도움을 주는 것은 사실이라고 볼 수 있다.

4. 정치적인 원인

사회복지조직이 등장하게 되는 필요성에 대한 정치적 원인은 간단히 말해서 사회복지서비스를 제공하는 것에 대해 무관심하거나 반대하는 집단이나 사람들을 극복하기 위해 사회복지조직이 필요하다는 것을 강조한다. 이 이론에 따르면 거래비용절감을 위한 비용을 측정하는 것보다 얼마만큼의 지원이 필요한지를 측정하고 누가 반대하는지를 측정하는 것이 훨씬 중요하다고 한다. 이는 때때로 조직의 노력이 지원을 만들어내기도 하지만 반대나 적을 만들어내기도 하기 때문이다. 이는 사회에는 항상 제한된 정보와 불확실성에 대한 문제가 만연해 있기 때문에 사람들은 때때로 결정을 하는데 있어 많은 어려움을 겪게 된다는데 원인이 있다. 이러한 환경 하에서 조직은 결국 무관심이나 반대에 대한 효과를 극복하기 위한 충분한 지원을 할 수 있기 때문에 필요하게 된다.

결과적으로 조직이 필요하게 되는 정치적 이유는 조직이 지원을 위한 협조가 조직을 창출할 만큼의 관심이 있을 때 그리고 반대에 직면하여 조직을 창출할 힘이 있을 때 만들어진다고 한다. 다시 말해 조직은 조직에 대한 요구가 조직에 대한 제한을 뛰어넘을 때 만들어진다. 따라서 사회복지조직은 조직에 대한 반대를 극복할 수 있는 지원이 있는 한에서 계속적으로 확대하고 발전하게 된다.

5. 기술적 원인

사회복지조직이 필요하게 되는 이유는 기술적 원인에 따르면 사람들이 가지고 있는 문제를 해결하기 위해서 기술이나 기술정보를 전달하기 위한 최선의 방식은 직무가 조직화되어야 하기 때문에 조직이 필요하게 된다는 것을 강조한다. 기술적 측면에서 본다면 조직은 특정한 직무를 수행하기 위해 필요한 기술 정보를 가지고 오기 때문에 필요하다. 따라서 기술적 측면에서 조직의 필요성을 강조하게 되면 조직의 등장에 기술 또는 기술정보 등이 개입되어 있음을 알 수 있다. 결국, 조직적 원인에 따르면 조직이 필요하게 되는 이유를 설명하는데 있어 기술이나 기술정보가 조직의 등장을 가져왔다는 점보다는 조직의 직무를 수행하기 위해서는 필요한 기술과 기술정보가 있어야 하며 이러한 기술과 기술정보를 전달하는 최선의 수단으로써 조직이 필요하다는 점을 강조함을 알 수 있다.

따라서 조직의 등장에 대한 기술적 원인의 강조는 조직의 목적을 성취하기 위해서 조직이라는 형태가 요구된다는 점을 보다 강조하는 것이라고 볼 수 있다. 이러한 조직의 직무와 기술에 대한 연계는 Talyor에 의해서 제시되었던 과학적 관리이론에 많은 부분 의존해 있다고 볼 수 있다. 기술과 조직의 관계에 대해서 강조한 이론가로는 Thompson

을 들 수 있다. Thompson(1967)은 조직을 세 개의 수준으로 설명하였는데 그에 따르면 조직은 기술적 핵심(technical core), 관리체계(managerial system) 그리고 제도적 체계(institutional system)로 나뉘어질 수 있다고 한다. **기술적 핵심**은 조직의 임무를 수행하기 위해서 필요한 과정과 구조를 결정하는 것이며 **관리체계**는 기술적 체계의 업무를 지도하고 관리하는 것을 의미하며 그리고 **제도적 체계**는 조직과 조직을 둘러싼 환경 사이의 상호행동을 규정하는 것이라고 한다. 위의 분류는 환경의 요구를 다루기 위해 규칙과 책임을 만들고 설계하는 조직의 중요성을 강조한다. 그는 조직이란 기술적 핵심을 보호하기 위해 설계되어 있고 행동한다고 보았다.

Thompson은 요구와 제한이라는 정치적 원인보다는 조직과 환경관계의 기술적 본질을 강조하였다. 특히 그는 조직의 기술적 본질의 강조와 조직의 기술적 본질이 행사되어지는 환경으로써 과업환경(task environment)이라는 개념을 강조하였는데 돈, 원료, client 그리고 정보를 포함하는 과업환경이 조직의 직무를 구성하고 규정하게 된다고 한다. 대부분의 사회(복지)기관들의 과업환경은 대체적으로 다음과 같은 네 개의 투입물들의 상호행동에 의해 규정된다고 하는데 그 투입물들이란 첫째, 사회정책(법, 규정, 지침 등) 둘째, 사회복지실천의 방법들(개별사례관리, 가족치료, 지역조직 등) 셋째, 구체적인 사회프로그램들(외부홍보나 상담프로그램 등) 그리고 넷째, 유용한 자원, 기술정보, 지역으로부터의 지원 등이라고 한다. 결론적으로 Tompson은 조직의 기술과 과업환경을 사회복지서비스조직을 이해하기 위한 중요한 도구로 인식하였다.

Perrow(1973)는 조직의 기술적 전통을 가지고 조직을 구분하였는데 그에 따르면 조직에서 이루어지는 직무의 유형 즉, 기술이 기업이나 공장을 구분하는 변수가 될 수 있다고 한다. 즉, 직무가 예측할 수 있고 일상적으로 정해져 있다고 한다면 직무수행을 위해 필요한 배열은 매우 높게 조직화되어 있을 것이며 이러한 예로서 관료주의 조직을 들을 수 있다. 반면 직무가 예측할 수 없고 일상화되어 있지 않으며 직무를 어떻게 수행해야 하는지에 대한 불확실성이 있다고 한다면 자율성을 강조하고 권위와 의사소통의 복합구조와 일시적인 집단을 강조하는 경영이론들이 적합할 것이라고 한다. Perrow는 이와 같이 직무의 기술적 전통을 가지고 조직의 구분을 시도하였다.

결론적으로 조직이 등장하게 되는 이유를 기술적 요인으로 설명하는 것은 **업무**가 특정한 과업과 개입된 직무를 수행하기 위한 최선의 방법에 대한 우리의 이해를 반영하기 위해 **조직화되어 있어야 한다는 점**을 강조하는 것이라고 볼 수 있다.

6. 정보(불균형)의 원인

사회복지조직의 필요성을 지적하는 정보불균형의 원인에 따르면 client들이 원하는 모든 정보를 다 가지고 있다고 한다면 사회복지조직이나 사회복지사들에 대한 필요성이 절감되지만 현실적으로 필요한 모든 정보를 다 갖는 것은 불가능하기 때문에 정보의 불균형이 나타나고 이러한 정보의 불균형을 극복하기 위한 방편으로 사회복지조직이 필요하다는 것을 강조한다.

정보불균형은 조직 안에 있는 어떤 사람들에게 정보는 유용 가능하지만 또 다른 한편 어떤 사람들에게 정보는 유용하지 않다는 측면에서부터 발생할 수 있으며 사회복지기관에서는 정보불균형이 후원자, client, 사회복지사들 사이에 일어날 수 있게 된다. 아무리 이성적이라고 해도 완벽한 지식을 가지고 있는 사람은 존재하지 않기 때문에 정보의 분배는 조직 안에서 실제적으로 매우 중요하다고 할 수 있다. 사회복지조직의 측면에서도 사회복지사와 후원자 사이에 자원을 가지고 무엇을 할 것인가 그리고 client의 문제해결을 위해 어떤 것을 해야 하는가 등에 관한 정보의 분명한 균형이 이루어지는 상황이 매우 중요하다고 볼 수 있다. 하지만 완벽한 정보의 분배는 현실적으로 이루어지기 어려우며 현실적으로 모든 사회에는 정보의 불균형이 있기 때문에 이 정보의 불균형을 극복하기 위해서 조직이 필요하게 된다. 만약 후원자가 어떻게 사회적 약자계층이나 빈곤계층을 돕는 것이 최선의 방법인지에 대한 정보를 가지고 있다고 한다면 그들은 사회복지사의 도움이 필요 없을 것이며 만약 clint들이 어디서 어떻게 효과적인 서비스를 받을 수 있고 그들의 문제를 해결하기 위해서는 어떻게 해야 하는지 등에 관해서 잘 알고 있다고 한다면 client들은 마찬가지로 사회복지사의 도움이 필요 없을 것이다.

제 4 절 조직의 유형

조직이 명령과 통제의 연계망이라는 관점과 조직이 기계라는 고전적 입장으로부터 Chester Barnard는 1930년대 말 **조직은 두 사람 또는 그 이상의 사람들이 의식적으로 협조한 행동이나 힘의 체계**(Barnard, 1938)라고 조직을 정의하고 공식적 조직과 비공식적 조직이라는 개념을 구분하였다(Lohmann and Lohmann, 2002). 조직은 Barnard가 구분한 것과 같이 공식적 조직과 비공식적 조직으로도 구분가능하고 또한 수평적 조직과 수직적 조직으로도 구분 가능하다. 이들 조직유형(type)들에 대해 좀더 구체적으로 살펴보기로 한다.

1. 공식적 조직

공식적, 비공식적 조직은 서비스를 제공하는데 있어 효과적인 행정을 위해 필요하다. 조직 없이는 혼란만이 있을 것이며, 효율성, 효과성, 사기(morale)는 감소하게 된다. Barnard(1938)에 따르면 **공식적 조직**(formal organization)은 의식적이고 심사숙고하고 목적이 있는 사람들 사이의 협조(cooperation)의 종류라고 정의하였다. 결국 Barnard는 공식적 조직의 형성은 목적성, 심사숙고, 지각 있는 의식으로부터 이루어진다고 보았음을 알 수 있고 조직은 기계가 아니라 두 사람 이상의 사람들을 포함하는 의식적으로 협조하는 구조 또는 환경이라고 보았음을 알 수 있다.

따라서 공식적 조직은 감독관, 부 감독관, 상급자, 실무자들이 있는 한 기관의 인식할 수 있는 구조이다. 조직은 지명되고 그리고 선출된 위원회 그리고 이사회, 행정, 직원 체계를 포함한다. 공식적 조직은 직원 관계까지 확장된다. 공식적 조직은 일반적으로 조직의 조직도(organizational chart)에 반영된다.

2. 비공식적 조직

Barnard(1938)는 **비공식적 조직**(informal organization)을 개인적인 접촉이나 상호행동의 총체 그리고 사람들의 조합집단(the associated groupings of people)이라고 개념화하였다. 그는 비공식적 조직의 세 가지 기능으로써 첫째, 직원들 사이의 의사소통 두 번째, 일할 의지를 규정하는 것에 의한 응집력의 유지 세 번째, 직원들의 감정과 자기존경심의 유지를 강조하였다.

비공식적 조직은 관찰될 수 있는 공식적인 조직구도에는 나타나지 않으며 기관의 계획된 구조 밖에 존재하는 배열이나 체계(arrangement) 또는 운영(operation)과 관련이 있다. 비공식적 조직은 사회적인 행동들에 있어서 커튼 뒤에서 이루어지는 행동들을 포함한다. 즉, 비공식적 조직은 "탁자 밑" "커피시간" 등으로 표현되기도 한다. 여기서 탁자 밑이란 공식적인 조직구조에 의해서 이루어지는 회의이외의 비공식적인 회의 등을 의미하며 커피시간도 공식적인 의사소통이 이루어지는 회의나 모임 이외의 자연스러운 직원들의 사적인 대화가 이루어지는 시간을 의미한다. 비공식적 조직은 사회복지기관에서 더욱 중요한 의미를 가진다고 볼 수 있다. 때때로 비공식적 조직이 공식적 조직보다 더 중요할 때도 있다.

비공식적 조직은 조직의 공식적인 조직도(organizational chart)에는 나타나지 않지만 현실적으로는 조직에 강력한 영향력을 미친다. Blau(1963)에 의하면 사회복지사는 때때로 상사들이나 Supervisor와 얘기하는 것보다 동료사회복지사들끼리 서로 얘기하는 것을 더 선호한다고 한다. 이는 사회복사들이 그들의 어려움이나 고통을 Supervisor에게 나타내지 않음으로 인해 상사들이나 Supervisor들에게 그들의 약점이 노출되거나 나쁜 쪽으로 낙인찍힐 걱정 없이 서로서로 상담할 수 있다는 장점 때문이라고 볼 수 있다.

■ 비공식적 조직의 긍정적 사용

여러 가지 측면에서 비공식적 조직이 효과적이고 긍정적이라고 볼 수 있는 데 Williams(1980)는 비공식적 조직의 유용성을 다음의 세 가지로 지적하였다.

첫째, **의사소통의 통로**: 즉, 비공식적 조직이 조직 내에서의 의사소통을 위한 채널로 사용될 수 있다는 점이다.

둘째, **응집력 유지**: 비공식적 조직의 리더들을 잘 활용한다면 조직 운영자들은 조직의 운영에 있어 비공식적 조직원들로부터의 지원과 지지를 획득할 수 있기 때문에 비공식적 조직이 조직의 응집력을 강화하는 데 유용하다.

셋째, 조직 성원들의 **자기존경심을 향상**시킨다: 대부분의 직원들은 인정받고 싶어한다. 따라서 비공식적 조직의 지도자들을 인정해 주고 지위를 부여해 주면 비공식적 조직성원들은 자기 자신에 대한 심리적 안정을 찾고 나아가 자기 자신에 대한 존경심을 갖게 된다고 한다.

그리고 Williams(1980)는 직원들 사이에 즉, 공식적 조직과 비공식 조직 성원들 사이에서 일어날 수 있는 의견의 불일치를 처리하기 위한 방법으로 다음의 네 가지를 지적하였다.

① 소외의 원인제거: 불일치가 일어나는 문제의 원인을 제거하는 방법이다.

② 설득: 비공식적 지도자를 설득하는 방법이다. 이것은 상호간의 토론, 방문, 상호행동 등에 기초한다.

③ 직위부여: 입장의 차이를 이해하도록 하기 위해 서로 상대방의 직위에서 일정기간 동안 일을 하는 것을 의미한다.

④ 전보발령 또는 해고: 조직의 이익을 추구하는 상호행동에 반응하지 않는 비공식적 조직의 지도자를 해임하는 방법이다. 하지만 해임은 견해 차이를 가지고 있는 조직내의 직원 간 갈등을 더욱 부추길 수 있고 조직적 측면에서도 인력의 손실을 의미하기 때문에 될 수 있는 한 성원들 간의 합의에 근거하여야 하고 마지막으로 고려되어야 하는 방

법이라고 할 수 있다.

3. 수직적 그리고 수평적 조직

수직조직체계는 위로부터 아래로 또는 아래서 위로의 서열화(hierarchy)를 포함한다. 수평조직은 옆으로 뻗어 나가는 조직체계를 의미한다.

사회복지조직에서 수평적 조직의 예는 다음과 같다. 즉, 기관이 부서화되어 있는 것을 의미한다. 따라서 서비스의 독창성이 인정되며 집단화된 서비스와 기능은 사회복지사들이 함께 일할 수 있도록 한다. 예를 들어 사회복지사무소는 복지상담부, 공적복지서비스부, 복지서비스기획 및 개발부, 사회복지서비스부 등의 부서로 나누어질 수 있다.

일단 수평적 조직이 이루어진 후에는 권위와 책임성을 분명히 하기 위한 수직적 분업이 필요하다. 즉, 서비스와, 감독, 보고, 권위의 체계를 제공하는 위로부터 아래로의 분담이 필요한 것이다. 사회복지기관에는 전형적으로 수직적 체계가 존재한다. 즉, 원장, 관장, 부관장이나 부원장, 프로그램책임자(program director), 부 책임자, 슈퍼바이저, 일선사회복지사 등의 수직체계가 존재한다.

제5절 인간봉사조직과 사회복지조직

1. 인간봉사조직

인간봉사조직(human service organization)은 사회복지조직을 포함하는 광범위한 영역의 조직을 의미하며 인간의 건강과 교육 그리고 복지 등을 포함해서 인간 삶의 전반적인 개선을 목적으로 하는 조직을 의미한다. 따라서 모든 사회복지조직은 인간봉사조직이라고 할 수 있지만 모든 인간봉사조직이 사회복지조직은 아닌 것이다. 인간봉사조직에 대한 정의는 크게 넓은 의미의 정의와 좁은 의미의 정의로 구별해서 살펴볼 수 있다. 넓은 의미로 인간봉사조직을 바라보는 학자들인 Brager와 Holloway(1978)는 인간봉사조직을 사람들의 사회적, 육체적, 정서적, 지적 번영을 향상시키는 것을 목적으로 하는 공식적 조직이라고 정의하였다. Hasenfeld(1983)는 인간봉사조직이란 개개인들의 개인적 번영을 보호하고 증진시키기 위해 설계된 조직이라고 정의하였다. Kettner, Daley, 그리고 Nichols(1985)는 인간봉사조직이 집단이나 개인들을 위한 치료, 사회화 또는 다른 서비스를 포함해서 광범위한 프로그램과 서비스를 제공하는 조직이라고 한다. 그들에 따르면 대부분의 인간봉사조직은 사회문제에 관한 개개인들의 관심에서 그 존재의 의미를 찾을 수 있다. 다시 말해 인간봉사조직은 사회문제가 개개인들의 삶의 영역에 영향을 미치는 범위에 관심이 있다고 할 수 있다. 따라서 그들은 인간봉사조직을 사회문제와의 연관 하에서 정의하려고 하였음을 알 수 있다. Netting, Kettner 그리고 McMurtry(2004)는 원료(raw materials)로서의 인간에 대한 서비스를 강조하는 Hasenfeld의 견해를 받아들여 인간봉사조직은 조직의 client나 소비자의 삶의 질을 개선시키기 위해 특정 재화를 만들어내고 분배하는 조직이라고 정리하였다. 하지만 이러한 넓은 의미의 정의는 인간봉사조직의 서비스를 받게 되는 사람들에 대한 범위가 너무 광범위하기 때문에 인간봉사조직이 갖는 특징을 제대로 지적하지 못한다는 한계와 제공되는 서비스의 범위가 너무 넓다는 지적을 받아왔다.

인간봉사조직이 갖는 특징을 제대로 지적하기 위해 정의를 좁힌다면 다음과 같은 학자들의 정의를 살펴볼 수 있다. Patti(2000)는 인간봉사조직은 기본적인 동질성을 공유하는 것으로 간주되는 건강, 정신건강, 교육, 사회복지(또는 사회적 서비스)분야에 있는 조직을 의미한다고 정의하였다. 그리고 Burger와 Youkeles(2000)은 인간봉사조직이란 건강보호, 정신건강, 육체적 장애, 사회복지, 유아보호, 주택, 교육과 여가, 범죄의 영역에서 사람들을 돕는 행동을 하는 조직이라고 정의하여 제공되는 서비스의 범위를 조금 넓혔음을 알 수 있다.

결국 인간봉사조직은 공통적으로 지적되고 있는 인간봉사분야인 건강과 교육 사회복지서비스분야에 있는 조직으로서 client들이 삶의 질을 개선시킬 수 있는 특정 재화를 만들어내고 분배하는 조직이라고 정리할 수 있다.

건강과 관련한 인간봉사조직은 병원이 있으며 교육과 관련된 인간봉사조직은 대학교 등의 학교가 있다. 삶의 질의 개선이나 사회문제의 해결을 위한 사회적 서비스와 관련해서는 사회복지기관 등이 있다. 대부분의 민간병원은 소비자부담원칙에 따른 재정충당금으로 운영되며 민간사회복지기관은 대부분 국가보조금에 의해서 운영되고 있다는 차이점이 있다. 물론 사회복지기관도 client에게 약간의 서비스이용에 따른 부담금을 책정한 경우가 있지만 이 경우 대체적으로 요금은 매우 낮게 책정되어 있으며 요금책정의 주된 목적이 client의 자긍심이나 자존심의 유지에 있지 전적으로 경제적 이유 즉, 요금에 의해 기관을 운영하겠다는 이유에 있지 않다고 볼 수 있다.

본 책에서는 인간봉사조직들 중에서 특히 사회복지조직을 중심으로 그 범위와 조직의 내용 그리고 이론 등을 서술하였음을 밝힌다.

2. 사회복지조직

조직을 목적을 성취하기 위해서 다양한 역할을 수행하는 사회적 단위 또는 체계라고 정의한다면 사회복지조직(social welfare organization)은 거시적으로는 사회문제해결이라는 목적을 성취하기 위해 구성된 사회적 단위라고 정의할 수 있으며 미시적으로는 사회문제의 영향을 받은 개인들의 문제나 욕구를 집합적 노력으로 해결하고자 하는 공동체의 한 단위라고 정의할 수 있다. 따라서 일반조직들과는 달리 사회복지조직은 다음과 같은 두 가지의 특징을 가지고 있는데 첫 번째로 사람들에게 구체적으로는 문제나 욕구를 해결하기를 원하는 사람들인 client들에게 직접적으로 서비스를 제공한다는 특징과 그리고 두 번째로 사람들의 복지를 증진시키고 보호하는 것을 통해서 그 조직적 실체에 대한 정당성을 부여받는다는 특징을 가지고 있다. 따라서 사회복지조직은 사회문제에 영향을 받은 개개인들의 문제나 욕구를 사회복지재화와 서비스의 전달을 통해서 집합적으로 해결하고자 노력하는 공동체의 한 단위라고 정리할 수 있다.

또한 사회복지조직에 대한 정의에 있어 경제적 측면 즉, 구체적으로 시장 교환적 측면을 강조한다면 사회복지조직은 사회적 상품과 재화의 교환의 장이라고 정리할 수 있다. 일반적으로 자본주의 하에서 상품과 재화의 교환의 장은 시장이며 일반 기업조직들은 시장에서 교환될 상품을 만드는 것을 일차적인 조직기능으로 삼고 있다. 하지만 사회복지서비스와 재화 즉, 사회적 상품은 교환이 시장에서 이루어지지 않는 공공재적 성격을 띠고 있으며 사회적 상품을 생산해 내는 조직(공적 조직이든 민간비영리조직이든)에서 직접적으로 사회적 재화와 서비스를 만들고 또한 조직을 통해서 직접적으로 client들에게 서비스나 재화를 제공해 주기 때문에 이러한 의미에서 본다면 사회복지조직은 사회복지서비스와 재화를 생산, 분배 소비하는 장소가 된다. 따라서 사회복지조직은 사회적 상품의 교환의 장이라고 정의할 수 있게 된다.

제6절 사회복지의 재화와 서비스를 전달하는 조직의 유형

사회복지서비스를 제공하는 다양한 조직들이 존재한다. 공조직도 사회복지서비스를 제공하며 자발적 조직으로서 비영리조직도 사회복지서비스를 제공하는 조직이고 그리고 영리를 목적으로 사회복지서비스를 제공하는 영리조직도 일정부분 존재한다. 이 책은 공조직과 민간영리조직보다는 비영리사회복지조직에 초점이 맞추어져 있다. 이들 조직들에 대해서 살펴보면 다음과 같다.

1. 공(적)조직

공조직(public organization)은 법률제정을 통해서 만들어져서 공적인 사회정책을 수행하는 조직을 의미한다(Netting & O'Coner, 2003). 따라서 공조직은 정부조직을 의미한다고 볼 수 있다. 공조직 또는 정부조직은 다양한 문제들을 가지고 있는 많은 인구 집단들에게 봉사해야 할 의무가 있기 때문에 효율성을 위해 일반적으로 조직의 규모가 크다.

2. 사(적)조직

사조직(private organization)은 이윤을 추구하는 영리조직과 이윤을 추구하지 않는 비영리조직으로 나눌 수 있으며 이윤을 추구하지 않는 조직은 비영리조직에는 비정부조직도 포함된다. 비영리조직과 비정부조직은 일반적으로 자발적 조직(voluntary organization) 또는 제3부분(the third sector)이라고도 불린다. 이 조직들에 대해서 살펴보면 다음과 같다.

1) 비영리조직

비영리조직(non-profit organization, NPO)은 제 3 부분, 자발적, 자선적, 또는 세금면제조직, 비정부조직 등으로 불리기도 한다. 비영리조직은 조직의 이윤으로부터 재정적으로 보상이 이루어지지 않는 자발적인 이사회를 가지고 있으며 모든 조직의 이윤은 반드시 조직으로 재투자되어야 함을 원칙으로 한다. Kramer(1981)는 비영리조직을 지역에 있는 client들에게 사회 서비스를 지속적으로 제공하기 위해 전문적 또는 자발적 직원들을 고용하고 있는 선출된 이사들에 의해서 지배받고 있는 관료적으로 구조화된 조직이라고 정의하였다. Anthony와 Young(1984)는 비영리조직을 조직의 소유자를 위해 이익을 벌어들이지 않고 다른 무엇인가를 목적으로 조직이라고 정의하였다.

한편 Hall(1987)은 비영리조직을 다음의 세 가지 목적을 위해 함께 모인 사람들의 한 집단이라고 정의하였다. Hall에 따르면 세 개의 목적은 다음과 같다.

· 정부와의 계약으로 공적인 과업을 수행하기 위하여

- 국가나 시장이 다룰 수 없는 요구를 포함하는 과업을 수행하기 위하여
- 공기관이나 이윤을 추구하는 기관 정책에 영향을 미치기 위하여

한편 Lohmann(1992)는 비영리조직이 다음과 같은 성격을 내포하고 있다고 하였다.

첫째, 자발적 참여(비강제적인 참여)
둘째, 공유된 목적
셋째, 공유된 자원
넷째, 상호관계를 전개한다는 인식
다섯째, 정의에 대한 자생적인 규범

비영리조직은 수년에 걸쳐서 시민조직으로, 자발적 조직으로, 그리고 선출된 이사회를 가지고 있는 비정부조직으로 불리어져 왔다. 비영리조직은 자발적 조직이라고 불리기 때문에 공적으로 의무가 없는 비정부조직(non governmental organization, NGO)이라고 불리기도 한다. 하지만 비영리조직과 비정부조직과는 분명한 차이점이 존재한다. 여기서 자발적이라는 의미는 이사회의 성원들이 자발적으로 아무런 보상에 대한 기대 없이 봉사한다는 의미로 자발적이라는 의미가 강조된다고 볼 수 있다. 따라서 비영리조직은 어떠한 이윤도 개인적 목적을 위해서 사용되지 않는 조직을 의미한다고 볼 수 있다. 예를 들어 예산이 남았다고 해도 남은 예산은 다음 연도를 위해 사용되어져야 함을 의미한다. 하지만 비영리조직은 비정부조직과는 달리 서비스전달체계에 있어 정부조직과 상호의존적인 요소를 가지고 있다. 이 상호의존적인 서비스전달은 정부조직과 비영리조직 환경의 독특한 특징을 나타내 주는데 이

는 대부분의 비영리 사회복지조직이 정부의 예산에 의존해 있기 때문이다. 다시 말해 정부기관이 직접 사회복지서비스를 제공하는 것보다 많은 부분의 정부 재정지원 사회복지서비스가 비영리조직에 의해서 제공되고 있다는 것을 의미한다.

Kramer(1981)는 비영리조직이 담당하는 조직적 역할을 다음과 같이 네 개로 분류하고 있다. 그에 따르면 비영리조직의 역할은 다음과 같다.

첫째, 선구자적 역할. 비영리조직은 실험적이고 선구자적이고 혁신적인 새로운 프로그램을 창조하는 역할을 담당한다.

둘째, 지지적 역할. 정부에 필요한 서비스를 만들고 개선시키고 그리고 확대하도록 정부관료들에게 압력을 가하고 설득하는 역할을 담당한다.

셋째, 가치안내자의 역할. 비영리조직은 특정 집단의 이익을 보호하기 위해 특정 신념, 이념, 가치를 유지하는 데 있어 지도력을 제공한다.

넷째, 서비스제공자의 역할. 정부가 제공하기를 꺼려한다든지 제공할 수 없는 또는 제공할 의지가 없는 사회서비스를 제공하는 역할을 한다.

2) 비정부조직

비정부조직(non governmental organization: NGO)이면서 사회복지를 증진시키는 것을 목적으로 설립되는 조직들이 있을 수 있다. 일반적으로 비정부조직은 영리를 추구하는 비정부조직과 영리를 추구하지 않는 비정부조직으로 구분될 수 있지만 일반적으로 비정부조직을 일컬을 때 영리를 추구하지 않는 비정부조직을 의미한다(Green and Matthias, 1997). 비정부조직이 어떤 범위에 있는 조직을 일컫는지에 대한 정확한 합의에 도달하는 것은 어렵다. 가장 광범위한 범위를 강조하는 것은 OECD를 들 수 있다. OECD(1988)는 보고서에서 비정부조직을 이윤을 추구하는 조직, 재단, 교육기관, 교회 그리고 다른 종교집단, 의료조직이나 병원, 노동조합과 전문조직 기업과 상업협회, 문화집단, 뿐만 아니라 자발적 기관을 포함한다고 그 범위를 매우 광범위하게 규정하였다. 이 OECD의 범위는 너무 광범위하여 현실적으로 받아들이기에 어려움이 있다. 한편 Anheier와 Knapp(1990)은 비정부조직의 범위를 자발적 협회, 비영리조직, 민간비영리조직, 비정부 또는 법에 규정되지 않은 조직, 자선조직, 재단, 교회, 자선협동조합, 제3부분 기관 등으로 정리하였다. Anheier와 Knapp은 비정부조직에서 영리를 추구하는 조직을 제외하였음을 알 수 있다. Salamon과 Anheier은 조직을 제3부분으로 규정할 수 있는 중심적인 특징을 다음과 같이 지적하였다(Green and Matthias, 1997). 그들에 따르면 제3부분(the third sector)은 공식적(formal) 조직이면서 비영리분배(non- profit-distributing)조직이고 민간(private)조직이며 자체적인 조직지배와 자발적(voluntary) 조직이어야 한다. 따라서 일반적으로 제3부분에 비정부조직과 비영리민간조직이 포함됨을 알 수 있다.

비정부조직의 범위와 역할에 대한 이해를 하기 위해 비정부조직에 대한 정의를 살펴보기로 한다. 비정부조직의 성격을 규정하는 가장 분명한 입장은 비정부조직이 비정부적 입장에 서 있다는 것이며 비영리를 목적으로 하고 그리고 복지를 증진시키는 것을 본질적 성격으로 삼는다는 것이다(Green and Matthias, 1997). 한편 Green(1987)은 국가의 직접적 통제밖에 있으면서 비영리를 추구하는 조직을 비정부조직이라고 정의하였다. 그리고 Smith(1989)에 따르면 정부로부터의 법률적인 독립성을 가기고 있으면서 비영리를 추구하고 자발적 결정수립구조를 갖고 있는 조직을 비정부조직이라고 강조함으로써 자발적 결정수립을 특히 강조하였다. 또한 Cumper(1986)는 비정부조직을 정부에 의해 재원이 조달되지 않는 조직이고 정부의 통제 하에 있지 않은 조직을 비정부조직이라고 정리하였는데 그는 특히 정부로부터의 거리를 강조하였음을 알 수 있다. Tongsawate와 Tips(1988)는 비정부조직을 영리를 추구하지 않는 비정부민간조직이라고 정의하였다. 결국 위의 학자들의 견해를 종합하면 **비정부조직은 재정적으로든 법적으로든 정부의 통제를 받지 않는 비영리를 추구하는 자발적 민간조직**이라고 정리할 수 있다. 따라서 비정부조직은 크게는 비영리조직에 포함되고 제3부분에 들어가면서도 정부로부터 재정적 법적 영향력을 받는 비영리조직과는 분명한 차이가 있음을 알 수 있다. 따라서 대부분의 사회복지조직은 비정부조직(NGO)이라기보다는 비영리조직(NPO)이 된다.

3) 영리조직

영리조직은 시장경제의 한 부분이라고 말할 수 있다. 영리조직은 사업을 하며 세금을 지불한다. 영리조직은 보상이 이루어지는 이사회 임원들을 가지고 있으며 그리고 조직의 이익으로부터 재정적으로 혜택을 보는 주식보유자 또는 투자가들을 보유하고 있다. 사회복지의 영역에도 영리조직의 개입이 민영화(privatization)라는 이름으로 꾸준히 증가하고 있음은 주지의 사실이다. 특히 미국의 경우 요양시설(nursing home)은 많은 부분 영리조직이 운영되고 있으며 1965년과 1985년 사이 어린이 보육시설도 7%에서 24%로 영리조직의 수가 증가하였다. 이와 함께 사회복지조직의 영리조직화에 따른 문제점도 계속적으로 증가 확대되고 있는데 민영화에 따른 가장 큰 문제점으로 지적되는 것은 서비스 질의 저하와 인권침해문제를 들 수 있다. 이익을 확대재생산하기 위한 인원의 축소는 과도한 업무 그리고 값싼 서비스를 동시에 수반하여 서비스질의 축소로 이어지고 그리고 직원 수의 감소로 말미암은 client에 대한 통제의 강화는 인권침해에 대한 문제점들을 야기하고 있다.

1980년대 이후 불어닥치고 있는 복지의 시장화는 크게 두 가지로 구분해야 할 필요성이 있다고 보여진다. 첫 번째 복지 시장화는 복지의 시장구조로의 진입을 의미하는데 이는 이윤을 추구하는 사적 조직이 경쟁력을 강조하며 정부와의 계약을 통해 복지영역으로 진출하는 것을 의미하고 민영화논란의 핵심적 문제점들을 야기하고 있다. 두 번째 의미의 복지시장화는 복지재정의 긴축으로 말미암아 정부로부터의 보조금이 줄어들자 비영리조직들이 생존을 위해서 이윤을 추구하는 사업을 통해 조직적 구조의 안정성을 확보하기 위한 시도들로서 나타나고 있다. 사회복지서비스 제공의 유지를 위하여 일정정도의 서비스요금을 부과한다든지 또는 재원의 확보를 위하여 벼룩상점을 운영한다든지 하는 행동들이 두 번째 의미의 시장화에 영향을 받았다고 볼 수 있다. 사회복지조직의 효과성과 효율성을 강조하는 입장 등은 모두 사회복지조직의 시장적 전략을 수용하여 사회복지사를 경영자로 그리고 사회복지행정을 관리와 동일시하는 입장을 취하고 있으며 사회복지의 책임성 시대에 대한 강조 등으로 사회복지기관의 경영적 전략은 계속적으로 확대될 가능성이 매우 강하다고 볼 수 있다. 하지만 여기서 한가지 지적되어야 하는 점은 사회복지조직에서 경영 또는 관리의 개념이 확대되고 있다는 것이 사회복지조직의 영리조직화를 의미하는 것이 아니고 보다 효과적이고 책임성 있는 서비스전달을 위해 조직구조와 복지서비스전달체계에 관리 또는 경영기법을 사용한다는 것을 의미한다는 점이다. 공조직은 공적 부분을 의미하고 사조직은 사적부분을 의미하는데 이 양자의 관계를 나타내면 〈그림 1-1〉과 같다.

〈그림 1-1〉 공사조직의 구분도

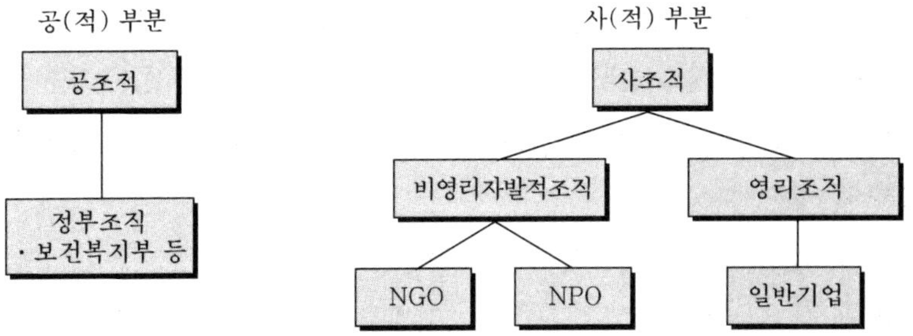

공조직과 사조직의 특성을 표로 나타내면 〈표 1-1〉과 같다.

〈표 1-1〉 사회복지조직에 있어 공조직과 사조직의 특성

	공조직	사조직	
		비영리자발적 조직	영리조직
목표	복지의 증진	복지의 증진	이윤추구
표적 집단	일반 시민	일반 시민 또는 특정 집단의 시민	소비능력이 있는 시민
조직구조	딱딱하며 엄격함	다양하고 유연함	다양하고 유연함
재정	세금	후원금, 기부금, 수여금(grant), 정부보조금	기업예산

3. 조직과 조직 또는 집단과 집단의 관계

하나의 조직은 다른 조직이나 지역, 집단과 여러 종류의 다양한 관계를 갖는다. 조직과 조직이 갖는 그리고 집단과 집단이 갖는 관계를 포함하여 조직이 다른 집단이나 지역, 조직들과 갖게 되는 다양한 관계들로는 협회, 이념적 집단, 프랜차이즈, 주민관계 같은 것들이 있다.

1) 협회

협회는 자발적 협회(voluntary associations), 우산 협회(umbrella associations) 그리고 풀뿌리 협회(grass-roots associations) 등으로 나누어서 살펴볼 수 있다. 이들 협회에 대해서 좀더 구체적으로 살펴보면 다음과 같다.

먼저 Kramer(1981)는 사회적 목적을 가지고 그리고 그들의 구성원들에게 혜택을 주는 것을 추구하는 회원조직으로서 자발적 협회를 정의하였다. Bills(1993)는 **자발적 협회**를 어떤 문제를 함께 해결하기 위해서 또는 어떤 것을 함께 하기 위해서 그들 자신들과 다른 사람들과의 사이에 경계를 그리는 **사람들의 집단**이라고 하였다. 조직(또는 공식적 조직)이 구조와 참여자와 목적을 가지고 있듯이 협회도 위에서 정의하였던 것과 같이 목적이 있으며 참여자들이 있고 조직이 있다는 것을 알 수 있다. 하지만 공식적 조직이 정관이나 헌장에 의해서 공인되어진 공식적인 경계를 가지고 있다고 한다면 협회는 이와 달리 법률적으로 형성되어 있지 않고 기술적으로 존재한다는 점을 강조할 수 있다. 자발적 협회는 개인들이나 조직 또는 동시에 둘 모두를 회원으로 가지며 이 회원들이 회비를 지불하기도 한다. 자발적 협회의 예로는 전국사회복지사협회 등을 들 수 있다.

Young(2001)에 따르면 **우산협회**는 협회의 회원들이 비영리조직들로 구성된 비영리협회를 의미한다고 한다. 다시 말해 비영리조직들이 그들을 위한 협회를 구성하는 것을 의미한다. 우산협회는 종종 구성조직들이 전문성 강화를 위해서, 정치적 행동을 위해서 또는 사회화를 위해서 필요한 행동을 취한다. 우산협회의 예로는 전국사회복지시설연합회, 전국사회복지관협회 등을 들 수 있다.

풀뿌리 협회는 자발적 협회의 한 형태로써 자원활동가들에 대한 의존이 매우 높다는 특징을 갖는다고 한다. Smith(1999)에 따르면 풀뿌리 협회는 하나의 집단으로써 자발적 이타주의를 나타내는 특정 지역(또는 지방)에 기초한 굉장히 자발적이고 자원활동가들이 운영하는 공식적 비영리집단이라고 한다. 풀뿌리 협회는 특정 지역에 기초한 조직이나 구성원들의 연합적 형태를 강조한다. 풀뿌리 협회가 특정 지역에 기초하기 때문에 회원은 그 지역에 있는 구성원들로 구성된다.

그리고 조직과 조직간의 연계의 유형으로 Bailey와 Koney(2000)은 첫째, 제휴(affiliation) 둘째, 동맹(federation), 연합(association), 합동(coalition), 셋째, 조합(컨소시엄, consortium), 연계(networks), 그리고 넷째, 합병, 통합(consolidation) 등으로 구분하였다. 그들에 따르면 **제휴**는 두 개의 조직이 각자의 자율권을 가지면서 느슨하게 연계하는 형태이며 **동맹이나 연합 또는 합동**은 개개 집단의 목적과 함께 집단들의 목적을 중요시하며 개개조직들이 적절한 자율권을 갖고 있는 형태이고 **컨소시엄 또는 연계**는 각각의 조직들이 그들의 목적을 위해 최소의 자율권을 갖는 형태이며 마지막으로 **합병이나 합동**은 특정 조직이 그가 가지고 있는 자율권을 포기하는 형태의 조직간 연계라고 정리하였다.

2) 이념적 집단

이념적, 종교적 그리고 문화적 이유로 조직 간의 관계를 구분하는 경우는 크게 세 가지 경우로 나누어 볼 수 있는데 첫 번째는 종교적 집단(또는 신앙 지역) 두 번째는 인종적 집단 그리고 마지막으로는 여권주의 집단이다.

■ **종교 또는 신앙 집단**(religious or faith communities)

종교적 제휴기관(affiliates)들은 공개적으로 종교적 집단이나 신앙 지역과의 관계를 승인할 수 있는 사회서비스조직들이다.

■ 민족 집단(ethnic communities)

인구집단이 다민족으로 이루어지는 경우 민족집단이 존재하게 되는데 일반적으로 민족집단은 특정 민족성원들에만 서비스를 제공하는 집단으로 이해될 수 있다. 민족집단을 설명하면서 Jenkins(1980)는 민족집단이 다음과 같은 특성을 내포하고 있다고 한다.

첫째, 일차적으로 같은 인종사람들에게 서비스를 제공한다.

둘째, 주로 같은 인종의 사람들이 직원의 대부분을 차지한다.

셋째, 같은 인종의 사람들이 이사회를 차지하고 있다.

넷째, 특정 인종만이 모여 사는 지역을 가지고 있는 경우 또는 인종적 힘의 구조가 지역을 지원한다.

다섯째, 프로그램 안에 인종 통합적 내용이 포함되어 있다.

여섯째, 기관의 일차적인 목적이 가족의 강화에 있다.

일곱 번째, 민족적 동일성과 의사결정에서의 참여를 증진시키는 이념을 유지한다.

■ 여권주의 집단

이념적인 관계가 여권주의 집단의 서비스전달에 있어 기초를 이룬다고 할 수 있다. Martin(1990)에 따르면 여권주의 조직은 다음과 같은 기준을 갖추어야 한다고 한다.

첫째, 여권주의 이데올로기를 가지고 있어야 한다.

둘째, 여권주의를 인도하는 가치를 가지고 있어야 한다.

셋째, 여권주의의 목적을 가지고 있어야 한다.

넷째, 여권주의적 성과를 만들어내야 한다.

다섯째, 여성운동(women's movement)에 기초하여 설립되어야 한다.

기존의 조직들이 성 문제에 덜 민감하게 대응하였기 때문에 여권주의 집단이나 이념에 기초한 조직들이 대안으로 등장하게 되었다고 볼 수 있다. Hyde(2000)에 따르면 여권주의사회운동조직들은 여권주의이론과 실천의 구심체이며 다양한 임무, 구조, 이슈, 전략, 그리고 산물들을 반영한다고 한다. 또한 Hyde(2000)는 이념적으로 여권주의조직을 자유주의적 여권주의조직, 급진주의여권주의조직, 그리고 여성이 통제하는 문화적 여권주의 조직으로 구분할 수 있다고 한다.

3) 프랜차이즈

프랜차이즈는 오랫동안 영리를 추구하는 기업조직에서 조직과 조직 사이의 관계의 한 유형으로 발전하여 왔다. 많은 조직들이 지역이나 다른 국가에 그 대표를 두고 있으며 이러한 특정 조직을 대표하는 대표조직들을 프랜차이지라고 부른다. Oster(1992)에 따르면 프랜차이즈관계는 다음과 같은 속성을 가진다고 한다.

· 프랜차이지(독점권을 받는 조직, franchisee)는 특정 상품을 팔거나 또는 상표(trademark)를 사용할 수 있는 독점적인 권리를 갖는다.
· 프랜차이지는 프랜차이저(독점권을 부여하는 조직)에게 그에 상응하는 대가를 지불하며 프랜차이저로부터 공급품이나 새로운 원료를 구입하는데 동의하여야 한다.
· 프랜차이저는 프랜차이즈에게 기술과 운영에 관련된 일에 대한 원조를 제공하고 그리고 사업이 작동하도록 통제를 유지한다.
· 사업으로부터 오는 어떤 잔여적 이익이나 손실은 프랜차이지에게 있다.

일반 기업조직의 대표적인 프랜차이즈는 기술과 원료 그리고 경영방식 등을 제공받아서 표준화된 제품을 팔고 있는 커피나 햄버거 또는 치킨사업을 들 수 있다. 이익을 추구하지 않는 사회복지조직들에서 일반적으로 프랜차이즈의 관계는 존재하지 않았지만 1990년대 이후 사회복지분야에도 프랜차이즈의 조직관계가 도입되었다고 할 수 있다. 프랜차이즈의 원리는 지역적으로 같은 목적을 가지고 표준화된 서비스나 상품을 제공하는 것에 있기 때문에 적십자사나 YMCA 또는 YWCA 등과 같이 지역적으로 지부를 갖고 있는 조직들도 모두 넓은 의미에서 프랜차이즈에 속한다고 할 수 있다(Netting and O'Connor, 2003).

4) 주인관계(host relationship)

사회복지서비스는 큰 조직에서 사람(사회복지사)이나 프로그램 또는 부서에 의해서 서비스가 전달되는 경우가 있다. 예를 들어 병원에서 사회복지서비스가 전달되는 것은 사회복지부 또는 사회복지팀 또는 사회복지사에 의해서 이루어지지만 기본적으로 병원은 사회복지서비스를 제공하는 것이 일차적인 조직운영의 목적이 아니기 때문에 이러한 경우 사회복지서비스는 병원이라는 조직 안에서 부서나 또는 사람에 의해서 서비스가 전달된다. 이러한 경우를 주인관계라고 부른다. 주인조직(host organization)은 조직의 일차적 목적이 사회복지서비스의 전달은 아니지만 사회복지사를 고용하거나 또는 사회복지서비스를 제공하는 거대한 조직을 의미한다(Netting and O'Connor, 2003).

따라서 사회복지영역에 있어 주인조직은 병원(의료사회복지영역), 학교(학교사회복지영역), 교도소(교정사회복지영역), 일반기업(산업복지영역), 또는 군대(군대사회복지영역) 등의 사회복지서비스를 제공하는 다양한 조직들이라고 할 수 있다. 주인조직의 일차적 목적이 사회복지서비스의 제공이 아니기 때문에 일반적으로 client는 사회복지서비스를 제공받기 위해 주인조직에 오는 것은 아니지만 client의 욕구에 응답하기 위해 또는 client의 문제를 적절하게 해결하기 위해 사회복지서비스가 필요하게 되기 때문에 결국 주인조직들이 client를 돕기 위해 사회복지사 개개인을 고용하든지 또는 사회복지부를 만들게 된다. 다음의 표는 조직적 관계의 유형을 나타낸다.

〈표 1-2〉 조직적 관계의 유형

관계 유형	내 용	예
협회 (association)	규정된 목적을 위해 자발적으로 결합하는 조직들	사회복지사협회 사회복지관협회 전국 은퇴자협회
이념적 집단 (ideological communities)	종교적, 인종적, 여권주의적 가치나 이념으로 제휴되어 있는 조직들	불교사회복지재단 가톨릭복지재단 아시안복지재단
프랜차이즈	지역적, 국가적 조직의 관계를 갖고 있는 조직들로서 같은 목적을 지역적으로 수행하는 조직들	YMCA 적십자 선명회
주인(host)	사회복지서비스가 조직의 일차적 임무가 아니지만 사회복시 서비스나 혜택을 제공하고 있는 조직들	종합병원의 의료사회복지 학교에서의 학교사회복지 교도소에서의 교정사회복지

제 7 절 사회복지조직의 특수한 성격

인간에게 있어 가장 기본적인 건강, 교육, 복지 등을 다루는 의료서비스, 교육서비스 그리고 복지서비스를 제공하는 인간봉사조직의 특징들은 모든 인간봉사조직들에게 공통적으로 적용된다. 따라서 인간봉사조직의 한 분야인 사회복지조직들도 인간을 직접적 서비스의 대상으로 삼는다는 점에 있어서 Hasenfeld(1983)는 사회복지조직만이 갖는 특징으로 첫째, 사회복지조직의 원료는 인간이라는 점 둘째, 사회복지조직의 목적(goals)은 애매하고 불명확하며 다루기가 어렵다는 점 셋째, 사회복지조직이 추구하는 목적의 불명료함은 인간봉사조직인 사회복지조직이 혼란스러운 환경에서 움직인다는 것을 내포한다는 점 넷째, 사회복지조직의 기술은 정해진 기술을 사용하지 않고 불완전한(indeterminate) 기술을 사용한다는 점 다섯째, 사회복지조직의 핵심적 활동은 직원과 client의 관계로 구성되어 있다는 점 여섯째, 사회복지조직은 효과성을 측정할 수 있는 신뢰할 수 있고 유효한 측정도구가 부족하다는 점을 지적하였다. 여기에 사회복지만이 갖는 특징을 한가지 더 추가한다면 사회복지조직은 일반조직과 달리 제공하는 생산자와 소비자 사이의 서비스나 재화가 직접적으로 교환이 일어나는 교환의 장소라는 점이다. 사회복지조직의 조직적 특징을 좀더 자세히 살펴보면 다음과 같다.

1) 사회복지조직이 사용하는 원료와 생산해 내는 생산물이 모두 인간이라는 점

도덕적 가치에 의해서 대부분의 행동이 영향을 받는 인간이 주된 사회복지조직의 원료라는 점은 사회복지조직이 갖는 가장 독특한 특징이라고 볼 수 있다. 책상을 만들기 위해서 원료인 나무가 사용되는 것과 마찬가지로 사회복지조직에 있어 원료는 인간이고 나아가 인간이 원료로서 사용되고 결과물(또는 생산물이나 완성된 상품) 또한 인간 그 자체인 것이다. 따라서 사회복지조직에서 사용하는 서비스기술은 도덕적으로 정당화된 기술들이 사용되어야 하며 이는 서비스기술을 사용하는 모든 행동들이 중요한 도덕적 중요성을 가지고 있는 인간, 즉 client와 관련이 있기 때문이다. 결국 조직과 그 조직의 직원(사회복지사)들은 그들의 client들에게 행할 수 있는 것이 제약을 받으며 어떻게 client들에게 그들의 작업을 수행할 것인지도 제약을 받는다. 또한 client들은 자체적으로 행동하는 실체이기 때문에 조직은 반드시 client들로부터의 승낙을 얻어내기 위한 용인할 수 있는 메커니즘을 발전시켜야 한다.

2) 사회복지조직의 목적은 애매하고 불명확하며 다루기가 어렵다는 점

사회복지조직의 목적(goals)이 애매하고 불명확하며 다루기가 어렵다는 것은 사회복지조직이 인간을 원료로 해서 인간을 다루는 조직이기 때문에 사회복지조직의 목적은 생명이 없는 대상을 변형시키는 것보다도 인간의 복지에 대한 욕구나 갈망을 성취하는 것에 동의하는 것이 훨씬 어렵다는 것을 의미한다. 즉, 책상을 만드는 회사는 원료인 나무를 사용해서 책상을 만든다는 것에는 쉽게 동의할 수 있다고 보여지지만 인간을 다루는 사회복지조직에서는 인간의 욕구수준이 상이하고 그 욕구수준을 해결하는 것 자체도 상이함을 띠며 어떤 표준화된 인간을 만들어낸다는 것 자체가 불가능할 수 있기 때문이다.

결국, 사회복지조직에 있어서 목적에 대한 동의는 어쩔 수 없이 추상적인 수준에 머물러 있으면서 사회복지조직들이 행하는 실행은 경쟁력 있는 가치와 규범을 유지하고 있는 이익집단들에 의해서 특징 지워지는 한 사회 안에서 규범적인 선택을 하도록 하는 것을 필요로 한다. 다시 말해 사회복지조직에 의해서 수용된 조직적 목적은 확실한 동의가 존재할 수 없는 다원주의 사회에서 어떤 특정한 신념이나 가치를 강화시켜 준다. 따라서 사회복지조직의 목적은 반대하는 또는 상이한 신념체계를 유지하는 사회집단들에 의해서 도전받게 됨으로 인해 사회복지조직들은 다양한 사회집단의 이익을 만족시키는 목적을 수용하기 위한 계속적인 압력을 경험하게 된다. 따라서 사회복지조직들은 이중적이고 갈등적인 목적을 추구하도록 강제될 수 있게 되는 것이다.

3) 사회복지조직이 추구하는 목적의 불명료함은 인간봉사조직인 사회복지조직이 혼란스러운 환경에서 움직인다는 것을 내포한다는 점

즉, 사회복지조직을 둘러싼 환경은 많은 서로 상이한 이익집단들로 구성되어 있기 때문에 그들 집단들은 서로 다른 그들의 목적과 가치를 성취하려고 노력한다. 따라서 사회복지조직은 사로 상이한 이익을 성취하려는 집단들로 구성되어 있는 혼란스러운 환경에서 조직의 목적을 수행하기 위해서 노력하게 된다. 예를 들어 노숙자문제에 있어 경찰은 근본적이 문제의 해결 없이 노숙자들을 통제하고 노숙자쉼터나 가족으로 돌아가게 하는 것에 관심이 있을 것이고 노숙자지지단체는 노숙자들이 가지고 있는 정신적 물질적 문제들을 해결하는 서비스에 관심이 있을 것이며 지하철 상가주인들은 지하철 역사에서 노숙자들을 쫓아내는 것에 관심이 있을 것이다. 이러한 각각 집단들이 가지고 있는 관심은 계속 바뀔 수 있다. 따라서 사회복지조직들은 혼란스러운 환경 안에서 기능하게 된다.

또한 사회적 조건이 변화하면서 새로운 집단들이 나타나게 되고 사회복지조직은 이러한 변화에 순응하여야 하는데 이는 사회복지조직들이 움직이기 위해서 외부의 재원 제공자들에게 의존하기 때문이다. 따라서 사회복지조직들은 환경에 크게 의존하며 그리고 결과적으로 환경 안에서의 변화에 쉽게 영향을 받게 되는 것이다.

4) 사회복지조직의 기술은 정해진 기술을 사용하지 않고 불완전한 기술을 사용한다는 점

사회복지조직은 어떻게 원하는 결과를 성취할 수 있는가에 대한 환전한 지식을 제공할 수 없는 불완전한 기술을 사용한다. 완전한 기술의 부족은 다음과 같은 세 요인들로부터 결과한다고 한다.

첫째, 인간은 극도로 복잡한 체계를 대표한다. 인간의 속성은 상호 관련되어 있으며 사람과 사람에 따라 다양하다. 따라서 원료로서의 인간은 안정적이지 못하고 변화하기 쉽다는 점이다.

둘째, 인간이 어떻게 기능하고 어떻게 인간을 변화시켜야 하는가에 대한 지식은 부분적이고 불완전하다.

셋째, 사회복지조직들이 변화시키기 위해서 노력하는 인간의 속성은 관찰되고 측정할 수 없다는 점이다.

결론적으로 사회복지조직은 알려져 있지 않은 요소로 되어 있고 결과에 대해 예측할 수 없는 명확성이 부족한 서비스기술을 사용한다. 이는 사회복지조직이 책상과 같이 생명체가 없는 대상을 다루는 것이 아니라 인간을 다루기 때문에 나타나는 자연적인 현상이라고 볼 수 있다.

5) 사회복지소직의 핵심적 활동은 직원과 client의 관계로 구성되어 있다는 점

사회복지조직에서 가장 중심적인 행동은 바로 직원(사회복지사)과 client의 만남이다. 따라서 사회복지조직의 핵심적 활동은 조직의 공식적 권위구조에 의해서가 아니라 client와 직원들과의 관계 즉, 상호행동을 통해서 이루어진다. 즉, 조직의 핵심적 활동은 중요한 조직 활동의 직접적 명령계통에 따른 의사소통을 통해서가 아니라 client와 직원들과의 만남을 통한 관계에 의해서 이루어진다는 것이다.

직원과 client와의 관계는 조직이 client에 대해 권한을 갖고, client들의 욕구를 결정하고 사정하며 그들을 변화시키기 위해서 노력하고 그리고 원하는 결과를 성취하기 위한 부품과 도구의 역할을 한다고 볼 수 있다. 즉, 사회복지조직에 있어 모든 중요한 과업은 client와 직원들 사이의 일련의 거래에 의해서 수행되는 것이다. 따라서 조직 안에서 client의 운명은 이 직원과 client의 관계의 구조와 내용에 의해서 영향을 받으며 특히 client들이 나타내는 속성이나 정보, 직원들의 태도, 그리고 client에 대한 대응에 의해서 영향을 받는다고 한다. 따라서 직원과 client와의 관계의 질과 본성이 조직의 실패와 성공을 결정하는 중요한 결정요인이 된다. 그리고 이들 관계의 질은 조직을 통해서 통제되는 것이 아니고 직원과 client들의 개인적 속성에 의해서 영향을 받는다고 한다.

그리고 직원과 client의 거래와 관계는 쉽게 감시감독하기가 어렵다고 한다. 즉, 효과적인 감시감독을 위해 매우 중요한 client와 직원들의 관계를 보고 관찰하는 것이 극도로 제한적이라는 점이다. 이것은 첫째, 직원과 client 사이에 교환된 정보에 대한 비밀보장을 보장하기 위해 윤리적이고 법적인 제한이 있기 때문이며 둘째, 사회복지사들은 그들과 client들과의 관계의 질, 그들 사이의 신뢰, client가 갖는 신뢰 등이 외부의 침입에 의해서 나쁜 영향을 받을 수 있다는 강력한 믿음을 가지고 있기 때문이고, 셋째, 신뢰할 수 있고 유효한 수행력 평가기준의 결여가 client와 직원관계의 직접적 관찰을 관찰의 해석에 대한 심각한 갈등을 유발시키는 매우 불안정한 감독도구로 만들기 때문에 client와 직원관계가 공개되는 것을 꺼려하는 요인을 제공한다는 것이며 넷째, 조직이 완전히 이들 관계를 통제할 수가 없기 때문에 그리고 직접적 감시 감독은 사람과 시간을 필요로 하기 때문에 client와 직원관계의 직접적으로 감시 감독하는 행정적 비용이 매우 높다는 것이 기인한다. 그리고 다섯 번째로 전문직으로서의 사회복지직의 측면에서 직접적 감시감독은 전문직의 자율성에 대한 심각한 침해이고 전문적 경쟁력에 대한 도전으로 보여지기 때문이다.

또한 client와 다양한 직원들과의 관계는 쉽게 조정되지 않게 되는데 이는 한 명의 client는 다양한 직원들과 관계를 갖게 되고 client와 다양한 직원들이 갖게 되는 각각의 관계는 그들 각각의 관계를 형성하는 상호관계의 내용에 크게 영향을 받기 때문에 이들 관계들은 결국 쉽게 조정되는 것이 어렵게 됨을 의미한다. 결국 조직의 공식적 권위구조상에서 가장 낮은 지위에 있는 사회복지사라고 하더라도 그들의 업무는 일상화하기에 너무 복잡하고, 다양하고 예측불가능한 인간 조건에 부응하는 상황에서 일을 하며, 그리고 client들이 그들의 복지를 책임지는 주요인물이라고 믿기 때문에 낮은 지위에 있는 사회복지사들도 중요한 분별력을 실천한다고 볼 수 있는 것이다. 낮은 지위에 있는 사회복지사들은 이러한 분별력을 그들의 상대적 자율성을 유지하기 위해서 그리고 상급자들과는 다른 그들 자신들의 이익을 증진시키기 위해서 사용하게 된다. 결국 낮은 지위에 있는 사회복지사들도 그들이 공식적으로 부여받은 것 이상의 자율성을 실천하게 된다. 동시에 서비스기술이 결정되어 있지 않고 조직의 목적이 애매모호하기 때문에 조직은 다양한 부서들의 업무를 조정하는 능력에 있어 제한적이 되며 이러한 이유들로 인해 사회복지조직은 종종 느슨하게 묶여 있는 체계라고 불리기도 한다(Weick, 1976). Parsons(1970)에 따르면 일반적으로 소비자와 비교해서 client는 다음과 같은 의미를 내포하고 있다고 한다.

첫째, 조직의 서비스에 대해 client는 수혜자이면서 소비자라는 점

둘째, client는 작업이 이루어지는 원료이면서 동시에 조직이 실천과정과 변화노력에 있어 반드시 고려해야 하는 사회적 가치를 가지고 있다는 점

셋째, client는 조직의 준회원이라는 점.

이는 client가 반드시 어느 정도의 범위에서 조직의 정책에 부응하고 협조해야만 하고 그리고 제시된 행동과 수행에 따라야 한다는 점에서 더욱 그렇다.

6) 사회복지조직은 효과성을 측정할 수 있는 신뢰할 수 있고 유효한 측정도구가 부족하다는 점

일반적 기업에서 필요한 상품 생산에 대한 경제적 효율성이나 효과성을 측정하는 쉽게 수치화할 수 있는 측정도구와 달리 사회복지조직은 인간의 속성과 변화를 다루기 때문에 이러한 인간 내적 본성의 변화를 측정할 수 있는 표준화된 즉, 신뢰하고 유효한 측정도구가 부족하다는 것이다. 이는 경제적 효율성이나 효과성을 측정하는 도구로 사회복지조직의 수행력을 평가하는 것에 대한 제한을 나타냄과 동시에 비교할 수 없음으로 인해 나타나는 새로운 기술적 발전을 거부하는 경향을 나타나게끔 한다.

따라서 신뢰할 수 있고 유효한 측정도구의 부족 때문에 사회복지조직은 변화와 혁신에 더욱 저항한다는 점이 지적된다. 즉, 수행력을 비교할 수 있는 기준잣대가 부족하기 때문에 결국 유효하고 신뢰할 수 있는 측정도구의 결여는 혁신하려는 조직의 능력을 감소시킨다는 것이다. 결론적으로 조직목적의 불명료함과 다중성, 서비스기술의 불확정성, 그리고 인간속성을 측정하고 관찰하는데 있어서의 내재적인 어려움 등은 조직의 효과성을 평가하고 그리고 서비스결과를 평가하는데 있어 어려움으로 작용한다.

7) 사회복지조직은 일반조직과 달리 제공하는 서비스나 재화가 직접적으로 교환이 일어나는 장소라는 점

기업조직들이 생산해 내는 생산물의 교환은 우리가 알고 있듯이 시장에서 이루어진다. 이는 사람들이 기업들이 만들어내는 상품을 소비하기 위해서 그 상품의 획득을 시장을 통해서 달성한다는 것을 의미한다. 하지만 사회복지조직이 제공하는 서비스나 재화는 시장에서 교환이 이루어지지 않고 직접적 생산의 주체인 조직에서 직접 이루어진다는 특징을 갖는다. 이는 사회복지특징으로서 이미 지적된 사회복지조직의 핵심적 활동은 직원과 client의 관계로 구성되어 있다는 점에서도 설명되어질 수 있다. 즉, 사회복지조직에서 사회복지서비스와 재화의 직접적 교환의 당사자들은 사회복지사와 client들이다. 이들은 사회복지조직에서 직접적으로 사회적 상품인 복지서비스와 재화를 제공하고 제공받는다. 따라서 교환의 직접적 당사자들인 생산자, 판매자 그리고 소비자가 모두 사회복지조직 안에서 함께 생산과 소비 분배의 역할을 담당한다. 예를 들어 사회복지사는 조직 안에서 사회문제를 갖고 있는 client들의 욕구를 해결하기 위한 프로그램을 개발하고 실행하며 구체적인 문제해결을 위한 서비스를 제공한다. 그리고 client들은 직접적 서비스 주체인 사회복지조직에 들어옴으로 인해 그 조직이 제공하는 사회적 상품을 제공받고 그 상품을 소비하게 된다. 그리고 사회복지조직은 그들 조직이 생산해낸 사회적 상품의 제공을 통해서 client들의 또는 지역주민들의 사회 경제적 역할을 조정하여 분배적 역할을 담당하게 된다. 또한 client들도 사회복지조직이 제공한 사회적 상품의 소비를 통해서 사회경제적 역할이 조정되는 분배적 효과를 경험할 수 있게 된다.

제8절 사회복지조직과 프로그램 그리고 서비스

1. 사회복지조직과 복지재화 그리고 서비스의 관계

사회복지조직은 일반 조직과는 달리 물질적으로 완성된 형태의 재화 또는 상품을 생산해 내지는 않는다. 하지만 원료가 투입되어 변형과정을 거친 후 상품이 만들어지는 일련의 과정은 일반 조직과 같다고 할 수 있다. 여기서 다른 점은 일반조직과는 달리 원료가 client로서 인간이고 완성된 형태의 재화가 바로 client로서 인간이라는 점이며 이러한 원료가 변형과정을 거쳐 다른 형태의 인간으로 나타나게 된다는 것이다. client의 변형을 가져오기 위해서 사회복지조직이 제공하는 것은 프로그램이며 프로그램에서 client들에게 직접적으로 변형을 가져오게끔 영향을 미치는 것은 서비스라고 할 수 있다. 따라서 사회복지조직에서는 프로그램이 복지재화를 만드는 수단이 되며 직접적 혜택으로서의 서비스가 client의 변형에 직접적인 도구로서 역할을 한다. 결국 변형된 client가 복지재화이고 client를 변형시키는 수단은 프로그램이며 변형을 위한 도구는 바로 복지서비스가 된다. 다시 말해 인간원료가 들어가서 변형을 하게 만드는 기계가 프로그램이며 인간변형을 위해 필요한 기계가 움직이고 생산물을 만들도록 하는 것은 서비스이며 산출되는 재화는 인간변형이 된다. 〈그림 1-2〉는 client의 변형과정을 그림으로 나타낸 것이다.

〈그림 1-2〉 사회복지조직에서 client의 변형과정

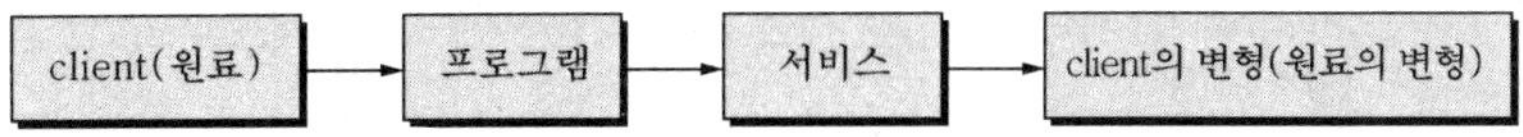

조직이 목적을 가지고 있는 하나의 사회적 단위라고 정의한다면 결국 조직은 목적을 성취하기 위해 다양한 행동들을 한다. 조직이 성취하려는 목적은 어떻게 성취될 수 있는가에 대한 해답은 조직이 제공하는 프로그램에 있다. 조직은 프로그램을 통해서 그들이 성취하려는 목적을 달성한다. 따라서 프로그램은 조직의 가장 중요한 구성요소라고 볼 수 있다. 조직은 프로그램을 통해서 서비스를 제공한다. 따라서 사회복지조직도 일반적 조직과 마찬가지로 목적을 성취하기 위해서 프로그램을 제공하고 프로그램을 통해서 성취하려는 목적을 달성한다. 그리고 프로그램을 통해서 구체적인 목적성취를 위한 서비스를 제공한다. 따라서 사회복지조직의 경우에 있어 서비스는 프로그램이 제공하는 client의 문제나 욕구를 해결하기 위한 직접적인 사회복지의 재화 또는 상품을 만들어내는 도구라고 볼 수 있다.

2. 프로그램

프로그램은 수단이다. 다시 말해 사회복지조직은 client와 사회복지사 사이에서 서비스를 교환하는 교환의 장이라고 할 수 있고 프로그램은 이 서비스를 client에게 전달하는 하나의 수단이라고 할 수 있기 때문에 프로그램은 사회복지조직이 달성하려고 하는 목적성취를 위한 하나의 수단이라고 할 수 있다.

프로그램의 정의에 관해서 살펴보면 Rapp and Poertner(1992)는 프

로그램이란 하나의 목적을 성취하기 위해서 유도된 행동들의 총체라고 정의하였다. 그리고 York(1982)는 프로그램이란 하나의 목표나 일련의 목표들을 성취하기 위해 유도된 상호의존적인 행동들의 세트라고 정의하였다. 따라서 프로그램은 목표나 목적을 성취하기 위한 행동체계라고 규정할 수 있다. Burch(1996)는 프로그램이란 이루어져야 하는 작업의 윤곽이며 미리 정렬된 행동절차라고 정의하였다. 한편 Netting, Kettner, 그리고 McMurtry(1998)는 프로그램이 목적과 목표를 성취하기 위해서 설계된 행동의 사전 배열된 집합체라고 한다. 결국 프로그램이란 목적이나 목표를 성취하기 위해 설계된 행동의 집합체라고 정리할 수 있다. Martin과 Kettner(1997)에 따르면 사회복지프로그램(human service program)은 다음과 같은 행동을 한다고 한다.

· 확인된 사회문제를 다룬다.
· 조직의 총체적 행동의 중요한 부분을 대표한다.
· 목적과 목표를 갖는다.
· 인적자원을 포함한 자원을 갖는다.

일반적으로 사회복지기관들이 제공하는 프로그램을 크게 세 분류로 나눌 수 있다고 한다. 첫 번째 프로그램은 직접적으로 client들에게 서비스나 혜택을 제공하는 프로그램이 있으며 두 번째 프로그램은 client에게 서비스를 제공하기 위해서 직원들의 능력을 고양시키는 직원개발 훈련 프로그램이 있다. 그리고 마지막으로 직접적으로 client들에게 제공하는 프로그램을 지원하는 보조적 프로그램이 있을 수 있다. 예를 들어 지지, 로비, 자원조달 프로그램 등이 여기에 속한다.

3. 서비스

프로그램을 통해서 client들의 문제나 욕구를 해결하기 위해 제공되는 것은 서비스(또는 혜택)이다. 사회복지조직은 일반 조직과는 달리 재화와 상품을 생산하지 않고 변형된 client를 생산한다. client를 변화 또는 변형시키기 위해서 사회복지조직이 client에게 직접적으로 영향을 미치기 위해 전달하는 것이 바로 사회적 프로그램 또는 사회복지프로그램이 제공하는 서비스이다.

Netting과 O'Coner(2003)는 서비스가 하나의 구체적인 개입이라고 정의한다. 따라서 서비스는 현금일수 있고 상담이 될 수도 있으며 한 끼의 식사가 될 수도 있다. 서비스가 어떠한 유형으로 제공되건 서비스는 직접적으로 욕구에 있는 개개인들에게 영향을 미친다. 일반적으로 프로그램은 다양한 서비스들로 구성되어진다.

4. 사회복지기관이 제공하는 서비스의 유형

Chambers(2000; 지은구, 2005)는 프로그램이 제공하는 서비스(또는 혜택)의 유형으로 아홉 가지를 예로 들고 있는데 그것들을 살펴보면 다음과 같다.

- 현금(cash benefit)
- 물질적 재화나 상품(in-kind benefit)
- 전문적 서비스
- 긍정적 차별(positive discrimination)

· 신용(credit)이나 교환권(voucher)
· 보조금(subsidies)
· 정부로부터의 재정담보
· 보호 규정(protective regulation)
· 결정에 대한 힘(power over decisions)

먼저 현금서비스는 재화나 상품 그리고 전문적 서비스혜택과 함께 가장 많이 사용되고 있는 서비스나 혜택의 유형이라고 할 수 있다. 현금혜택은 client들이 사용하기 쉽고 복지수혜자라는 낙인화(stigmatization)에 대한 우려도 적기 때문에 일반적으로 client들이 가장 선호하는 혜택의 유형이라고 볼 수 있다. 현금혜택은 또한 부수 효과(side effect)로 경제부양의 효과를 기대할 수 있다. 일반적으로 현금의 유동성이 빠른 복지수혜자들은 현금혜택을 자신들이 필요한 재화나 서비스를 구입하기 위하여 지출하게 되어 생산된 재화나 서비스에 대한 수요가 급증하게 되고 생산이 증가하게 되며 이로 인해 경제발전과 고용안정에도 기여하게 되며 국가에게는 판매세 등을 포함한 세금의 증액을 가져다주는 효과를 기대할 수 있게 되는 것이다. 전문적 서비스는 사회복지실천의 전 분야에 있어 사회복지기술과 지식으로 무장한 전문가로서의 사회복지사들에게 양질의 전문적 행동들 즉, 서비스를 받는 것을 의미한다. 사회복지사들은 다양한 분야에서 정신보건상담치료, 개별사례상담 등의 다양한 전문적 서비스를 제공하고 있다. 물질적 재화나 상품(현물급여, in-kind benefits)도 일반적으로 많이 제공되는 사회복지서비스나 상품으로 분류된다. 옷을 제공한다든지 특정 식품이나 주택 등을 포함하는 현물급여인 물질적 재화나 서비스도 현금과 같이 실체적이고 가치 있는 혜택의 한 유형이라고 얘기할 수 있다.

신용(credit)이나 교환권(voucher)은 혜택이나 서비스의 제공을 담당하고 있는 납품가에게 제공하는 상품이나 서비스에 대해 선-지급금이나 후-지급금을 보장해 주는 유형의 혜택을 의미한다. 따라서 현금과 달리 client들은 신용이나 교환권을 가지고 상품이나 서비스를 구입하며 상품제공자는 정부로부터 사용된 신용이나 교환권에 해당하는 지급금을 미리 또는 후에 받는다. 신용과 교환권의 차이점은 교환권이 상품이나 서비스를 받을 수 있다는 정부로부터의 허가를 입증하는 공식화된 문서이며 상품이나 서비스에 대한 선택은 client들에게 있다는 것이다. 반면 신용은 특정 서비스나 상품에 대해 정부가 사전이나 사후에 상품제공자 또는 서비스제공자에게 직접 지급을 보증하기 때문에 client들은 교환권과 같은 특정한 문서 없이 지정된 상품이나 서비스를 이용해야 한다는 점이다.

일반적으로 가장 많이 사용되고 있는 상품이나 서비스의 유형인 현금, 전문적 서비스, 물질적 재화나 상품(현물급여, in-kind benefits), 그리고 신용이나 교환권 이외에도 다양한 유형의 서비스나 상품의 유형들이 존재한다. 보조금(또는 장려금, subsidy)도 국가에 의해 채택되어 사회복지분야에서 사용되고 있는 혜택이나 서비스의 한 종류이다. 보조금은 제공되는 서비스나 상품에 대한 일부를 정부가 제 3 자(the third party)로서 지불하는 것을 의미한다.

미국의 예를 들면 저소득의료보험(Medicaid)에 가입되어 있는 노인들은 요양시설에서 서비스를 받는 경우 비용은 요양원이 국가에 지불을 요청하게 되고 국가가 비용을 지불하는 제3자 지불방식을 취하고 있다. 보조금은 기관이나 시설 또는 단체나 프로그램에 대한 보조금(간접적 보조금)뿐만 아니라 client들에게 직접 보조금을 제공하는 경우(예를 들어 미국의 경우 빈곤가구를 위한 난방비 제공)도 있다. Chambers(2000)는 보조금을 소비자보조금(consumer subsidies)과 시장보조금(market subsidies)으로 나누었는데 소비자보조금은 특정집단이나 인구들에게 간접혜택을 제공하기 위해서 돈을 지원하는 것을 말한다. 따라서 소비자보조금은 상품이나 서비스의 제공자에게 보조금을 주는 것이 아니라 소비자에게 혜택을 주는 것이다. 반면에 시장보조금은 소비자가 아니고 제공자에게 혜택을 제공하는 보조금을 의미하기 때문에 정부에 의해서 제공되는 현금이나 재화를 받는 즉, 보조금을 받는 소비자들은 존재하지 않게 된다. 대표적인 시장보조금이 농작물인 쌀의 수매가를 들 수 있다. 정부는 농부들이 경작한 쌀을 특정한 가격에 사들이는 것을 보증함으로써 쌀 가격이 폭락하는 상황에서도 농부들은 그들이 경작한 쌀에 대한 특정가격을 보장받을 수 있다. 결국, 시장이 특정 상품의 가격을 하락시킨다 해도 정부가 그 특정상품에 대한 지지가격을 제공해 주기 때문에 농부들은 가격 차이를 상쇄시킬 수 있게 된다.

긍정적 차별은 사회적으로 배제된 또는 차별받고 있는 소수계층들을 위한 역 차별이라고 정의할 수 있다. 따라서 긍정적 차별은 과거에 불공평하게 차별 받아서 서비스나 상품의 수혜로부터 거부되었던 사람들에게 전문적 서비스를 제공하는 것을 말한다. 여성, 노인, 장애인 등이 대표적으로 긍정적 차별이라는 서비스를 받게 되는 인구집단이라고 볼 수 있다. 따라서 긍정적 차별은 과거에 불공평이 만연해 있던 곳에서 공평을 복원하려고 시도하는 혜택의 한 유형이라고 할 수 있다. 긍정적 차별의 혜택을 제공받기 원하는 신청자들은 과거에 행해졌던 불공평한 대우를 치료하기 위한 특별한 서비스를 제공받게 된다. 긍정적 차별의 대표적인 예로서는 법안(장애인 고용평등 법, 여성고용법 등과 같은)이나 또는 특정한 행정적 절차를 들 수 있다. 행정적 절차로서는 여성이나 장애인 또는 노인 등에게 다른 일반 사람들에게 적용되는 행정적 자격기준 등을 다르게 적용하는 것들을 예로 들 수 있다.

또한 많이 사용되는 서비스나 혜택의 유형은 아니지만 대출금보장,

보호규정 그리고 결정을 할 수 있는 힘의 이양(결정에 대한 힘의 인정) 등이 있다. 대출금보장은 정부가 대출금에 대한 재정보증을 제공하는 것으로써 빈민들이나 소규모 영세상인들이 집이나 사업을 하기 위해 은행으로부터 돈을 빌리는데 있어 신용상태가 좋지 않거나 보증을 세울만한 사람이 없는 경우 정부가 지급을 보증하는 재정담보의 역할을 담당하게 된다. 보호규정은 시장으로 진입에 있어 보호받는 유형의 혜택을 의미한다. 가장 대표적인 예로서는 전기 또는 가스 등을 들 수 있다. 보호규정이 왜 복지서비스나 혜택의 유형이 될 수 있는가는 가스나 전기 등 일상생활에 없어서는 안 되는 필수적인 품목들을 보호하는 규정을 둠으로써 그들 상품들이 시장에서와 같이 경쟁을 통한 가격결정의 영향을 받지 않게 하여 일반 시민들이 저렴한 비용으로 만족을 누릴 수 있게 하기 때문이다. 마지막으로 결정에 대한 힘을 서비스나 혜택의 한 유형으로 볼 수 있다. **결정에 대한 힘**의 대표적 예로서는 client나 시민들의 대표를 조직이나 기관의 이사회에 이사로 선임하여 client나 일반 시민들의 의사를 대표하게끔 하는 것을 의미한다. 이 혜택은 결정에 대한 권리를 프로그램과 직접관련이 있는 집단들에게 돌려준다는 데에 의미가 있다고 볼 수 있다.

이상에서 살펴본 바와 같이 프로그램설계 시 프로그램 계획가들이나 사회복지사들이 프로그램이 문제를 가지고 있는 사람들의 욕구를 해결하기 위해 어떤 서비스나 혜택을 제공할 것인가를 결정해야 한다. 서비스나 혜택의 다양한 9가지의 유형들은 한 개 이상이 함께 제공될 수도 있고 또는 단지 그 중 하나만이 제공되어질 수도 있다. 하지만 그렇다고 오직 하나만의 혜택이나 서비스가 프로그램이 목적하는 바를 성취하기 위해서 제공될 수 있다고 결정짓는다는 것은 위험할 수 있다. 예를 들어 프로그램의 목적이 빈곤의 퇴치에 있다고 했을 때 빈곤으로부터 탈피하도록 하는 다양한 유형의 혜택들 즉, 현금보조나 직업훈련 등과 같은 전문적 서비스, 물질적 재화나 상품의 보조 등이 다함께 고려될 수 있기 때문이다. 또한 생계비보조금을 지급 받는 생활보호대상자들은 생계비보조를 받기 위한 자격기준으로 다른 프로그램으로부터 다양한 유형의 혜택(예를 들어 의료보호)들을 동시에 받을 수 있는 자격이 주어질 수 있다. 또 하나의 예를 든다면 실업자를 위한 직업훈련프로그램을 들 수 있다. 이 프로그램에 등록한 실업자들은 훈련기간동안 생계를 위한 현금서비스를 받으며 다양한 기술직업훈련의 교육서비스를 받고 그리고 직업훈련이 끝나면 고용을 위한 일자리소개서비스도 받게 된다. 따라서 혜택이나 서비스들은 이중적이고 상호 관련이 있다고 얘기할 수 있다. 따라서 사회복지사들은 다루어야 하는 사회문제에 대한 분석결과와 프로그램의 목적과 연관지어 가장 문제를 해결하는데 있어 효과적인 혜택이나 서비스들을 결정하는 것이 중요하다고 볼 수 있다.

〈표 1-3〉은 제공될 수 있는 혜택 또는 서비스를 나타내 준다.

〈표 1-3〉 서비스와 혜택의 주요 형태

서비스/혜택	정 의
물질적 재화나 상품	손으로 만질 수 있는 혜택(예, 음식, 옷, 주택 등)
현금	가치의 손실 없이 교환이 가능한 통화
전문적 서비스	신뢰할 수 있는 전문가에 의한 기술적 지적 수행
긍정적 차별	과거의 불공평을 해결하기 위해 보호받는 집단들을 위한 혜택
신용이나 교환권	서비스나 혜택을 제공하는 상인에게 미리 지불된 또는 나중에 지불되는 지급금
보조금	제삼자에게 지급된 지급금
정부로부터의 재정담보 (또는 대출금보장)	채무불이행시 대출금을 정부가 대신 지급하겠다는 약속
보호 규정	경쟁력의 결핍에 따른 시장에서 독점적 권리의 수여
결정에 대한 힘	특정집단의 이익을 위한 결정을 할 수 있는 권리

*지은구. 2005, p. 207 에서 재인용

제2장

조 직 이 론

제 1 절 조직이론의 배경

1. 조직이론

많은 이론가들이 수년 동안에 걸쳐서 조직을 이해하기 위한 방식을 찾기 위해 노력해 왔다. 조직이론은 조직을 이해하는 방식으로써 그리고 조직에서 이루어지는 실천 행동을 인도하는 보편적 규정을 알려주는 역할을 담당한다. 즉 조직이론을 통해서 우리는 조직이 어떻게 나타났는지, 왜 조직은 특정한 형식의 구조를 취하는지 그리고 어떻게 조직이 운영되는지에 대한 대답을 찾는데 도움을 얻을 수 있게 된다. 좀더 구체적으로 우리는 조직을 설명해 주는 다양한 이론들을 이해함으로써 어떻게 조직의 구조가 눈에 보이지 않는 비공식적 구조를 가질 수 있는지, 항상 한 사람에 하나의 슈퍼비전만 필요한 것인지, 조직도

(organizational chart)에는 항상 분명한 권위의 경로만 존재하는지, 명령의 체계는 어떠한 모습을 띠고 있는지, 각 조직들이 성취하려고 하는 일차적인 행정적 과업은 무엇인지, 결정수립의 경로는 무엇인지 등에 관한 일차적인 해답을 얻을 수 있다.

조직이론들은 많은 이론가들에 의해서 정리되었는데 Hutchinson(1967)은 조직이론을 과학적 관리, 환경 그리고 인간관계학파, 결정수립, 현대관리이론으로 구분하였으며 Scott와 Mitchell(1972)은 위의 이론에 신고전파이론, 체계이론, 조직 과정이론, 조직변화를 추가하였다. Hasenfeld(1983)는 관료주의 이론, 과학적 관리, 인관 관계관점, 결정수립이론, 상황이론, 자연체계관점, 신마르크스주의적 관점, 그리고 정치·경제적 관점으로 구분하였고 Bolman과 Deal(1991)은 조직이론을 구조적 관점, 정치적 관점, 상징적 관점으로 구분하였으며 Farazmand(1992)는 수단적 이성(고전 그리고 신고전이론 포함); 체계이론; 그리고 비판적 해석이론(critical and interpretive theory)으로 구분하였고 Shafritz와 Ott(2001)은 조직이론의 복잡성을 강조하며 다음과 같이 구분하였다.

- 고전 조직이론
- 신고전조직이론
- 인간자원이론 또는 조직행동 관점
- 현대 구조적 조직이론
- 체계이론 그리고 조직적 경제학
- 힘 그리고 정치적 조직이론
- 조직문화 그리고 인식이론
- 조직문화개혁운동
- 포스트모던 그리고 정보시대

한편 Netting과 O'Coner(2003)는 조직이론을 네 개의 패러다임(paradigm) 즉, 기능주의 이론, 급진적 구조주의 이론, 해석이론(interpretive theory), 그리고 급진적 인간주의이론으로 위의 이론들을 구분하여 설명해 주고 있다. 즉, 그들은 각각의 이론적 패러다임에 근거하여 조직이론들을 분류하였는데 그들이 제시한 조직이론의 분류는 다음과 같다.

■ 기능주의: 기능주의에 속하는 이론들
- 고전조직이론
- 신 고전조직이론
- 인간자원이론 또는 조직 행동적 관점
- 현대 구조 조직이론
- 체계이론과 조직경제학

■ 급진적 구조주의 이론: 급진적 구조주의 이론에 속하는 이론들
- 제세이론과 인구생태학
- 힘 그리고 정치 조직이론
- 포스트모더니즘

■ 해석이론(interpretive theory): 해석이론에 속하는 이론들
- 조직문화이론
- 인식이론

■ 급진적 인간주의이론: 급진적 인간주의이론에 속하는 이론들
- 힘 그리고 정치 조직이론: 여권주의이론, 비판이론
- 포스트모더니즘

위에서 보는 바와 같이 조직이론의 복잡성과 계속적인 확대 발전은

조직을 이해하기 위한 방법이 계속 진행 중이라는 것을 보여준다. Morgan(1997)은 실천적 방식으로 조직을 이해하고 관리하기 위해서 조직을 은유법을 사용하여 이해하기 위해 노력하였는데 그가 제시한 은유로서의 조직은 다음과 같다.

■ **기계로서의 조직**: 조직을 기계와 같다고 바라보는 관점은 조직이 명확히 규정되어 있는 역할만을 수행하는 기계와 같다는 것을 의미한다.

■ **유기체로서의 조직**: 동물들이 또는 인간들이 환경에 적응하기 위해서 그들의 모습이나 외형을 바꾸는 것과 같이 조직을 유기체와 같다고 보는 것은 조직이 다른 인간이나 동물과 같이 조직의 욕구와 환경과의 관계에 의해서 스스로 적응해 나가는 측면을 강조하였다고 볼 수 있다.

■ **두뇌로서의 조직**: 조직이 두뇌와 같다는 것은 조직이 스스로 조직할 수 있고 학습할 수 있다는 측면을 강조한 것이다.

■ **문화로서의 조직**: 조직을 문화와 같다고 보는 관점은 조직이 조직을 유지하는 신념, 규범, 가치, 사고나 의식에 귀속되어 있음을 강조하는 것이라고 볼 수 있다.

■ **정치체계(political system)로서의 조직**: 조직은 조직구성원들에 의해 절차나 일정이 만들어진다. 즉, 조직구성원들 간의 상이한 관심, 갈등, 그리고 힘의 역학관계가 조직의 행동을 형성한다는 의미에서 조직은 정치체계라고 할 수 있다.

■ **정신감옥(psychic prison)으로서의 조직**: 인간들은 각각 자신들이 가지고 있는 신념이나 사상 또는 사고의 틀 그리고 무의식적인 사고에 의해서 나타나는 선입견이나 편견에 사로잡혀 있는 데 이것을 정신감옥이라고 한다면 조직도 마찬가지로 이러한 정신감옥과 같다는 것을 의미한다. Morgan(1997)에 따르면 인간이 의식적인 또는 무의식적인

과정을 일으키는 생각이나 사고 그리고 행동에 의해서 사로잡혀 있을 수 있고 제재를 받을 수 있는 것과 같이 조직도 궁극적으로 의식과 무의식적인 과정에 의해서 창조되고 유지된다는 의미에서 조직은 정신감옥과 같다고 한다.

■ **끊임없는 변화(flux)와 변형으로서의 조직**: Morgan은 조직을 계속적으로 변화나 변형이 일어나고 변화가 전개되는 논리로서 바라본다. 즉, 그에 따르면 끊임없는 변화와 변형의 관점으로 조직을 바라보게 되면 조직을 이해하는 비밀은 사회적 삶을 형성하는 변화의 논리를 이해하는 것에 달려 있다고 한다.

■ **지배의 도구로서의 조직**: 지배의 도구로서 조직을 바라보는 입장은 조직의 착취적 측면이 강조되는 것으로서 조직이 특정 소수집단의 이기적 이익을 위해 다른 사람들을 이용한다는 것을 의미한다.

위의 조직에 대한 은유를 조직이론과 결합하여 본다면 기계로서의 조직은 조식에 내한 고전이론들 즉, 과학적 경영이론과 관료주의적 이론에 기초한 조직은유라고 보여지며 유기체로서의 조직은 인간생태이론과 체계이론에 기초한다고 볼 수 있고 문화로서의 조직은 조직문화이론에 근거한다고 볼 수 있다. 〈표 2-1〉은 조직이론을 종합적으로 정리한 표이다. 다음 절에서는 언급된 조직이론들에 관해 좀더 구체적으로 살펴보기로 한다.

〈표 2-1〉 조직이론 종합

<table>
<tr><td>Hutchison(1967)</td><td colspan="2">과학적 관리, 환경, 인간관계학파, 결정수립, 현대관리이론</td></tr>
<tr><td>Scott/Mitchell(1972)</td><td colspan="2">과학적 관리, 환경, 인간관계학파, 결정수립, 현대관리이론, 신고전파이론, 체계이론, 조직 과정이론, 조직변화</td></tr>
<tr><td>Hasenfeld(1982)</td><td colspan="2">관료주의이론, 과학적 관리, 인간관계관점, 결정수립이론, 상황이론, 자연체계관점, 신 마르크스주의적 관점, 정치 · 경제적 관점</td></tr>
<tr><td>Bolman/Deal(1991)</td><td colspan="2">구조적 관점, 정치적 관점, 상징적 관점</td></tr>
<tr><td>Farazmand(1992)</td><td colspan="2">수단적 이성(고전, 신고전이론 포함), 체계이론, 비판적 해석이론</td></tr>
<tr><td>Shafritz/Ott
(2001)</td><td colspan="2">· 고전조직이론
· 신 고전조직이론
· 인간자원이론 또는 조직행동 관점
· 현대 구조적 조직이론
· 체계이론 그리고 조직적 경제학
· 힘 그리고 정치적 조직이론
· 조직문화 그리고 인식이론
· 조직문화개혁운동
· 포스트모던 그리고 정보시대</td></tr>
<tr><td rowspan="4">Netting/O'Coner(2003)
- 이론적 패러다임에 근거하여 분류-</td><td>기능주의</td><td>· 고전조직이론
· 신 고전조직이론
· 인간자원이론 또는 조직 행동적 관점
· 현대 구조 조직이론
· 체계이론과 조직경제학</td></tr>
<tr><td>급진적 구조주의 이론</td><td>· 체계이론과 인구생태학
· 힘 그리고 정치조직이론
· 포스트모더니즘</td></tr>
<tr><td>해석이론</td><td>· 조직문화이론
· 인식이론</td></tr>
<tr><td>급진적 인간주의 이론</td><td>· 힘 그리고 정치조직이론(여권주의, 비판이론)
· 포스트 모더니즘</td></tr>
<tr><td>Morgan(1997)
- 은유로서의 조직 -</td><td colspan="2">· 기계로서의 조직
· 유기체로서의 조직
· 두뇌로서의 조직
· 문화로서의 조직
· 정치체계(political system)로서의 조직
· 정신감옥(psychic prison)으로서의 조직
· 유동(flux)과 변형으로서의 조직
· 지배로서의 조직</td></tr>
</table>

2. 고전이론: 과학적 관리론, 행정관리론, 그리고 관료주의이론

고전이론은 조직의 목적을 성취하기 위해서 어떻게 최상으로 인간의 노력들을 조정할 것인가에 대한 대답으로 등장하게 되었다. 즉, 공식적 조직구조(formal organizational structure)와 생산성의 중요성에 대한 인식을 중요시하며 행정과업으로서 목적성취(goal attainment)를 강조한다. 그리고 목적성취를 위해서는 효율성과 효과성이 중요시되어야 한다고 강조한다.

고전조직이론 안에는 기본적으로 세 개의 조직이론들이 포함되어져 있다고 볼 수 있다. 첫 번째는 Taylor의 과학적 관리이론이고 두 번째는 Fayol의 행정관리이론 그리고 세 번째로는 Weber의 관료주의이론이다. 고전조직이론은 조직이론에 많은 영향을 미쳤는데 조직이론에 영향을 미친 고전조직이론의 가정은 다음과 같다

- 조직은 경제적 목적과 연관이 있는 생산을 성취하기 위해서 존재한다.
- 체계적이고 과학적인 요구를 통해서 생산을 조직하는 것이 가장 좋은 방법이다.
- 생산은 노동의 분업과 전문화를 통해서 최대화된다.
- 사람과 조직은 이성적 경제원칙들에 일치해서 행동한다.

1) 과학적 관리론

고전조직이론에 가장 많은 영향을 미친 사람은 Robert Taylor이다. Taylor에 의해 주장된 과학적 관리이론은 조직 안에는 어떠한 내재적 갈등도 존재하지 않으며 관리를 위해 좋은 것은 그것이 무엇이든지 간

에 인간 또는 노동자들에게도 좋은 것이라고 강조한다. 높은 생산성은 높은 이익을 가져다주며 높은 이익은 높은 임금을 그리고 높은 임금은 높은 만족감을 가져다준다고 믿는다. 그는 조직이 과학적으로 설계되어지면 더욱 큰 생산성을 가져다 줄 수 있다고 강조하였다.

과학적 관리는 인간과 작업장에서 그들의 행동에 관한 몇 가지 가정에 기초한다. Taylor는 노동자들이 일차적으로

첫째, 경제적인 관심에 의해서 동기부여 받으며

둘째, 이성적으로 행동하고

셋째, 단순한 작업을 선호하며

넷째, 그들의 일을 행하는데 있어 그들을 도울 수 있는 감독과 지도와 안내(guidance)를 원하고 필요로 하며

다섯째, 그들의 작업에서 그들이 진정으로 추구하는 것은 재정적 보장과 합리적이고 규칙적인 지급을 보장하는 안정된 작업환경을 원한다고 가정하였다.

결국 과학적 관리이론은 노동자의 생산성을 증대시키는 것을 목적으로 하며 이것을 성취시키기 위해 일한 만큼 보상받는 제도나, 수수료(commissions), 장려금(incentive pay)과 같은 보상방법에 의존한다. 이러한 보상방법들이 결국 노동자들에게 재정적 장려금(incentives)을 주며 노동자들은 이러한 장려금을 위해 생산에 있어서 그들의 시간과 노력을 바친다고 생각한다. 즉, 과학적 경영원리에 의하면 인간이 돈을 벌기 위해 일한다고 전제한다면, 그 인간은 많은 돈이 보상으로 주어질 경우 더욱 열심히 일한다는 것으로서 과학적 경영이론은 인간을 경제적 또는 기계 인간으로 간주한다.

Taylor는 노동자, 관리자, 소유자 모두 효율성과 생산성이 증대되면

혜택을 받기 때문에 갈등에 관한 이 이론의 입장은 갈등은 조직 내에서 최소한으로 존재하며 갈등의 원인은 과학적 지식과 경영 기술자의 부족 때문에 일어난다고 본다. 이 이론은 노동자들이 단순작업과 보상을 원한다고 믿기 때문에 단순작업을 하기 위한 노동의 분업을 강조하며 결정(decision)과 생각에 대한 책임감을 노동자들에서 관리자들이 경감시켜야 한다고 믿는다. 결국 노동자들의 일이 단순하기 때문에 그들은 일을 금방 배우고 생산성은 더욱 증대된다고 믿는다.

2) 행정관리론

Taylor와 함께 고전조직이론에 영향을 미친 사람으로 Henry Fayol을 들 수 있다. Fayol은 조직을 관리하고 조직하기 위해 필요한 중요한 원칙(**행정원칙**, administrative principles) 또는 요소들로서 다음의 것들을 강조하였으며 후에 그의 이론은 행정관리이론으로 불리기도 한다(Weinbach, 1998).

① 노동의 분업: Fayol은 노동의 전문화(specialization)가 노력의 증가 없이 생산성을 증대시킬 수 있다고 믿었다.

② 권위와 책임감: Fayol은 복종을 기대하고 명령을 할 수 있는 권위가 책임감과 관련이 깊다고 생각하였으며 책임감이 권위의 자연적인 결과물이라고 생각하였다. 따라서 관리자는 다른 사람들이 책임감을 받아들이도록 그리고 갖도록 해야 한다고 강조하였다.

③ 훈육 또는 교육: 그는 훈육을 노동자와 고용주와의 협약의 부분으로 간주하였다. 또한 훈육은 조직의 원만한 기능을 위해 필요하다고 믿었다.

④ 명령의 통일: 노동자들은 지도를 받아들여야 하며 한사람의 상관에게 책임이 있어야 한다고 믿었다. 이외의 다른 상황은 조직 내에서

문제를 야기하며 권위를 손상시킨다고 믿었다.

⑤ 지도의 통일: 같은 목적을 성취하기 위해 설계된 한 집단의 행동들은 한 개의 계획과 한 지도자를 가져야 한다고 믿었다.

⑥ 일반적 이익으로 개인적 이익의 종속: 그는 이기적이고 게으름 같은 인간 성격이 자기 이익만 추구하는 조직을 만든다고 보았다.

⑦ 보수 또는 급여: 그는 직원과 소유자 둘 다 만족할 수 있다고 생각했으며 이익 공유와 상여금 같은 보상체계를 찬성했다.

⑧ 중앙집중: 그는 조직 안에는 항상 정도의 차이는 있지만 중앙화되어 있다고 한다. 그는 조직의 중앙화와 또는 탈중앙화의 균형은 다양하며 관리자의 역할은 가장 적절한 균형을 찾는 것이라고 믿었다.

⑨ 명령체계: 그는 특히 적절한 대화가 필요할 때 엄격한(strict) 명령체계는 문제를 일으킨다고 보았다. 그는 비록 명령체계에서는 벗어날지라도 효율적으로 대화를 할 수 있는 짧고 직접적인 방법이 필요하다고 보았다.

⑩ 질서: 그는 개인, 조직이 적절한 위치(place)에 있어야 한다고 믿었다. 즉, 그는 직원들을 적절한 위치에서 일하도록 일치시키는 것을 강조했으며 그렇게 되면 직원들은 그에게 적절한 일에서 그들이 거대한 기여를 할 수 있게 된다고 믿었다.

⑪ 형평: 그는 공평(fairness)을 강조했다. 그는 상식(common sense)을 위한 욕구와 공평하다고 인식할 수 있는 의사 결정에 있어서의 온정(kindliness)을 강조했다.

⑫ 인사에 있어 안정 보장(stability of tenure of personnel: 그는 번영하는 기업은 안정적이라고 생각했으며 기업의 번영은 낮은 이직률과 관련이 있다고 생각했다. 그는 새로운 사원을 교육시키는데 있어서의 높은 비용과 영원한 직원지위를 부여한다든지 또는 재직권(tenure)을 줌으로써 직원들의 일자리를 보장하는 것을 강조했다.

⑬ 주도력: 그는 조직에 있는 노동자들 속에서 주도력(initiative)을 증진시키기 위한 방편으로 관리자의 중요성을 강조했다.

⑭ 단결심: 그는 조직 안에서의 조화에 가치를 두었다. 그는 조화는 관리자에 의해서 증진된다고 보았다.

Fayol의 이론은 Taylor의 이론과 마찬가지로 노동의 분업과 전문화, 인간동기를 고취시키기 위한 방안으로서의 보상원리 등을 강조하였다. 또 한편 Taylor의 추종자라고 부를 수 있는 H. L. Gantt(1861-1919)는 누가 어떤 시간에 어떤 것을 할 수 있는지(동작, motion)를 기대할 수 있는 Gantt 차트를 세계 1차 대전 기간동안에 개발하였는데 이 차트는 지금까지도 사회복지기관을 포함하는 대부분의 조직이 계획을 수행하는 데 있어 일의 진행상태를 검토(monitoring)하기 위해서 사용하고 있다.

3) 관료주의이론

고전조직이론을 대표하는 한 사람으로써 Max Weber(1864-1920)를 들 수 있다. Weber가 주장하였던 관료주의 이론은 아직도 여러 군데의 조직이나 단체에서 적용하고 있는 원리로서 고전조직이론에 속한다. Max Weber에 의해서 개념화되었던 관료주의이론은 미국에는 세계 2차 대전 이후 소개되었다고 한다. Weber에 따르면 관료주의조직은 직위(position), 목적(goal), 규칙(rule)들의 중요성을 강조하며 또한 관료주의는 행정적 규정이나 법률 또는 규칙들에 의해서 명령받는 고정화된 체계와 공식적인 관할구역을 구성한다고 한다. 따라서 조직을 규칙(rules)들에 기초한 **법률적 이성적 조직**(legal-rational organization)으로 바라본다. 관료주의 하에서는 오직 정상적인 자격을 가지고 있는 사람들만이 고용되며 권위의 수준(level)은 높은 수준에 있는 관리들이 낮은 수준에 있는 관리들을 지도 감독하게 배열된다.

Weber는 관료주의가 조직의 매우 높은 효율성과 통제를 약속한다고 믿었으며 관료주의는 다음의 속성을 지닌다고 강조하였다.

- 수직적 조직 체계. 따라서 지도자의 역할이 중요시된다.
- 기능을 제한하는 잘 정의가 되어 있는 지침(guidelines)
- 입증된 기술 경쟁력에 바탕을 둔 승진과 보상들
- 공식적이고, 엄격한 대화 통로
- 완전(full-time) 고용인들을 위한 직업보장
- 노동의 분업
- 문서화되어 있는 서류(written documents)의 강조

그는 관료주의가 매우 논리적이며 규칙과 정책, 절차를 따르면 고용인들은 보상과 직업보장을 받을 수 있으며 항상 상관의 지시 통제를 따른다면 문제가 없을 것으로 보았다. 따라서 규정과 규칙 그리고 절차를 강조한다는 의미에서 그리고 관리자의 역할이 중요시되고 인간이 규정과 규칙만 잘 짜여져 있고 지도만 잘 받는다면 과업수행을 완수할 수 있다는 측면에서 인간이 이성적이라는 의미를 강조하였기 때문에 과학적 관리이론의 특징이 관료주의이론에도 스며들어 있다고 할 수 있다.

Stein(1961)은 관료주의의 장단점을 다음과 같이 지적하였다. 그에 따르면 관료주의의 조직적 측면에서의 장점으로는 다음의 것들이 지적된다고 한다.

첫째, 기술자군(pooling of expertise)과 노동의 분업에 기인하는 경제성과 효율성

둘째, 안정(stability)과 영속성(permanence)

셋째, 분명하고 지정된 업무에 대한 기대에서 오는 역할보장

넷째, 퇴직금제도 등을 포함하는 은퇴프로그램, 직업훈련프로그램, 부가급여(fringe benefit) 등과 (한마디로 보상과) 함께 오는 상대적으로 안정된 직무(job)

다섯째, 정책의 공평성; 이는 객관적이고 공평한 기준의 성립을 최대화시키고 정책결정에 있어서 주관적인 요소를 최소화시킴으로써 나타난다.

또한 관료주의의 조직적 측면에서의 단점으로 입장에 따라 다음과 같은 문제점들이 지적될 수 있다(Stein, 1961).

첫째, 직원과 관련해서 나타나는 문제점으로서 판에 박힌 업무(ritualism)와 중간을 추구(mediocrity)하는 속성들이 나타난다.

둘째, 소비자의 입장에서 나타나는 문제점으로는 관료주의가 너무 규형적인 기준 또는 표준만을 강조함으로 차별화된 client들이 적절하게 서비스를 받는데 있어 한계를 내포하며, 위급한 상황이나 비상사태시에 대처 능력이 떨어진다는 점이 지적된다.

셋째, 관리(management)와 관련해서 나타나는 문제점으로 비창조적이고 일상주의에 젖은 그리고 매우 공식화된 행동에 대한 위험이 존재한다는 점이 지적된다.

넷째, 지역주민의 입장에서 나타나는 문제점으로는 관료주의가 자기보호적인(self-protective) 성격이 있기 때문에 지역외부사람들이 관료주의적 조직에 영향을 끼친다든지 또는 조직에 접근하는 것이 어렵다는 점이 지적된다.

20세기 이후 관료주의체제가 조직에 많은 영향을 끼쳤다. 이는 사회복지조직에도 예외는 아니어서 대부분의 사회복지조직들도 관료주의적인 특성들을 정도의 차이는 있지만 대부분 가지고 있다고 볼 수 있다. 관료주의이론에 근거했을 때 자선활동에서 사회복지서비스조직으로의 전환은 사회복지사들을 위한 임금을 받는 완전 고용의 사회적 서비스 직위(position)의 발전에 원인을 제공하였다고 해석될 수 있다. 그리고 사회복지행정의 측면에서 보았을 때, 조직모델로서의 관료주의이론의 핵심적인 성격은 규정, 목적, 그리고 직위의 중요성에 있다. 따라서 관료주의적 관점으로 조직을 만들기 위해 노력하는 사회복지행정가들은 첫째로 이성적이고 응집력이 있으며 공정한 정책과 절차를 갖는 조직체를 설립하는 것을 목적으로 한다.

Whyte(1956)는 관료주의가 매우 조직화된 형태 안에서 인간을 다소간 꼭두각시로 만드는 경향이 있다고 비판하였다. 또한 Finch(1976)는 관료조직에서 사회복지사가 서비스전달체계의 조직적 방해물을 제거하고 인식하는 능력을 증가시키지 않는 한 사회복지사의 효율성은 감소할 것이라고 주장하였다.

하지만 분명한 것은 관료주의가 많은 장점을 가지고 있고 현재 많은 조직이 관료주의적 경영을 행하고 있기 때문에 관료주의의 단점을 바꾸고 장점을 극대화시키는 것도 중요하다는 점이다. 일단 client의 입장에서 관료주의적 구조와 작동은 치료의 형평성을 증진시키고 client에 대한 치료에 있어 하나의 일관성이나 통일성(uniformity)을 산출하고, 고용인들에 의한 차별적 행동으로부터의 보호를 제공하며, 그리고 기관이 제공하는 서비스를 client가 획득하는 것을 보장한다는 측면을 가지고 있기 때문에 이러한 점들을 고려하여 관료주의가 가지고 있는 문제점들을 개선 또는 변화시키는 것이 중요하다고 볼 수 있다.

■ **관료주의적 조직구조의 변화를 위한 역할과 배경**

많은 행정가들은 사회복지사가 관료주의적 구조 안에서 특히 서비스 전달체계를 변화 증진시킬 수 있는 행동에로의 참여에서 큰 부분을 차지하고 있다고 생각하였다. Pawlak(1976)은 만약 관료주의적 구조와 규칙, 그리고 정책을 고치기 위한 어떤 기술을 획득한다면 사회복지사는 조직에게 그리고 client들에게 혜택을 줄 수 있다고 강조하였다. Gruber(1977)는 관료주의적 구조를 혁신하기 위해서 사회복지사가 조직의 유형에 대해 더욱 많이 알아야 할 필요가 있으며 어떻게 사회복지사들이 그들의 효과성을 개선시킬 것인가에 대해 알아야 함을 강조하였다. 결국 사회복지사는 관료적 조직을 개선하고 혁신하기 위해 어떻게 조직의 효과성을 증진시킬지에 대한 방법과 조직의 유형에 대해 더 많이 공부해야 한다. 따라서 조직을 개선하는 변화에 대한 열망은 사회복지사에게 거의 보편적이어야 한다.

Resnic(1978)은 **안으로부터의 변화**(changing the organization from within, COFW)라는 효과적인 전략을 제안했다. 이 전략은 과거 20년동안 적용되고 발전하여 왔다. 이 전략은 client를 향한 서비스전달체계를 개선시키기 위한 궁극적인 목표를 가지고 조직적 조건, 정책, 프로그램, 또는 절차를 변화시키고 또는 수정하기 위해 낮은 또는 중간단계의 직원들(middle-echelon staff)에 의해서 수행되어지는 일련의 행동들을 포함한다.

York와 Henley(1986)에 따르면 변화는 분석적 그리고 상호 행동적 과업의 형태를 취한다고 하는데 **분석적 과업**은 첫째, 목적 결정, 둘째, 저항세력의 사정(누가 또는 무엇이 변화에 방해가 될 것인가에 대한 분석), 셋째, 전략선택(변화의 목적을 성취하기 위해 사용될 수 있는 전략 또는 지침)을 의미하며 **상호 행동적 과업**은 첫째, 행동체계를 구성하고 발전시키는 것과 둘째, 의사결정을 위해 행정가들과 회합하는 것을 포함한다고 한다.

고전조직이론에 영향을 미친 또 한 사람으로 Fayol에 영향을 받은 Gulick을 들 수 있다. Gulick(1937)은 위계적이고 관료주의적인 조직에서의 경영의 주요한 7개의 기능을 강조하였다. 그에 따르면 7개의 기능은 계획화(planning), 조직화(organizing), 인사관리(staffing), 지도(directing), 조정(coordinating), 보고(reporting), 그리고 예산책정(budgeting)이며 앞머리를 따라서 POSDCORB라고 알려져 있다.

목적 성취를 위해 생산성, 효율성, 효과성을 강조하는 고전경영이론은 최근에까지 많은 영향을 미치고 있는데 Kettner, Moroney, 그리고 Martin(1990)의 "*효과성에 기초한 프로그램 관리와 설계*"(*Designing and managing programs: an effectiveness based approach*)는 고전조직이론에 영향을 받은 책이라고 할 수 있겠다(Hasenfeld, 2000).

또한 과학적 관리이론에 따르면 인간은 이성적으로 행동한다는 것을 전제한다. 이러한 전제를 기초로 Hasenfeld(2000)는 조직이론 중에서 **이성적-법률적(rational-legal) 접근방법**을 목적성취를 목적으로 하는 넓은 의미의 고전조직이론에 포함시켰다. 그에 따르면 조직이 이성적이다라는 의미는 조직이 사용하는 서비스기술과 노동의 분업에 기초해 있는 직원들이 조직목적을 성취하기 위한 가장 효과적인 방법을 보장 또는 찾을 수 있기 때문이며 그리고 조직이 법률적이라는 의미는 노동의 분업과 권위의 실현이 법률적으로 수용된 규범적인 규칙에 기초하기 때문이라고 한다. Lewis와 Lewis 그리고 Souflee(1991)은 **인간봉사관리(human service management)는 이성적 과정**이라고 강조하였는데 이는 인간봉사관리가 다음과 같은 이성적 과정을 포함하기 때문이라고 한다.

첫째, 목적과 목표 그리고 전략을 설정하기

둘째, 계획을 실행에 옮기기 위해 필요한 업무를 배열하고 확인하고 조직하기

셋째, 프로그램이 움직이도록 사람을 동원하기

넷째, 목적을 성취하기 필요한 재정자원의 이용을 계획하기

다섯째, 서비스를 제공하는 사람들을 동기부여하고 기술을 고취시키기 위한 지도감독하기

여섯째, 프로그램의 성취를 평가하기

결론적으로 고전관리이론에 따르면 관리의 목적이 첫째, 생산성을 최대화하기 위해서 어떻게 조직해야 하는가에 관심이 있었으며 둘째, 경제적 목적과 생산과 관련된 혜택을 강조하였음을 알 수 있고 그리고 세 번째, 이성의 규범에 의해 지배받는 가장 효과적이고 효율적인 서비스전달체계 만들어 내는 것이었음을 알 수 있다.

3. 신 고전조직이론

조직이론의 초점이 생산성의 향상과 목적의 성취라는 고전조직이론의 틀에 의해 주도되고 있을 때 신 고전조직이론이 고전조직이론에 대한 비판적 견해를 견지하면서 세계 2차 대전 이후 등장하게 되었다. 신 고전조직이론은 조직적 결정수립과정을 이해하기 위한 욕구, 내적 그리고 외적 조직관계의 존재, 관료적 단위들 사이에서의 조정의 욕구, 조직 성원들의 인간성의 최소화에 대한 거부를 기초로 고전조직이론을 비판하였다(Shafritz and Ott, 2001). 또한 통계적 조사기법의 발달로 인해 고전조직이론에 대한 실험적 조사결과의 부재를 강조하기도 하였

다. 신 고전조직이론은 고전조직이론의 조직에 대한 단순하고 기계적 관점으로부터 조직의 복잡성을 강조하는 이론으로 이행하는 과정의 중간단계에 있던 이론이라고 할 수 있으며 신 고전조직이론은 인간행동을 설명해 주는 행동과학(behavioral science)에 기초해 있었다고 볼 수 있다. 신 고전조직이론의 대표적 학자로는 Barnard를 들 수 있다.

■ **Barnard이론**

초기 고전조직이론에 강한 비판을 제기했었던 Chester Barnard(1938)는 **목적을 성취하기 위해서 조직체 안에서 인간들 사이의 조정의 필요성을 강조**했다. 또한 그는 목적을 성취하기 위해 조정을 성립하는 것은 지도자의 역할이라고 강조하였다. Barnard(1938)는 조직을 두 사람 또는 이상의 사람들이 의식적으로 협조한 행동이나 힘의 체계라고 강조하였다. 그리고 조직을 공식적 조직과 비공식적 조직으로 구분하였는데 그에 따르면 **공식적 조직**(formal organization)이란 의식적이고 심사숙고하고 목적이 있는 사람들 사이의 협조(cooperation)의 종류이다. 결국 Barnard는 공식적 조직의 형성은 첫째, 목적성, 심사숙고, 지각 있는 의식으로부터 이루어진다고 보았음을 알 수 있고 둘째, 조직은 기계가 아니라 두 사람 이상의 사람들을 포함하는 의식적으로 협조하는 구조 또는 환경이라고 보았음을 알 수 있다.

물론 Barnard도 조직 관리적 측면에서 조직의 목적을 강조했으며 **행정의 관심은 조직의 목적과 직원들의 동기를 조정하는 것을 통해서 효율성과 효과성을 확보하는 것**이라고 생각하였다. 그는 또한 효율성이란 개개인의 동기가 성취되는 정도라고 정의하고 이것은 오직 개개인들이 결정할 수 있는 것이라고 강조함으로써 인간을 자기결정권을 갖는 이성적 존재라고 바라보는 고전관리이론의 시각에 동의하였다. 하지만 그는 공식적 조직에 포함되는 성원으로 직원뿐만 아니라 이해관련당사자

(client, 소비자, 재정지원자, 투자가, 후원자 등)들도 포함시켜 조직성원의 폭을 확대시키는데 공헌하였다.

그는 또한 **비공식적 조직**(informal organization)을 개인적인 접촉이나 상호행동의 총체 그리고 사람들의 조합집단(the associated groupings of people)이라고 개념화하였다(Barnard, 1938). 아마도 현대의 이론가들도 조직관리에 있어 비공식조직의 중요성을 부정하는 사람은 아무도 없을 것이다. 그는 비공식적 조직의 세 가지 기능으로써 첫째, 직원들 사이의 의사소통 두 번째, 일할 의지를 규정하는 것에 의한 응집력의 유지 세 번째, 직원들의 감정과 자기존경심의 유지를 강조하였다.

그는 또한 관리자(또는 최상위 관리자)의 전문화된 업무는 조직의 운영을 관리하는 것에 있으며 이를 위해서 관리자는 조직을 협조적 체계로 유지하여야 한다는 것을 강조하였다. 그는 관리자의 주요한 기능으로 첫째, 의사소통의 체계를 제공하는 것 둘째, 개개인들의 노력에 대한 보장을 증진시키는 것 셋째, 목적을 정의하고 공식화하는 것에 있다고 강조하였다. 결국 공식적 소식과 비공식 조직 그리고 관리자에 대한 그의 이론에 있어 핵심적인 사고는 비로 **의사소통의 과정**이라고 할 수 있다(Lohmann and Lohmann, 2002). Lohmann과 Lohmann(2002)에 따르면 조직의 모든 행동들은 다음과 같은 네 개의 원칙에 근거를 둔 의사소통에 기초한다고 Barnard의 이론을 설명해 주고 있다.

첫째, 의사소통의 채널은 분명하게 알려져야 한다.

둘째, 객관적인 권위는 모든 조직성원들에게 의사소통의 공식적인 채널을 요구한다.

셋째, 의사소통의 라인은 기능한 짧고 직접적이어야 한다.

넷째, 모든 의사소통은 입증되어야 한다.

이러한 Barnard의 이론은 관료적 속성을 지닌 조직구조의 한계에서 벗어나 창조적이고 개혁적이며 변화 지향적인 사회복지사들이 중심이 되는 변화에 빠르게 적응하고 업무의 복잡성과 창조성이 중요한 사회복지조직에 있어 **의사소통의 중요성**과 **비공식적 조직의 중요성**을 인식시켜 주었으며 또한 공식적 조직에 대한 정의에 있어서도 두 사람 이상의 협조와 상호행동을 강조하였다는 점이 이전의 관료주의에 기초한 명령과 통제 그리고 경직되고 상 하위 책임서열만을 강조하는 조직구조에 대한 한계를 뛰어넘는데 도움을 주었다고 할 수 있다.

따라서 Barnard의 이론에 입각해서 조직을 건설하기 위해 사회복지 행정가들은 직원들 간의 협조와 상호행동이 이루어지고 의사소통이 원활한 조직을 건설하는 것과 목적이 분명한 조직을 건설하는 것에 가장 큰 중심을 두게 된다.

또한 Herbert Simon(1946)은 Fayol, Gulick 등이 강조하였던 행정원칙을 비판하였는데 그는 행정원칙이 과도한 이성주의와 과도한 형식주의에 의해 지배되어 있다고 비판하였다. 그는 선택을 하기 위해서는 조직이나 인간이 모두 한계를 가지고 있다고 강조하였는데 그에 따르면 인간은 얼마나 많은 정보를 가지고 있는지에 상관없이 결정수립에 제한을 가지고 있다고 강조하고 이를 그는 **제한된 이성**(bounded rationality)이라고 불렀다. 또한 그는 모든 필요한 정보 없이 결정이 이루어지는 것을 **만족스런 결정수립**(satisficing decision making)이라고 불렀는데 이는 인간은 완벽한 정보를 가지고 결정을 할 수 없기 때문에 완전한 또는 완벽한 결정이라는 것은 존재하지 않으며 단지 만족스런 결정만이 존재하기 때문이라고 한다.

결국 신고전조직이론은 고전조직이론의 조직에 대한 기계적 요소들에 대한 강조로부터 조직환경의 상황적 요소로 이론적 이동을 가능하게 하였으며 이는 조직행동과 조직에 대한 새로운 시도로 볼 수 있다.

Parsons나 Selznick 그리고 Dalton과 Whyte 등의 사회학자들도 신 고전조직이론에 많은 영향을 미쳤다. Dalton(1950)은 조직과 직원들 사이의 구조적 마찰을 인식하였으며 Whyte(1948; 1956)은 조직 안에서의 인간관계에 대한 지위와 스트레스의 중요성을 강조하였다. 또한 Parsons(1956)는 공식적 조직을 분석하는 하나의 방식으로서 사회적 체계의 일반이론(즉, 사회체계이론)을 소개하였으며 Selznick(1948)은 조직 안에 있는 사람들은 이성적이 아니며 인간이 이성적이 아니라는 사실을 인식하지 못한다면 조직의 경영자 또는 관리자들은 비이성적 상황에 대처할 수 없을 것이라고 강조하였다.

결론적으로 신고전조직이론의 조직과 조직행동에 대한 이론은 고전이론과 고전이론의 기계적 지배에 대한 하나의 이행 또는 진보로서 여겨질 수 있으며 인관관계이론의 등장 전 단계에서 현대 조직에서의 더욱 만족한 행동경영을 성취하기 위해 필요한 복잡성에 대한 이해의 폭을 넓히는데 일조하였다고 볼 수 있다. 결국 신고전조직이론은 최상의 생산성을 위해서 조직을 형성하는데 있어 필요한 교육이나 훈육의 복잡성을 이해해야 함을 강조하였다.

4. 인간관계이론(조직적 행동이론)

조직에 대한 인간관계이론은 인간을 기계와 동일시해서 인간에게 적절한 움직임을 일러주는 것으로 조직의 문제를 이해하는 고전조직이론과는 달리 직원들 사이에서의 사회적 관계를 조직화하는 것을 조직의 문제 특히, 조직의 일차적 관심으로 바라본다는 특징이 있다.

관료주의나 과학적 관리론 등의 고전조직이론은 인간의 행동을 경제적으로만 해석함으로써 조직성원들 사이에 존재하는 복잡한 상호의존관계나 협조의 유형 그리고 사회적 연대 등을 적당히 설명해 주지 못하는 한계를 지니고 있었다. 이러한 한계를 극복하는 대안으로 등장한 인간관계이론은 인간행동이 사회적 관계의 망(web)안에 간직되어 있다고 전제한다. 인간관계이론은 어떻게 성원들이 조직 안에서나 밖에서 서로서로 관계하는가가 작업의 유형, 생산성, 동기부여 그리고 자기정체성에 영향을 미친다는 점을 강조한다(Hasenfeld, 2000). 그리고 인간의 욕구와 조직의 욕구사이가 일치할 때 둘 다 번영한다고 강조한다(Argyris, 1964). 인간관계이론에 따르면 이러한 일치는 노동자가 그들의 업무에서 만족과 의미를 찾을 때, 조직관리에 능동적으로 참여할 때, 그리고 조직의 리더십이 사람중심일 때 성취된다고 한다.

또한 인간관계이론은 인간과 조직이 **인간은 조직에 의해서 형성되고 그리고 조직이 조직 안에 있는 인간에 의해서 형성되는 상호 행동적인 영향력을 나타낸다**고 한다. 따라서 인간관계이론에서 조직은 행동이 발생하는 상황으로써 이해되어진다. 인간관계이론은 경험적 연구 또는 실험을 통해 나타난 심리학적인 발견들이 조직의 문제에 결부되면서 나타났으며 **조직적 행동에 있어 인간의 관점을 강조한다**는 특징을 가지고 있다.

Hugo Münsterberg(1922)는 고용인들은 기계가 아니고 고용인들의 생산력을 고양시키기 위한 개개인들로서 다루어질 필요가 있는 인간들이라고 강조하였다. 그리고 Elton Mayo(professor of Harvard University)는 인간관계이론의 원리와 개념을 발전시켰다. 인간관계이론이 발전한데에는 많은 경험적 연구가 기반이 되었는데 그 중에 대표적인 실험들은 다음과 같다.

· Western Electric Company's Hawthorne Works in Chicago(1927-1932): 과학적 경영이론에 입각하여 더 환한 조명이 생산성을 증

대시킬 것이라는 가정을 통제집단과 비통제집단을 이용해 실험을 하였지만 결과는 환한 조명이 생산성 향상과 관련이 없음이 밝혀졌다.

· 휴식기간이 생산성향상에 관련이 있는지에 대한 연구: 통제집단과 비통제집단을 이용해 실험을 하였지만 결과는 휴식기간과 생산성 향상과의 관련이 없음이 밝혀졌다.

결국 실험을 통해서 Mayo와 그 지지자들은 물질적 환경의 조정이 더 높은 생산성을 결과하지 않으며, 오히려 노동자들이 감시당하고 있으며 그들의 팀 작업이 보고되고 비교되고 있다는 것을 알고 있다는 것을 증명하였다. 결국 **사회적, 개인 상호간의 효과가 물질적 환경에 관련된 요인들보다 훨씬 더 강력한 생산성증대를 위한 힘**이라는 것을 발견하게 된다.

Etzioni(1964)는 이 실험들에서 나타난 발견을 다음과 같이 정리하였다.

▪ **생산성**: 생산성의 수준은 물질적 능력이 아니라 사회적 규범(social norms)에 의해서 정해진다. 생산성을 이해하기 위해서 우리는 작업의 요구뿐만 아니라 사회적 환경을 이해해야 한다.

▪ **보상**: 비경제적 보상과 제재가 노동자의 행동에 중요한 영향을 미치며 대체적으로 경제적 보상 계획들의 효과를 제한한다. 노동자들에 의해 행해지는 업무의 양은 동료 노동자의 수용과 인정을 위한 노동자의 욕구에 의해서 크게 영향을 받는다.

▪ **집단행동**: 종종 노동자들은 개인적으로 행동 또는 반응하지 않고 집단의 성원으로 행동하고 반응한다.

▪ **지도자의 집단적지지**: 지도력은 사회적 규범을 강화하고 정하는데 있어 중요하다. 그리고 공식적이고 비공식적인 지도력의 차이를 인지하

는 것도 중요하다. 집단은 집단성원들이 지도자로서 인정되고 수용되는 사람들에 의해 이끌릴 때 가장 효과적이다. 지도자들에게 부여된 경영은 집단의 규범을 정하고 강화시키는데 있어 덜 효과적일 것이다.

■ **대화를 통한 포함 또는 참여**: 서열(ranks) 사이의 대화 그리고 서열을 통한 참여는 노동자의 행동과 생산성을 이해하기 위한 시도에 있어 중요한 요인들이다. 특히 노동자 그들에게 직접적으로 영향을 주는 의사결정에 있어 포함되어 있다고 느끼는 노동자들은 배제되어 있다고 느끼는 노동자들보다 더욱 긍정적인 방식으로 조직의 삶에 참여할 것이다.

Mayo와 그 지지자들의 주요한 기여는 다양한 조건 하에 있는 노동자들의 반응(reaction)과 태도에 집중되어 있다. 그들은 관찰되고 분석될 수 있는 작업장내에 하위문화와 문화를 발견했다. 그들은 또한 생산성을 최대화시키기 위하여, 경영의 측면에서 높은 수준의 산출뿐만 아니라 작업장에서의 소속감정을 위한 개인적 욕구에도 주의가 기울여져야 한다고 보았다. 따라서 이 이론에 따르면 관리자들은 작업장에 대한 소속감정을 증진시킬 수 있는 방법, 팀 작업(teamwork)과 협동을 창출할 수 있는 방법에 관해 교육받아야 한다.

Neugeboren(1985)은 조직에 있어 인간관계이론의 특징들을 다음과 같이 정리하고 있다.

① 고전관리이론과 같이 생산성을 중요시하지만 인간관계에 있어 생산성은 사회적으로 결정된다고 바라본다. 즉, 개개인들의 수행능력은 과학적 경영이론이 주장하는 바와 같이 개개인들의 능력보다는 조직적 정황 하에서 발생하는 사회적 규범에 의해서 더욱 동기부여 받는다.

② 직원들은 경제적 보상만큼이나 상징적 그리고 사회적 보상에 응

답한다. 즉, 개개인들은 경제적 보상보다는 사회적 인정, 인식 그리고 지위에 의해서 보다 더 동기부여 받는다.

③ 조직 안에서의 직무구조의 역할이 조직의 목적을 성취하는 능력을 제한한다. 특히 매우 높게 전문화되고 그리고 매우 좁게 규정된 직무는 잘 기능하지 않을 수 있다. 직무의 만족은 더욱 통합된 직무를 수행하고 그리고 끝마치는 것으로부터 온다.

④ 인간관계는 지도력과 의사소통의 중요성을 유지한다. 조직은 참여와 사회적 과정을 통해서 영향력을 발생시키는 사회적 단위이다. 과학적 경영이론과 고적 조직이론이 강조하는 것과 같이 문제가 명령에 의해서 금지시키는 것에 의해서 그리고 재설계나 조사에 의해서 해결되는 것이 아니라 집단적 처리와 동의의 건설을 통해서 해결된다.

■ 조직에 있어서 인간적 요인의 중요성

조직을 구성하는 모든 요소들이 다 중요하다고 할 수 있지만 인간적 요인과 그 관련이 중요하다고 강조하는 인간관계이론의 중요성을 특히 강조하였던 학자는 Gardner였다. Gardner(1965)는 조직이 살아있고 재창조되고, 역동적이어야 한다고 강조했으며 그는 이것들을 위해 몇 가지 규정을 제시하였는데 그것들은 다음과 같다.

첫째, 조직은 반드시 직원모집과 직원들의 재능개발을 위한 효과적인 프로그램을 가지고 있어야 한다.

둘째, 조직은 반드시 성원에 대하여 우호적인 환경이 되어야 한다.

셋째, 조직은 반드시 자기비판을 위한 기제를 갖추고 있어야 한다.

넷째, 조직의 내적 구조는 유연성이 있어야 한다. 필요한 경우 조직의 구조를 변경시킬 수 있어야 한다.

다섯째, 조직은 반드시 내적 의사소통의 체계를 갖추고 있어야 한다.

여섯째, 조직은 절차에 사로잡히는 과정과 싸울 수 있는 수단을 가지고 있어야 한다.

일곱째, 조직은 기득권과 싸울 수 있는 수단을 가지고 있어야 한다.

여덟째, 조직은 반드시 이미 진행된 것 말고 무엇이 진행될 것인지에 관심이 있어야 한다.

아홉째, 조직은 동기부여를 시키고, 확신을 주어야 하며 그리고 사기를 고취시켜야 한다.

결국 인간관계이론은 **인간동기의 복잡성**과 관련이 있음을 알 수 있다. 사람의 일에 대한 태도, 생산성 수준, 임무에 대한 다양한 행동들이 사회적으로 결정된다, 즉 집단적 규범에 의해서 영향을 받는다는 것을 강조한다. 무엇이 인간의 동기를 유발시키는가라는 것에 대한 대답에 있어 고전조직이론들은 사회적 욕구를 등한시한다고 보았다. 즉, 화폐적인 요인들(주로 화폐적 보상)이 꼭 인간의 동기유발을 자극시키지만은 않는다고 보았던 것이다. 다시 말해 인간관계이론은 노동의 분업, 전문화, 단순노동만이 더 좋은 것만은 아니라고 보며 더욱 복잡하고 다른 사람과의 통합된 작업이 훨씬 인간의 사회적 욕구에 일치하는 것으로 보았다. 그들은 생산라인은 인간이 업무를 싫어하게 하고 생산성을 평가 절하하는 것으로 보았다. 구조주의자들과 달리 그들은 갈등을 모든 조직이 피할 수 없는 것으로 보지는 않았다. 때때로 갈등은 일어나지만 열린 대화와 믿음을 증진시킴으로써 민감(sensitive)하고 응답적인 경영은 이 갈등을 해결해 나간다고 보았던 것이다.

결론적으로 인간관계이론은 조직 내에서 다양한 인간의 행동을 연구했던 경험적 연구조사에 기초하며 이 이론은 산업심리학과 체계에 대한 이론에 많이 공헌하였다. 이 이론은 조직내의 인간행동의 이성적 그리고 비이성적 경정요인들에 대한 관리자의 이해에 기초한 의사결정과 문제해결을 많은 부분 강조한다. 인간관계이론은 사회복지지식기반과 사회복지윤리에 많은 부분 일치하며 인간관계이론에 영향을 받아 많은 사회복지학교들은 인간관계이론으로부터 온 내용들에 의존하였으며 특히, 사회체계의 하나로서 조직의 영향을 얘기하는데 있어서 개인의 행동을 강조하였다. 결국 인간관계이론가들은 생산성의 목적을 위해서 인간을 규정하고 통제하는 가장 최상의 방식이 인간의 요소라는 것을 인식하였으며 인간관계이론은 인간관계와 조직적 행동의 상호독립과 균형에 더 많은 강조를 하는 체계이론의 등장을 가져왔다. 결국 인간관계이론은 조직적 행동이 발생하는 작업정황에서 필요한 요소들을 인식하는데 있어 인간욕구의 다양한 측면을 소개하였다.

인간관계이론은 특히 client와 사회복지사와의 관계의 중요성을 강조한다는 측면에서 사회복지조직에 많은 영향을 주었다. 믿음, 가치, 정서, 감정 등은 client와 사회복지사와의 관계에 있어 결정적으로 중요하며 이러한 관계는 사회복지사들이 어떻게 그들의 업무를 느끼는지, 그들의 자기실현이 얼마나 달성되는지, 얼마나 내적 환경이 그들의 업무를 촉진시키는지 등에 의해서 영향을 받는다. 예를 들어 Glisson과 Hemmelgarn(1998)의 조사에 따르면 client상태의 개선은 사회복지사들의 높은 직무만족, 공평성, 명확한 역할, 협조 그리고 개별화와 연관이 있다고 한다. 따라서 일반적으로 인간관계이론은 참여관리와 직원의 역량강화 등을 행정적 실천과제로 삼는다. 사회복지조직관리에서 인간관계이론을 강조했던 학자는 Skidmore였다. Skimore는 사회복지행정론(*Administration in social Work*, 1995)에서 인간관계이론에 입각하여 조직을 인도하는 세 가지 원칙을 제시하였는데 그 원칙들은 첫째, 지도자와 직원의 수용력 둘째, 기관정책과 절차의 형성에 있어서 민주적 개입 그리고 셋째, 열린 의사소통을 강조하였다(Hasenfeld, 2000). 하지만 인간관계이론은 조직을 환경으로부터 떨어져있는 것으로 바라보기 때문에 조직의 역동성을 형성하는데 있어 외부환경요소의 중요성을 감소시킨다는 약점을 지니고 있다(Hasenfeld, 2000).

5. 구조주의이론(현대 구조주의 조직이론)

구조주의이론은 세계 2차 대전 이후 일어났던 인간관계이론과 비슷한 시기에 등장한 이론이다. 구조주의이론은 조직 안에 갈등과 긴장은 피할 수 없으며 갈등과 긴장이 항상 바람직하지 않은 것은 아니라는 점을 강조한다. 구조주의이론에 따르면 조직이 더 큰 생산성을 산출하기 위해서 조직 내의 집단이나 사람들의 상이점을 인정하는 갈등의 사회적 기능에 대한 이해가 필요하다는 점이 강조된다. 또한 구조주의이론가들은 생산성을 향상시키기 위해서 이성의 역할과 그리고 이성에 기초한 조직적 효율성에 관심을 가졌으며 인간 관계적 접근은 조직에 대한 완전한 시각을 제공하지 못한다는 인식에서 출발하여 조직구조를 강조한다는 특징이 있다. Bolman과 Deal(1991)은 구조주의이론의 기초가정을 다음과 같이 정리해 주고 있다.

- 조직은 분명한 규칙과 통제와 조정을 위한 권위에 기초한 이성적 조직적 행동을 통해서 촉진된 목적을 성취하기 위한 이성적 노력이다.
- 외적 그리고 내적 조건에 기초한 모든 조직을 위한 최고의 구조가 존재한다.
- 노동의 분업과 전문화는 생산의 질과 양의 성취를 촉진시킨다.
- 대부분의 조직 문제는 구조적 결점에 기인하며 그리고 구조의 변화에 의해서 제거될 수 있다.

구조주의론자들은 조직에 대한 이해나 조직행동에 대한 이해는 사회적 환경 안에서의 조직적 상호행동, 지도력, 통제, 의사소통, 조직구조, 권위와 권위의 사용 등을 이해하는 것에 기초한다고 강조하였다. 특히 Blau와 Scott(1962)는 조직적 구조의 상이성에 관하여 강조하면서 조직의 구조는 조직의 규범과 비공식적 가치의 부수적인 이해에 의해서 이해될 수 있다고 강조하였으며 Walker와 Lorsch(1968)는 조직을 구조화할 것인지 아닌지는 상품이나 기능에 달려 있다고 하였다. 그리고 대부분의 현대구조주의이론가들은 조직 안에 있는 대부분의 문제가 구조적 결함에 기인하며 구조를 변화함으로써 문제가 해결될 수 있다고 생각하였다(Shafritz and Ott, 2001).

구조주의 이론가들은 또한 조직이 외부환경에 의해 영향을 많이 받는다고 보았으며 조직 내에서 일하고 있는 조직원들 사이에 목적의 일치가 부족하기 때문에 갈등이 일어난다고 보았다. 즉, 어떤 성원들의 목적은 공유되어 있지만 어떤 성원들은 그들 나름대로의 상이한 목적이 있어 성원들간에는 목적이 공유되어 있지 않다는 것이다. 이러한 갈등에 대해 구조주의자들은 문제를 해결하는데 있어서 긍정적인 기능을 수행한다고 보았다(Coser, 1956). 따라서 이 이론에 의하면 관리자의 중요한 역할은 모든 부문에서 견딜만하고 생산적인 수준으로 갈등을 유지하기 위하여 갈등을 관리하고 통제하는 것이라고 주장한다. 결국 구조주의이론은 조직내의 갈등과 조직간의 피할 수 없는 긴장 그리고 외적 환경 등은 관리에 있어 중요한 요인들이라는 것을 강조한다. Etzioni(1964)는 구조주의 이론은 고전조직이론들과 인간관계이론을 종합한 것이라고 강조하였다. 그에 따르면 구조주의가 종합적 이론이라는 것은 다음의 접근에 기인한다고 한다.

첫째, 조직의 공식적 요인과 비공식적 요인 및 그 관련
둘째, 비공식 집단의 범위와 조직 내외에서 비공식 집단들의 관계
셋째, 상위자와 하위자
넷째, 사회적 보수와 물질적 보수 및 그 상호간의 영향
다섯째, 조직과 환경간의 상호작용
여섯째, 업무조직과 비 업무조직

결국, 구조주의이론에 의하면 조직은 사회집단들이 상호 작용하는 크고 복잡한 사회적 단위이다. 이 집단들은 어떤 이해관계를 공유하기도 하고 양립할 수 없는 다른 이해관계를 가지기도 하다. 그리고 집단들간의 갈등의 표현이야말로 이해와 신념의 진정한 차이를 나타나게 해준다. 따라서 조직의 상이성을 이해해야 할 필요성이 제기된다. 구조주의는 또한 조직에 대한 환경의 영향을 강조하였다. 즉, 사회의 급변하는 환경적 특성은 조직이 기능하고 살아남기 위해서는 반드시 다루어야 할 부분이라고 인식한다. 따라서 인간관계이론 및 고전조직이론과는 달리 구조주의이론은 외부환경과 관련된 여러 가지 유형의 행정 및 조직의 역할을 옹호하였다. 결론적으로 구조주의이론은 이성에 기초한 조직의 효율성에 관심을 나타냈지만 또 한편으로는 조직성원들의 갈등관계에 많은 관심을 나타냈다는 특징을 가지고 있다고 볼 수 있다.

6. 상황이론

상황이론은 조직을 설명하는데 있어 조직구조와 환경과의 적합성을 강조한다는 점에서 구조주의이론의 발전이자 연장선상에 있는 이론이라고 할 수 있다. 조직이론을 설명하는데 있어 상황이론은 첫째 조직을

구성하는데 있어서 최상의 방법은 존재하지 않는다는 점 그리고 둘째, 조직화를 수행하는 어떤 방식도 효과가 똑같을 수 없다는 점을 강조한다(Galbraith, 1973). 조직을 구조화하는데 있어 최상의 방법은 존재하지 않는다는 것은 조직의 크기, 기술의 불확실성, 환경의 불확실성, 조직구조배열의 상이성 등과 같은 상이한 조건들로 인해 조직을 구조화하는 것이 영향을 받는다는 것을 의미하며 조직화를 수행하는 어떤 방식도 효과가 똑같을 수 없다는 것은 상황의 요구물에 적절하게 일치하는 구조를 갖은 조직은 그렇지 않은 조직보다 훨씬 효과적인 수행력을 발휘함을 의미한다(Pfeffer, 1997; 1982). 또한 상황이론은 조직이 조직의 효과성과 수행력을 재충전 또는 저장하기 위해서 잘못된 구조를 버리고 새로운 구조를 받아들이는 적응을 할 수 있음을 강조하기 때문에 결국 조직 구조적 변화는 긍정적이고 생산적 활동으로 비쳐진다. Hasenfeld(2000)에 따르면 조직의 효과성이나 효율성은 조직이 직면한 상황과 조직구조 사이의 적합성에 크게 의존한다고 한다.

Burns와 Stalker(1961)는 영국에서 21개의 기업을 조사한 후 상황이론을 더욱 발전시켰다. 그들은 조사에서 가장 높은 생산성 수준을 산출할 수 있는 관리 방법과 절차의 형태에 대한 발견에 관심이 있었다. 그들은 조직환경으로부터의 요구는 다양하며 이 다양한 요구는 과업의 예측성 그리고 서비스를 행하거나 상품을 생산하는 과정에서 수행되는 기능에 영향을 준다고 보았다. 그들은 이 결과를 가지고 조직환경의 요구에 따라 조직을 기계적 조직과 유지체적 조직으로 유형화하였는데 다음과 같다.

1) 기계적 조직

기계적 조직(mechanistic organization)은 비교적 안정된 환경과 예측할 수 있는 과업을 가진 고정화되어 있는 딱딱한(rigid) 조직을 의미한다. 그들은 어떤 조직들은 고용인들이 무엇을 해야 할지 학습되고, 그들의 업무와 책임을 수행하는 과정에서 감독을 받아야 더 좋은 기능을 한다고 보았다.

2) 유기체적 조직

유지체적 조직(organic organization)은 상대적으로 느슨한 조직을 의미하며 감독보다는 조언(consultation)을 제공하고 그리고 과업보다는 노동자들의 성과기대(outcome expectations)를 성취하는 조직을 의미한다. 이 조직은 투입을 예측할 수 없는 불안정한 상태에서 최상으로 기능하며 그리고 조직은 환경 조건을 변화시키기 위해 응답하는 것으로 기대되어진다.

〈표 2-2〉 기계적 조직과 유기체적 조직의 차이점

	기계적 조직의 속성	유기체적 조직의 속성
작업	일들은 전문화되어 있으며 분명한 과업으로 나누어져 있다	일들은 덜 정의되어 있으며 결과를 강조한다.
책임성	결정은 조직의 상층부에서 이루어진다.	믿고 맡기는 위임과 탈 중앙화가 이루어진다.
감독	감독관은 일을 정열하고 지시한다.	동료들과 감독관들이 상호 협력하여 서로 서로에게 조언한다.
구조	서열중심이다	유동적이며 주어진 욕구에 적응한다.
대화	상명하달식이다. 정보는 힘으로 보여진다.	정보는 공유되며 원하는 사람은 누구나 정보를 가질 수 있다.
위신이 생기게 하는 것들	나이, 경험, 조직에 대한 지식, 조직의 최대의 이익	이론, 개념, 원칙에 대한 지식 그리고 가치와 윤리 그리고 비전과 임무(mission)에 대한 사명감

Kettner, 2002, p. 37에서 재인용

현재 사회복지조직은 예측할 수 있는 환경에서만 활동하는 것이 아니라 예측할 수 없는 환경에도 놓여 있다. 따라서 조직은 이 예측 못할 환경에서 살아남기 위하여 공부해야 할 필요성이 있는 것이다. 이렇게 예기치 못한 환경에 적응을 잘 하는 유기체적 조직은 더 높은 수준의 생산성과 결과를 기대할 수 있는 것이다. 따라서 사회복지조직은 유기체적 조직이 더욱 적합한 조직구조라는 점을 알 수 있다.

결국, Burns와 Stalker의 연구는 조직에 맞는 구조는 조직에 따라서 상이하게 나타날 수 있음을 강조한 것이라고 볼 수 있다. 조직구조와 효율성(efficiency)과 효과성(effectiveness) 사이의 관계를 연구하는 다양한 조사가 이루어졌는데 그중 Morse와 Lorsch(1970)의 조사에 따르면 제조업 분야의 공장들은 기계적 조직으로 구성되어 있는 경우가 많았고, 조사와 발전을 담당하는 기관은 유기체적 모델을 따르는 경우가 많았다고 한다. 이들은 상황이론으로 그들의 이론을 이름 붙이고 다음의 사항들을 지적하였다.

첫째, 인간은 조직 속으로 다양한 형태의 욕구와 동기를 가져오는데 그 중에 가장 중심적인 욕구는 완전성을 성취하는 것이다.

둘째, 완전성을 위한 동기는 어떻게 이 동기가 개인의 다른 욕구와 상호작용 하는가에 의존해서 다양한 사람에 의해서 다양한 방법으로 채워진다.

셋째, 완전성 동기는 과업과 조직이 맞을 때 수행된다.

넷째, 완전성은 완전성 목적이 성취된다 해도 계속적으로 추구된다. 일단 목표가 성취되면 다른 목표가 생긴다.

상황이론은 조직관리나 설계에 있어 가장 좋은 방식은 또는 조직구조화 하는데 있어 가장 좋은 방식은 상황에 따라 다르다는 것이다. 즉,

조직의 임무나 목적 그리고 조직의 기능 그리고 현재 가지고 있는 기술이라는 것은 조직이 조직의 기대와 환경의 기대를 일치시킬 수 있는 서비스나 상품을 생산할 수 있는가에 달려 있다고 한다. 결국, 상황이론은 조직수행력이 조직에 가장 적합한 새로운 조직구조의 필요성과 이에 대한 적응과 밀접한 관련이 있음을 강조한다고 할 수 있다. 상황이론에 따르면 조직의 임무나 목적 그리고 조직의 기능 그리고 현재 가지고 있는 기술이라는 것은 조직이 조직의 기대와 환경의 기대를 일치시킬 수 있는 서비스나 상품을 생산할 수 있는가에 달려 있다고 한다. 따라서 조직 수행력은 조직이 가지고 있는 가지고 있는 기술수준이나 조직구조의 배열 등과 같은 요인에 의해서 결정되는 것이 아니라 환경에 얼마나 잘 적응할 수 있는 조직구조를 가지고 있는가와 같은 환경의 요구와 조직구조의 적합성이나 적응력에 의해서 결정된다고 할 수 있다.

Hasenfeld(2000)에 따르면 상황이론은 사회복지조직을 이해하는 데에 중요한 분석적 틀을 제공해 주었다고 한다. 특히 상황이론은 어떻게 사회복지사(또는 직원)들이 매일 매일 행동에서 client에 대한 사고와 조직적 전제나 상황을 구체화하고 재생산하는지(즉, client를 변화시켜야 한다는 관점에서 조직구조와 client와의 관계에 대한 숙고) 그리고 어떻게 client들을 변화시키는지를 강조한다. 또한 구조주의이론은 사회복지사들이 움직이게 되는 조직구조에 대해 많은 주의를 기울였는데 이는 조직구조가 어떻게 client들이 도덕적으로 건설되는지(도덕적으로 정당성을 부여받는지), 어떻게 그들의 행동이 정당화되는지 그리고 어떻게 그들이 조직의 구조적 속성에서 재생산되는지를 결정하기 때문이라고 한다.

7. 체계이론

체계이론은 생물학자인 Ludwig Von Bertalanffy(1951)에 의해서 처음 개념화되고 발전하였다. 그는 체계이론의 원리를 살아 있는 유기체에서 부분들의 독립성에 적용했으며 그리고 다른 체계에도 적용했다. Bertalanffy의 영향을 받아 많은 학자들이 조직과 환경변수사이의 복잡한 관계를 이해하기 위하여 노력하였으며 조직적 결정과정, 정보와 통제체계 등이 분석의 중심에 있었다. Weiner(1948)는 조직을 순응적이고 자기 규제적인 체계라고 보았으며 Katz와 Khan(1966)은 조직을 열린 체계로서 바라보았고 그리고 조직과 환경사이의 상호의존과 상호행동을 이해하고 서술하기 위해 노력하였다. 따라서 조직에 체계이론을 적용한 최초의 학자는 Daniel Katz와 Robert Khan(1966)이라고 볼 수 있다. 그들은 조직을 다양한 역동성과 메커니즘에 기초를 둔 구체적 기능을 수행하는 많은 하위체계로 구성된 복합제로 바라보았다. Katz와 Khan은 한발 더 나아가 체계의 개념들을 조직에 적용했다. 그들에 의하면 체계이론은 물체(objects)의 안정된 속성보다 관계와 구조와 독립성의 문제에 관심을 갖는다. 그들은 생물학적 구조이건 사회적 구조이건 살아있는 체계는 실질적으로 그들의 외적 환경에 의존하며 필시 열려 있는 체계로서 인식되어져야 한다고 지적한다. 그들은 다음의 것들이 열려 있는 체계의 속성 또는 특징들이라고 강조하였다.

· **투입**(input, 에너지의 중요성): 모든 사회구조는 생존하기 위해 환경으로부터 재료와 자원을 필요로 한다. 이 에너지는 투입(input)으로서 기능한다. 사회복지조직에서 투입(input)은 서비스를 받을 client와

그들을 서비스할 자원이라고 볼 수 있다.

· **처리**(throughput): 열린 체계는 투여 받은 재료를 다시 조직화하고 또는 전환시키기 위해 필요한 에너지를 사용한다. 사회복지조직에서 원료는 client이며 문제가 있는 clients(개인 또는 가족)은 문제가 경감되고 해결된다.

· **산출**(output): 열린 체계는 환경 속으로 생산물을 내보낸다. 모든 서비스를 받은 client가 사회복지조직에서는 생산물이다.

· **순환으로서의 체계**: 투입(input), 처리(throughput) 그리고 산출(output)은 순환과정을 갖는다. 성공적인 순환(circle)은 순환의 반복을 위한 재료와 에너지의 자원을 제공한다.

· **부정적인 혼돈**(entropy): 혼돈(entropy)은 탈 조직화와 죽음을 향해 모든 조직이 움직이는 자연의 보편적 법칙이다. 생존하기 위해 열린 체계는 반드시 혼돈의 과정을 방해하고 개입하여야 한다. 이러한 혼돈에 빠지지 않기 위한 또는 혼돈에서 빠져나오기 위한 방해작업은 더 많은 에너지나 자원에 의해서 성취될 수 있다.

· **정보입력, 부정적 피드백, 그리고 부호화 또는 분류(the coding)과정**: 환경으로부터 에너지와 자원을 얻는 것에 덧붙여서 열린 체계는 또한 정보를 받는다. 이 정보 중 일부는 부정적 피드백의 형태로 오며 이 부정적 피드백이 체계가 경로에서 일탈한 것을 수정하도록 한다. 따라서 부정적 피드백이 체계를 안정적 상태로 유지하도록 돕는다고 할 수 있다. 소비자 또는 client 만족 그리고 서비스의 효과성(effectiveness) 등은 사회복지조직이 받는 피드백의 유형들이다.

· **안정상태와 역동적 항상성(homeostasis)**: 항상성이란 열린 체계는 끊임없이 외부세계로부터 에너지의 유입이 있으며 그리고 끊임없는 생산물을 산출 해 내는 자기규정과정(self regulating process)이라는 것을 의미한다. 그리고 조직의 투입이 증가하거나 감소하면 산출도 역시 증

가하거나 감소하여 체계가 안정, 즉 같음을 유지하도록 하는데 이것이 곧 안정상태를 의미한다.

· **구별**(differentiation): 열린 체계는 자연적으로 구별과 합성(또는 동화, elaboration)의 방향으로 움직인다. 조직에 있어서 이러한 움직임은 조직기능의 전문화(specialization)를 증진시킨다. 원료를 완성된 상품으로 전환시키는 과정에 대해 더욱 많이 알게 되면 그 지식은 제공되는 서비스를 더욱 좋게 하는 개선에 적용될 수 있다.

· **같은 결말**(equifinality): 열린 체계는 다양한 경로를 통해 그리고 서로 다른 처음 조건들에서 결국은 같은 마지막 상태로 도달할 수 있다. 따라서 원하는 결과를 얻기 위해서 모든 과정을 동일한 하나의 조사를 사용해서 규정할 필요는 없는 것이다. 다양한 방법론들이 동일한 결과의 목적지에 도착하는 동안에 효과적으로 사용될 수 있다.

위의 개념들은 조직을 살아있는 체계로서 정의하는데 도움을 준다. 자원이나 원료의 두입이 처리과정을 기쳐 산출을 낳고 이 산출이 다시 이 과정을 수정하고 조직을 안전하게 유지하는데 역할을 담당하게 된다. 이러한 과정을 그림으로 나타내면 〈그림 2-1〉과 같다.

James Thompson(1967) 또한 조직에 있어 체계에 대한 개념을 확대하는데 공헌하였다. 그는 상황관점(또는 우연성관점contingency perspective)을 가지고 이성적 체계로써 조직을 바라봄으로써 체계에 대한 개념을 확대시켰다. 그는 열린 체계로서 조직을 이해하는데 있어 가장 중요한 요소는 **환경의 불확실성**이라고 주장했다. 그는 환경이란 예측할 수 없으며 따라서 조직이 생존하기 위해서 환경 변화에 대응한다고 보았다. 그는 어떻게 조직이 예측할 수 없는 때로는 격정적인 환경을 다루는지를 설명하는데 있어 세 가지의 개념을 제시했다.

〈그림 2-1〉 조직기능의 체계주의모델

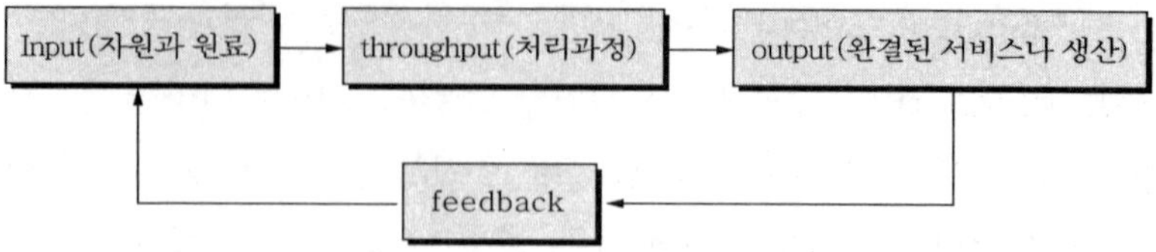

① **기술핵심**(the technical core): 조직이 목적하는 작업을 행하는 조직의 부분을 의미한다. 일선 사회복지사들(line workers), 서비스를 제공하고 상품을 생산하는데 있어 최일선에 있는 worker들이 포함된다. 최 일선의 worker들이 하는 일이야말로 조직이 생존하는 이유를 설명해 준다. 예를 들어 학교에서는 선생님이고 사회복지조직에서는 사회복지사들이다. 이들은 staff들과는 구별되는데 staff는 관리자(manager)와 같은 도와주는 역할을 하는 직원(supportive personnel)을 말한다.

② **관리체계**(the managerial system): 기술적 핵심 작업을 관리하는 과정이나 구조를 포함한다. 일선 감독자(first line supervisor) 또는 프로그램관리자(program manager)들이 포함된다. 이들은 조직의 사업을 관리하는데 있어 가장 큰 책임성을 수행한다.

③ **제도적 체계**(the institutional system): 조직과 환경사이의 관계를 다루는 구조나 과정을 포함한다. 이 위치에 있는 사람들의 예로는 사무총장(executive director), 감독자(director), 로비스트(lobbyists), CEO(chief executive officer) 등이 있다.

〈그림 2-2〉는 Thompson이 강조하였던 세 개의 체계와 조직의 기능을 그림으로 그린 것이다.

〈그림 2-2〉 조직의 기능을 이해하기 위한 Thompson의 틀

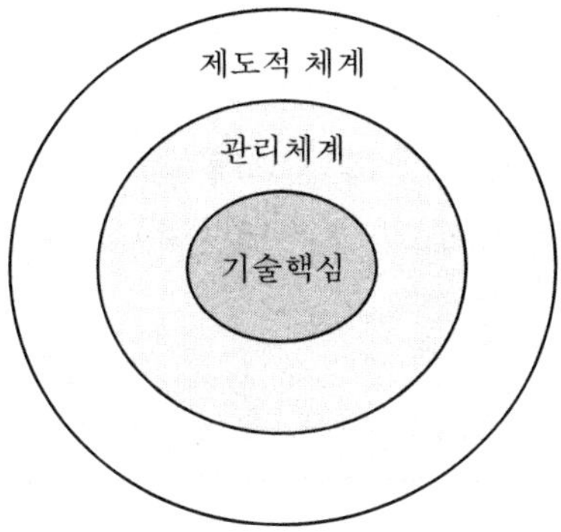

Thompson의 분류는 환경의 요구를 다루기 위해 규칙과 책임을 만들고 설계하는 조직의 중요성을 강조한다. 그는 조직이란 기술적 핵심을 보호하기 위해 설계되어 있고 행동한다고 보았다. 그는 조직이 어떻게 외부환경의 요구에 대처해야 하는가를 세 가지의 연결전략으로 설명하고 있는데 그것들은 다음과 같다.

첫째, 기술적 핵심을 보호하기 위한 행동

둘째, 과업환경(task environment)에 대처하기 위해 힘(power)을 획득하기 위한 행동

셋째, 조직의 영역을 확대하고 변화시킴으로 환경의 중요한 요소를 흡수하는 행동

즉, 환경에 의해서 부과된 변화를 흡수하려는 노력들이 조직의 기초적 프로그램이나 서비스를 보호하기에 충분치 않는다면 조직은 환경에 대처하기 위한 힘을 얻기 위해 노력할 것인데 이러한 노력들은 로비를

한다든지 자금을 찾는다든지 또는 중요한 결정수립가들을 조직에 흡수하는 노력들을 포함한다. 또한 이러한 노력들이 효과적이지 않은 경우는 조직은 다음 시도로서 경쟁자들과 통합할 수 있다.

Neugeboren(1985)도 체계이론을 뒷받침하는 이론을 제시하였다. 그의 체계모델에 따르면 그는 조직을 다섯 개의 하위체계로 구성되어 있는 것으로 보고 있다. 그의 이론을 먼저 그림으로 살펴보면 〈그림 2-3〉과 같다.

〈그림 2-3〉 Neugeboren의 조직체계이론의 틀

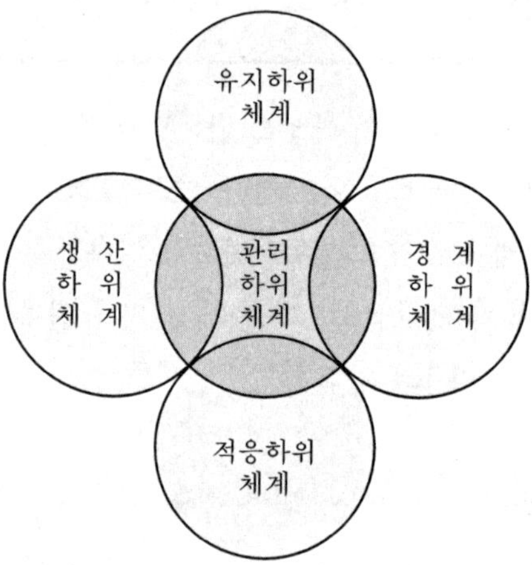

Neugeboren(1985)에 따르면 각각의 체계들은 다음과 같은 기능을 담당한다.

① 생산하위체계: 기본목적은 생산과 관련된 과업을 수행. 이 체계의 특징은 조직의 역할과 과업을 설계하는데 있어 숙련과 합리성의 중요성을 강조한다. 사회복지조직에서 생산하위체계의 기능은 client에게 재화나 서비스를 제공하는 것이다.

② 유지하위체계: 기본목적은 조직이 현재 상태대로 조직의 계속성을 확보하여 조직 내 안정상태를 유지하는 것이다. 사회복지조직에서 유지하위체계의 기능은 개개 직원들의 목표를 조직의 목표에 통합되도록 촉진해 주는 것이다.

③ 경계하위체계: 경계하위체계의 기본목적은 조직의 외부환경에 영향을 미치는 것이다. 사회복지조직은 생존하기 위해서 부단히 외부환경에서 일어나는 변화를 알 필요가 있고 반응할 수 있어야 한다. 경계하위체계는 다음과 같은 두 개의 요소를 포함한다.

- 생산지지체계 = 서비스전달에 후원과 지지를 보내기 위하여 필요한 활동들에 관심이 있다. 본 기능은 외부의 다른 조직과 교환관계를 맺는 것이다
- 제도적 체계 = 조직의 임무와 업적을 지역에 홍보가 필요하고, 필요한 경우 지지와 정통성을 확보하기 위해 지역의 조직과 후원자들에게 영향을 미쳐 환경을 조성하는 것이다.

④ 적응하위체계: 연구와 계획을 강조하고 환경을 강조한다. 변화하는 환경의 요구에 부합하기 위해 조직을 변화시킬 필요성을 인식하고 관리층에 적절한 건의를 하며 이를 위해 체계적인 연구와 평가가 필요하게 된다.

⑤ 관리하위체계: 기본 목적은 다른 네 가지의 하위체계를 조정하고 통합하기 위해 리더십을 제공하는 것이다. 관리하위체계의 기본 기능은 다음의 세 가지이다.

- 권한의 활용을 통해 계층 간에 생겨나는 갈등을 해결
- 타협과 심의를 통해 하위체계들을 조정

· 자원을 증진시키고 필요한 경우 조직을 재구조화 또는 재설계하기 위해 외부환경과 조화하는 것

Burrell과 Morgan(1979)에 따르면 사회과학자들은 체계이론을 다섯 개의 범주로 분류한다고 한다. 그들은 사회체계를 기계적 체계, 유기체적 체계, 형태체계, 파벌체계, 그리고 대변동체계로 유추하는데 이들의 내용을 살펴보면 다음과 같다.

■ 기계적 체계(mechanical system)

기계적 체계는 다음과 같은 가정에 기초한다고 한다.

첫째, 부분의 완전한 통합과 조정을 강조한다.
둘째, 평형으로부터의 출발이 평형으로 돌아가려는 행동을 결과한다.
셋째, 사회체계는 기계와 같다.
넷째, 변화와 갈등보다는 질서와 안정을 강조한다.

■ 유기체적 체계(organismic system)

유기체적 체계는 다음과 같은 가정에 기초한다고 한다.

첫째, 매우 높은 부분의 완전한 통합과 조정을 강조한다.
둘째, 항상성으로부터의 출발이 항상성으로 돌아가려는 행동을 결과한다.
셋째, 사회는 전체의 생존에 기여하기 위해서 협조하는 상이한 기관들을 가지고 있는 살아 있는 유기체와 같다.
넷째, 사회체계는 시민, 가족, 지역 등의 동의 때문에 응집력이 있다.
다섯째, 갈등과 변화보다는 질서와 안정을 강조한다.

■ 형태체계(morphogenic system)

형태체계는 다음과 같은 가정에 기초한다고 한다.

첫째, 사회체계는 그들의 환경과 주고받고 상호행동하면서 끊임없이 변화한다.

둘째, 사회체계는 열려 있다.

셋째, 사회체계는 예측가능하고 질서가 있지만 또 다른 한편으로 무질서하고 예측할 수 없기도 하다.

넷째, 질서는 강제와 지배 그리고 뿐만 아니라 조정과 동의에 의존한다.

다섯째, 질서와 안정 그리고 갈등과 변화를 동시에 강조한다.

■ 파벌체계(factional system)

파벌체계는 다음과 같은 가정에 기초한다고 한다.

첫째, 사회체계는 우선순위, 자원, 전략 그리고 목적에 대해 갈등하는 논쟁의 여지가 있는 부분으로 나누어져 있다.

둘째, 부분으로의 체계의 분할은 체계의 원칙적 경향이다.

셋째, 질서와 안정보다 갈등과 변화를 강조한다.

■ 대변동 체계(catastrophic system)

대변동 체계는 다음과 같은 가정에 기초한다고 한다.

첫째, 사회체계는 극도로 분열되어져 있고 적대적이다.

둘째, 질서와 예측은 거의 가능하지 않다.

셋째, 갈등은 부분을 파괴한다.

넷째, 만약 체계가 덜 갈등적이고 덜 혼동적이라면 체계의 완전한 재조직이 필요하다.

다섯째, 질서와 안정보다 갈등과 변화를 강조한다.

이러한 체계이론에 기초한 사회체계에 대한 유추는 사회현상에 대한 시각에 따라 분류될 수 있는데 유기체적 체계와 기계적 체계에 대한 유추는 기능주의에 기초한다고 볼 수 있으며 나머지 형태체계, 파별체계 그리고 대변동체계는 갈등이론에 기초한다고 볼 수 있다. 사회체계를 형태체계, 파벌체계 그리고 대변동체계로 바라보는 시각은 갈등이 복잡한 환경에 놓여 있는 조직의 정상적인 부분으로 보여지며 사회체계의 역동적이고 변화하는 본질을 강조한다는 측면이 있다. 따라서 형태체계, 파벌체계 그리고 대변동체계에 따르면 조직이 더 많은 지식과 경험을 얻으면 그 조직들은 그들의 구조, 형태, 목적, 정책, 등을 변화할 것이라고 한다. 반면에 기능주의에 기초한 유기체적 체계와 기계적 체계는 조직의 현상의 유지를 강조하며 안정과 질서를 강조한다.

결국 현대구조주의이론과 체계이론이 조직을 동의된 목적을 성취하기 위함을 목적으로 하며 이성적이라고 바라본다. 한편 Shafritz와 Ott(2001)는 **상황이론, 조직생태학이론, 조직경제학이론** 등을 모두 체계이론으로 분류하였는데 이는 이들 이론들이 체계이론의 논리적 확대에 기인하기 때문이라고 한다. 그들에 따르면 상황이론(contingency theory)은 체계이론과 밀접하게 연관이 있는데 이는 상황이론의 행동에 대한 강조가 특정 시간에 있는 변수들 사이의 관계에 의존하는 것으로 인식되기 때문이며 그리고 조직생태학이론가들은 조직체나 또는 인구들에 관심을 갖고 있다고 한다. 한편 조직경제학이론가인 Coase(1937)에 따르면 조직행동은 가격이론에 의해서 설명되어질 수 없고 조직 행동은 경제학에 의해서 이루어진다고 한다. 이러한 조직 경제학이론은 조직 행동의 일차적 영향으로써 자원할당에 대한 진지한 논의에 의해서 등장하게 되었다고 한다(Netting and O'Conner, 2003).

8. 힘 그리고 정치 이론

조직이론에서 힘(power)과 정치(politics)를 강조하는 이론은 힘이 이익과 관심의 한 원천이라는 개념에 기초한다. Hardy와 Clegg(1996)는 힘과 정치이론의 발전을 **비판적 관점**(the critical)과 **이성적 관점**(the rational)으로 해석하였다. 그리고 일반적으로 힘과 정치이론은 이성적 관점보다는 비판적 관점을 의미하는 것으로 인식되어진다고 한다(Netting and O'Conner, 2003).

힘과 정치에 대한 **이성적 관점**은 1950년대 경영에 대한 연구에서부터 등장하였다고 하며 이성적 관점은 정당한 힘을 나타내는 조직에 의해 설립된 구조를 강조한다. 예를 들어 Bennis, Berkowitz, Affinito, 그리고 Malone(1958)은 공식적 조직과 비공식적 조직을 구별하는 데 있어 공식적 조직은 힘이 권위로부터 오고 권위는 지위에 의존해 있으며 비공식적 조직에서 힘은 조직에 있어서 지위와 함께 다른 많은 요인들로부터 온다고 강조하였다. 또한 French와 Raven(1959)은 힘을 보상의 힘, 인지된 힘, 강제적 힘, 전문적 힘 그리고 소개의 힘으로 분류하였으며 힘의 이러한 다양한 원천은 조직 안에서 다양한 결과를 만들어 낸다고 강조하였다. 그리고 1960년대에 등장하였던 관리이론들은 공식적 힘과 비공식적 힘을 강조하며 경영자 또는 관리자들은 비합법적이고 기능장애로 보여지는 비공식적 힘을 통제하기 위해서 그들의 정당화된 힘(권위)을 사용하여야 한다고 강조하였다. Baldridge(1971)는 힘의 균형에 있어서 변화를 연구하였으며 어떻게 조직적 목적이 누구에게 힘이 있는가에 대한 공식적 설명을 입증하였다. 그리고 Thompson(1967)은 힘의 이행적 본질과 조직의 단위들 사이에서의 독립에 대한 연구를 하였다. 이러한 연구들은 결국 연구자들이 힘을 하나의 구조적 이슈로 바라보게끔 이끌었으며 힘은 결국 노동의 분업과 전문화의 결과로서 보여졌다. 이러한 힘에 대한 견해는 조직적 힘에 대한 견해에도 영향을 미쳤는데 설립된 조직적 서열을 통한 조직적 권위가 다양한 힘의 원천들 중에 하나가 되었다. 결국 이성적 관점은 조직에서의 행동을 이해하기 위한 기본적 개념으로서 힘과 정치를 바라보았다.

Hardy와 Clegg(1996)에 따르면 힘과 정치에 대한 **비판적 관점**은 Marx와 Weber의 영향을 받았다고 한다. Marx는 노동자는 지배계급에 의한 생산의 통제에 종속되어 있는 조직적 삶을 살아간다고 강조하였으며 Weber는 생산의 통제와 소유권을 더욱 강조하였는데 그에 따르면 소유권은 힘의 단지 하나의 측면(또는 형태)일 뿐이며 사람이 생산활동을 통제하는 것을 허락하는 지식을 갖는 것은 힘의 두 번째 형태라고 강조하였다. 따라서 그에 따르면 지배는 경제적 힘(소유권)과 작업을 할 수 있는 지식(노동력)을 필요로 한다고 한다. 비판적 관점은 조직의 목적이 조직의 욕구를 위해 개인의 욕구를 억제하고 단지 효과성과 효율성을 위해 설계되거나 결정된다는 인식을 거부한다. 또한 힘과 정치이론의 비판적 관점은 힘이 공식적 권위에 놓여져 있다는 개념도 거부한다. 대신에 비판적 관점은 조직적 자원을 위해 경쟁하는 그리고 영향력을 획득하기 위해 갈등으로 들어가는 개개인과 제휴의 복잡한 체계를 강조한다. 따라서 행동과 결정은 이성적이라고 인식되어지지 않으며 영향력의 결과로서 인식되어진다. 영향력은 결정을 만들기 위한 경쟁과 갈등에서 사용하기 위해 필요하게 된다(Netting and O'Conner, 2003).

결론적으로 힘과 정치에 관한 비판적 관점은 힘을 지배의 도구로 간주하며 그리고 힘에 대한 저항을 해방을 얻기 위한 하나의 방식으로 바라본다. 따라서 힘과 정치에 대한 비판적 관점에 따르면 이성적 관점이 조직은 동의를 바탕으로 하는 합의된 목적을 갖는다는 측면에서 이성을 중요시하지만 동의는 조직에서 거의 존재하지 않으며 조직 안에서는 단위 또는 집단들과 회원들 사이의 경쟁과 갈등이 존재한다고 강조한다.

Netting과 O'Conner(2003)는 조직에 관한 **정치 · 경제적 관점**도 힘과 정치이론의 비판적 관점에 포함시킬 수 있다고 하는데 이는 정치경제적 관점이 힘의 상호역할에 대한 연구이면서 힘을 휘두르는 사람의 목적과 생산적 교환체계에 대한 관점이기 때문이라고 한다(Zald, 1970). 조직의 정치경제에 대한 강조는 어떻게 힘과 자원의 획득과 분배에 관한 관리가 발생하는지 보는 것을 포함하며 그리고 힘과 자원의 획득과 분배가 어떻게 상호 관련이 있는지를 보는 것을 포함한다고 한다(Netting and O'Conner, 2003). 조직의 정치경제적 관점에 따르면 조직은 다양한 집단들이 유용한 자원을 최적으로 만들기 위해서 경쟁하는 경쟁의 장이라고 한다. 그리고 정치경제적 관점의 연구들은 조직의 발전과 유지 그리고 파괴에 대한 포괄적인 연구를 수행하여 왔다고 한다(Hasenfeld, 2000).

조직의 정치경제적 관점을 강조하였던 Zald(1976)에 따르면 서비스를 제공하고 생존할 수 있는 조직의 능력은 힘, 정당성, 그리고 경제적 자원을 동원할 수 있는 조직의 능력에 의존하며 이러한 자원을 획득하기 위해서 조직은 자원을 통제하는 과업환경의 요소(client나 자금제공기관, 행정규제기관 등)들과 반드시 상호 행동하여야 함을 강조하였다. 조직의 환경요소에 대한 자원의존성이 크면 클수록 그 요소들이 조직의 정책과 실천에 대한 영향력은 커진다. 따라서 사회복지서비스전달과 같은 조직실천행동들은 필요한 자원을 통제하는 사람에 의해서 부과된 상황이나 제한을 반영하게 된다(Cress and Snow, 1996). 또한 정치경제적 관점에 따르면 조직의 내적 역동성은 조직 안에 있는 상이한 이익집단들과 개인들의 힘의 관계를 반영한다. 따라서 힘의 관계가 조직의 내적 구조와 자원의 할당을 결정하게 되는 것이다. 따라서 정치경제적 관점은 환경요인과 힘의 관계를 강조한다는 것을 알 수 있다.

결국 정치경제적 관점에 따르면 정당성과 자원에 있어 외부환경요소에 상대적으로 매우 높게 의존하는 사회복지조직들은 외부의 영향력에 쉽게 노출될 수밖에 없게 되는 것이다. 따라서 이러한 조직들에게 있어서는 순응과 생존에 대한 관심이 균형을 이루는 것이 조직의 효과성을 보장하기 위해 반드시 필요하다고 할 수 있다. 또한 Gummer(1990)는 조직과정에 영향을 미치기 위해 힘을 동원하고 힘을 사용하기 위해서는 행정가(또는 사회복지사, 복지행정가)가 전반적인 일정을 통제하는 것에서부터 연계망을 구축하기에 이르기까지 다양한 정치전략을 반드시 전개하여 함을 강조하였다.

하지만 정치경제적 관점은 다음과 같은 제한점들을 가지고 있다고 한다(Hasenfeld, 2000).

첫째, 정치경제적 관점은 조직생존을 위한 가치와 문화적 규범의 중요성을 무시한다. 특히 이 문제점은 사회복지조직이 도덕적 업무를 중요시한다는 점에서 결정적인 문제점으로 지적될 수 있다.

둘째, 정치경제적 관점은 순응과 생존을 강조하면서 조직이 달성하려고 하는 성과나 기대를 덜 강조한다는 점도 지적된다.

셋째, 정치경제적 관점은 조직의 분석단위가 단일한 하나의 조직에 국한한다는 점이 지적된다. 사회복지조직은 산업부분에 속해 있고 비슷한 조직집단들의 한 부분으로 자리잡고 있기 때문에 조직의 생존은 이러한 조직집단과 산업부분을 성격 규정하는 조직적 특징에 의해서 영향을 받는다는 점이 등한시된다는 것이다. 예를 들어 정신지체장애인복지관은 휴먼서비스(human service)라는 산업부분에 속해 있기 때문에 인간봉사조직들이 갖는 조직적 특징이 정신지체장애인복지관을 성격 규정짓는데 영향을 미친다고 할 수 있고 또한 정신지체장애인복지관은 장애인복지서비스를 제공하는 조직집단의 한 부분으로서 장애인복지집단이 그들의 생존에 영향을 미친다고 할 수 있는 것이다.

9. 신마르크스주의 이론 또는 비판이론

비판이론(critical theory)은 Marx의 사고에 기초해서 조직을 지배계급의 도구로서 바라본다(Beechey and Donald, 1985; Bourdieu, 1977; Dreyfus and Rainbow, 1983; Giddens, 1987; Habermas, 1971, 1984, 1987; Mannheim, 1936; Williams, 1977). 비판이론가들은 사회, 문화, 경제적 조건들이 조직의 구조와 과정에 대한 하나의 형태를 제공한다고 한다. 비판이론에 의하면 질서는 지배를 의미하며 갈능에 대한 억압을 나타낸다고 한다. 갈등은 피할 수 없으며 갈등이 기본적 변화가 가능한 하나의 그림을 성취하기 위해서 필요한 것이라고 믿는다. 비판이론은 실천과 통찰력(insight)을 중요시하며 자각(또는 의식)이 변화를 이끈다고 생각한다.

비판이론가들은 조직을 자본가계급의 하나의 도구로서 바라보며 조직의 다양한 구조 즉, 서열, 노동의 분업 등은 노동자로부터 관리계급으로 힘을 이동시키고, 조직화하는 것으로부터 노동자들을 격리하며 노동자들의 업무를 통제하고 그리고 노동자들의 재량권을 떼어버리기는 것 등을 목적으로 한다고 주장한다(Braverman, 1974; Edward, 1979). 따라서 그들에 따르면 모든 조직에서 불공평과 소외는 만연하게 된다.

일반적으로 비판이론은 불공평한 힘과 억압의 사회적 이슈에 많은 관심을 가지며 또한 불공평을 조장하는 제도에도 관심을 갖고 있다고 볼 수 있다.

비판이론의 목적은 억압과 지배로부터 자유로운 작업장과 사회를 만드는 것이라고 한다. 따라서 비판이론은 환경을 모든 사람이 사회적 욕구를 만나기 위해 기여할 수 있는 동등한 기회를 갖는 곳으로 바라본다. 비판이론가인 Alvesson과 Deetz(1996)에 따르면 조직연구에 있어서 비판이론의 목적은 모든 성원들에게 공평한 기회가 보장되는 지배로부터 자유로운 작업장과 사회를 건설하는 것에 있다고 한다. 그리고 Handler(1990)는 대부분의 비판이론연구가 복종의 도구로부터 조직을 변화시키는 사회적 변화를 성취하는 것에 있다고 하였다. 따라서 비판이론의 주요전략은 자본주의의 사회제도를 정당화하는 지배이데올로기를 비판하고 어떻게 지배이데올로기가 지배의 유형을 우지하고 강화하는지를 보여주는 것에 있다고 한다(Hasenfeld, 2000). Alvesson과 Deetz(1996)에 따르면 비판이론가들은 조직을 다음과 같은 방식으로 이해한다고 한다.

첫째, 조직형태는 사물의 자연적 질서로서 인정되어지지 않는다.

둘째, 관리의 이익은 보편적이지 않다.

셋째, 기술적 합리성에 대한 강조는 갈망하는 목적의 상호결정과 이해를 억누른다.

넷째, 조직문화는 지배집단의 헤게모니를 강화한다.

또한 Alvesson과 Willmott(1996)은 조직행정에 있어 전략적 관리가 지배헤게모니의 한 유형에 지나지 않는다고 주장하였는데 이는 결정수립과정과 전략적 토의 등이 소수 엘리트 관리자들에 의해서 통제되기 때문이라고 한다. 비슷한 방식으로 정보체계도 역시 직원들의 반사적 사고와 의사소통의 유형을 통제하기 위해 필요하다고 한다. 하지만 질을 중요시하는 관리(total quality management)나 전략적 기획, 조직이나 직원수행능력 향상을 위한 각종 제도나 체계들이 반드시 기관의 자원을 통제하는 소수관리자들의 지배를 강화하기 위해 사용된다는 주장은 client들의 사회, 정치, 그리고 경제적 번영과 복지를 개선시키기 위해 설립된 사회복지조직의 기본적 목적에 부합하지 않는 논리적 한계점을 갖게 된다는 점을 알 수 있다.

비판이론가들은 인간봉사조직들도 자본주의사회에서 이러한 속성을 간직한다고 주장한다(Clegg and Dunkerley, 1980). 하지만 신Marx주의자들은 인간봉사조직들이 자본주의사회에서 특별한 역할을 수행한다고 하는데 이 특별한 역할이란 사회복지기관을 포함하는 인간봉사조직이 자본주의체계에 도전하는 노동자계급과 자본가 사이의 완충물로서의 역할을 한다는 점이다. 그들은 또 인간봉사조직이 제공하는 서비스와 혜택이 노동자계급을 유순하고 안정적으로 유지하기 위해 설계되었다는 점을 강조한다(Galper, 1975; Piven and Cloward, 1971; Quadagno, 1988).

10. 조직문화이론

조직문화이론(organizational culture theory)은 기존의 조직이론들에 대한 입장을 거부하며 상이한 조직적 현실에 대한 해석을 강조한다. 현대구조주의이론과 체계이론은 조직을 동의된 목적을 성취하기 위함을 목적으로 하기 때문에 이성적이라고 바라보며 조직 안에 있는 모든 요소들이 자기자리에 놓여져 있고 질서 있게 놓여있으면 조직이 기능적으로 잘 운영된다고 바라보는 반면 조직문화이론은 문화적 규범, 가치,

신념 등이 조직의 요소들을 인도한다고 주장한다. 즉, 공식적 규율이나 규정, 권위, 이성적 행동이 아니고 문화적 규범이나 가치 등이 조직을 기능하게 하는데 영향을 미친다고 바라본다.

조직문화이론가들은 특히 조직의 행동을 이해하기 위해서는 조직문화를 이해하는 것이 필요하다고 주장한다(Van Maanen, 1979, 1983; Van Mannan, Dabbs, and Faulkner, 1982). 또한 조직문화이론가들에 따르면 조직의 문화는 양적 접근방법보다는 민속학적 방법 등의 질적 방법을 사용함으로써 훨씬 쉽게 이해될 수 있다고 주장한다. 조직문화이론은 이 이론을 강조하였던 이론가들을 중심으로 다음과 같이 시기적으로 세 분류로 해서 살펴볼 수 있다.

■ 조직문화이론에 초기영향을 미친 사람들

조직문화이론에 초기영향을 미친 사람들로는 조직의 상징을 강조하였던 Berger, Luckman 등을 들 수 있다. 그들은 조직의 문화로부터 오는 조직의 상징에 대한 인식은 상징적 경영이라고 불리는 조직문화이론의 통합적 부분이 되었다고 강조하였다. 1970년대 나타났던 상징적 경영을 Bolman과 Deal(1997)는 다음과 같이 정리하였다.

① 조직에서 무엇이 일어나는지에 대한 해석과 의미는 실제적으로 무엇이 일어나고 있는지보다 더 중요하다.

② 대부분의 조직에 만연해 있는 애매함과 불확실성은 이성적 문제해결과 의사결정과정을 배제한다.

③ 사람들은 애매함을 제거하려고 그리고 불확실성에 직면했을 때 감독을 받기 위해서 상징을 사용한다.

초기 조직문화이론가들은 어떻게 조직의 문화가 형성되는가 그리고 어떻게 문화가 지도력과 조직의 방향을 설정하는데 있어서의 관계들에 영향을 미치는가를 이해하는 것에 많은 관심을 가지고 있었다. 결론적으로 그들은 조직을 상징적 방식으로 이해하기 시작하였다.

■ 가치와 통합을 강조하는 사람들

1980년대 초기 조직문화이론가들에 영향을 받아 다음세대의 조직문화이론가들이 나타났는데 이들을 Martin과 Frost(1996)은 통합주의자 그리고 가치기술자로 이름 붙였다. 가치와 통합을 강조하는 이론가들은 문화가 조직 내에서 창조하기를 원하는 가치 또는 지도자가 가지고 있는 가치에 의해서 만들어진다고 생각했다. 따라서 지도자가 그들 자신의 가치를 조직에 불어넣는다는 측면에서 지도자를 가치기술자와 동일시하게 되었다. 그리고 조직 내에서의 협조적 문화가 강조되면서 동의를 강조하는 통합주의이론가들이 등장하게 되었다. 통합주의이론가들에 따르면 조직이 변화 또는 변천을 겪는 시기에 불안정과 불일치가 자연스럽게 나타나게 되고 그러면 조직 안에 있는 모든 사람들이 하나의 문화 안에서 이러한 변화시기를 극복하기 위해 협조와 조화가 중요시되게 되어 결국 공유된 가치, 꿈, 문화에 대한 개념이 조직성원들 사이에 나타나게 된다고 주장한다.

조직문화란 무엇이고 어떤 내용을 포함하고 있는가에 대한 대답을 Schein(1992)은 제시해 주고 있다. Schein(1992)에 따르면 조직의 문화는 다음과 같은 측면들을 의미한다고 한다.

- 언어와 관습, 전통과 의식을 포함해서 **사람들이 상호 행동할 때 관찰되는 행동의 규칙**
- 함께 일하기 위해 기준과 가치를 포함하는 **집단 규범**
- 사람들이 그들이 무엇을 할지를 인도하는 신념으로 **집단 성원들에**

의해서 지지된 가치

- 공식적인 철학: 업무를 이끄는 이념이나 이사회의 정책
- 비결이나 요령으로 알려져 있는 개임의 규칙
- 분위기
- 다음 세대로 경쟁력을 이전하는 능력인 간직되어 있는 기술
- 조직에 융화시키기 위해 새로운 조직 성원들에게 학습되어지는 것으로서의 사고의 습관, 정신적 모델, 그리고/또는 말의 패러다임
- 공유된 의미: 그들이 함께 일하면서 발전시키는 집단적 이해
- 뿌리깊은 은유 또는 통합의 상징: 집단의 겉모습을 나타내 주는 사고나 감정, 이미지, 육체적 모습

위의 조직문화에 대한 개념에 Schein은 집단 안에서의 구조적 안정과 더 성장하기 위한 요소들의 통합이라는 두 개의 요소들을 포함시켰다. Schein(1992)에 따르면 **조직문화**란 공유된 기본가정의 한 유형이라고 한다. 즉, 집단이 첫째, 외적인 순응과 내적인 통합의 문제를 해결하기 위해 학습한, 둘째, 유효한 것으로 생각되어 충분히 잘 작동하는, 셋째, 외적인 순응과 내적인 통합의 문제들과 관련해서 느끼고, 인지하고 생각하는 옳은 방식으로 새로운 구성원들에 학습되어지는 공유된 기본가정의 유형이라고 정의하였다.

Schein(1992)은 외적 순응과 내적 통합의 문제를 해결하기 위해서 다음과 같은 점이 중요하다고 강조하였다. 먼저 외적 순응을 위해서 조직은 **임무선언, 전략, 목적, 수단, 측정도구, 조정(또는 교정)** 등의 동의가 필요하다고 강조한다. 임무선언과 전략은 조직의 임무와 주요 과업, 그리고 명백하고 잠재된 기능에 대한 공유된 이해에 의해서 나타나며 목적은 동의를 발전시키기 위해서 핵심적인 임무를 수행하는 것이고 수단은 목적을 성취하는 방식을 이해하기 위한 것이며 측정도구는 어

떻게 작업이 행해지고 있는지를 측정할 수 있는 기준을 설정하기 위해서 필요하며 마지막으로 교정은 목적이 성취되지 않았을 때 사용하기 위한 치료전략을 확인하기 위해서 필요하다.

또한 내적 통합을 위해서 공통의 언어, 공통의 개념적 범주, 집단 경계, 힘과 지위의 영역, 관계, 보상, 벌칙에 관한 규범, 통제될 수 없는 사건을 설명하는 방식 등을 발전시켜야 한다. 결국 조직문화는 사람들을 움직이는 사회적 역동체이고 문화는 조직 안에서 행동에 의미를 주고 행동을 안내하는 주제이다.

■ 상이성을 강조하는 사람들

상이성을 강조하는 이론가들은 전통적 조직이론과 조사가 덜 창조적이고 지루하다고 주장하며 이를 극복하기 위해 전통적 조직연구가 등한시했던 가치, 상징주의, 의미 그리고 감정을 강조해야 한다고 주장한다. 그들은 조직이론은 조직에 깊게 뿌리하고 있는 갈등, 불일치, 그리고 문화적으로 상이한 구성원들 사이에서의 해석에 있어 차이들은 무시되어서는 안 된다고 강조하였다.

11. 인식이론

인식이론(sense-making theory)은 조직문화이론을 기초로 해서 발전했다고 볼 수 있다. 조직문화이론은 새로운 직원이 조직에 들어갔을 때 그를 둘러싸고 있는 환경에 대처하기 위해 싸우는 직원들의 정신적 과정을 이해하는데 도움을 주었다. Louis(1980)는 조직에 들어온 새로운 직원들이 조직에 머무를지 또는 떠날지에 대한 결정과 소명감이나 소외감은 조직에 들어온 후 겪은 초기 업무의 경험에 의해서 만들어진 인식(sense)에 의해 결정된다고 강조하였다. 결국 조직은 사람들이 가지고 있는 인식에 의해 이해될 수 있는 것이라고 볼 수 있다.

인식이론은 조직의 구조를 형성하기 위한 주요한 동력으로 인식을 강조한다. 인식이론은 **조직이 자기-교정적(self-correcting)인 독립적 인간들의 집합체**라고 강조한다. 여기서 독립적인 자기-교정적인 인간들은 목표와 방법에 기초해서 동의할 수 있으며, 정보를 공유하는 것을 통해서 그들의 행동을 조정할 수 있으며 그리고 조직적 문제와 해결들을 예측할 수 있는 사람들이다(Weick, 1995). 조직에 있어서의 인식이론에 대한 사고는 Roethlisberger와 Dickson(1939)에 의해서 제시되었다고 하는데 그들은 조직의 환경은 고용인들이 사건에 귀속되어 있는 인식에 기초해서 이해될 수 있다고 강조한다. 현대에 있어서 인식한다는 것은 이해하는 것뿐만 아니라 상징 그리고 언어에도 관련이 있다고 한다. Morgan(1986)은 조직 안에서 인식하는 방법으로 은유(metaphor)를 사용하였다. 그는 조직을 인식하는데 있어 상징적인 측면을 강조하여 조직을 기계, 유기체, 뇌, 문화, 정치체계, 정신교도소, 지배, 유동과 변형으로 상징화하였다. Morgan에 따르면 이미지나 은유는 사람들이 조직적 삶의 성격을 그리는 과정의 중심에 있다고 한다. 결국 서로 서로가 사용하는 조직의 은유를 이해하는 것은 조직세계를 보고 생각하는 서로 서로의 방식을 이해하는 것이라고 볼 수 있다(Netting and O'Conner, 2003).

Stabuck과 Milliken(1988) 그리고 Sackman(1993) 등은 인식이론의 입장에서 어떻게 개개인들이 구조적으로 정보를 조직화하는가, 정보를 이해하는가, 당황함을 바로잡는가, 의미를 건설하는가, 그리고 상호간의 이해를 추구하는데 있어 조직 안에서 다른 사람들과 상호 행동하는가 등에 관심을 가졌다(Netting and O'Conner, 2003). 인식이론가인 Weick(1995)은 인식하는 것을 상황에서 이로움을 취하는 방식으로 바라보며 인식하는 것은 다음의 7가지의 속성과 동일한 것으로 바라보았다.

① **동질성**: 사람들이 조직을 분석하고 묘사하고 이름을 붙이는 것과 같이 사람들은 그들의 변화하는 경험에 기초해서 그리고 그들 자신들의 인식에 대한 변화하는 경험들의 효과에 기초해서 그들의 이해에 대해 다시 생각한다. 따라서 조직을 인식하는 것은 사람의 동질성과 그리고 사람이 성장하고 발전하는 것과 같이 조직이 변화한다는 것에 관해 이해하는 것과 결합되어 있다.

② **회상**: 조직을 이해하는 것은 살았던 경험에 기초한다. 왜냐하면 사람들은 현실을 경험한 이후에 무슨 일이 일어났는지를 인식하기 때문이다.

③ **입안**: 조직은 조직 안에서 가능한 행동들의 정황에서 이해되어진다. 정책을 입안하고, 규정을 작성하고, 공간을 조정하는 등의 조직에서 행동은 조직적 삶과 조직에 의미를 준다고 한다.

④ **사회적**: 조직 안에서 일어나는 행동들은 사람이 사람과 함께 일하는 상호 행동이다. 어떻게 사람들이 사회화되어 있는가가 사람이 조직적 삶 안에서 생각하고 행동하는 것에 영향을 끼친다.

⑤ **진행 중**: 사람들의 관심 그리고 경험들은 끊임없이 변화한다. 따라서 조직 자체를 이해하는 것은 계속 진행 중이라고 볼 수 있다.

⑥ **추출된 단서**: 추출된 단서는 사람들이 조직에 관해서 그린 것으로부터 오는 정보의 조각들이다. 사람들이 추출된 단서로 무엇을 만드는지는 일차적으로 그들 자신들에 달려 있고 그리고 그들이 살았던 경험과 추출된 정보가 무엇인지와 어떻게 그것이 해석되어지는 등에 달려 있다.

⑦ **그럴 듯함**: 인식하는 것은 조직 안에 있는 사람들이 진실에 관해 아는 것을 필요로 하지는 않는다고 한다. 왜냐하면 추출된 단서들을 결합하면 그 결과 사람들은 현재 작업에서 무엇을 할지를 충분히 알 수 있기 때문이라고 한다. 따라서 충분함과 그럴듯함이 정확성에 앞선다고

볼 수 있다.

〈표 2-3〉 조직이론의 구분

이 론	기 여
고전이론(목적성취)	공식적 조직구조와 생산성의 중요성에 대한 인식
인간관계/ 조직행동이론	개개인, 집단, 비공식적 체계, 그리고 조직에서의 그들의 관계에 대한 중요성의 인식
신고전이론 현대 구조주의이론	조직구조에 대한 전통적 그리고 순진한 접근을 벗어남, 그리고 조직 안에서 있는 다양한 요인들에 대한 더욱 포괄적인 균형 잡힌 접근방법을 제공함
체계이론	조직을 변화하는 환경 안의 열린 체계로 바라봄
힘 그리고 정치이론 (정치경제 관점)	영향력, 정치 그리고 조직 안에서의 비공식적 힘의 중요성을 인식 정당화된 힘인 권위에 대한 전통적인 관점을 뛰어넘음
조직문화이론	조직은 가정과 가치에 근거한 그들 자신의 신념을 발전시킨다는 것을 인식
인식(sense-making) 이론	조직의 관여자들이 다시 설립하는 방식 또는 일어난 것에 대한 인식을 지적

*Netting and O'Conner, 2003, p. 45 참조.

결국 Weick은 조직과 인식이 같은 뿌리라고 생각했는데 이는 조직하는 것이 질서를 부과하고, 일탈을 좌절시키고, 연결하고 단순화하는 것이기 때문에 사람이 인식하는 것과 마찬가지라고 강조한다. 그는 인식하는 것이 이념, 패러다임, 행동이론, 전통, 이야기를 이해하기 위해서 필요한 것으로 바라보았다. Netting과 O'Conner(2003)는 위에서 설명한 조직이론들이 조직을 이해하는데 있어 일정한 기여를 하였다고 구분하였는데 이를 표로 보면 〈표 2-3〉과 같다.

Hasnefeld(2000)는 조직이론을 조직이 수행하여야 하는 행정적 과업과 연관해서 분류하고 있는데 이 분류를 표로 나타내면 〈표 2-4〉와 같다.

〈표 2-4〉 행정적 과업에 따른 조직이론의 구분

행정 과업	조직이론
목적 성취(생산성 향상)	이성적-법률적, 과학적 관리, 관료주의
인간 경영	인간관계, 여권주의적 관점
효과성, 효율성	상황이론
적응(순응, adaptation) 그리고 자원동원	정치경제관점
설립 그리고 생존	인간생태주의
제도화(institutionalization)	신제도주의
통합 그리고 사회적 응집	문화, 인식(sense-making)
지식, 힘 그리고 통제	신마르크스주의, 포스트모던, 구조(structuation)
사회변화	비판이론, 급진적 여권주의

* Hasenfeld, 2000, p. 91에서 재인용

Hasenfeld의 조직이론에 대한 분류는 조직이 수행하는 조직과업이 무엇인가를 기준으로 조직이론을 구분하였다는 점이라는 특징이외에 조직의 효율성과 효과성을 강조하면서 상황이론으로 조직을 설명하였다는 특징을 가지고 있다. 상황이론이 조직의 과업 중에서 효율성과 업무의 효과성을 강조한다는 것은 상황이론이 이성적-법률적 관점에 내재해 있는 조직의 규범적 구조를 벗어버리고 조직을 열린 체계로 바라보기 위한 시도라고 할 수 있다. 조직의 이성적 법률적 이론은 관료주의이론의 특징을 그대로 간직하는 조직구조를 의미하며 변화에 능동적으로 대처하지 않고 안정과 현재의 상태를 강조한다는 측면이 있다. 하지만 상황이론에 따르면 조직은 변화하는 환경에 적극적으로 대처하여야 조직의 효율성과 효율성을 극대화할 수 있다는 측면이 강조되기 때문에 기술적 변화, 조직의 구조 등은 모두 조직을 둘러싸고 변화하는 환경의 변화 즉, 상황에 따라 적극적으로 대처하여야 함이 강조된다.

제3장

사회복지조직과 조직구조

제 1 절 사회복지조직의 구조

1. 조직과 구조

Barnard(1970)는 조직이란 사람들이 서로 서로 대화할 수 있는 상태일 때 그리고 **공통적인 목적**을 도달하기 위해 행동할 때 온다고 정의하였으며 그리고 그는 조직을 구성하는 요소로 **의사소통**(communication), 서비스를 제공하려는(또는 봉사하려는) **의지**, **공통의 목적**(purpose)을 제시하였다. 앞에서도 살펴본 바와 같이 일반적으로 조직은 목적을 성취하기 위해서 다양한 역할을 수행하는 사회적 단위 또는 체계라고 정의되는데 이러한 조직목적을 성취하기 위해 자원을 필요로 하고 자원을 할당하며 활동을 조정하고 분리하기 위한 어떤 형태의 **구조**

(structure)가 필요하게 된다. 즉, 공통의 목적을 달성하도록 하는 하나의 수단인 구조가 필요하게 된다. 조직이 설립되었다는 의미는 그 조직이 행동을 성취하기 위해 필요한 행동체계로서의 하나의 수단인 조직구조가 완성되었다는 것을 의미한다.

결국 **조직**이 목적을 성취하기 위해서 다양한 역할을 수행하는 사회적 단위라고 한다면 **조직구조는 이러한 조직의 목적을 성취하는데 필요한 행동이나 활동들이 체계적으로 이루어질 수 있도록 하는 하나의 틀이나 뼈대**라고 할 수 있다. 물리적 의미에서 인간이 움직이고 기능하도록 하는데 있어 뼈대가 중요한 것과 같이 조직이 움직이고 기능하는데도 구조는 필요하다고 볼 수 있다.

Mintzberg(1979)에 따르면 조직구조는 **과업 속으로의 노동(또는 작업)의 분업과 조직의 목적(또는 임무)을 성취하고 완성된 작업을 얻기 위해 필요한 과업들의 조정**을 반영한다고 강조한다. 그리고 Dawson(1996)은 **구조(structure)란 통제와 의사전달(communication) 그리고 협조의 목적을 보장하기 위한 하나의 수단**이라고 하였다. 따라서 구조에 있어서 구성원들의 역할과 관계는 중요한 부분을 차지한다고 볼 수 있다. 구조에 있어서 역할과 관계는 일반적으로 조직도에 반영된다. 즉, 조직이 사업을 수행하기 위해 하나의 구조를 발전시킬 때 조직도(organizational chart)는 직원들의 역할과 관계를 나타내는 위계구조의 한 형태를 반영한다.

조직은 공통의 목표를 향해 사람들이 함께 일하는 하나의 구조를 제공한다. 일반적으로 조직이 없는 것보다 기능을 제대로 하지 않는 조직이 더 나쁘다고 볼 수 있다. 잘 조직화되어 있지 않다면 결과는 결국 혼란과 혼동일 뿐이다. 사회복지실천에 있어 효과적 조직은 효과적 서비스전달체계를 의미한다. Scott(1961)는 조직을 구성하는 중요한 네 요인을 강조하였는데 그에 따르면 조직은 첫째, 노동의 분업, 둘째, 계단적 그리고 기능적 과정, 셋째, 구조, 넷째, 통제의 범위이다.

① **노동의 분업**: 특수한 업무에 관련된 전문화를 포함한다. 대부분의 조직은 노동의 분업에 따라 업무가 할당된다. 원장은 원장에 맞는 노동을 수행하며 부장은 부장에 맞는 노동을 수행한다.

② **계단적(scalar) 그리고 기능적 과정**: 다시 말해 조직의 계단 같은 측면이다. 명령의 구조(명령, 지휘계통), 권위의 위임, 명령의 통일(unity of command)들을 포함한다. 상부에서 하부로 연결되는 서열적 체계로 이루어진 명령계통이 있고 이 명령계통에 따라 한 사람이 권한을 가지고 책임을 진다.

③ **구조**: 조직은 기능하고 실천하기 위해서 수행하는 메커니즘, 책임성, 권위, 힘과 관련한 조직의 수준과 실제적인 배열 등을 포함한다. 부서화가 대표적인 조직의 구조이다. 조직의 크기나 복잡성에 따라 부서 밑에 하위 부서가 있는 경우도 있다. 구조는 명령과 의사결정의 계통도 되고 업무 역할의 범위와 책임의 한계 등을 명확히 해준다.

④ **통제의 범위(span of control)**: 한 사람의 복지행정가 밑에 그와 관련 있는 하위직원들이 몇 명이 있는가를 의미한다. 보통 사회복지조직에는 한 명의 슈퍼바이저(supervisor) 밑에 5-7명의 직원들이 있다.

결국 Scott는 이들 네 요인들이 조직을 구성한다고 하며 대부분의 조직은 이 구성요소들을 가지고 있다고 하였는데 이들 중에 구조를 포함시킴으로써 조직이 기능하는데 구조의 중요성을 강조하였다.

2. 조직구조의 중요성

구조는 조직의 운영 또는 관리의 측면에서 보았을 때 매일 매일 조직이 기능하는 실천적이고 실제적인 부분을 담당하고 결정하기 때문에 조직에 있어 매우 중요한 변수이다. 구조는 또한 목적과 목표를 성취하기 위해서 조직이 앞으로 나아갈 수 있도록 하는 실질적인 틀 또는 뼈대라고 할 수 있다. 일단 조직의 구조적 틀이 설립되면 그 구조적 틀은 다른 기능들이 수행해야 하는 방식들을 결정 또는 규정한다. 다시 말해, 조직구조는 다음과 같은 요소들을 결정하게 됨을 의미하며 그리고 다음과 같은 요소들에 조직의 구조가 많은 영향을 받게 됨을 의미한다.

· 업무에 대한 집중(또는 강조)
· 책임의 경로
· 슈퍼비전과 감독
· 의사소통의 경로
· 참여의 정도
· 조직의 목적 성취에 대한 영향(력)

이상과 같은 조직구조에 포함되는 조직의 운영에 많은 영향을 미치는 여섯 개의 요소들에 대해 살펴보면 다음과 같다.

1) 업무에 대한 집중

조직의 구조는 업무에 많은 영향을 미친다. 구조에 따라 분업화된 업무들은 직원들 각각이 가지고 있는 영역에서의 업무수행을 필요로 한다. 업무에 대한 집중 또는 강조는 직원들이 그들의 업무를 수행하는데 있어 그들의 전문적 기술이나 지식 그리고 판단을 사용할 수 있음을 나타내기도 한다.

2) 책임의 경로

어떤 업무에 대해 누가 책임이 있는지 그리고 누가 어떤 형태의 성취를 위한 책임을 고수할 것인지 등을 나타낸다. 조직 안에서 지위를 부여받은 직원들은 그들이 가지고 있는 지위에 맞는 행동과 권한을 부여받게 되며 그 지위에 대한 법적, 윤리적 그리고 전문적 책임을 갖게 된다. 조직도에 나타나는 조직의 라인은 책임과 권위의 수준을 분명하게 나타내 준다. 구조는 또한 어떤 지위에는 어떠한 책임이 할당되어야 하는지와 권한의 범위, 주어진 기능을 성취하기 위해 필요한 자원을 결정하기도 한다.

3) 슈퍼비전과 감독

조직구조는 누가 업무평가를 수행할 것인지 그리고 승진과 임금상승 등의 공적을 누가 결정할 것인지 등을 나타낸다. 대부분의 조직에 있어 슈퍼바이저와 하급자들의 관계는 조직의 매일 매일 업무생활의 질을 결정하기도 한다고 한다. 즉, 슈퍼바이저가 하급자들의 성장과 발전에 관심이 있고 하급자에 대해 지지적이고 긍정적이라고 한다면 조직적 삶의 질을 포함하는 조직구조는 역동적일 것이다.

4) 의사소통의 경로

조직구조는 어떤 문제를 가지고 누구와 의논할 것인지를 보다 분명하게 나타낸다고 한다.

5) 참여 정도

조직구조는 또한 직원들의 정책결정과 기획과정으로의 참여의 정도를 나타낸다. 조직구조는 직원들의 참여를 촉진시킬 수도 있으며 참여를 제한할 수도 있다. 결정이 직원들의 참여 없이 상부에서 이루어지고 명령체계를 따라 밑으로 내려갈 수도 있고 직원들의 생각이 상부로 올라가서 결정에 영향을 미칠 수도 있다. 하지만 조직이 높은 생산성, 효율성, 효과성 그리고 질을 목표로 한다면 의사결정에 있어 관련된 사람들이 모두 참여하는 완전한 참여를 촉진시키는 것이 중요하다고 한다.

6) 조직의 목적 성취에 대한 영향(력)

조직의 구조는 직원 개개인들 또는 편성단위(예를 들어 부서)들이 조직의 목적과 임무를 성취하는데 있어 중요한 역할을 가지고 있다고 느끼게 하는데 있어 영향을 미칠 수 있다. 따라서 조직구조는 어떤 특정 직원이나 편성단위가 조직적 임무나 목적에 대한 영향력을 가지고 있는지 등을 나타낸다. 예를 들어 조직에서 어떤 사람은 서비스신청 서류만 접수하고 어떤 사람은 신청자 서류만 검사하고 어떤 사람은 client 교육만 수행한다고 했을 때 조직의 생산성과 사기는 낮을 수밖에 없게 되는데 이는 직원들이 그들 자신들의 업무에만 한정해서 조직구조를 바라보기 때문에 프로그램의 목적과 목표의 성취와 매일 매일 그들이 행하는 업무 사이의 관계를 바라보는 거시적 시각을 갖기가 어렵기 때문이다. 따라서 이 경우 조직주조의 변경을 통해 직원이 서비스의 전체계(서류접수, 심사, 교육에 이르는 전 과정)에 관여할 수 있는 참여의 길을 열어준다면 직원들의 조직적 만족도는 증가하게 될 것이며 조직이 성취하려는 목적과 목표에 대한 그들의 기여도는 향상될 것이다.

제 2 절 조직구조건설(또는 설계) 모델: 조직구조건설을 위한 모델

조직을 만드는데 있어 적용될 수 있는 이론들은 앞에서 살펴본 바와 같이 조직을 이해하는 방식으로써 그리고 조직에서 이루어지는 실천 행동을 인도하는 보편적 규정을 알려주는 역할을 담당한다. 즉, 조직이론을 통해서 우리는 조직이 어떻게 나타났는지, 왜 조직은 특정한 형식을 취하는지 그리고 어떻게 조직이 운영되는지에 대한 대답을 찾는데 도움을 얻을 수 있게 된다. 좀더 구체적으로 우리는 조직을 설명해 주는 다양한 이론들을 이해함으로써 어떻게 조직의 구조가 눈에 보이지 않는 비공식적 구조를 가질 수 있는지, 항상 한 사람에 하나의 슈퍼비전만 필요한 것인지, 조직도에는 항상 분명한 권위의 경로만 존재하는지, 명령의 세계는 어떠한 모습을 띠고 있는지, 각 조직들이 성취하려고 하는 일차적인 행정적 과업은 무엇인지, 정책결정의 경로는 무엇인지 등에 관한 일차적인 해답을 얻을 수 있다. 하지만 조직이론만을 가지고 조직의 구조를 설계하고 건설할 수는 없다. 따라서 이론에 기초한 실천 모델로서 조직구조 건설을 위한 구체적인 모델이 필요하게 된다. 일반적으로 특정한 조직구조를 선택하고 설계하기 위해서는 조직변화의 정도, 조직의 크기, 현 조직의 문화, 조직 성원들의 기대, 과업에 대한 상호의존성, 임무나 프로젝트의 유형, 조직의 성장을 위한 전략, 그리고 책임성과 조직통제 등의 요인에 의해 크게 영향을 받는다(Tyson and Jackson, 1992).

조직이 사업을 수행하기 위해 하나의 구조를 발전시킬 때 조직도(organizational chart)는 위계구조의 한 형태를 반영한다. 즉, 조직도는 감독과 보고의 채널을 알려주는 선(line)과 조직 내에서의 위치를 알려주는 박스(box)를 사용하는 조직구조라고 할 수 있다. 따라서 그 조직의 조직도가 조직구조의 가장 분명한 청사진이라고 할 수 있다. 다음의 〈그림 3-1〉은 일반적인 사회복지조직의 조직도를 나타내 주는 예이다.

〈그림 3-1〉 사회복지조직의 일반적 조직도의 예

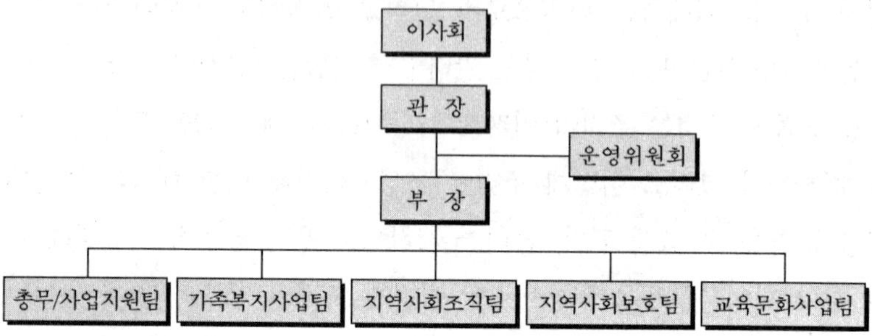

일단 직무(또는 노동)가 분업화되면 분업은 조직의 구조를 만들기 위해 사용된다. 앞에서 언급한 바와 같이 조직의 구조는 전형적으로 하나의 공식적 조직도로 그려지며 이 공식적 조직도는 명령계통이나 서열을 구성하게 된다. 이것을 공식적 조직도(organizational chart)라고 부른다. 반면 실제적인 직원들의 작업관계는 비공식적 구조를 나타내는 조직도로도 그려질 수 있다. 비공식적 구조를 나타내는 조직도는 작업관계를 정의하는 다양한 상징들이 사용된다고 한다(Kettner, 2002). 이번 절에서는 조직도에 반영되는 조직구조를 건설하는데 사용될 수 있는 모델들을 살펴보기로 한다.

1. Mintzberg의 모델

새로운 조직을 구분하는 방식에 대해 또는 조직을 설계하는 방식에 대해 Mintzberg(1979)는 독창적인 사고를 제시하였다. 그에 따르면 **조직의 구조**는 과업 속으로의 **노동(또는 작업)의 분업**과 조직의 목적(또는 임무)을 성취하고 완성된 작업을 얻기 위해 필요한 **과업들의 조정**을 반영한다고 강조한다. Mintzberg는 공식적 조직에서 필요한 다섯 개의 **조정기구**(coordinating mechanism)를 제시하였는데 그것들은 첫째, **직접적인 슈퍼비전** 둘째, **작업의 표준화(standardization)** 셋째, **산출의 표준화** 넷째, **기술의 표준화** 다섯째, **상호 조정(adjustment)**인데 상호 조정은 또한 조직적 정치(organizational politics)라고 불리기도 한다. 그에 따르면 이러한 조정을 위한 기구들은 또한 환경적 영역과도 연계되어 있다고 한다. 특히 조직의 외적 통제가 감소하면 조직의 내적인 중앙화와 형식화는 증가하는 경향이 있다고 강조하였다(Hasenfeld, 2000).

Mintzberg(1983)는 모든 조직이 조직을 지배하는 이데올로기 속에서 다섯 개의 부분을 가진 것으로 보았다. 그 다섯 부분이란 조직이 첫째, 운영핵심(operating core) 둘째, 중간라인(middle line) 셋째, 기술적 지원(technical support) 넷째, 행정적 지원(administrative support) 그리고 다섯 번째, 전략적 정상(strategic apex)을 포함한다는 것을 의미한다. 조직을 구성하는 다섯 부분을 그림으로 그리면 〈그림 3-2〉와 같다.

〈그림 3-2〉 Mintzberg의 조직부분들

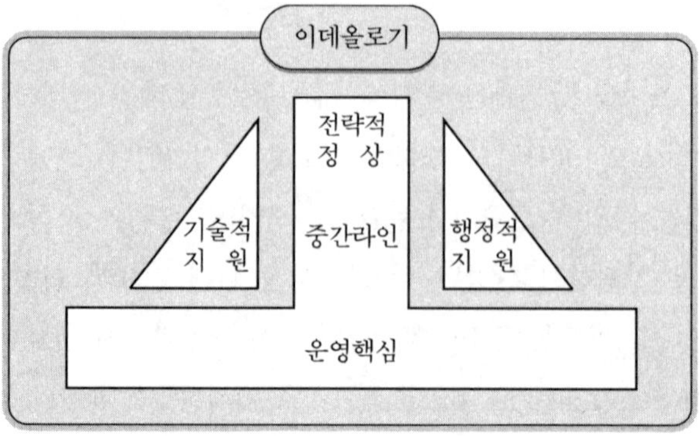

그리고 예를 들어 병원 조직을 구성하는 것을 다섯 부분으로 구분하면 〈그림 3-2〉와 같다.

① 운영 핵심: 의사나 간호사

② 중간라인: 간호를 위한 지도감독(supervision)을 할 수 있는 슈퍼바이저

③ 기술적 지원: X-Ray, MRA, 등을 포함하는 기계와 그들을 운영하는 숙련된 직원들

④ 행정적 지원: 사회복지서비스 등을 포함하는 병원부대시설을 제공하는 각종 서비스에 관련된 사람들

⑤ 전략적 정상: 병원행정가

하지만 위와 같은 Mintzberg의 조직설계모델은 단순히 조직을 배열하고 구분하는 데는 의미가 있을 수 있지만 어떻게 사회복지행정가들이 조직구조를 건설하는가 즉, 기관을 변화시키고, 만들고, 기획하기 위

해서는 어떤 조직구조가 적합한가에 대한 사고를 하는 데는 약점 또는 제한을 가져다 준다고 한다. 결국 Mintzberg의 조직설계모델은 단지 조직을 구분하는 하나의 모델을 제공하였다는 데 의미를 둘 수 있다.

2. 부서화모델

조직구조를 어떻게 설계할 것인가에 대한 가장 일반적 모델의 기초는 고전관리이론에 있다. 고전관리이론의 측면에서 조직구조는 힘과 권위와 책임 그리고 조직이 기능하고 운영하기 위한 메커니즘 등을 실제적으로 배열하는 것을 의미한다. 따라서 고전관리이론은 이성적 권위, 전통, 카리스마를 가지고 있는 사람들을 따라 조직을 구분하는 것을 강조한다. 이러한 전통적 의미로 힘 있는 또는 가장 이성적인 책임자의 의도에 따라 조직이 구분되고 직무가 분업된다는 고전관리이론의 한계를 벗어나 부서화가 다양한 형태로 이루어지는 부서화모델이 등장하게 되었다.

부서화모델은 가장 일반적인 조직구조의 형태로서 조직구조가 부서화(departmentalization)로 이루어지는 경우를 의미한다. 부서화로 조직의 구조(또는 직무의 분업)가 이루어지지는 경우 부서화는 **기능, 프로그램, 과정, 시장, client(또는 소비자), 지리적 영역, 숫자** 등으로 세분화하여 부서화가 이루어질 수 있다고 한다(Kettner, 2002).

Kettner(2002)에 따르면 부서화는 조직 안에 있는 수많은 직위(positions)들을 나타내는 것이 아니고 조직의 분업화를 이해하기 위한 개념적 도구라고 한다. 따라서 기관의 업무를 어떻게 세분화할 것인지 등에 관한 결정은 기관의 위치, 서비스를 제공받는 client집단, 제공되는 서비스의 본질 등의 요인들에 의존해야 한다.

부서화를 구분지을 수 있는 위의 요인들 즉, 기능, 프로그램, 과정, 시장, 소비자/client, 지리적 영역, 구성원의 숫자 등으로 조직구조를 구성하는 조직의 부서화를 살펴보면 다음과 같다.

1) 프로그램으로 분류되는 부서화(departmentalization by program)

가장 일반적인 조직구조의 분류가 조직을 프로그램에 따라 분류하는 방식이다. 프로그램이란 목적을 성취하기 위해 유도된 행동들의 총집합체이다 따라서 특정 집단이나 문제에 대한 서비스들을 포함하고 있다. 특정 문제를 해결하기 위해서는 특수화된 기술이나 지식을 필요로 한다. 따라서 프로그램으로 부서화된 조직구조는 특정 프로그램을 중심으로 조직이 구분되어져 있기 때문에 프로그램이 해결해야 하는 문제에 대한 전문적 기술이나 지식을 활용하는데 장점을 가지게 된다. 다음은 가정봉사기관의 조직이 프로그램으로 부서화되어 있는 경우의 예이다.

〈그림 3-3〉 프로그램으로 분류되는 부서화의 예

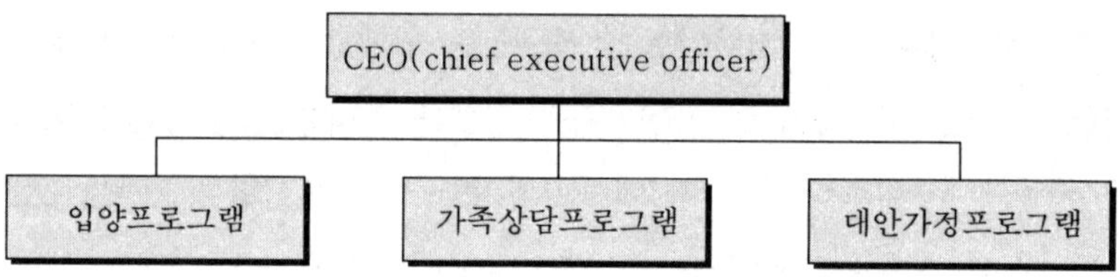

2) 기능으로 분류되는 부서화(departmentalization by function)

조직이 기능으로 부서화되어 있는 경우는 기술적 전문성이 노동의 분업의 판단근거로 작용하는 경우이다. 기능으로 분류되는 부서는 운영부, 시장개발부, 재무부, 인사부 등으로 조직이 부서화된다. 운영부는 조직이 만든 상품을 생산 또는 서비스를 전달하는 책임을 가지고 있으며 다른 부서들은 그들 부서 나름대로의 기능을 책임진다. 영리를 추구하는 대부분의 기업들은 기능으로 분류하는 부서화를 많이 사용하고 있다. 사회복지기관이 기능으로 분류하는 부서화의 조직구조를 갖는 경우는 조직의 규모가 큰 경우이며 재무부, 프로그램개발부, 인사부 등으로 나누어질 수 있다.

〈그림 3-4〉 기능으로 분류되는 부서화의 예

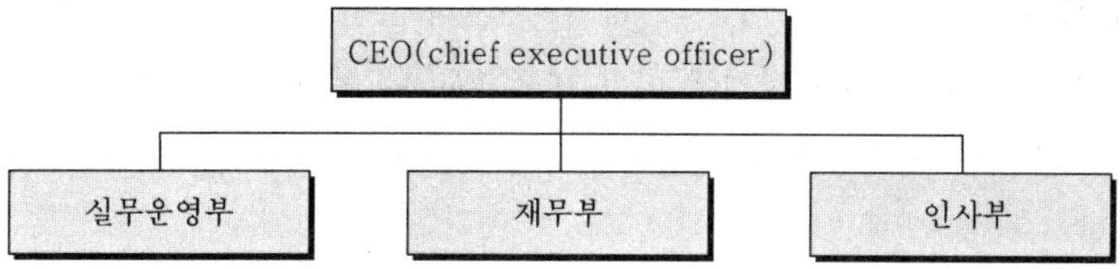

다음의 〈그림 3-5〉는 실제적으로 사용되고 있는 기능적 조직구조를 가진 사회복지조직의 예이다.

〈그림 3-5〉 기능적 조직구조를 가진 사회복지조직의 예

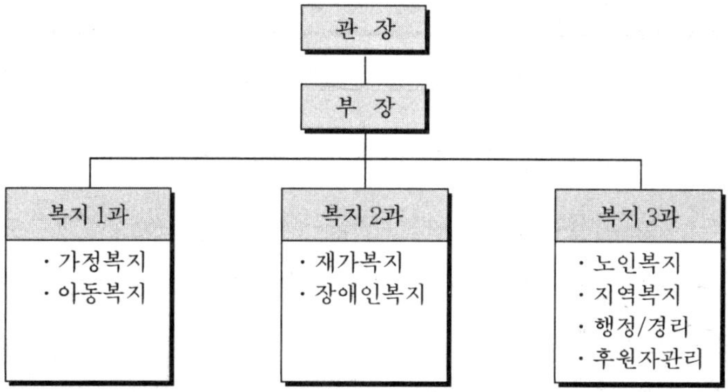

3) 과정으로 분류되는 부서화(departmentalization by process)

조직구조가 업무가 진행되는 과정으로 분류되는 경우도 있다. 조직구조가 과정으로 분류되는 경우는 특정 기술이나 또는 기술적 전문성이 client에게 도움을 주는 과정에 따라 조직화되어 있는 경우로서 과정으로 분류되는 부서화의 장점으로서는 도움을 주는 과정에 따른 각각의 단계가 자체적인 전문가들로 구성될 수 있기 때문에 전문적 서비스가 이루어질 수 있다는 것이다. 하지만 또 다른 한편으로는 client의 입장에서 사회복지사가 과정에 따라 바뀔 때 사회복지사의 관계에 있어서 계속적인 지속성을 유지하기가 어렵다는 점이 약점으로 지적될 수 있다.

〈그림 3-6〉 과정으로 분류되는 부서화의 예

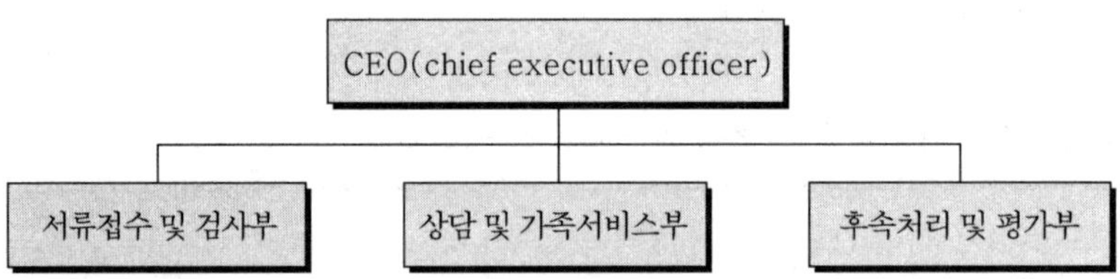

4) 시장으로 분류되는 부서화(departmentalization by market)

조직구조가 시장으로 분류되는 경우는 특정 시장에 더 좋은 서비스(특정 시장에 맞는 서비스)를 제공할 필요가 있을 때 선택될 수 있는 구조라고 한다. 예를 들어 직장 고용인들이 가지고 있는 가족이나 직장 내 갈등 등을 해결하는 고용인원조프로그램을 제공하는 사회복지기관은 시장에 따라 고용인원조프로그램의 내용이나 성격이 다를 수 있다. 즉, 대기업인 경우와 소규모 기업인 경우 또는 교육기관인 경우 등 시장의 성격에 따라 처리가 다르게 이루어질 수 있기 때문에 특정 시장에 맞는 전문 기술과 지식을 제공하기 위해 시장으로 조직구조가 분류된다. 이주노동자생활안정서비스를 제공하는 이주노동자센터의 경우도 이주노동자의 시장에 따라 인도이주노동자, 방글라데시아이주노동자, 네팔이주노동자 등으로 부서를 조직하여 특정 인종에 맞는 특정 지식과 기술이 적용될 수 있게 할 수 있다.

〈그림 3-7〉 시장으로 분류되는 부서화의 예

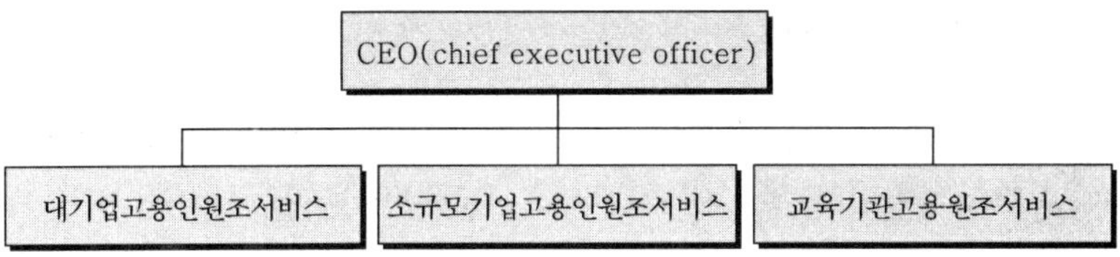

5) 소비자/client로 분류되는 부서화(departmentalization by consumer/client)

client의 유형에 따라 그들이 갖고 있는 또는 경험하는 문제는 다를 수 있다. 예를 들어 노숙자라 해도 남자의 경우와 여자인 경우 그리고 노숙자가족인 경우 그들이 경험하는 문제나 욕구는 상이하게 나타날 가능성이 있으며 따라서 문제해결을 위한 서비스의 제공도 그들의 욕구에 맞게 이루어져야 할 필요성이 제기된다. 이러한 client에 따른 업무의 분업은 비슷한 유형의 client들이 비슷한 유형의 문제나 욕구를 가지고 있을 때 효과성이 증대된다.

〈그림 3-8〉 client로 분류되는 부서화의 예

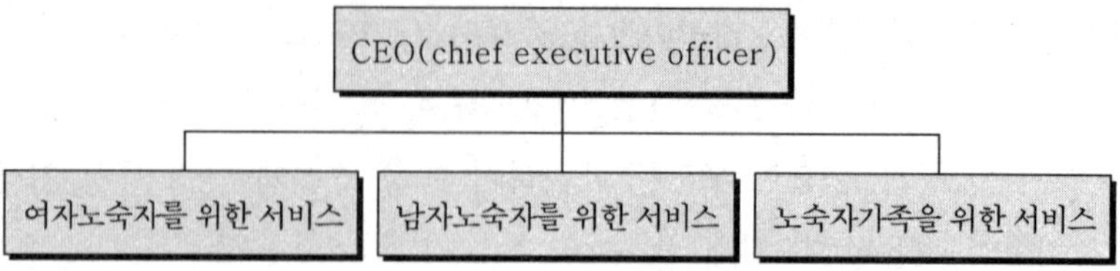

6) 지리적 영역으로 분류되는 부서화(departmentalization by geographic are)

조직구조를 지리적 영역으로 분류하는 경우는 서비스를 제공해야 하는 영역이 광범위한 경우에 주로 사용되는 분류방식이다. 따라서 이 구조는 큰 기관이 지역에 사무소를 두고 있는 경우 일반적으로 사용되는 조직구조이다. 이 조직구조의 장점은 client들의 서비스를 향한 접근을 향상시킨다는 점에 있다.

〈그림 3-9〉 지리적 영역으로 분류되는 부서화의 예

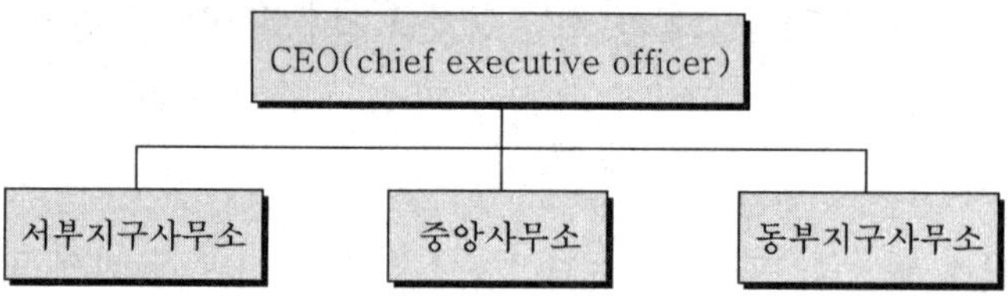

7) 숫자로 구분하는 부서화(departmentalization by numbers)

조직을 구분하는 가장 손쉬운 방법이 고정된 숫자의 직원들을 하나의 묶음으로 부서를 구분하는 방법인 부서를 숫자로 구분하는 방식이다. 예를 들어 한 사람의 슈퍼바이저에게 슈퍼비전을 받을 수 있는 이상적인 숫자가 여섯 명이라고 한다면 한 부서는 여섯 명의 직원들로 구성될 수 있게 된다.

8) 상품으로 구분하는 부서화

상품으로 구분하는 부서화(departmentalization by products)는 일반 기업체에서 가장 많이 사용하는 부서화 방식으로써 제조해낸 상품을 가지고 조직을 부서화하는 것을 의미한다. 예를 들어 삼성이라는 기업은 냉장고를 만드는 부서, TV를 만드는 부서 등으로 상품에 따라 조직을 부서화할 수 있게 된다.

9) 복합조직

복합조직(multiple organization)은 위에서 언급했던 조직구조를 부서화하는 방식들 중에서 하나 이상을 결합해서 조직을 구조화하는 것을 의미한다. 사회복지조직이 크면 클수록 더욱 많은 부서화 방식들이 결합될 수 있게 된다.

이상에서 살펴본 바와 같이 다양한 조직구조가 가능하다. 따라서 행정가나 관리자는 조직구조를 결정하기 위해 조직의 생산성, 효과성 등을 증대시킬 수 있는 다양한 시도들을 행할 수 있게 된다. Hackman과 Suttle(1977)에 따르면 업무구조를 다시 조정하는 것은 직원과 그들이 행하는 일 사이의 기초적 관계를 바꾸는 것이라고 한다. 따라서 그들에 따르면 조직의 문제는 직원들과 그들이 수행하는 일 사이의 조정으로 해결될 수 있다고 한다. 따라서 직원을 해고하고 신규직원을 뽑는 것에 부담을 갖고 있는 조직들은 조직구조의 변화를 통해 직원들이 새로운 업무와 직원들 서로 서로에 대한 새로운 관계에 놓이게 함으로써 조직 자체를 새롭게 탈바꿈시킬 수 있다고 한다(Kettner, 2002).

3. 비공식적 조직구조모델

부서화에 따라 조직을 구조화하는 모델들은 많은 부분 고전관리이론에 기초한 관리적 입장을 반영하기 때문에 일반상품과는 다른 사회복지서비스를 제공하기 위한 조직에 부서화에 따른 조직구조를 적용하는데 많은 어려움이 나타났다. 따라서 사회복지조직에 더욱 적합한 **유연성**(flexibility)과 **팀 작업**(team work)을 위해 많은 조직구조들이 위에서 언급했던 조직구조에 대한 대안으로 등장하게 되었다. 그러한 비공식적 조직구조모델들 중에 일반적으로 많이 알려진 조직구조모델은 행렬조직이다.

1) 행렬조직

client의 욕구에 빨리 응답하고 융통성 있게 대처하기 위한 구조로서 더욱 강조되는 조직구조모델이 행렬조직(matrix organization)이다. 고용인이 한 사람 이상의 슈퍼바이저를 갖는 것을 행렬조직의 특성이라고 볼 수 있다. 따라서 한 사람의 사회복지사가 한 사람 이상의 슈퍼바이저를 동시에 갖는 조직을 행렬조직이라고 할 수 있다. 최상 수준의 생산성을 수행하기 위한 조직적 혁신은 직원들이 한 사람 이상의 사람이나 하나 이상의 교육으로부터 온 전문적 기술을 필요로 한다. 따라서 행렬조직에서 직원들은 각기 다른 부분의 전문가들로부터 그 분야의 전문적인 슈퍼비전을 받을 수 있기 때문에 조직의 생산성의 증대에 긍정적인 영향을 미칠 수 있다.

〈그림 3-10〉 행렬조직의 예 - 요양원

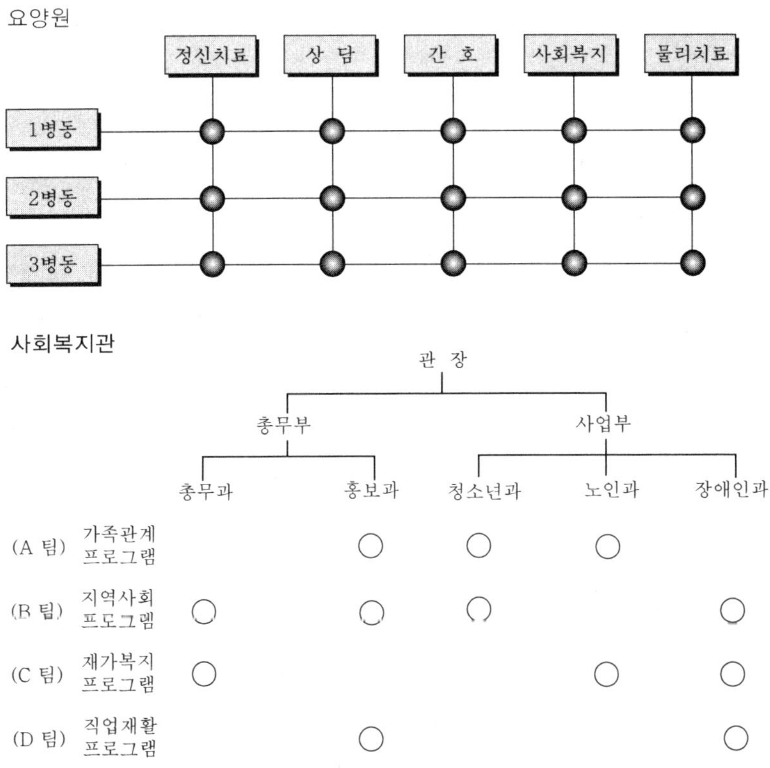

* 김영종, 2001, p. 146에서 재인용. 지은구, 2005, p. 155에서 재인용

완벽한 조직구조란 존재하지 않는다. 엄격한 관료주의적 조직, 서열 중심의 조직구조는 한 사람의 분명한 슈퍼바이저와 단일한 명령체계를 갖는다는 강점이 있지만 또 다른 한편으로는 융통성은 결여되어 있다. 행렬조직은 융통성이 보다 확대된다는 장점은 있지만 한 사람이 상의 슈퍼바이저의 하급자에 대한 각각의 요구가 갈등을 일으킬 수 있다는 단점을 가지고 있다. Davis와 Lawrence(1978)는 행렬조직의 단점으로서 다음의 점들을 지적하고 있다. 첫 번째로 지적되는 문제점은 힘과

권위의 사용과 관련이 있다. 행렬조직을 위한 최상의 조건은 협조의 태도이다. 만약 슈퍼바이저들이 그들의 힘과 권위만을 강조하고 타협 또는 협조하지 않는다면 조직은 내적 갈등을 해결하기 위해 쓸모없는 시간과 노력을 기울여야 할 것이다.

또 다른 문제점은 집단화에 다른 문제이다. 행렬조직은 자연스럽게 모든 결정을 한 사람 이상의 슈퍼바이저들이 집단적으로 해결하는 방식을 취하게 되는데 사회복지조직의 특성상 신속한 결정을 내려야 하는 상황에 직면했을 때 적절한 대응을 할 수 없는 상황에 직면하게 된다.

Miles(1975)는 행렬조직에 대한 대안으로 조직을 구조화하는데 있어 더욱 큰 융통성(flexibility)을 제공하기 위해서 설계된 비공식적 조직모델들을 소개하였다. 그것들은 첫째, 연결고리 구조(linking pin structure) 둘째, 프로젝트 팀(project team) 그리고 동료적 모델(collegial model) 등이다. 이들에 대해 좀더 살펴보면 다음과 같다.

2) 연결고리구조

연결고리구조(linking pin structure)는 기본적으로 상 하위 서열구조를 허락하는 구조를 나타낸다. 연결고리구조에서는 팀의 구성원들 중에 한 사람이 다른 팀과 중복해서 팀과 팀을 연결하는 역할을 담당하게 된다. 아래 그림의 예에서 볼 수 있듯이 수직적 조직구조를 가지고 있는 조직구도에서 각각의 수준에 있는 팀원들 중에서 한사람이 그 밑의 팀원으로 중복적인 역할을 행하게 된다. 예를 들어 최고 경영층에도 포함되고 중간경영층에도 포함되면서 연결고리 역할을 담당하는 경영자는 최고경영층이 담당하는 조직의 목적이나 목표 그리고 전략의 수립이나 수행능력 평가 등의 역할을 담당하면서 동시에 중간경영층이 담당하는 프로그램의 수행에도 관여하게 됨으로써 조직의 목적이 프로그램의 목적과 일치할 수 있도록 노력할 수 있게 된다.

연결고리구조는 부서와 부서 사이에서 그리고 직원과 직원 사이에서 매일 매일의 의사소통이 최적으로 기능하기 위해 필요한 상황에 가장 적합한 구조라고 한다(Kettner, 2002).

〈그림 3-11〉 연결고리구조의 예

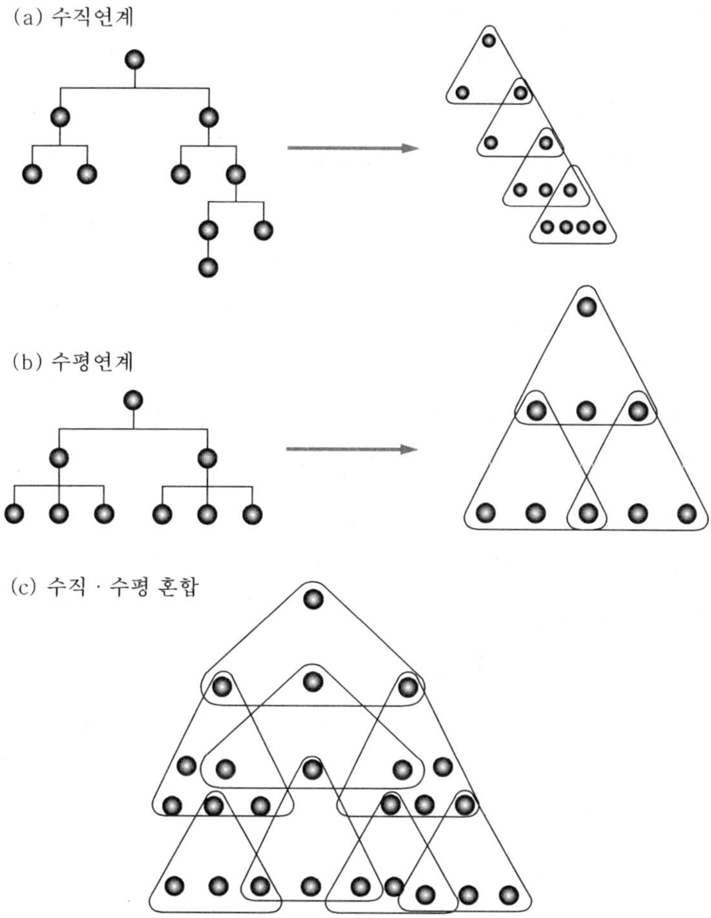

* 지은구, 2005, p. 87에서 재인용

3) 프로젝트 팀 구조

협조와 그리고 책임성을 보장함으로써 조직 안에 있는 집단이나 팀의 수행능력에 있어 최대의 독립성을 촉진시키기 위해서 설계된 조직구조라고 할 수 있다. 따라서 프로젝트팀은 전체를 위해 하나의 부분적인 책임성을 수행하게 된다. 예를 들어 로켓을 우주에 쏘아 올리기 위해서는 디자인 팀, 제작 팀, 기록 팀, 통제 팀 등의 팀 작업이 포함되는데 각각의 팀들은 각자 자신들의 일에 대한 책임감을 가지고 있으면서 전체적인 협조가 필요하지 않을 때까지는 각각의 일은 독자적으로 수행된다. 사회복지조직의 구조를 예로 든다면 직업프로그램을 예로 들 수 있다. 기술이 없는 사람들이나 실업자들에게 직업을 찾아주는 프로그램을 시행하는 조직은 다음과 같이 네 개의 팀으로 구성될 수 있다.

첫 번째 팀: 기술개발, 사정 및 조사팀 - 초기 접수를 담당하고 신청자들이 제출한 서류를 조사하여 어떤 서비스가 필요한지를 사정하는 직원들로 구성된다.

두 번째 팀: 직장 찾는 팀: 신청인들을 위해 가능한 많은 일자리를 확보하기 위해 직장을 찾는 직원들로 구성된다.

세 번째 팀: 고용 기술 훈련 팀: 신청자들이 취업을 하는데 도움이 되는 기술을 교육시키는 역할을 담당하는 직원들로 구성된다.

네 번째 팀: 평가 및 문제해결 팀: 프로그램을 통해서 직장을 찾은 신청인들이 새로운 직장에 잘 적응할 수 있도록 돕는 후속조치 등을 하는 직원들로 구성된다.

〈그림 3-12〉 프로젝트 팀 구조의 예

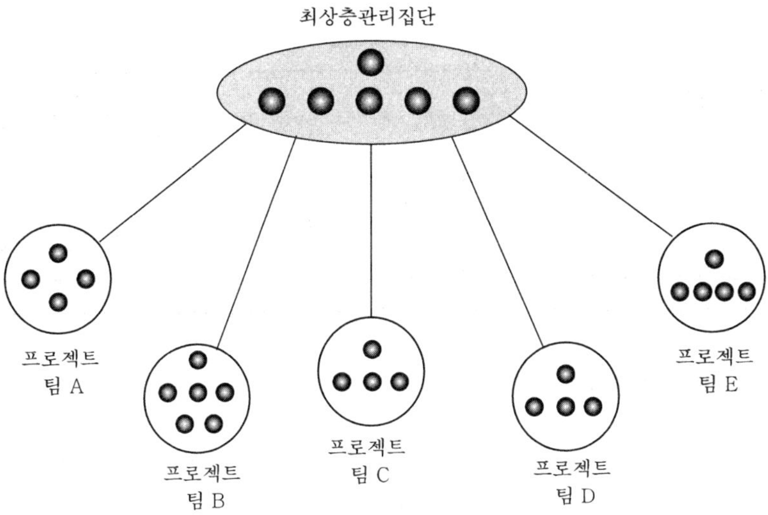

* 지은구, 2005, p. 158에서 재인용

결론적으로 프로젝트 팀 구조에 따르면 각각의 팀 작업은 상대적으로 독립적이며 각각의 팀을 주도하는 지도자는 전체 프로그램을 조정해야 하고 활동들을 감독해야 하는 역할을 담당해야 한다고 한다. 다음의 그림은 실제적으로 프로젝트팀구조로 분류되는 사회복지조직의 예이다.

〈그림 3-13〉 프로젝트팀구조로 분류되는 사회복지조직의 예

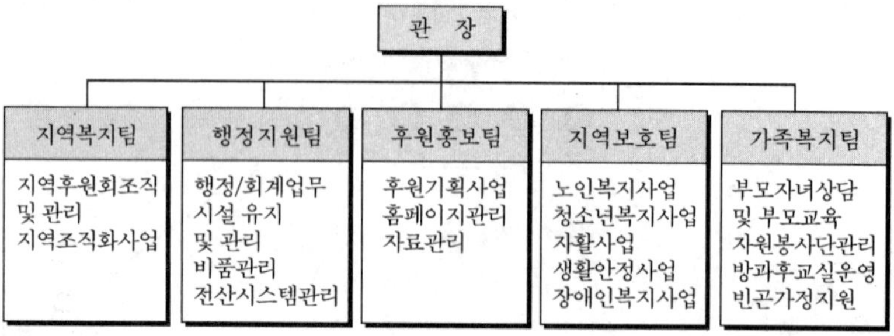

4) 동료적 모델

동료적 모델(collegial model)은 집단의 한 구성원으로 참여하는 각각의 구성원들이 동료의 지위를 유지하는 조직구조를 말한다. 동료적 모델의 구성원들은 각자 책임감을 공유한다고 한다. 이 모델은 또한 팀 구성원들을 위한 최대한의 융통성과 자유를 성취하기 위해서 사용될 수 있는 모델이라고 한다. 동료적 모델에서 작업을 효과적으로 하기 위해서 각각의 구성원들은 독자적으로 작업을 수행하지만 전체 집단이나 팀에게 영향을 끼치는 문제를 다루기 위해서는 다른 구성원들과 함께 일해야만 한다는 것을 강조한다. 몇 명의 의사들이 모여서 함께 병원을 개원하는 것과 같이 사회복지사들이 치료센터를 설립해서 몇 명의 사회복지사들이 함께 일하는 경우 동료적 모델이 사용될 수 있다.

동료적 모델이 사용되는 경우 모든 구성원들은 같은 책임감을 가지고 있게 되며 필요할 때 협조를 구하기가 편리하면서 독립적인 작업이 허용된다는 장점이 있지만 다른 한편으로는 성취되어야 하는 조직의 집단적인 작업을 보장할 수 있는 어떤 개인적인 책임감도 없다는 약점을 동시에 가지게 된다. 결론적으로 동료적 모델은 직원들을 위한 최대

의 융통성을 제공해 주지만 책임성과 조직의 수행능력의 측면에서는 문제점(전체 조직보다 자신들이 맡은 일만 책임지게 되어 조직적 수행능력의 한계를 나타낼 수 있기 때문에)을 가지고 있다고 볼 수 있다. 조직 구성원들 중에 한 사람이라도 자신이 맡은 업무를 거부한다면 조직적 수행능력은 분열되고 만다.

〈그림 3-14〉 동료적 구조의 예

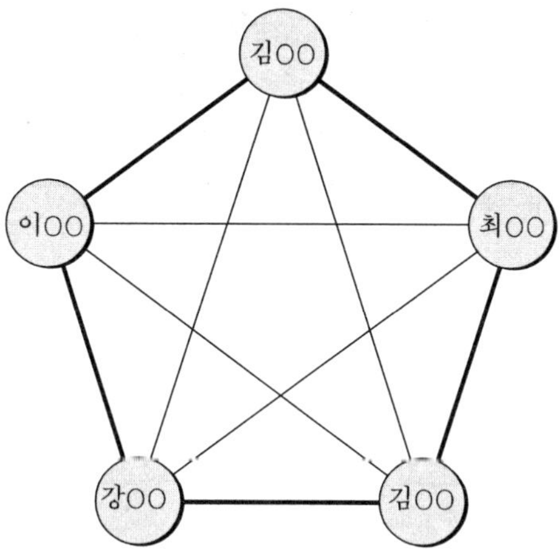

* 지은구, 2005, p.159에서 재인용

5) 복합행렬모델

복합행렬모델(mixed matrix)은 전통적인 수직체계 조직구조를 포함해서 프로젝트 팀 구조, 연결고리구조, 동료적 모델 구조 등이 모두 함께 섞여 있는 조직구조를 의미한다. 현대의 조직구조는 책임성을 강조하는 경영의 추세에 힘입어서 관료주의적 조직구조도 다양한 조직구조를 함께 갖는 특색 있는 조직구조를 띠는 경향이 있다.

〈그림 3-15〉 복합행렬모델의 예

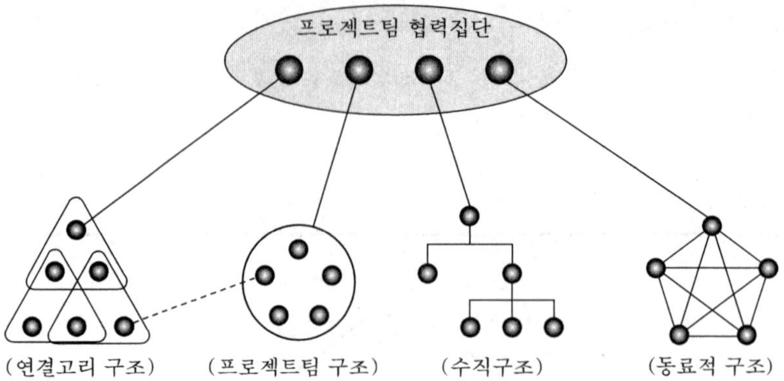

* 지은구, 2005, p. 160에서 재인용

제4장

사회복지조직과 환경

제1절 사회복지조직과 환경

사회복지조직은 자원(resource)과 지원(support)의 안정적인 흐름을 위해 외부로부터 오는 자원에 전적으로 의존한다. 즉, 사회복지조직이 조직을 둘러싸고 있는 환경에 열려 있다는 것을 의미한다. 어떻게 조직이 외부환경들과 대처하는가 그리고 외적 자원을 보장하는가가 조직이 어떻게 client들에게 서비스를 제공하는가에 대한 직접적 중요성을 갖는다.

조직과 환경과의 관계를 좀더 구체적으로 알아보기 앞서 먼저 환경 또는 조직환경에 대한 의미를 살펴본다면 일반적으로 **환경이란** 개인, 집단, 그리고 조직뿐만 아니라 국가(주를 포함)나 제도적 체계를 포함한다. 하지만 나아가 환경은 사회적, 경제적, 문화적, 정치적, 종교적, 기술적, 군사적, 법적, 인구통계적, 지리적, 생태적, 물리적 요소를 나타내는 윤리와 신념 그리고 조직의 기능과 목적에 영향을 미치는 행동규범을 포함하는 것으로 간주된다(Lammers, and Hickson, 1979). **조직환경이란** 조직이 활동을 수행하고 생존하기 위해 동원해야 하는 자원의 집합체임과 동시에 서비스 목표를 실행할 때 반드시 순응해야 하는 제한들의 집합체이다(Hasenfeld, 1983). Hasenfeld에 따르면 서비스전달의 유형은 환경과의 관계를 관리하기 위한 조직의 전략을 반영한다고 한다. 다시 말해 어떻게 조직이 환경의 긴박성에 대처하는가 그리고 외적인 자원을 보장하는가가 어떻게 client에게 서비스를 제공하는가에 대한 직접적 중요성을 갖는다는 것을 의미한다. Hawley(1968)는 조직환경을 실제적으로 또는 잠재적으로 조직에 영향을 미치는 모든 외적인 조건이라고 정의하였다. Schmid(2000)는 이 정의에 조직의 기능에 영향을 미치는 조직 밖에 있는 조건이나 제한을 포함한다고 하였다. 결국 **조직환경은 내적으로는 조직의 생존과 쇠퇴에 결정적 영향을 미치는 조건임과 동시에 외적으로는 조직의 기능에 영향을 미치는 제한이나 조건들**이라고 정리할 수 있게 된다.

조직과 환경과의 관계를 설명하는 하나의 접근방법으로 객관적 환경과 생산의 담당자의 환경적 조건과 개인적 속성에 대한 인식을 의미하는 주관적 또는 인지된 환경 사이의 차이를 강조하는 접근방법이 있다(Duncan, 1972; Starbuck, 1976; Weick, 1979). 이 접근방법에 따르면 조직은 그들이 인식하는 것에 응답하며 그리고 인식되지 않은 사건들은 조직에 영향을 미치지 않게 된다(Leifer and Huber, 1977; Miles, Snow, and Pfeffer, 1974; Yasai-Ardekani, 1986). 하지만 조직은 같은 환경적 속성일지라도 다르게 인식할 수 있다. 즉, 한 조직이 환경을 예측할 수 없고, 복잡하며 순간적이라고 인식한다 해도 같은 환경에 대해서 또 다른 조직은 정지되어 있고 쉽게 이해될 수 있는 것으로 인식할 수 있는 것이다(Starbuck, 1976). 예를 들어 조직 안에 있는 상급자들과 하급자들이 같은 조직의 환경을 가지고 서로 다른 견해를 가질 수 있음을 의미한다고 볼 수 있다.

조직은 또한 그들의 환경을 해석하고 인지할 수 있을 뿐만 아니라 환경에 영향을 미치고 환경을 창조할 수 있다. Weick(1976)은 설립(또는 제정, enactment)이라는 용어를 개개인이나 조직이 직면하는 환경을 규정짓는데 있어 개개인들이나 조직 참여자들에 의해서 수행되는 더욱 활동적인 역할을 강조하기 위해 사용하였다. 그에 따르면 설립된 환경의 개념은 인지된 환경과는 동일하지 않다고 하는데 이는 설립이라는 것이 관리자(행위자)가 그들을 둘러싸고 있는 객관적인 특징들을 건설하고, 재배열하고, 골라내고 파괴하는 것을 강조하기 때문이라고 한다. 결국 조직은 그 자신의 행동을 통해서(Scott, 1992) 그리고 의미의 창조와 정보를 통해서(Kreps, 1987) 환경의 상태에 직접적으로 영향을 미치고 환경의 상태를 수정한다. 즉, 조직은 관찰하고 해석하는 것 이상을 행한다고 볼 수 있다.

환경 속에서 조직은 자신의 영역(domain)을 규정하는데 그 규정되는 영역은 환경으로부터의 투입(inputs)에 의존한다(Thompson, 1967). 이는 조직이 활동을 수행하고 생존하기 위해 자원을 필요로 한다는 것에서도 이해될 수 있다. 투입은 client들에게 수여되는 또는 제공되는 재화나 또는 서비스, 사용되는 기술, 서비스를 받는 인구집단 등을 의미한다고 볼 수 있다(Hardy, 1994; Levine and White, 1961). 사회복지조직의 이러한 영역은 다른 조직과의 차이를 나타내는 독특한 성질을 만든다.

조직은 또한 과업환경에 있는 요소들과의 협상과 교섭(또는 거래)을 통해서 조직의 경계(boundaries)를 규정한다. 조직의 경계는 공식적이고 굳어져 있는 것이 아니며 조직은 환경 속에서 변화와 발전에 관심이 있어야 하며 그리고 다른 조직의 경계도 인식해야 한다(Schmid,

2000). 특히 사회복지조직을 포함하는 인간봉사조직들은 client에 대한 접근과 상호영향력을 파괴할 정도로 경직되어서는 안 된다. client들은 당연히 프로그램을 실행하고 설계하는 협력자로서 사회복지조직들에게 자신들의 견해에 대해서 이야기를 해야 한다(Hasenfeld and Schmid, 1989).

조직의 영역에 대한 정당성은 공식적으로 그리고 비공식적으로 표현된다. 정당성은 조직의 생존을 보장해 주는 환경의 주변에 있는 활동가로부터의 사회적 지지와 허가를 얻는 것을 의미한다. 이러한 허가와 지지는 환경 안으로 조직을 위치하게 해주며 자원을 획득할 수 있게 해준다. 또한 일단 조직이 정당성을 부여받게 되면 자원 또는 재화를 제공하는 권리를 획득하게 되는 것이라고 볼 수 있다. 공식적 의미에서 정당성을 바라본다면 조직은 공식적인 권위와 정부기관과 같은 제도나 시설들로부터의 허가와 신뢰를 필요로 한다. 동시에 조직은 공식적인 정당성을 부여받기 전이라도 그들의 생존을 보장하는 자원을 필요로 한다. 비공식적인 의미에서 정당성은 조직에 의해서 제공되는 재화나 서비스를 소비하는 client들에 의해서 제공받게 된다. 정당성이 커지면 커질수록 환경 안에서 조직의 위치는 더욱 굳건해진다.

조직을 둘러싼 환경과 조직의 관계는 크게 두 분야로 나누어서 살펴볼 수 있는데 일반적 환경(general environment)과 과업환경(task environment)이 그것들이다(Dill, 1958; Evan, 1966; Hasenfeld, 1983). 일반적 환경은 조직에 대한 외적 **조건**을 의미하고 과업환경은 조직과 거래하고 조직에 영향을 미칠 수 있는 조직에 대한 외적 **행위자**(actor)들로 구성된다. 하지만 Schmid(2000)의 경우 1990년대 이후 현대 기술의 발전과 급속한 변화로 인해 일반적 환경과 과업환경을 구분하는 이분법적 분류가 더 이상 필요 없게 되었다고 하며 조직과 과업환경 사이의 관계를 더욱 강조하였다. 일반적 환경과 과업환경에 대해 자세히 살펴보면 다음과 같다.

1. 일반적 환경

조직을 둘러싼 환경과 조직의 관계를 유형화하는데 있어 일반적 환경은 **주위**(milieus)로 그리고 과업환경은 **적소**(niches)로 분류되기도 한다(Kurke and Ulrich, 1988). 일반적 환경은 조직에 대한 외적 조건(conditions)을 구성하는 것이라고 한다(Schmid, 2000). 조직은 기술적 변화, 문화, 노동시장, 인구통계, 기후 등과 같은 외적인 조건들에 대해 통제를 완벽하게 할 수 없다. 일반적 환경은 조직에 영향을 미치는 주어진 것으로 간주되는 경제적, 인구 통계적, 문화적, 정치적-법적 그리고 기술적 조건들을 의미한다. 이러한 일반적 환경을 구성하는 조건들을 차례로 살펴보면 다음과 같다.

1) 경제적 조건

일반적 경제의 상태는 사회복지조직 안의 경제의 상태를 직접적으로 제한하고 영향을 미친다. 예를 들어 Tropman(1975)에 따르면 공적부조자금의 수준은 직접적으로 1인당 소득에 의해서 측정되는 국가의 부와 관련이 있다고 한다. 또한 실질적으로 본다면 부자국가가 더 좋은 건강보호체계나 더 굳건한 사회복지체계를 지원할 것임은 두말할 나위가 없을 것이다. 따라서 넓은 의미에서 본다면 경제적 풍요와 사회복지조직의 능력 사이의 관계는 사회복지서비스에 투자할 수 있는 국가능력의 한 기능이라고 말할 수 있다.

경제적 조건이 사회복지조직의 자원의 공급을 결정하는 한편에 또한 경제적 조건들은 사회복지서비스를 위한 요구에 영향을 미친다. 즉, 경제적 조건들이 사회복지조직들이 응답해야하는 인간들이 가지고 있는 문제와 욕구의 범위, 형태, 크기에 영향을 미친다는 것을 의미한다. 예를 들어 실업인구가 커지면 이와 동반해서 실업문제를 해결해야 하는 사회복지조직들의 개입의 요구가 더욱 증대하게 되는 것이다. 좀더 구체적으로 예를 들면 우리나라에 IMF라는 경제적 어려움에 직면하게 되자 수많은 실업자들과 노숙자들이 발생하여 정부와 사회복지조직들은 증가하는 많은 수의 실업자들과 노숙자들의 문제를 해결하기 위해 다양한 노력들을 실행하였었다. 따라서 수많은 위험집단을 만들어 내는 경제적 조건이 또한 반대로 위험집단들의 욕구에 응답할 수 있는 자원을 동원하기 위한 사회복지조직의 능력에 영향을 미친다는 것을 알 수 있다(Hasenfeld, 1983).

2) 사회 인구 통계적 조건

일반적으로 나이, 성별 분포, 가족 구성, 거주지역, 인종, 사회계급 등은 개인적 문제와 욕구의 발생과 빈도에 긴밀한 관계가 있다고 한다. 예를 들어 빈곤은 편모나 편부 가정에서 더 심각할 것이며 알코올중독도 가족구성, 거주지역 그리고 사회계급과 긴밀한 관계가 있을 수 있는 것이다. 따라서 인구집단의 특성이 예를 들어 client의 속성, 서비스수요에 대한 범위, 서비스기술의 효과성, 그리고 조직의 서비스에 대한 환경의 수용성 등에 깊은 효과를 갖는다고 할 수 있다.

조직이 제공하는 서비스 범위 안에 있는 client들을 획득할 수 있는 조직의 능력은 조직의 지리적 위치 안에 있는 인구집단에 의해서 제한을 받게 된다는 것은 당연하다고 볼 수 있다. 예를 들어 혼자 사는 빈곤노인들을 위한 복지서비스를 제공하는 조직은 그 조직의 지리적 영역에서 서비스를 받을 수 있는 노인들이 존재해야만이 조직의 수행력이 증대하고 효과성이 증대하게 된다. Piven과 Clowrad(1971, 1993)는 1960년대의 복지확대 또는 확장은 빈곤지역 인구집단의 사회 인구 통계적 성격에 크게 기인한다고 주장하였다. 그들에 따르면 수많은 경제적으로 빈곤한 농촌빈민들이 도시로 유입되었고 이들 중 대부분은 도시경제에 편입되지 못하고 복지수혜보다도 덜한 낮은 수입을 가진 도시빈민으로 전락하였다고 한다. 이러한 농촌인구의 도시로의 거대한 이동은 가족의 붕괴와 여성세대주의 증가, 청년실업의 문제 등을 유발하였으며 결국 이러한 인구집단들이 복지체계에 대한 과도한 서비스요구를 하였고 시민불복종운동이 일어나고 이에 대한 응답으로써 복지의 확대가 이루어졌다는 것이다.

결과적으로 조직의 서비스에 대한 효과성은 client가 되는 표적 집단의 사회인구통계적 속성에 대한 조직의 민감성에 크게 의존하다(Hasenfeld, 1983).

3) 정치적-법적 조건

정치적 법적 조건의 일반적 환경이 사회복지조직에 영향을 미친다는 것은 다음과 같은 두 이유에서 보나 명백해진다고 볼 수 있는데 첫 번째로 사회복지조직들에게 있어 유용한 자원의 중대한 몫이 공적으로 통제되고 그리고 유용한 자원에 대한 접근이 정치적 과정에 의해서 지배받는다는 점이고 두 번째로 수많은 법률적 제한들이 조직이 반드시 client들에게 서비스를 제공하기 위해 필요한 많은 조건들을 통제하고 한정한다는 점이다(Hasenfeld, 1983).

법의 제정으로 최고점에 달하는 정치적 과정은 사회복지프로그램들을 위한 유용한 자원을 결정할 뿐만 아니라 자원이 소비되는 조건을 또한 결정한다. 기초생활보장법을 비롯한 각종 법안들은 사회복지조직의 형성과 설립에 대한 법률과정의 중대한 영향력의 예들이 될 수 있다. Gilbert와 Specht(1974)가 제시하였던 것과 같이 사회복지정책들은 client의 자격, 제공되는 서비스, 서비스 전달을 위한 조직의 형태, 그리고 서비스 제공을 위한 제정방법 등을 통제하고 한정한다고 한다. 이러한 조직에 영향을 미치는 정치적 법적 환경은 조직의 목적, 자원의 사용, 서비스기술, 그리고 서비스를 받는 client 등에 관한 결정을 하는데 있어 결정적인 역할을 담당하게 되는 것이다. 예를 들어 Gilbert(1977)는 미국 사회보장법의 조항 20(Title XX)이 다음의 네 가지 측면에서 중요성을 제공하였다고 한다. 첫째, 조항 20은 빈민이 아닌 사람들을 포함하는 광범위한 client의 범주에 사회복지서비스를 제공할 수 있는 기회를 만들었다는 점, 둘째, 사회서비스를 광범위하게 정의하여 그 결과 다양한 분야의 사회서비스를 지원할 수 있도록 하였다는 점, 셋째, 비영리 단체들과의 계약을 제공하여 더 많은 형태의 서비스전달의 유형을 고취시켰다는 점, 넷째, 정해져 있는 국가보조금보다 인구집단의 크기에 기초하는 연방자금을 제공하였다는 점 등이다. 따라서 조항 20에 의해서 만들어진 정치적 법적 기회는 좀더 광범위한 인간욕구를 다룰 수 있는 다양한 서비스전달양식을 가진 사회서비스조직의 확산을 고취시켰다.

4) 문화적 조건

사회복지조직을 포함하는 인간봉사조직은 사회적 가치체계와 지배문화에 민감하다. 인간봉사조직의 속성과 목적은 인간문제의 원인과 욕구, 문제나 욕구에 대응해서 반드시 지녀야 하는 가치, 그리고 대응수단에 관한 지배집단 또는 지배엘리트들의 이데올로기를 반영한다. 따라서 서비스전달의 조직적 형태의 출현은 이들 조직들에 의해서 유지되고 정제되는 문화적 이데올로기적 체계의 존재 위에 처해져 있다고 볼 수 있다. 인간문제나 욕구에 대한 대응으로서의 다양한 조직의 출현은 결국 정당성을 부여받은 규범체계에 의해서 결정되어진다고 볼 수 있는 것이다. 예를 들어 빈민, 알코올중독자 등은 과거 사회적으로 범죄인 취급을 받았으며 그들의 문제는 전적으로 개인적인 원인에서 기인한다는 것이 그 당시 지배문화의 사회적 인식이었지만 산업혁명에 이은 자본주의의 발전과 확대에 따른 빈곤문제를 포함하는 사회문제의 확대재생산은 사회체계를 위협하는 사회구조적 문제로 자리잡게 되어 이를 해결하기 위해 이들의 문제를 좀더 근본적이고 제도적으로 해결하기 위한 다양한 시도들이 등장하게 되며 구체적으로 복지국가의 출현과 다양한 조직의 출현이 이루어졌던 것이다.

5) 기술적 조건

사회복지조직에서 유용 가능한 서비스의 범위는 기술발전의 환경적 수준에 의해서 결정된다고 한다. 조직은 서비스기술을 획득하기 위해 환경에 크게 의존한다. 또한 각각의 조직에 의해서 나타나는 기술적 정교화와 기술혁신의 수준은 사회 안에서의 일반적인 기술적 진보의 수준에 의해서 결정된다고 볼 수 있다. 따라서 많은 사회복지조직에 의해서 전개되는 서비스기술은 인간의 문제와 욕구에 부응해서 만들어진 전반적인 기술적 진보를 반영하고 있다고 볼 수 있다. 예를 들어 마약중독자에 대한 조직적 대응은 합성마약진통제인 메타돈(methadone)의 개발과 함께 급속도로 변화하였다고 한다. 또한 행동수정이론에 기초한 다양한 기술의 등장은 자폐아나 정신지체인들에 대한 사회복지조직의 대응을 변화시키는 중요한 요인이 되었다고 한다. 따라서 사회복지실천의 영역에서 새로운 기술의 등장은 사회복지조직들에게 치료와 재활을 제공하는 새로운 개입기술을 제공한다.

2. 과업환경(Task environment)

이윤을 추구하는 일반조직에 있어서 과업은 생산물을 생산하고 판매하는 것이라고 할 수 있다. 따라서 일반조직에 있어서 과업환경은 상품을 생산하고 판매하는데 영향을 미치는 요소 또는 환경이라고 할 수 있다. 즉, 상품을 생산하기 위해 교환하여야 하는 환경을 의미한다. 일반조직과 달리 사회복지조직의 과업은 사회복지서비스를 생산하고 제공하는데 있기 때문에 사회복지조직에 있어 **과업환경**은 사회복지서비스의 생산과 제공에 영향을 미치는 제 요소라고 할 수 있다. 과업환경은 조직과 거래하고 조직에 영향을 미칠 수 있는 조직에 대한 외적 행위자라고 한다. 또한 과업환경은 조직이 상호행동의 특별한 양식을 성립해야 하는 그리고 자원과 서비스를 교환하는 집단과 조직체계를 의미한다고 한다(Hasenfeld, 1983). 과업환경은 또한 산출을 위해서 투입물을 교환하기 위해 거래하는 환경이라고 정의될 수 있다(Schmid, 2000). 자원에 대한 접근은 외적집단이나 조직에 의해서 통제되고 그리고 이들 집단이나 조직과의 거래를 통해서 보장받을 수 있다는 측면에서 Thompson(1967)은 조직을 위한 잠재적이고 실제적인 자원으로의 접근을 통제하는 모든 외적 그룹과 조직의 집합체가 과업환경이라고 정의하였다. **과업환경으로는 자금제공기관, client 소개기관, 보충적 서비스제공 기관 등이 포함된다.**

어떤 환경(environment)에서 자원은 부족하기도 하고 또 다른 환경에서는 풍부하기도 하다. 어떤 환경은 많은 경쟁자와 규정을 가지고 있지만 또 어떤 환경은 부족한 경쟁자와 규정을 가지고 있기도 하다. 따라서 조직들은 목적을 성취하기 위해 다음과 같은 과업환경(the task environment)이 필요하다고 하는데 이 6개의 과업환경 범주는 다음과 같다(Hasenfeld, 1983; Mintzberg, 1979; Thompson, 1967).

① 자금(fiscal resources)제공자

자금제공자는 보조금을 획득할 수 있는 정부조직(예를 들어 보건복지부), 사회복지공동모금회, 아산사회복지재단, 비용을 부담하는 client

등을 의미한다. 사회복지조직은 그것이 공적조직이든 민간비영리조직이든 자금, 노동, 재료, 장비, 그리고 작업할 수 있는 공간의 제공자가 필요하다.

② 권위와 정당성의 제공자

사회복지기관이 서비스를 제공하는데 있어 정당성을 부여받지 못하고 권위를 가지고 있지 않다면 서비스전달은 불가능할지도 모른다. 복지부와 같은 공적으로 통제되는 서비스조직은 법률이나 법안으로부터 그들의 정당성을 부여받으며 비영리단체의 범주에 들어가는 사적 서비스조직들은 시민들이나 전문가집단, 지역지도자, 종교단체 등 이름이 알려진 조직이나 집단들로부터 받은 정당성으로부터 그들의 권위를 부여받게 된다.

예를 들어 사회복지교육협의회의 사회복지교육과정에 대한 신뢰나 사회복지사자격증을 통한 사회복지사의 전문가적 정당성이나 신뢰 등

③ client 제공자

client 제공자는 조직의 서비스를 직접적으로 필요로 하는 개인이나 가족들은 물론이고 조직에게 개인이나 가족들을 소개해 주는 집단이나 조직을 포함한다.

④ 보조적 서비스 제공자

보조적 서비스제공자는 성공적인 client서비스를 보장하기 위해 한 조직이 필요로 하는 활동들을 행하는 다른 조직들을 포함한다. 예를 들어 직업교육프로그램을 제공하는 조직은 직업훈련을 받은 훈련생들이 현장에서 직업훈련을 받을 수 있는 장소를 제공해 주는 기업체들을 필요로 한다. 이러한 기업체들이 보조적 서비스제공자에 포함된다.

⑤ 조직 상품의 소비자와 수혜자

조직 상품의 소비자와 수혜자는 조직이 그들의 상품을 해결하기 위

해 의존하는 외부요인들을 포함한다. 사회복지조직에서 상품은 바로 client를 의미하고 이들 상품의 소비자도 client 자신들이다. 원료로서 client들은 사회복지조직들이 제공하는 다양한 서비스를 제공받고 그들의 육체적인, 정신적인 그리고 물질적인 속성이 변화한 상품이 되며 그러한 상품이 되고자 하는 또 다른 client들은 다시 상품의 소비자로 나타나게 된다. 상품의 소비자는 또한 client들을 필요로 하는 다른 조직을 포함한다. 예를 들어 직접훈련프로그램의 소비자는 직업훈련을 받은 훈련생이기도 하면서 이들을 필요로 하는 기업체이기도 하다.

⑥ 경쟁조직

자유경쟁시장을 강조하는 자본주의 경제체제 하에서 어떤 조직이 아무런 경쟁 조직 없이 독점적인 서비스를 제공하는 경우는 거의 없다. 경쟁조직은 client나 자원을 위해 조직과 경쟁하는 그리고 자원과 client에 대한 접근에 영향을 미치는 조직들을 포함한다. 대부분의 지역에서 사회복지조직들은 같은 영역에 있는 client나 또는 자금, 후원 등을 위해 경쟁하게 된다. 따라서 성공적으로 경쟁할 수 있는 능력은 조직적 삶을 위해 중요하지 않을 수 없으며 또한 경쟁을 통해서 조직은 발전하게 된다.

다음 〈그림 4-1〉은 어떤 지역의 사회복지관이 갖게 되는 과업환경과 조직간의 관계를 나타내 준다.

〈그림 4-1〉 사회복지관의 과업환경의 예

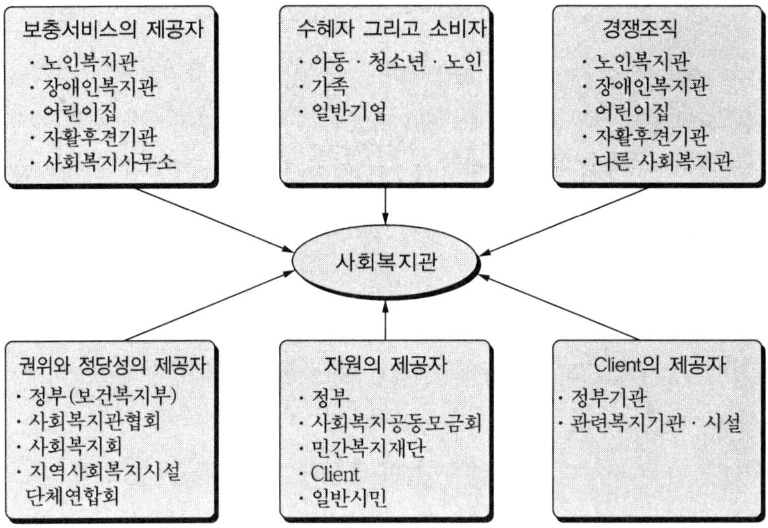

제 2 절 과업환경과 조직의 영역

과업환경으로부터 필요한 자원을 확보하기 위한 조직의 능력은 자원의 접근을 통제하는 요소들로부터 조직의 영역에 관해 획득한 동의의 정도에 의존한다. 즉, 동의의 영역을 형성하는 것은 조직과 과업환경 안에 있는 요소(위에서 설명한 6개의 과업환경에 포함되는 요소들을 의미)들과의 교환, 협정, 협상, 그리고 거래의 과정을 확대하는 것이라고 한다.

결국 어떤 독점적인 조직의 영역이란 존재하지 않으며 현대의 조직적 삶은 실제로 상호 조직적 삶이고 상호 조직적 삶(interorganizational life)은 복잡하고 계속 변화하는 그리고 예측할 수 없는 환경에서의 끊임없는 협상과정을 포함한다(Aldrich, 1979; Emery and Trist, 1965).

인간봉사조직들에게 있어서 영역을 확보하기 위한 동의를 형성하는 것(domain consensus)은 복잡한데 이는 동의가 자유경쟁시장의 메커니즘을 통해서 협상되는 것이 아니기 때문이다. 다시 말해 단순한 이윤의 확보라는 측면에서 영역의 확보가 이루어지지 않는다는 것을 의미한다. 따라서 사회복지조직의 영역을 위한 협상은 시장보다는 오히려 다음에 의존한다고 볼 수 있다.

첫째, 정치적 그리고 전문적 엘리트(elite)들로부터의 지지
둘째, 다른 조직들에게 생기는 혜택
셋째, 다른 조직의 client와 자원의 흐름에 대한 잠재적인 위협
넷째, 과업환경에 있는 주요요소(위에서 언급한 6가지)들과 조직이 형성하는 영역의 이념적 적합성

동의영역(domain consensus)은 환경으로부터 조직으로의 자원의 안정된 흐름을 보장하고 불확실성을 줄여준다. 기본적으로 자원의 확실성은 조직의 생존과 존재를 결정하고 따라서 자원을 확실하게 확보하는 것은 모든 조직의 책임자들에게 있어 중요한 관심사라고 얘기할 수 있다. 동의영역을 성취하기 위한 조직의 능력은 일부는 과업환경의 성격(또는 속성)에 의존하고 또 다른 일부는 6가지의 주요 과업요소들과 연계하기 위해 조직에 의해서 전개되는 전략에 의존한다. Aldrich(1979)와 Schmid(2000)는 과업환경의 성격을 규정할 수 있는 몇 가지의 범주들을 제시하였는데 그것들은 다음과 같다. 그들은 아래의 범주들이 동의의 영역을 형성하는 것을 어렵게 하기도 하고 쉽게 하기도 한다고 강조하였다.

- **평온함 대 혼란함**: 환경이 다른 외부 행동들에 의해서 변화되고 방해받는 정도. 즉, 변화하는 목적, 가치, 그리고 조직이 환경적 속성에 대해 어느 정도의 지식을 가지고 있는가의 측면에서 환경의 역동성을 결정한다.
- **동질감 대 이질감**: 과업환경 안에 있는 요소들의 유사성의 정도. 즉, 동질성은 조직들 사이의 유사성의 정도로 나타나고 반대로 이질감은 조직간의 상이함의 정도로 나타난다.
- **많음 대 적음**: 조직에게 유용 가능한 환경 안에서의 자원의 정도를 나타낸다.
- **안정 대 불안정**: 환경 안에서 변화의 비율이나 수준에 따라 결정된다.
- **조직화 대 비 조직화**: client, 소비자, 주민들의 이익을 대표하는 동원된 개인, 집단, 협회, 그리고 조직의 존재여부를 나타낸다.
- **확실성 대 불확실성**: 환경과의 관련 하에서 조직에 유용한 정보의 크기 또는 범위를 나타낸다.

조직의 환경에 순응하기 위해서 조직은 조직에 내재해 있는 위협과 기회를 반드시 인식하고 배워야 한다. 환경이 더욱 혼란스럽고, 불확실하며, 예측할 수 없으면 없을수록 조직은 그자신의 특성행동에 관해서 배우기가 어렵다고 하지만 혼란스럽고 급속도로 변화하는 환경은 학습을 조장하고 욕구 대한 자발적인 그리고 혁신적인 해결책을 제공할 수 있는 능력을 고취시킨다고 하며 반면에 안정적이고, 평온하며 확실한 환경은 조직적 행동을 유발시키지 않는다고 한다. 따라서 이러한 안정적이고 확실한 환경에 있는 조직에서 사용하는 기술은 표준적이며 욕구에 대한 해결책은 일상적이고 대응은 느리게 이루어지며 직원개발은 제한적일 수밖에 없다(Schmid, 1986, 1992).

제3절 조직의 외부적 환경과 내부적 환경

조직의 환경을 일반적 환경과 과업환경으로 이분하여 분류하는 유형 이외에 Kettner(2002)는 조직의 환경을 단순하게 외부적 환경과 내부적 환경으로 나누어서 고찰하고 있다. 특히 Kettenr의 조직환경에 대한 분류는 체계이론에 많은 영향을 받았는데 조직을 또는 조직의 행동이나 기능을 이해하기 위해서는 조직을 체계주의적 관점으로 바라보는 것이 의미가 있다고 볼 수 있다. 조직을 체계적 관점으로 바라본다는 것은 인간이 로빈슨크루소가 아니듯 조직도 혼자 모든 일들을 잘 해결해 나아갈 수 있는 독보적인 존재가 아니기 때문이다. 조직을 구성하는 모든 요인들은 독자적으로 행동하지 않는다. 조직은 하나의 체계이다. 따라서 조직을 구성하는 모든 요소들이 독자적으로 활동하는 것이 아니고 모든 요소들이 하나의 체계로서 기능한다. 조직을 구성하는 요소들로는 조직의 외부적 요소들과 내부적 요소들이 다 포함될 수 있다. 즉, 조직의 기능에 영향을 끼치는 조직의 환경은 외부적 환경과 내부적 환경으로 구분할 수 있다. 그리고 외부적 환경과 내부적 환경은 각각 다음과 같은 요인들로 구성되어 있다고 볼 수 있다(Kettner, 2002).

■ 조직에 영향을 미치는 외부적 환경들

1) 정치적/전문적 요소

2) 경제적 요소

정부기금, 기부금, 서비스사용요금, 기타 다른 소득(fund raising 기금 등)

3) 사회적 요소

4) 기술적 요소

■ 조직에 영향을 미치는 내부적 환경들

1) 조직의 목적, 임무, 철학

2) 조직기획(organizational planning)

3) 조직운영

4) 인적자원(human resources)

5) 기술자원

6) 재정 자원

1. 조직의 외부적 환경

조직을 둘러싸고 있는 외부적 환경의 모든 것을 이해하기 위해 시도한다는 것은 가능하지도 않으며 현실적이지도 않다고 볼 수 있다. 따라서 조직에 영향을 미치는 외부적 요인으로써 기존의 학자들이 제시하였던 요인들을 중심으로 살펴본다면 먼저 Thompson(1967)이 제시했던 요인들을 들 수 있다. Thompson은 조직을 둘러싸고 있는 외부 환경적 요소를 과업환경(task environment)이라고 정의하였으며 이 과업환경에는 첫째, 노동, 자본, 장비, 작업장 그리고 원료 제공자 둘째, 소비자 셋째, 시장과 자원의 경쟁자 그리고 마지막으로 정부조직, 노동조합, 기타 협회 등을 포함하는 집단들이 있다고 하였다. Martin(1980)은 기관에 영향을 미치는 외부환경으로써 첫째, 재정원천(funding source) 둘째, 비현금 소득원천 셋째, client와 client 원천 넷째, 다른 구성요소들을 지적하였다. 그리고 Montana와 Charnov(1993)는 외부환경요인으로써 경제적 요인, 사회적 요인, 정치적 요인 그리고 기술적 요인을 들었으며 Kettner(2002) 위의 분류들을 종합하여 조직에 영향을 미치는 외부요인을 첫째, 정치적/전문적 요소 둘째, 경제적 요소 셋째, 사회적 요소 넷째, 기술적 요소로 분류하였다. 여기서는 종합적인 분류 형식을 취하고 있는 Kettner의 분류를 따라 조직의 외부적 환경을 크게 네 분류로 나누어서 살펴본다. 결국 조직의 기능에 영향을 미치는 외부적 환경으로써는 위에서 언급한 것과 같이 첫째, 정치적/전문적 요소 둘째, 경제적 요소 셋째, 사회적 요소 넷째, 기술적 요소로 구분할 수 있으며 이들 외부적 요인들의 상호관련성과 조직과의 관계를 그림으로 나타내면 〈그림 4-2〉와 같다.

〈그림 4-2〉 조직과 조직을 둘러싼 외부적 환경과의 관계

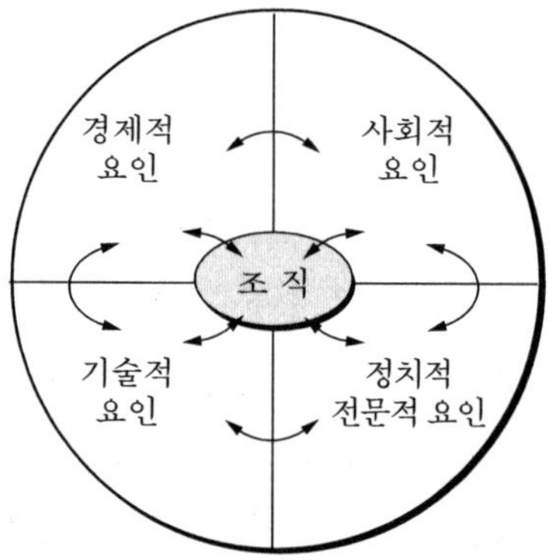

또한 조직에 영향을 미치는 외부적 요소들은 구체적으로 다음과 같은 내용들을 의미한다고 한다.

1) 경제적 요인

조직을 위해 중요성을 갖는 환경에 있어서 경제적 요인들은 크게 자금출처, 비현금수입, client 또는 소비자, 공급자 그리고 경쟁자 등의 다섯 구성요소로 분류할 수 있다.

(1) 자금출처(funding source)

자금출처는 조직의 환경에 있어 가장 중요한 경제적 요인이라고 볼 수 있는데 일반적으로 사회복지조직에게 있어 자금은 다음과 같은 출처에 기초한다.

■ 정부자금
- 직접적인 정부지출금
- 계약을 통해 제공되는 정부자금
- 정부보조금
- 세금혜택
- Matching fund(수익자의 출자에 응하여 정부가 지불하는 보조금)

■ 기부자금
- 시민이나 기업 등으로부터 오는 직접적인 기여금
- 민간복지재단 등을 통해서 들어오는 간접적인 기여금
- 사적 보조금
- 기부금

■ 서비스요금
- client로부터 오는 직접서비스요금
- 제 3 자로부터 오는 지불금(보험회사로부터 오는 지불금)

■ 기타 소득
- 투자금
- 이익을 창출하는 부속물(복지관 부설 절약시장 등)
- 모금활동을 위한 이벤트

(2) 비현금수입(noncash revenue)

비현금수입으로는 자원봉사원들이나 옷, 음식, 장비, 시설물 등을 포함하는 현물기여 등을 포함한다.

(3) client(또는 소비자, consumer)

사회복지조직에 게 있어서 client의 존재는 조직이 생존하는 이유를 설명해주는 중요한 경제적 요인으로 작용한다고 볼 수 있다. 모든 client들은 그들이 가지고 있는 문제나 욕구를 해결하기를 원하며 이러한 client들의 욕구는 사회복지기관들에게 있어 서비스를 위한 요구로 해석되어진다고 볼 수 있다. 따라서 사회복지기관들은 client들이 가지고 있는 욕구를 해결할 수 있는가 또는 서비스요구를 해결할 수 있는 경제적 능력을 가지고 있는가가 사회복지조직의 생존을 경정하는데 중요한 역할을 하게 된다. client들로부터의 서비스에 대한 요구가 존재하는 한 사회복지조직은 존재할 것이며 만약 서비스에 대한 욕구가 줄어들어 결국 없어진다고 한다면 사회복지조직을 위한 욕구도 또한 사라질 것임에 틀림없을 것이다. 결국 사회복지조직들이 client들이 가지고 있는 서비스 대한 요구 또는 문제나 욕구를 해결할 수 있는 경제적 능력이 없다고 한다면 조직은 조직으로써의 존재를 상실하게 될 것이다.

또한 소비자(또는 client)가 많으면 많을수록 많은 이익을 가져다주는 일반기업들과는 달리 사회복지조직들에게 있어서 서비스재정능력을 뛰어넘는 많은 client들은 조직의 재정적 측면에서 오히려 부담이 될 수 있다는 점이 지적될 수 있다. 조직의 재정적 측면에서 client를 분석하면 다음과 같은 네 부류로 구분할 수 있다. 첫째, 책정된 서비스비용을 완전하게 지불하는 client, 둘째, 완전한 서비스비용은 지불하지 못하지만 어느 정도의 비용은 부담하는 client, 셋째, 서비스요금을 지불하지 않는 client, 넷째, 제3자 지불방식에 의해 다른 곳으로부터 서비스요금을 받을 수 있는 client(이 경우 조직은 client에게 서비스를 제공하고 비용은 제3자에 의해서 지불받게 됨) 등이 있다(Netting et al., 1998).

(4) 공급자(supplier)

사회복지조직에 있어 공급자는 두 가지 측면에서 이해될 수 있는데 첫째는, client를 소개하는 기관이나 집단으로서의 공급자 그리고 둘째는 사회복지조직들에게 직원(또는 사회복지사)들을 공급해 주는 기관(예를 들어 학교)으로서의 공급자이다. Martin(1980)에 따르면 교육, 의료 그리고 복지의 인간봉사조직들을 위해 중요한 외적 요소는 정부기관, 선생님, 학교행정가, 의료인 등과 같은 소개공급원이라고 한다. 또한 사회복지사가 가지고 있어야 하는 기술과 지식 등의 학습을 통해서 직무를 빨리 이해하고 조직환경에 보다 빠르게 적응할 수 있는 사회복지사들을 제공하는 공급자들도 또한 사회복지조직에 있어서 중요한 경제적 요인이 될 수 있다.

(5) 경쟁자(competitor)

사회복지조직들은 경쟁의 사각지대에 머물러 있지 않다. 현재의 사회복지조직들은 정부보조금이나 서비스 제공을 위한 정부와의 계약을 위해 경쟁해야만 한다. 계속적인 서비스를 제공하고 안정적인 서비스를 제공하기 위해서 다른 조직들과의 경쟁은 필수적이라고 볼 수 있다. 따라서 조직의 경영자나 행정가들은 경쟁조직이 누구인가를 아는 것뿐만 아니라 자신이 속한 조직의 결과, 서비스의 질, 서비스 비용에 대한 기록 등에 대한 면밀한 검토는 필수적이라고 볼 수 있다.

2) 사회적 요인

조직에 영향을 미치는 외적 환경의 사회적 영역을 살펴보기 위해서 조직이 제공하는 지역의 사회 인구 통계적 이슈들을 이해하는 것이 중요하다고 한다. 지역의 인구통계적 특성은 지역인구의 나이분포, 인구의 크기, 성별, 인종구성 등을 포함한다. 또한 지역프로필과 이슈프로필 등을 통해서 지역이 필요로 하는 욕구가 무엇인가를 파악하는 것도 중요하다고 볼 수 있다. 또한 인구통계를 이용한 지역지도(community mapping)는 조직의 서비스 범주 안에 있는 구성원들의 또는 지역구성원들의 수입, 소득, 교육, 인종분포, 성별분포, 나이분포 등의 인구 통계적 요인들의 측면에서 지역의 구조를 그리는데 도움이 된다. 이러한 지역지도와 지역프로필, 이슈프로필 그리고 욕구사정 등을 통해서 조직은 지역 주민들의 다양한 욕구를 이해하고 어떤 서비스가 우선적으로 제공되어야 하는지를 결정하는 등의 서비스를 제공하기 위해 계획을 작성하는데 있어 많은 도움이 될 수 있는 것이다.

3) 정치적/전문적 요인

조직에 영향을 미치는 외적환경으로서 정치적 그리고 전문적 요인이 들 수 있다. 정치적 요인은 정부로부터 부과된 법, 규정을 포함해서 정치적 분위기가지도 포함된다. 분위기라는 것은 정치인들의 태도나 가치를 포함하며 client들과 제공되는 서비스에 대한 일반 대중들의 태도나 가치 등도 포함된다. 전문적 요인은 신임이나 관련 전문단체들과의 작업관계에 대한 고려 등이 포함된다고 한다. 좀더 구체적으로 이들 요인들을 살펴보면 다음과 같다.

(1) 법과 규정

대부분의 사회복지조직들을 포함하는 인간봉사조직들과 프로그램들은 서비스 조항을 제한하는 수많은 법과 규정들이 있는 환경에 놓여져 있음을 부인할 수 없다. 따라서 서비스를 제공하는데 있어 어떤 조항들이나 법률들이 조직의 재정, 운영, 시설 등에 전반적으로 영향을 미치는지를 인식하는 것이 중요한 요인이 된다.

(2) 정치적 기후(또는 분위기)

정치적 기후 또한 조직에 영향을 미치는 중요한 외적요인이 될 수 있다. 조직이 사회복지서비스를 제공하는데 있어서 지역지도자들이나 지역주민들의 태도는 중요한 요인이라고 볼 수 있다. 특히 현재 사회복지서비스 특히 정신지체나 장애인 관련 시설을 설립하는데 있어 지역이기주의의 현상이라고 불리는 NIMBY(not in my back yard)현상이 종종 나타나고 있음을 볼 수 있다. 따라서 지역가치체계가 소외되고 취약한 사회집단들에 우호적이 되기 위해 사회복지조직과 지역과의 역동적인 상호행동들이 더욱 강조되어야 하겠다.

(3) 전문적 요인

사회복지조직이 신뢰를 받는다는 것은 조직의 활동에 중요한 요인으로 작용한다. 정부와의 계약관계 하에 놓여 있는 조직들은 전적으로 정부의 재정적 통제 하에 놓여 있다고 볼 수 있는데 정부로부터 서비스 제공에 대한 신뢰를 얻게 된다면 계속적으로 서비스를 제공할 수 있는 근거를 획득하게 된다고 볼 수 있기 때문이다. 모금활동도 역시 조직이 시민들로부터 신뢰를 받고 있어야만 성공적일 수 있다. 또한 사회복지관협회, 사회복지사협회 등의 조직들이 조직적인 측면에서 자격과 인증 또는 사회복지사들에 대한 개인적 차원에서 자격증 등을 제공하는데 이러한 행동들은 모두 개인이나 조직들이 전문적 기준을 지키도록 하기 위한 절차라고 볼 수 있다. 따라서 사회복지조직들이 자격기준이나 인가 등을 인식해야 하며 사회복지협의회, 사회복지관협회, 사회복지사협회 등의 단체들과 좋은 작업관계를 유지해야만 한다고 볼 수 있다.

4) 기술적 요인

조직과 외적 환경과의 관계를 설명하는 마지막 요인으로 기술적 요인을 들 수 있다. 사회복지조직들을 위해서 기술은 새로운 치료기술의 발전이나 새로운 컴퓨터 기술 등을 포함하는 장비의 사용 등을 포함한다고 볼 수 있다. 책임성의 시대와 함께 프로그램 감시 감독 또는 평가기술 등의 발전 등은 자료처리기술의 능력을 요구하며 이러한 요구에 응답하기 위해서 사회복지사들은 다양한 수행력 평가기술들이 필요하게 되었다.

또한 사회적 문제나 욕구, 지역문제, 개인적 문제나 욕구, 사회복지 실천접근방법 등은 시대가 변화함께 동시에 끊임없이 같이 변화하고 있기 때문에 사회복지조직들은 반드시 이 변화에 부응해야 한다는 점이 지적될 수 있다.

결론적으로 조직을 이해하기 위해서 환경 안에 있는 외적 요인들로써의 경제적, 사회적, 정치적, 전문적, 기술적 요인들에 대한 지식이 반드시 필요하다(Kettner, 2002).

2. 조직의 내부적 환경

조직이나 기관이 어떻게 운영되는지 또는 작동하고 있는지 즉, 조직의 내부적 환경을 이해하는 것은 조직의 구성요인들을 확인하는 것을 필요로 한다. 조직분석의 영역에서 조직의 운영에 영향을 미치는 구성요인들에 대한 연구로써는 Miles(1975)의 연구를 들 수 있다. Miles는 조직을 **인간변수**(human variables)와 **조직변수**(organizational variables)가 함께 움직이는 것으로써 바라보았다. 그에 따르면 성공적인 조직은 조직의 임무와 목적에 내적으로 응답하는 방식으로써 인간변수와 조직변수를 통합하는 것이 중요하다고 지적하며 관리자의 역할로써 이 두 변수를 통합시키는 것을 강조하였다. 그에 따르면 인간변수는 능력, 태도, 가치, 욕구, 그리고 인구통계적 속성을 포함한다고 하며 조직변수는 목적, 기술 그리고 구조(structure)를 포함한다고 한다. Montana와 Charnov(1993)은 조직의 내적 환경을 이해하는데 있어 다섯 개의 요소들이 있다고 하는데 그들에 따르면 그 요소들은 첫째, 재정원천 둘째, 물리적 원천 셋째, 인간자원 넷째, 기술 자원 그리고 마지막으로 집합적 문화/윤리를 들었다. 그리고 Netting, Kettner 그리고 McMurty(1998)는 조직의 내적 환경으로써 첫째, 집합적 권위와 임무 둘째, 지도력유형 셋째, 조직의 구조와 프로그램의 구조 넷째, 프로그램과 서비스 다섯째, 인사정책 여섯째, 기술자원 등을 강조하였다. 그리고 Kettner(2002)는 지금까지 지적된 내적 환경들을 크게 여섯 개로 분류하였는데 그것들은 조직에 영향을 미치는 내부적 환경으로써 위에서 언급한 것과 같이 첫째, 조직의 목적, 임무, 철학 둘째, 조직적 기획(organizational planning) 셋째, 조직 운영 넷째, 인적자원(human resources) 다섯째, 기술 자원 그리고 마지막으로 재정 자원 등이다. 이들의 내용들은 다음과 같다.

1) 조직의 목적(organizational goal)

우리가 프로그램을 설계할 때 프로그램이 어디로 어떻게 나아갈 것인가를 분명히 하기 위해 프로그램이 나아가야 할 방향과 어떻게 나아가야 할지를 목적과 목표를 설정함으로써 프로그램을 통한 문제의 해결을 추구하는 바와 같이 일반적으로 조직도 어디로 무엇을 위해 어떻게 나아가야 할지에 대한 분명한 진술들이 필요하게 된다. 조직이 나아가야 할 방향과 방법에 대한 진술은 크게 공식적 목적(official goal)과 운영 목적(또는 실행목적, operative goal)으로 나뉘어진다(Hasenfeld,

1982).

조직이 성취하려는 목적과 실제 조직의 행동이 일치하지 않는다고 한다면 목적불일치에 의해 조직은 심각한 위험에 직면하게 될 것이며 나아가 조직은 쇠퇴하게 된다. 조직이 앞에서도 정의한 바와 같이 목적을 성취하기 위해 구성된 사회적 단위이기 때문에 그 성취하려는 목적이 무엇인가에 따라 조직의 성격이 구별될 수 있다. 사회복지조직의 일반적 목적은 사회문제 해결이기 때문에 사회복지조직은 이러한 목적을 성취하기 위해 구성된 사회적 단위이다. 따라서 조직이 성취하려고 하는 목적과 실제 조직의 행동들이 일치하는가가 조직을 평가하는데 있어 중요한 요소가 될 수 있다. 여기서 조직이 성취하려고 하는 목적은 조직의 공식적 목적으로써 그리고 실제 조직의 행동들은 조직의 운영목적으로써 구분할 수 있는데 이 두 목적에 대한 구분을 좀더 자세히 살펴보면 다음과 같다.

■ 공식적 목적

공식적 목적은 조직의 임무선언이나 정관 등에 적혀 있는 조직의 일반적인 목적진술이라고 한다.

■ 운영 목적

운영목적은 조직의 실제 운영 정책을 통해서 성취하기 위해 추구되는 목적진술이라고 한다.

Kettner(2002)는 조직의 공식적 목적은 조직의 임무선언(mission statement)에 잘 나타나 있다고 하며 임무선언은 조직성원들의 공유된 미래상을 위한 기초를 제공해 준다고 한다. 또한 그에 따르면 임무선언은 서비스를 제공받는 인구집단을 위한 기관의 계획된 이상적인 결과의 측면에서 진술된다고 한다.

2) 조직과 기획

조직은 계획에 따라 움직인다. 따라서 조직에 있어 계획은 매우 중요한 부분이라고 말할 수 있다. Montana와 Charnov(1993)에 따르면 조직 내에서의 계획을 수립하는 기획은 크게 세 분야로 나누어질 수 있다고 하면서 그 중의 한 분야를 프로그램의 계획으로 규정하였다. 그들에 따르면 조직 안에서 이루어지는 계획은 첫째는 전략적 기획(strategic planning)에 따른 계획이고 두 번째는 장기적 기획(long-term planning)에 따른 계획 그리고 세 번째는 운영기획 또는 프로그램 기획(program planning)에 따른 계획이라고 한다. 하지만 일반적으로 현대의 복잡한 상황에 능동적으로 대처해야 한다는 점이 강조되면서 장기적 기획에 대한 필요성을 줄어들고 상대적으로 전략적 기획, 운영기획 그리고 프로그램기획의 중요성이 강조되었기 때문에 이들 세 기획에 대해서 살펴보면 다음과 같다.

먼저 전략적 기획은 조직이 3년이나 5년 이상 후에 어디에 있을 것인지를 확인하기 위한 계획을 수립하는 것이라고 볼 수 있으며 또한 전략적 계획은 미래의 욕구와 자원을 계획하기 위해 유용 가능한 자료를 사용하기 위한 시도라고 할 수 있다. 따라서 전략적 기획은 조직이 필요한 장래의 욕구와 자원을 확인하기 위한 하나의 계획안을 수립하는 과정이라고 할 수 있다.

운영기획은 전략적 기획에서 구체화된 기대하는 결과를 성취하기 위해서는 어떠한 행동들이 필요한지에 대한 계획을 수립하는 것이라고 할 수 있다. 즉, 운영기획은 전략적 기획의 주요한 내용들을 직원들이나 다른 사람들이 수행하기 위한 행동단계를 포함하는 구체적인 목적과 목표로 변형시키는 기획이라고 말할 수 있다. 일반적으로 수행과 성취를 위한 시간은 1년에서 3년 이하이고 실행을 구체화하기 위해 목적과 목표 그리고 행동들이 제시된다. 운영 기획에서 목적은 성취하고자 하는 결과나 기대에 대한 하나의 광범위한 진술이나 의도를 나타낸다. 그리고 목표는 목적을 성취하기 위해 필요한 구체적인 과정들을 포함하며 행동은 반드시 목표를 성취하기 위해 필요한 시간틀을 포함하는 구체적인 과업을 의미한다.

마지막으로 프로그램 기획은 간단히 표현하면 프로그램을 설계하는 과정을 의미한다고 볼 수 있다. 따라서 프로그램기획은 지역에서 해결해야 할 지역문제와 사회문제의 분석 그리고 그 문제를 해결하려는 프로그램의 모든 요소들에 대한 상세한 계획을 수립하는 과정을 포함한다고 한다. 결론적으로 프로그램기획은 조직의 목적을 성취하기 위한 구체적인 프로그램을 설계 계획하는 그리고 좁게는 client들의 문제나 욕구 넓게는 지역의 문제나 욕구를 해결하려는 프로그램의 모든 요소들에 대한 상세한 계획을 수립하는 과정을 의미한다고 볼 수 있다. 프로그램 계획을 작성하는 과정은 다양한 단계들을 거치게 된다. 예를 들어 Kettner, Moroney 그리고 Martin(1999)은 프로그램기획은 다음의 단계를 거친다고 한다.

· 문제분석과 욕구사장을 수행하는 단계
· 적절한 개입전략을 선별하는 단계
· 목적과 목표를 선정하는 단계
· 프로그램을 설계하는 단계
· 경영정보체계(management information system)를 설립하는 단계
· 예산을 수립하는 단계
· 프로그램의 효과성을 평가하는 단계

반면 지은구(2005)는 프로그램설계가 다음과 같은 6단계를 거친다고

한다. 즉, 프로그램의 설계는 첫 번째 단계로서 프로그램이 해결해야 하는 사회문제에 대한 분석과 두 번째 단계로서 사람들의 욕구를 해결하기 위한 욕구사정이 고려될 수 있고 세 번째 단계로서는 서비스를 받을 수혜자들을 선정하는 대상자선별, 네 번째 단계로서 프로그램의 목적과 목표를 선정하는 단계, 다섯 번째로는 프로그램구체화단계로서 구체적으로 어떤 서비스와 기술(technology)을 어떻게 제공할 것인지를 결정하는 서비스의 구체적 내용과 프로그램실행을 위해서 필요한 재정부분을 다루는 예산수립의 내용이 포함되는 단계 그리고 마지막단계로서 프로그램이 실행되었을 경우에 나타나는 개선점이나 또는 결과물에 대한 기대분석으로 단계별로 나누어질 수 있다고 생각된다. 이러한 6단계를 거쳐 작성된 프로그램은 실행을 거치면서 프로그램에 대한 평가가 수행되고 평가에 기초한 프로그램의 유지나 보완 즉, 새로운 프로그램의 설계나 재 설계 과정을 다시 거치게 된다.

결론적으로 전략적 기획, 운영 기획 그리고 프로그램기획은 각각 분리되어 있는 것같이 보이지만 떨어져 있는 것이 아니고 상호관련이 있다고 볼 수 있다. 하지만 프로그램계획을 수립하는 과정, 즉 프로그램기획은 조직이 수행하는 계획화 중에서 가장 실천적이며 직접적으로 client에게 영향을 미치는 중요한 계획과정으로써 위치하고 있음을 이해해야 할 필요가 있다고 볼 수 있다. 대부분의 조직은 이들 기획들을 모두 상호관련 하에서 바라본다.

3) 조직 운영(operations)

조직이 포함하고 있는 하나의 내적 변수로써 조직적 운영들을 살피는 것은 조직이 제공하는 모든 프로그램, 서비스뿐만 아니라 모든 후원기능들을 살피고 조사하는 것이라고 볼 수 있다. 조직적 운영에 포함되는 내용은 〈표 4-1〉과 같이 정리될 수 있다.

〈표 4-1〉 조직운영기획의 내용

기본 질문	조직의 각각의 부서 또는 팀들이 성취하려고 기대했던 것들은 무엇인가? 어느 정도 그것들이 성취되었는가?
시간 틀	일 년 단위로 또는 분기별이나 월별로 또는 일 년에 두 번씩 조사 또는 검사된다.
과정	조직의 관리자적 입장에 있는 사람들이 정기적으로 모든 부서나 팀들에게서 올라오는 그들의 수행에 대한 보고서를 검토한다. 보고서를 기초로 각 부서별 또는 팀별 약점이나 강점들이 검토되고 최종 보고서가 이사회에 제출된다.
분석	부서별 또는 팀별 인력관리를 포함하는 인적자원에 부응하는 자료분석 그리고 부서별 또는 단위별로 시행하고 있는 프로그램들의 서비스 조항과 계획과 관련해서 얻어진 결과에 대한 자료분석
보고서	관리를 위한 목적으로 상세한 보고서가 준비되며 보고서의 개요는 이사회와 조직의 대표에게 제출되며 조직의 연차보고서에 내용이 포함될 수 있다.

4) 인간자원

인간자원은 인력(personnel)이라는 말로 대신 될 수 있으며 조직의 직원들과 자원봉사자들에 대한 관리와 지도감독(supervision) 등의 기능을 포함하는 것으로 알려져 있다. 인적자원에 대해 계획을 수립하는 것은 프로그램의 목적과 목표를 성취하기 위해 어떤 업무기능이 필요한가를 결정하고 그리고 조직 운영을 조사하는 시점에서 시작된다. 이러한 과정은 행정가가 기대하는 결과를 만들어내기 위해서 어떤 교육과 경험을 가지고 있는 어떤 유형의 직원들이 필요한가를 결정하는데 도움을 준다. 따라서 인적자원을 위해 계획을 수립하는 과정은 조직 내에 있는 각각의 직위나 자리(position)를 위해 준비되어진 직무분석을 필요로 한다. 직무분석으로부터 직무내용에 대한 설명이 작성되고 직원을 선발하기 위한 정책이나 절차들이 준비되어지게 된다. 또한 슈퍼비전, 훈련, 직원개발을 위한 정책이나 절차들이 준비되고 직원의 수행력 평가, 승진 그리고 필요하다면 해임 등을 위한 정책이나 절차들이 또한 준비된다.

5) 기술자원

기술자원은 조직의 전문적이고 기술적인 업무를 수행하기 위해 필요로 하는 장비나 전문기술을 포함한다. 사회복지조직에서 전문적 업무란 일반적으로 client의 문제를 해결하기 위해서 행해지는 기관에서 이루어지는 대부분의 치료개입이 포함된다. 그리고 기술자원은 상담서비스, 지원서비스, 컴퓨터기술, 재무관리기술, 프로그램개발 기술, 평가기술, 홍보와 마케팅기술 그리고 조직의 업무를 지원하기 위해 사용되는 다른 제반 기술들이 포함된다.

사회복지행정가들은 그들 조직들이 가지고 있는 현재의 기술자원의 목록과 필요한 기술자원을 비교하고 시설과 정비 상태 등을 수시로 점검하여야 하며 또한 나아가 현재의 기술자원이 조직이나 프로그램의 목적과 목표를 성취하기 위해서 어떻게 평가되고 있는지 그리고 기술자원이 현재의 작업량에 미치는 영향 등은 어떻게 평가되고 있는지 등을 파악하고 있어야 할 필요가 있다고 한다.

6) 재정 자원

제정자원은 한마디로 조직을 운영하는 데 필요한 모든 화폐자금을 의미한다고 볼 수 있다. 재정자원에 대한 평가는 어디서 자금이 흘러들어 오고 있으며 그리고 다양한 자원으로부터 들어오는 자금을 받음으로 인해 나타나는 조직의 의무가 무엇인지를 결정할 수 있는 예산자료를 면밀히 조사하는 것을 포함한다고 한다. 예산자료들은 일반적으로 예산 당당 행정가들에 의해서 작성되어서 수입과 지출의 상태가 정기적으로 기록되고 보고됨으로써 현재 유용 가능한 재정자원을 쉽게 알 수 있도록 돕는 역할을 한다. 또한 재정자원은 끝까지 프로그램의 목적을 성취한 client의 숫자, 프로그램을 끝마친 client의 숫자, 그리고 서비스를 제공받는 서비스단위의 숫자 등과 같은 프로그램수행력의 내용들을 이용할 수 있기 때문에 중요하다고 하는데 이는 프로그램 비용과 서비스단가 등을 계산함으로써 가능하게 된다. 이것은 프로그램의 경제적 효과 즉, 효과성과 효율성 측정을 위해서 사용되는 기초자료를 제공하게 된다.

지금가지 설명한 조직의 내적 환경구성요인들의 관계를 그림으로 나타내면 〈그림 4-3〉과 같다.

〈그림 4-3〉 조직의 내적 환경구성요인들의 관계

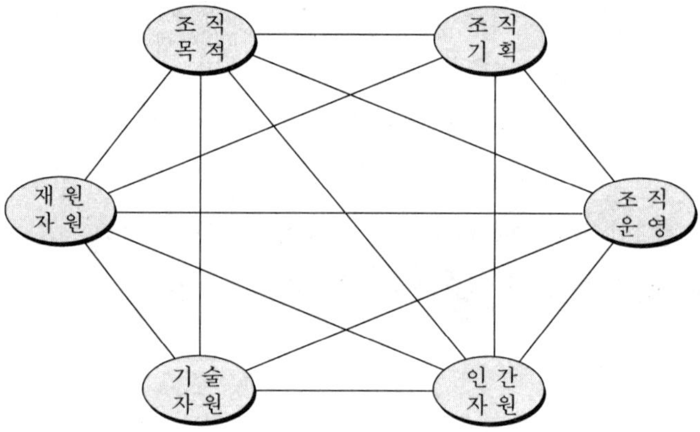

3. 조직의 내적 환경과 외적 환경의 통합

사회복지조직을 운영하는 행정가들에게 있어서 자신이 속한 조직이 조직을 구성하는 내적 요인들과의 관련 하에서 어디에 서 있는가를 이해하고 인식하는 것은 박물관의 안내원이 관람객들에게 유물을 소개하기 전에 박물관의 유물을 포함하는 모든 구성요인들을 이해하고 인식하고 있어야 한다는 것과 같다고 볼 수 있다. 조직의 외적 그리고 내적 환경에 대한 지식은 조직의 행정 또는 관리를 위해서 가장 기초적인 것이라고 볼 수 있다. 먼저 정치적, 경제적, 사회적, 그리고 기술적 환경을 포함하는 조직의 외부적 환경에 대한 이해는 행정가들이 자금, client, 지역지도자, 정책결정가, 기술 전문가 등과 보다 능수능란하게 일할 수 있게 도와준다. 또한 조직의 목적, 기획, 인간자원, 기술자원 그리고 재정자원을 포함하는 조직의 내적 환경에 대한 이해는 행정가들이 조직의 수행력을 강화시키도록 하는 결정을 하는 최고의 입장에 있도록 도움을 준다. 결국 이러한 조직의 외적 그리고 내적 환경에 대한 이해는 행정가들이 조직 안에서의 일관성을 유지하도록 하고 나아가 조직과 환경과의 사이에 있어서의 일관성을 유지하도록 한다고 한다 (Kettner, 2002). 결국 조직의 운명을 결정짓는 그리고 조직의 수행력을 증진시키고 조직이 목적하는 것을 성취하기 위해서 조직을 둘러싸고 있는 내적 그리고 외적 환경에 대한 통합적 인식은 사회복지행정가들이 가지고 있어야 하는 가장 기초적인 조직에 대한 이해와 지식이라고 볼 수 있다.

제 4 절 조직과 환경의 관계를 이해하는 데 도움을 주는 이론

조직과 (과업)환경과의 관계를 이해하는데 도움을 주는 이론 또는 접근방법으로써 첫째, 조직적응이론(organization adaptation theory) 둘째, 생태이론(ecological theory) 그리고 셋째, 제도이론(institutional theory)을 들 수 있다. 이들 이론들에 대해서 살펴보면 다음과 같다.

1. 조직적응이론

조직적응이론에 포함되는 이론으로 상황이론, 정치경제이론, 자원의존이론 등이 있다. **조직적응이론**은 적응이라는 용어에 기초해 있는 이론으로써 적응이란 조직이 직면한 문제에 대해 더 좋은 해결책을 제공하고 그리고 결과가 순응되는 발전적 변화의 과정이라고 정의된다(Lewontin, 1978). 생물학적 의미에서 적응상태란 조직을 위한 생존의 상태를 나타낸다. 또한 조직을 위한 적응의 상태는 조직이 환경의 조건들에 생존할 수 있는 상태를 의미한다(Chakravarthy, 1982). 따라서 적응상태는 외적 내적 환경을 이해하고 느끼는 것을 포함할 뿐만 아니라 내적 외적 환경사이에서 적응을 성취하기 위해 취하는 행동을 포함하게 된다(Schmid, 2000).

내부적 그리고 외부적 환경을 느끼고 이해하고 적응하기 위해 행동을 취하는 과정에서 조직은 그 자신의 성격과 본성(또는 본질)의 어떤 부분들을 바꾸게끔 강제될 수 있는데 이는 환경의 복잡성에 대한 적응이 조직의 목적, 목표, 서비스기술 그리고 운영 절차에서 변화를 유도하기 때문이다. 따라서 적응과정에서 조직은 변화의 문제를 극복할 수 있는 그리고 조직의 본성을 유지할 수 있는 내재적 능력을 발전시킬 수 있게 된다. 이러한 능력을 Motamedi(1977)은 대처능력(copability)라고 이름 붙였는데 이 대처능력의 본질은 결국 자신의 것을 유지하는 또는 독특한 성격을 뒤바꾸는 체계의 능력이 된다. 결국 조직의 효과성을 보장하기 위해서 조직의 자체본성과 환경의 변화에 적응할 수 있는 능력을 유지하도록 하는 대처능력과 적응능력을 결합하는 것이 필요하게 된다.

적응은 또한 학습과정으로 묘사될 수 있는데 이는 조직이 그들의 환경을 배우고 그리고 더 많이 배우면 배울수록 더욱 효과적으로 환경에 순응할 수 있게 되고 그들의 생존을 보장할 수 있기 때문이다(Hedberg, 1981; Herriot, Levinthal, & March, 1984; Levinthal, & March, 1981; March, 1981a, 1981b; Nelson & Winter, 1982). 학습이론이 강조하는 것과 같이 자극과 응답의 패러다임이 이 경우에도 적용되는 것이다. 즉, 조직은 외적 환경으로부터의 자극을 받아들이고 해석함으로써 환경 안에 있는 실제적 또는 잠재적 경쟁자 또는 협력자인 다른 조직들의 장점과 약점을 학습할 수 있게 된다. 조직은 또한 자극에 응답할 뿐만 아니라 해결책을 발전시키기 위한 욕구를 확인하기 위해 그들 자신들의 환경(내적 환경)을 검사하기도 한다. 결국 정보를 모으고 검사함으로써 조직은 새로운 영역을 확장하기 위한 새로운 환경의 공간을 발견할 수 있게 된다. 조직과 환경 사이의 적응의 역동적인 과정을 강조하는 조직적응접근방법을 입증하는 이론들로는 상황이론, 정치경제이론 그리고 자원의존이론 등이 있다.

상황이론(contingency theory)은 조직구조를 분석하는데 있어 중요한 패러다임을 우리에게 제공해 준다. 상황이론에 따르면 오직 하나의 효과적인 조직구조라는 것은 존재하지 않게 되며 오히려 조직구조는 크기나 기술이나 환경 같은 상황요인들의 요구에 따라 달라지게 된다. 결국 상황이론이 환경에 대한 조직의 적응을 강조한다는 측면에서 적응이론의 부분으로 생각되어질 수 있게 되는 것이다. **정치경제이론**(political-economy theory)은 생존하고 서비스를 제공하기 위해서 조직은 반드시 두 기본적인 요소에 의지할 수밖에 없는데 하나는 정당성과 힘(정치적)이고 다른 하나는 자원생산(경제적)이라는 점을 강조하는 이론이다. 정치경제이론의 기본 전제는 조직이 외부환경에 있는 이익집단이나 기관들에 의해 통제된 자원에 의존한다는 점이다. 즉, 조직은 이러한 자원에 의존하면 할수록 외부의 조직이나 집단의 영향력은 커지게 된다는 것을 강조한다. 따라서 정치경제이론도 외부의 환경과 조직의 관계를 강조하는 적응이론의 부분으로 인식될 수 있게 된다. 정치경제이론에 파생되어 나타난 이론이 **자원의존이론**(resource dependence theory)이다. 자원의존이론은 부족한 자원을 획득하기 위한 모든 조직들의 욕구에 의해서 만들어진 상호 조직적 의존을 강조한다. 따라서 자원동원이론은 사회교환이론에 이론적 틀을 제공한다고 볼 수 있다. 자원동원이론에 따르면 조직은 그들의 생존을 위해 필요한 자원을 위한 그들의 환경에 의존해야 한다(Aldrich & Pfeffer, 1976; Pfeffer & Salancik, 1978). 나아가 과업환경과의 자원의 교환은 조직이 생존을 위해 필요한 다양한 자원을 획득할 수 있도록 한다고 강조한다. 따라서 조직의 책임자는 그들의 조직에 적당한 자원의 공급을 보장하는 것을 관리하는 것뿐만 아니라 조직의 환경도 반드시 관리해야 한다는 것을 강조한다. 이런 관점에서 조직 자체를 관리하는 것보다 환경을 관리하는 것이 더욱 중요하게 부각된다(Aldrich & Pfeffer, 1976). 결국 조직은 환경과의 힘 의존관계를 바꾸어야 하며 그리고 필요한 자원을 통제하는 것이 가능하도록 외적환경에 대한 의존을 줄이는 행동을 해야 하고 환경 안에 있는 다른 집단들이 조직의 상품과 서비스에 대한 의존을 증가시키는 방향으로 나아가야 한다. 환경에 대한 의존을 줄이기 위해서 즉, 힘 의존관계를 변화시키기 위해서 조직은 협조, 경쟁, 파괴 등의 전략들을 사용할 수 있다.

2. 생태이론

생태이론은 Darwin의 생물학적 결정주의인 "survival of the fittest"에 기초한다. 생태이론은 사회구조는 개개인들과 그룹들과 그리고 주변에 있는 물질적인 환경간의 상호작용을 통해서 발전한다는 점을 강조한다(Norlin and Chess, 1995). 환경의 변화는 인구밀도나 지역 안 밖으로의 인구 이동 같은 자연적인 힘들 때문에 발생한다. 그리고 이 힘들은 균형을 추구하고 또는 지역이 활동의 규칙적인 형태를 유지할 수 있도록 하는 생태학적 균형(balance)을 유지하기도 한다. 이러한 Darwin주의자들과 유전학파에 기초를 두는 생태이론이 조직과 환경과의 관계를 위해 설명해 주기 위해 적용되었는데 일반적으로 인구생태이론으로 알려져 있다(Baum, 1996; Baum & Singh, 1994a; Hannan & Freeman, 1977, 1984; Pfeffer, 1995; Singh & Lumsden, 1990).

인구생태이론은 개별적 조직을 강조하는 적응이론과는 달리 분석의 기본 단위가 다음과 같은 속성을 공유하고 있는 모든 집단이다. 즉, 첫째, 환경에 의해 통제되는 자원에 대한 공통적인 의존, 둘째, 비슷한 조직구조, 셋째, 계속적으로 안정성을 유지하는 조직적 특징, 넷째, 외부의 제한에 대한 취약성의 측면에서 비슷한 범위의 동질성(Hannan and Carroll, 1992) 등의 공통 속성을 가지고 있는 모든 집단들이 인구생태이론의 분석단위라는 것이다. 인구생태이론의 주요 개념은 niche(적재적소)의 존재라고 한다. 생태학적 입장에서 niche는 생산능력의 전달을 결정하고 niche에서 운영할 수 있는 조직의 숫자를 제한하는 것을 결정하는 자원공간이다(Baum and Singh, 1994b, 1994c). 따라서 niche는 두 개의 의미를 가지고 있다고 볼 수 있는데 하나는 외연(breadth)이고 다른 하나는 심연(depth)이다. 외연은 niche 안에 있는 많은 행동가들로부터 조직이 자원을 끌어내는 범위를 지적하는 것이고 심연은 조직이 다른 조직들에 의존하는 범위를 지적하는 것이다.

자연적 선택의 과정에서 생태학적 niche 안에서 생존하는 조직들은 환경에 의해서 요구되는 독특한 속성을 소유하고 있는 조직들이다. 따라서 **환경은 가장 적절한 조직을 선택하게 되며 결국 환경이 조직의 생존을 결정**하게 된다. 인구생태이론은 조직을 환경의 제한들을 받아들이고 그리고 수동적이라고 바라본다. 따라서 조직의 관리자들이나 직원들은 그들의 행동이나 결정을 통해서 생태학적 과정에 영향을 미치지 못한다고 한다.

인구생태이론의 문제점들도 지적되는데 특히 Perrow(1986)는 생태이론이 조직 안에 존재하는 이익집단들간의 힘의 관계, 갈등, 권력투쟁, 혼란 등을 무시하는 경향이 있다고 비판한다. 생태이론은 환경의 힘이나 환경의 결정주의적 과정을 조직과 연관해서 인식하는데 도움을 주기는 하지만 조직이 환경을 바꿀 수 있는 능동적인 주체가 될 수 있다는 점을 무시한다고 볼 수 있는 것이다. 따라서 생태이론은 정치, 경제, 힘, 자원의존이론과는 모순되는 이론이라고 볼 수 있고 정치적 그리고 경제적 요소는 조직의 설립과 생존 그리고 해체에 결정적인 영향력을 행사한다는 것을 부정하는 이론이라고 간주할 수 있다. 생태이론적 입장에서 본다면 조직은 해체하거나 사라지는 등의 조직의 생존에 결정적인 위험이 발생하는 경우 조직의 전략이나 표적 집단을 바꾸어서 생존에 필요하게끔 수정할 수 있기 때문에 쉽게 조직은 사라질 수가 없게 되는 것이다. 하지만 현실적으로 어떤 조직은 번영하고 어떤 조직은 해체하여 사라지는 이유를 명백히 설명하는데 있어 한계를 드러낸다고 볼 수 있다. 더군다나 생태이론은 조직이 환경을 바꾸게 하는 어떤 영향력도 가지고 있지 않고 그리고 역행적이고 수동적인 행동으로 움직인다고 보기 때문에 현실적으로 조직이 그들의 환경에 영향을 미치고 환경에 대해 학습하며 능동적으로 환경을 검사한다는 측면을 무시하게 된다(child, 1972; Child and Kieser, 1981). 자원의존이론과 인구생태이론의 논리적 차이점을 표로 나타내면 〈표 4-2〉와 같다.

〈표 4-2〉 자원의존이론과 인구생태이론의 비교분석

관심의 초점	인구생태이론	자원의존이론
분석의 단위나 수준	조직집단	개별 조직
시간 관점	장기적	단기적이고 점진적
환경에 대한 개념	조직 외부에 초점	조직 외부뿐만 아니라 조직 속에서의 변화에 초점
조직	조직 자체의 사건에는 관심이 없다.	조직의 결정과 행동에 관심이 있다.
환경의 힘과 영향력	환경은 강력한 힘이 있고 그리고 조직의 생존을 결정한다.	조직이 효과적인 적응을 통해서 그들 자신들의 생존을 결정한다.
조직의 전략적 행동	억행적이다.	사전 행동적이다.
조직의 주기	조직의 탄생과 죽음에 초점	조직의 탄생과 죽음에 관심이 없음

3) 제도이론(시설이론)

제도이론에 따르면 조직은 조직운영에 만연해 있는 이성적이고 제도화된 개념에 의해 규정된 절차를 실천하고 결합시키기 위해 노력한다고 한다. 그렇게 함으로써 조직은 그들의 정당성과 생존을 위한 전망을 증가시키게 된다. 제도주의론자들(Dimmagio and Powell, 1983; Meyer and Rowan, 1977, 1983; Tolbert and Zucker, 1996; Zucker, 1988)은 조직의 공식적 구조에서의 변화는 조직을 더욱 변화하는 제도적 환경(또는 시설 환경)에 맞추도록 하기 위해 도입된다고 주장한다(Meyer and Rowan, 1977). 여기서 제도적 환경이란 정부조직 같은 외부적 환경을 의미하는 것이다. 결국, 제도적 환경의 기대와 요구에 부응하는 조직은 생존과 성장에 필요한 자원과 정당성을 얻게 된다. 하지만 이러한 과정은 유사성을 증가시키는, 복사된 조직적 형태를 의미하는 그리고 똑같은 과정을 발전시키는 것을 의미하는 조직적 동일구조를 만들어 낸다. 이러한 과정은 또한 조직에게 있어 증가된 관료화, 형식화, 그리고 규격화를 만들어 낸다(Meyer, Scott, Strang, & Creighton, 1988). 결국, 제도주의 이론은 정부조직 같은 외부적 환경을 구성하는 제도적 환경이 조직에 영향을 미쳐 조직은 성장할 수도 있고 도태할 수도 있다는 것을 강조한다.

결국 제도주의는 정부조직 같은 제도적 환경이 조직의 운명을 결정한다는 측면에서 조직과 환경과의 관계를 규정한다고 볼 수 있다. 정부조직 같은 외부 환경에 의해 통제되는 자원에 절대적으로 의존하는 사회복지조직의 경우 제도이론은 조직과 환경을 설명해 주는 이론으로 의미가 있을 수 있다. 하지만 정부조직 같은 외부적 환경이 조직의 운명을 완전히 결정짓는다는 것은 논리의 비약일 수 있다. 특히 선택하고 결정할 수 있는 조직의 내부적 요소들이 무시된다는 것은 제도이론이 갖게 되는 문제점일 수 있다. 사실, 선택하고 결정할 수 있는 능력과 같은 조직의 요소들은 조직의 운명에 영향을 미치며 그리고 끊임없이 조직의 목적을 성취하기 위한 열망에 영향을 미친다. 더군다나 제도이론은 제도적 환경에서의 갈등과 변화를 무시하고 있다는 점도 문제점으로 지적될 수 있다(Reitan, 1998).

지금까지 살펴본 조직과 환경의 관계를 설명해 주는 이론들은 제 각각 조직과 환경의 관계에 대해 독특한 해석을 내려주고 있음을 알 수 있다. **상황이론**은 조직 효과성의 성취뿐만 아니라 조직 구조화와 그리고 적응의 과정에 영향을 미치는 외적 그리고 내적 요소들을 강조한다.

정치경제이론은 정치적 경제적 환경에 대한 조직의 의존을 강조한다. 즉, 생존하고 서비스를 제공하기 위해서 조직은 반드시 두 기본적인 요소에 의지할 수밖에 없는데 하나는 정당성과 힘(정치적)이고 다른 하나는 자원생산(경제적)이라는 점을 강조한다. **자원의존이론**은 기회와 위험을 위해 외적 환경을 조사하고 그리고 계획을 세우는 조직의 사전행동적인 역할을 강조한다. 따라서 자원의존이론에 따르면 조직은 환경을 하나의 제한으로 바라보는 것이 아니라 조직은 환경과의 의존관계를 변화시킬 수 있는 끊임없이 노력하는 것으로 인식된다. 반면 **인간생태이론**은 조직의 생존에 대한 환경의 영향력을 강조하다. 그리고 **제도이론**은 제도적 환경의 힘을 강조하고 환경적 제한을 변화시키는 또는 대처해 나가는 조직의 능력을 무시한다.

제5절 환경에 대한 조직의 적응을 설명해 주는 이론과 전략

조직이 환경 안에서 집단이나 다른 조직들에 의해 통제되는 자원에 대한 의존을 줄이는 것이 환경과의 관계 속에서 조직이 생존하기 위해 또는 변화하기 위해 그리고 구체적으로 조직의 목적을 성취하기 위해 필요한 가장 중요한 과정이라고 볼 수 있다. 자원에 대한 의존은 곧 힘의 불균형을 가져다주고 한 조직의 다른 조직에 대한 종속을 의미하기 때문에 자체적인 생존능력을 잃게 됨을 의미하게 된다. 외부자원에 대한 의존을 줄이기 위해 즉, 힘의 균형을 위해 조직이 취할 수 있는 다양한 전략들이 있을 수 있다. 이 절에서는 자원의존관계를 설명해 주는 이론과 자원의존관계(또는 힘 의존관계)를 변화시키기 위해 사용될 수 있는 다양한 전략들에 대해 좀더 구체적으로 살펴보기로 한다.

1. 자원의존관계

조직의 생존에 직접적인 영향을 미치는 자원을 보전하기 위해서 조직들은 **교환관계**에 나서게 된다. 교환관계란 두 개 이상의 조직들이 그들 조직의 혜택을 위해서 그들 사이의 자원의 전이를 포함하는 거래들로 구성된다. 따라서 각각의 조직들의 그들의 혜택(또는 이익)을 위해 자원을 상호간에 이전하는 것을 의미한다(Cook, 1977). 이러한 조직들간의 자원의 교환을 설명해 주는 이론으로 사회교환이론이 있다. 사회교환이론은 조직들 사이에 교환은 어떻게 이루어질 것인지에 대해 이해할 수 있는 이론적 기초를 제공해 준다. 특히 사회교환이론은 자원(또는 힘)이 집중되어 있는 경우를 극복할 수 있는 다양한 해결책들을 설명해 준다. 조직들간의 관계에 있어서 자원이나 힘이 분산되어 있는 것이 그들 상호간의 발전을 위해서 반드시 필요하다. 한 조직이 특정 자원을 독점하는 경우 그 자원을 필요로 하는 대다수의 조직은 자원을 가진 특정 조직에 의존함으로써 조직적 역동성과 생동감을 잃게 되어 주체적인 행동능력을 상실하기 때문이다. 사회교환이론과 함께 조직의 자원에 대한 의존을 설명해 주는 이론으로 힘 의존이론이 있다. 조직의 자원에 대한 의존관계를 설명해 주는 이론인 힘 의존이론과 사회교환이론을 좀더 구체적으로 살펴보면 다음과 같다.

2. 힘 의존이론(power dependency theory)

힘(power)은 자원이 풍부한 조직 또는 사람과 자원이 빈약해 도움을 받아야 하는 조직 또는 사람들 사이의 돕는 관계에 내재해 있다고 한다고 볼 수 있다. 따라서 힘 의존이론은 조직들이 어떻게 힘(power)을 얻고 또 힘을 분산시키는지를 조사하는 데 사용된다. 이 이론의 기본전제는 사회복지조직을 포함해서 대부분의 인간봉사조직(human service organizations)은 생존을 위해 자원의 수납에 의존해야 한다는 것이다.

결국 조직은 생존을 위해 외부의 기부자(donor)로부터의 계약 또는 협약(contracts)과 수여금(grants)에 의존해야만 한다는 것을 의미한다. 낙후된 지역에서 활동하는 조직들 중에서 조직의 생존을 위한 자금이 지역내의 재원으로부터 들어오지 않는 조직들에게 이 문제는 중요하다고 볼 수 있다(Hardina, 2002). 결국 힘 의존이론은 지역 내에 존재하는 조직들이 힘을 갖든지 또는 힘에 의존함으로써 조직이 성장가능하다는 것을 강조한다고 볼 수 있다.

하지만 외부자원에 대한 조직의 의존은 결국 조직이 추구하는 목적 불일치(goal displacement), 자율성의 상실, 정부정책에 반대 또는 찬성하기 위해 로비할 수 있는 능력에 대한 제한 등의 결과를 초래할 수 있다는 점이 지적된다.

3. 사회교환이론

사회교환이론은 힘(power) 의존이론을 확대 발전시킨 이론이며 특히 균형 있는 교환을 강조한다는 특징이 있다. 사회교환이론은 사회학습이론(social learning theory)과 보상과 이익의 최대화와 벌칙과 비용의 최소화와 관련된 인간관계의 경제적 관점을 기초로 형성되었다고 한다. 교환이론에서는 판매전략(marketing), 연계망(networking), 지지, 협상, 협정과 같은 기술들이 강조된다(Hardcastle, Wenocur, and Powers, 1997).

사회교환이론에 따르면 실천은 하나의 행동으로 그리고 교환의 장(field)에서 이루어진다. 교환이론에 의하면 이 교환의 장은 원하는 자원과 상품을 교환하기 위해서 다양한 관점으로 그리고 다양한 조합으로 서로 서로에게 영향을 주는 둘이나 그 이상의 참가자들로 구성되는 하나의 시장(market)에서 이루어진다. 교환의 대상이 되는 자원으로는 상담, 지역조직서비스, 돈, 정보, 아이디어, 정치적 영향력, 의지, 의미(meanings), 힘(energy), 유순한 행동 등을 포함하는 유형, 무형의 자원들을 의미한다. 이러한 **사회교환이론을 사회복지조직에 적용한다면 실천행동으로 교환이 일어나는 교환의 장은 바로 조직이 되고 조직을 통해서 원하는 서비스가 교환이 이루어진다고 할 수 있는데 교환의 주체는 시장과는 달리 판매자가 조직이나 사회복지사 그리고 직원이 되고 소비자는 바로 client가 된다.**

발생할 거래를 위해 각각의 참가자들은 교환할 상품에 대한 정보를 필요로 하며 그리고 상품을 교환할 욕망을 필요로 한다.(이것들은 거래의 조건이라고 불린다). 주어진 정보와 교환을 위한 욕구를 가지고, 거래에서 각각의 참가자들은 가장 큰 혜택을 가지고 있는 것 또는 비용에 대한 보상이 가장 큰 것들을 모든 가능한 교환을 통해서 선택하게 된다.

하지만 경제적 교환과 달리 사회적 교환은 교환의 효과를 측정하는데 어려움이 있다. 즉 지역 실천을 위해 쓰여지는 자금과 교환될 수 있는 복지서비스나 프로그램에 대한 효과 즉, 지역개발, client에 대한 원조, 사회적 지위(social status) 등은 경제적 상품과 비교했을 때 효과를 측정하기가 쉽지 않기 때문이다.

교환의 장에 있는 참가자들은 어떤 시점에 서로서로 관계를 가질 수도 있고 갖지 않을 수도 있으며, 관계를 갖지 않은 두 그룹은 제3의 그룹과 거래, 즉 관계를 동시에 맺을 수도 있다. 즉, 교환의 장에 있는 A

라는 참가자 또는 조직이나 기관은 B라는 참가자와의 관련 없이도 목적하는 바를 성취할 수 있다는 것을 의미한다. 즉, 서로 서로에게 독립적이라는 것을 의미한다. 하지만 한 참가자의 목적이 다른 참가자의 상품이나 자원과의 교환을 통해서만 획득되어져야 한다면 그 자원을 가지고 있는 참가자에 대한 의존적인 관계가 형성되고 또 두 참가자가 상호간의 교환을 통해서만 목적을 성취할 수 있다면 교환의 상에서 두 참가자는 상호 의존적(interdependency)이 된다.

여기서 교환의 관계의 균형을 깨는 것은 바로 의존적 관계의 교환이 일어나는 경우이다. 만약 A가 B보다 어떤 자원을 훨씬 필요로 한다면 A는 교환의 성사를 위해 B에게 무엇을 제공해야하는가? 그리고 A가 필요한 자원을 위해 제공한 것이 B가 원하지 않는 또는 그 이상의 것을 요구한다면 어떻게 되는가? 이 문제를 해결하는 것이 곧 힘(power)이다. 이 교환의 장에서의 불균형 교환관계는 힘에 의해서 설명될 수 있다. 교환의 관계에서 힘은 간단히 말해 다른 참가자가 원하는 자원을 통제할 수 있는 능력의 기능으로 이해된다. 예를 들어, B가 A가 목적을 성취하기 위해 가져야 하는 자원에 대해 통제권을 가지고 있다면 B는 A를 통제할 수 있고 통제권을 갖는다. 이 경우 B는 교환의 장에서 독립적이며 A는 의존적이 될 수밖에 없다.

예를 들어 ○○사회복지관이 지역보건소를 설립하기 위해 재정지원을 아산복지재단의 원조프로그램에 의존하고 있고 그리고 이 원조가 ○○복지관이 가지고 있는 보건소설립을 위한 유일한 재정지원이라고 가정하자. 교환이론에 의하면, 아산은 ○○에 대해 힘(power)을 가지고 있다 왜냐 하면 보건소를 짓기 위해 필요한 자원을 통제할 수 있는 결정권 즉, power를 가지고 있기 때문이다. 따라서 아산재단은 재정지원을 조건으로 보건소지원에 따른 각종 조건들(재정 감사, 회계보고, 경영보고서 등)을 제시할 수 있다. 여기서의 교환은 ○○는 보건소운영에 대한 회계, 관리보고를 그리고 아산재단은 재원을 서로 교환하게 되는데 ○○가 필요한 재원을 오직 아산만이 가지고 있고 줄 수 있다는 가정 때문에 ○○는 아산이 요구하는 것을 다 포함해서 교환할 수밖에 없게 되는 것이다.

따라서 더 유리한 조건의 교환을 위해서 다른 조직이 통제하는 자원을 필요로 하는 조직은 힘(power)의 균형을 맞추기 위한 다양한 전략이 필요하다. 여기서 자원이 필요한 쪽을 행동조직이라고 부르며 힘(power)을 가지고 있는 쪽을 목표조직이라 부른다. 따라서 교환의 참가자 A와 B의 관계로 다시 설명한다면 다음과 같다. 전제는 A와 B는 교환의 당사자들이고 A는 B가 가지고 있는 자원을 필요로 하는 조직이고 B는 A가 필요로 하는 자원을 가지고 있는 힘이 있는 조직이라는 점이다. B의 힘을 줄일 수 있는 가능한 대안들로는 첫째, 재원이 필요한 A가 재원에 대한 힘을 가지고 있는 B에 대한 의존을 줄이는 방법이 있고 둘째, A에 대한 B의 의존을 높일 수 있는 방안을 찾는 방안이 있을 수 있다.

이렇게 power의 균형을 잡기 위한 전략 또는 접근으로서 다양한 방법들이 구체적으로 사용될 수 있다(즉, 교환에 있어 유리한 입장을 취하기 위한 전략을 의미한다). 한편 Hasenfeld(1972)에 따르면 조직의 의존을 증가시키는 조건이 5가지가 있다고 하는데 그 조건들은 다음과 같다.

첫째, 법령이나 법규, 정부정책, 모집단(parent organization), 그리고 다른 규정집단들이 강화된 의존을 조직에 부과하는 경우. 예를 들어 특정 조직이 서비스를 제공하기 위해서 다른 조직이나 규정, 법령 등에 의존해야 하는 경우를 의미한다.

둘째, 조직의 서비스 활용에 대해서 외부 조직이 재량권(discretion)

을 가지고 있는 경우

셋째, 외부에 의해 통제되는 서비스를 위한 강한 욕구가 있는 경우

넷째, 외부 또는 외부 조직이 특정 조직의 목적 성취에 대해 인준을 해주는 역할을 담당하는 경우

다섯째, 필요한 자원을 제공할 수 있는 대안을 찾는 효과적인 방법이 부재한 경우

또한 Hasenfeld(1972)은 외부와 연관해서 조직이 힘을 증가시킬 수 있는 다섯 개의 조건을 설명해주고 있는데 그들 조건들은 다음과 같다.

첫째, 조직의 정책이나 규정이 외부환경에 있는 요소들과의 상호 행동할 수 있는 자유를 허락하는 경우.

둘째, 외부조직이 필요로 하는 자원을 소유하고 있는 경우

셋째, 다양한 대안자원들이 있는 경우. 예를 들어 가정상담센터가 지역에 있는 다양한 조직들로부터 많은 client들을 소개받고 있다면 특정한 기관에 client의 소개를 위해 의존할 필요가 없게 된다.

넷째, 조직이 목적을 정당화시키기 위해서 자기에게 타당한 조직이념을 개발하는 경우. 예를 들어 알코올중독자들이 중심이 되어 구성한 자조집단은 그 집단의 노력에 대해 외부집단의 재원이나 평가를 수용할 필요가 없는데 이는 자조집단이 추구하는 목적이 성취되었는가는 그 집단구성원들의 자체적인 노력에 의해 결정되기 때문이다.

다섯째, 조직이 필요한 자원의 공급자로서 외부조직을 확인하기 위한 효과적인 수단을 개발하는 경우

이러한 조건들을 표로 나타내면 〈표 4-3〉과 같다.

〈표 4-3〉 의존이 증가되는 조건과 힘 의존을 상쇄시킬 수 있는 조건

의존의 증가조건	의존을 상쇄시킬 수 있는 조건
외부로부터 부과되는 정책 조직의 서비스사용에 대한 외부재량권 외부조직의 서비스에 대한 높은 욕구 필요한 목적의 외부인준 대안에 대한 비효과적인 지식	외부에 의해 인정된 자유 필요한 자원의 소유 대안서비스의 이용가능성 자기에게 타당한 조직이데올로기의 개발 대안에 대한 효과적인 지식

*Hasenfeld. 1983, p. 68 참조

결국 한 조직과 그 외부환경이나 외부조직과의 관계의 역동성은 외부(또는 외부환경)에 대한 조직의 의존이 크면 클수록 의존을 상쇄시킬 수 있는 힘이 약하게 되고 조직이 외부 환경 요소에 대한 영향력이 크면 클수록 교환을 지시할 수 있는 능력이 커지게 된다는 것을 의미한다고 할 수 있다.

4. 의존을 변화시키기 위한 전략

사회복지조직을 포함하는 인간봉사조직들은 일반적으로 그들 조직들의 과업환경에 폭넓고 다양하게 의존하여 있지만 조직들은 그들의 정당성을 보존하고 고양시키기 위해서 그리고 그들의 환경에 대한 통제수단을 확보하기 위해서 노력한다. 반대할 힘이 없을 정도의 외부조직에 대한 강력한 의존은 사회복지조직들에게 있어 훨씬 많은 양의 불확실성을 일으키게 하며 외부의 압력에 취약점을 나타내고 조직의 내적 통합과 생존을 위협받게 된다. 이러한 취약점을 줄이기 위해서 조직은 종종 힘 의존관계를 개선하기 위한 다양한 전략들을 전개하게 된다. 일반적으로 어떤 전략을 선택할 것인가는 첫째, 조직에 의해서 필요되어

지는 자원의 집중과 분산에 의해서 둘째, 조직이 통제하는 전략자원의 양에 의해서 결정된다고 한다. 일반적으로 환경에 있는 자원에 대한 집중이 크면 클수록 그리고 조직이 사용할 수 있는 전략자원이 적으면 적을수록 환경과 유리한 관계로 협상할 수 있는 조직의 능력이 떨어진다고 할 수 있다. Hasenfeld(1983)는 의존을 변화시킬 수 있는 전력으로 **권위전략**과 **경쟁전략**, **협조전략** 그리고 **파괴전략** 등의 네 가지 전략을 제시하였으며 Harcastle, Wenocur, 그리고 powers(1997)는 사회교환이론에 입각하여 경쟁, 재평가, 상호호혜, 제휴, 그리고 강제전략을 제시하였는데 이들을 살펴보면 다음과 같다.

1) 권위전략

조직이 돈이나 권위를 통제할 수 있는 독점적인 입장을 가지고 있다면 교환을 지시할 수 있게 된다. 사회복지조직이 권위전략을 사용하게 되는 경우에 client의 입장에서는 긍정적인 측면과 부정적인 측면이 동시에 나타날 수 있다고 하는데 긍정적인 측면으로는 만약 조직이 외부조직에게 client를 위한 서비스를 제공하도록 강제하기 위해 권위를 사용하게 되면 client에게 더 나은 서비스를 제공할 수 있는 무기로 권위가 사용될 수 있다. 하지만 권위가 사회복지서비스를 전달하는데 있어 혁신이나 개혁을 방해하기 위해 사용되어질 수 있다는 측면에서 보면 권위는 client서비스에 해로운 효과를 가져다준다고 할 수 있다.

2) 경쟁전략

조직이 힘을 증가시키는 방법으로 경쟁을 사용할 수 있다. 조직은 경쟁을 통해서 그들이 가지고 있는 서비스를 더욱 매력적이고 더욱 호감이 가게 만들어서 힘을 증가시킬 수 있다. 경쟁전략은 A가 필요한 자원을 B와의 교환을 통해서가 아닌 다른 제 3의 참가자와의 교환을 통해서 찾는 방안이다. 만약 A가 필요한 자원을 B만 가지고 있는 것이 아니라 D, F도 가지고 있다면 B의 A가 필요로 하는 자원에 대한 power는 약해지는 것이다. 예를 들어 지역단체가 지역여가센터를 건립하려고 한다고 가정하고 지역에 이 센터를 짓기 위한 부지를 오직 A 대학에서 가지고 있다고 한다면 A대학은 지역단체에 대해 power를 갖게 된다. 결과적으로 이 두 쪽이 교환을 하려고 한다면 A 대학은 잠재적인 힘을 갖게 되고 이 교환을 위해 A대학은 지역단체에 교환을 위해 그에 상응하는 요구(예를 들어 A대학에서 준비 중인 법안에 대한 지지)를 하게 되며 지역단체는 이 부지를 획득하기 위해 요구를 들어줄 수밖에 없게 된다. 하지만 다른 단체들이 지역여가센터를 지을 수 있는 부지를 갖고 있다면 A대학의 지역단체에 대한 power는 줄어들 수밖에 없다. 경쟁전략이 성공하기 위해서는 경쟁자나 경쟁조직과 힘의 균형을 유지할 수 있는 충분한 내부적 자원이 있어야 하며 그리고 조직이 원하는 자원이 주변 환경에 분산되어 있어야 한다.

3) 협조전략(cooperative strategies)

협조전략은 대부분의 사회복지조직들이 경쟁을 위해 필요한 모든 조건을 가지고 있지 않기 때문에 사회복지조직들이 가장 많이 사용하는 방법이라고 한다. 협조전략은 조직이 과업환경에 필요한 요소들을 제공할 것을 다른 조직에게 보장하는 것에 의해서 이루어진다. 따라서 조직은 협조전략을 통해서 필요한 요소의 부족에 대한 불확실성으로부터 탈피할 수 있다(Tompson, 1967). Hasenfeld(1983)는 협조전략을 크게 계약과 제휴 그리고 흡수로 나누었는데 이들을 살펴보면 다음과 같다.

■ 계약

계약은 두 조직간의 자원의 교환을 위한 비공식적 또는 공식적으로 협의된 동의라고 할 수 있다. 대부분의 사회복지조직들은 서비스나 자원이 소수 조직에 의해서 통제되는 상황에 익숙해 있기 때문에 계약이 조직 상호간의 거래의 지배적인 유형이라고 할 수 있다. 계약을 통해서 조직들은 서비스와 자원의 원활한 흐름을 보장받을 수 있고 불확실성을 줄일 수 있게 된다. 결론적으로 계약은 client들이 필요한 서비스를 받도록 사회복지서비스의 연계망을 통합하고 조정하는 주요한 메커니즘으로 역할 한다고 할 수 있으며 계약은 또한 사회복지조직들이 전문화되고 그리고 client에게 필요한 보충적 서비스를 제공하기 위해 다른 조직에 의존하여 그들의 효과성을 증진시킬 수 있도록 하는데 도움을 준다.

하지만 Hasenfeld(1983)은 계약이 첫째로 조직의 선택권을 제약할 수 있으며 자율성과 유연성(flexibility)을 포기하도록 할 수 있고 두 번째로 협의된 동의가 조직이 원하지 않는 행동을 하도록 할 수가 있다는 점을 인식하여야 한다고 강조하였다.

■ 제휴(또는 연합, coalition)

제휴는 하나의 연합체(또는 기업)를 위해 몇 개의 조직들이 자원을 공동 출자하는 것이라고 할 수 있다. 즉, 몇 개의 조직들이 공동으로 특정 목적을 성취하기 위해서 자원을 바탕으로 연대하는 것이라고 할 수 있다. 따라서 제휴는 회원조직들 사이의 공동의 이익이나 관심과 관련된 결정을 하는 하나의 구조를 제공한다(Wilson, 1973). 조직들이 공동으로 자원을 공동 출자함으로써 제휴조직들은 그들 조직들을 위한 조직을 형성하게 되고 결국 더욱 효과적으로 협상할 수 있는 힘을 얻게 된다. 조직들은 제휴를 통해서 새로운 기회를 개척할 수 있고 지불을 최대화할 수 있을 뿐만 아니라 환경적 위협을 극복할 수 있다. 또한 효과적인 제휴는 사회변화를 위한 잠재적 도구로서 역할을 할 수 있다.

즉, 자원의 집중은 힘을 가진 조직들과 효과적으로 협상할 수 있는 여지를 마련해 주기 때문에 제휴조직들이 집단적으로 사회적 행동이 가능하게 한다. 하지만 제휴를 위한 전제조건으로 제휴에 참가하는 조직들은 그들 각각의 자율성을 어느 정도 포기하여야 하며 제휴에 따른 결정에 따라야 한다는 점이 지적된다.

예를 들어 A가 자기 홀로 B에 대한 영향을 고취시킬 수 없다고 가정하자. 그리고 C와 D도 B와의 교환에서 영향력이 없다고 본다면 교환을 위해서 A는 C, D와 B가 원하는 또는 필요로 하는 자원에 대해 제휴(또는 연합)를 할 수 있다. 이렇게 되면 결과적으로 A, C, D의 B에 대한 의존은 줄어들고 B와의 교환에서 수평의 관계를 유지할 수 있다.

예를 들어 A, C, D, 모두 지역집단이며 이 집단들은 모두 B(대학)의 지역 내에서의 주차정책에 영향을 끼치는 것을 원한다고 가정하자. A, C, D, 모두 개별적으로는 B대학의 주차정책에 영향을 끼치지 못하고 반면에 A, C, D는 함께 B대학이 주차정책을 지역에 호의적으로 바꾸게 하는 시관리위원회의 투표권을 가지고 있다고 한다면 이 투표권은 지역여가센터를 건립하기를 원하는 연합체 지도자인 A가 B대학이 가지고 있는 부지를 싸게 구입할 수 있는 충분한 조건이 된다.

■ 흡수(cooptation)

흡수는 조직의 안정과 존재에 대한 위협을 전환시키기 위해서 과업환경에 있는 주요요소의 대표를 조직의 결정구조나 지도층(이사회 등) 속으로 흡수하는 것을 말한다(Selznick, 1949). 예를 들어 사회복지조직이 지역의 문제를 효과적으로 대처할 수 있는 서비스를 개발하는데 있어 주민대표를 참여시키는 방법이 있을 수 있다. 결국 조직은 주민대표의 참여에 의해서 서비스전달의 책임성의 증진과 조직의 지역 내에서의 위상이 개선되는 효과를 얻을 수 있다. Warren, Rose 그리고

Bergunder(1974)는 흡수가 빈곤프로그램에서 사용되는 가장 중요한 전략이라고 강조하였다. 그들에 따르면 빈곤지역의 주민들의 프로그램에 대한 참여가 그들을 위해 전개되는 정책이나 프로그램의 형성에 긍정적인 영향을 미쳤으며 이러한 참여는 결국 프로그램을 제공하는 조직행동의 변화를 결과하였다고 한다. 결국 외부로부터의 참여가 조직으로 하여금 외부대표들의 힘에 비례해서 그들의 목표와 행동을 받아들이고 수정하도록 한다고 할 수 있다. 또한 조직들은 client들의 집단을 흡수함으로써 조직의 안전성을 유지하고 조직의 지도력을 유지할 수 있도록 도움을 받을 수 있게 되고 다른 조직과의 협상에서 힘을 얻게 된다고 할 수 있다.

4) 파괴전략

파괴전략은 표적집단으로부터 양보를 이끌어내어 표적집단과 파괴조직 간의 힘 의존관계를 바꾸는 것이라고 할 수 있다. 결국 파괴전략을 통해서 파괴조직은 표적집단으로부터 양보를 얻어낼 수 있게 되고 나아가 힘의 의존관계가 바뀌게 되는 것이다.

결국 조직은 자체적인 문제 해결능력을 갖기 위해서 다양한 전략을 사용하여 자원에 대한 힘의 균형을 유지하기 위해 노력한다. 사회교환이론에 따르면 사회복지조직이 외부자원에 대한 의존관계를 바로잡기 위한 즉, 힘의 균형을 잡기 위해서 사용할 수 있는 전략(power balancing strategies) 또는 접근으로서 구체적으로 경쟁, 재평가, 상호호혜, 연합, 그리고 강제 등의 방법이 있다고 한다(Harcastle, Wenocur, and powers, 1997). 결국 사회복지조직이 자원의 교환에 있어 유리한 입장을 취하기 위한 전략으로 위의 다섯 전략 중에 이미 설명한 경쟁전략과 연합을 제외하고 나머지 세 전략을 정리해 보면 다음과 같다.

5) 재평가(revaluation)전략

정책의 변화, 가치의 변화 또는 상황의 변화 등으로 인해 A가 B가 가지고 있는 자원에 대한 관심이 줄어들게 되면 B는 A에 대한 power를 잃게 된다. 이와 같은 상황에서 B는 A와의 교환을 성사하기 위해 새로운 제안이나 또는 유인책 등을 A에 제시하여 교환을 성사시켜 B에 대한 A의 의존도를 유지하려고 할 수 있다.

예를 들어 지역단체가 지역여가센터를 지역에 설립하면 청소년들의 폭력이 증가할 수도 있다는 우려로 건립 계획에 관심을 잃어 지역경찰노력위원회의 설립 등 다른 계획으로 눈을 돌린다고 가정하자. 이런 경우 A대학은 더 이상 지역단체가 필요로 하는 자원을 가지고 있지 않게 되고 A대학에서 준비 중인 법안에 대한 지지를 받을 수 없게 된다. 이런 상황에서 만약 A대학이 가까운 미래에 지역단체로부터의 법안 지지가 필요할 것이라고 생각한다면 A대학은 지역센터가 지역여가센터를 위해 관심을 가지고 있었던 부지를 싸게 팔던지 또는 지역 경찰노력위원회에 기부금을 내던지 하는 방법을 지역단체에 제시할 수 있다.

6) 상호호혜(reciprocity)전략

A가 찾으려고 하는 자원을 B가 가지고 있고, B에게 A가 잠재적인 교환상대자로서의 장점들을 많이 갖게 되면 A에 대한 B의 의존관계는 독립적 관계로 이행할 수 있으며 결국은 균형적인 힘의 유지를 성취할 수 있게 된다.

예를 들어 B대학이 협소한 교내 주차공간 문제를 해결하고자 학교 근방에 주차지역을 갖기를 원하고 그리고 A단체 그 지역의 의사결정에서 영향을 미칠 수 있는 힘을 가지고 있다고 하자. 만약 지역단체가 B대학에서 학생들의 주차공간으로 사용하려는 부지에 대한 통제권(즉,

의사결정에 대한 영향력)을 가지고 있다면 B대학의 입장에서 지역단체 A는 가치 있는 자원을 가지고 있는 것이다. 이런 상황에서는 지역단체는 B대학과의 교환에서 좀더 유리한 교환을 할 수 있게 된다.

7) 강제(coercion)전략

강제는 다른 쪽이 원하는 것을 하기 위해 한쪽을 못하게 하는 물리적인 강제력, 즉, 강제력(force)의 사용을 포함한다. 여기서 개인에게 손해를 입히고 개인의 재산을 해하는 강제적이고 물리적인 힘의 사용과 정당한 방법인, 집회, 파업 등은 구별된다.

예) 지역 내 비호의적인 여론을 유발시킨 시장의 어떤 결정에 대해 지역주민들이 함께 시장의 결정에 반대하는 집회 등을 열 수 있다.

결국 교환과 힘의 역동성은 교환의 장에서 매우 중요하며 사람들은 거래에서 이익을 취하려고 노력하지 않아도 자원을 공유하고 정보를 교환함으로써 다른 사람과 끊임없이 관계할 수 있다. 사람과 사람 지역과 지역 또는 조직과 조직간의 자원과 정보의 끊임없는 교환이 각각 참여주체들의 발달을 가져다주며, 특히 상호호혜를 바탕으로 한 긍정적인 교환을 통한 발달 또는 발전은 조직들이 서로 지지그룹, 새로운 조직, 연결망 구축, 연합체 결성 등과 같은 연합회를 구성할 수 있도록 한다.

제5장

조직의 수행력 평가

제 1 절 조직수행력이론

조직을 연구하는 가장 중요한 목적은 조직 안에서 이루어지는 성과를 예측하고 설명하기 위해서일 뿐만 아니라 왜 어떤 조직은 다른 조직에 비해서 더 나은 조직적 효과를 성취하는가를 이해하기 위해서라고 할 수 있다. 인생 주기적 관점에서 본다면 수많은 조직들이 생성되고 또한 수많은 조직들이 없어지기도 하며 어떤 조직은 계속 발전하고 또 어떤 조직은 성장이 정체되어 있으며 나아가 조직적 쇠퇴가 일어나는 경우도 있다. 따라서 조직행정이나 관리측면에서 조직의 성장을 추구하고 목적하는 바를 성취하기 위한 끊임없는 노력이 진행된다. 따라서 이러한 관점에서 본다면 많은 행정가들과 관리자들은 조직의 수행력에 대한 관심을 가지고 있다고 볼 수 있다. 이러한 관심과 함께 조직의 수행능력을 이해하기 위해서 즉, 어떤 조직은 왜 어떤 이유로 다른 조직에 비해서 더 나은가를 설명하기 위해서 이론적 해석이 또한 중요하다. 조직수행력에 대한 이론적 해석은 어떤 요인들이 작용을 하여서 조직의 수행력이 더욱 향상될 수 있는지를 이해하는데 도움을 줄 수 있다.

조직수행력(performance)을 설명해 주는 이론들은 대부분 경제학이나 조직이론 또는 조직관리이론으로부터 왔다고 할 수 있다. 대부분의 경제학이론이나 조직이론 또는 조직관리이론에 의하면 조직의 생존과 수행력은 매우 높은 상호 관계가 있다고 한다(Pfeffer, 1997). 즉, 조직이 효과적으로 업무를 수행하지 못하면 그 조직은 생존할 수 없음을 의미한다. 가장 일반적으로 조직수행력을 이해하는데 도움을 주는 이론으로는 첫째, 우연성(또는 상황)이론, 둘째, 조직생태주의이론, 셋째, 인간자원실천과 수행력이론, 넷째, 사회행동모델 등이 있다. 조직수행력을 이해하기 위한 첫 출발점으로 이들 이론들에 대해서 살펴보기로 한다.

1. 상황이론

상황이론(contingency theory)은 조직의 관리가 상황에 의존한다는 이론으로서 모든 상황에서 조직관리를 위한 최상의 방법은 존재하지 않고 상황에 따라 결정된다는 것을 강조한다. 다시 말해 상황이론은 첫째 조직을 구성하는데 있어서(또는 조직관리를 하는데 있어) 최상의 방법은 존재하지 않는다는 점 그리고 둘째, 조직화나 조직관리를 수행하는 어떤 방식도 효과가 똑같을 수 없다는 점을 강조한다. 다시 말해 하나의 성공적인 개입이 또 다른 상황에서 똑같이 성공적일 것이라고는 장담할 수 없으며 하나의 성공적인 관리적 대응이 결코 또 다른 상황에서 관리적 성공을 보장하지 않는다는 것을 의미한다. 조직을 구조화 또는 관리를 하는데 있어 최상의 방법은 존재하지 않는다는 것은 조직의 크기, 기술의 불확실성, 환경의 불확실성, 조직구조배열의 상이성 등과 같은 상이한 조건들로 인해 조직을 구조화하는 것이나 관리가 영향을 받는다는 것을 의미하며 조직화나 조직관리를 수행하는 어떤 방식도 효과가 똑같을 수 없다는 것은 상황의 요구물에 적절하게 일치하는 구조를 가진 조직은 그렇지 않은 조직보다 훨씬 효과적인 수행력을 발휘함을 의미한다(Pfeffer, 1997; 1982). 또한 우연성이론은 조직이 조직의 효과성과 수행력을 재충전 또는 저장하기 위해서 잘못된 구조를 버리고 새로운 구조를 받아들이는 적응을 할 수 있음을 강조하기 때문에 결국 조직 구조적 변화는 긍정적이고 생산적 활동으로 비쳐진다.

결국, 우연성이론은 조직수행력이 조직에 가장 적합한 새로운 조직구조의 필요성과 이에 대한 적응과 밀접한 관련이 있음을 강조한다고 할 수 있다. 상황이론에 따르면 조직의 임무나 목적 그리고 조직의 기능 그리고 현재 가지고 있는 기술이라는 것은 조직이 조직의 기대와 환경의 기대를 일치시킬 수 있는 서비스나 상품을 생산할 수 있는가에 달려 있다고 한다. 따라서 조직 수행력은 조직이 가지고 있는 가지고 있는 기술수준이나 조직구조의 배열 등과 같은 요인에 의해서 결정되는 것이 아니라 환경에 얼마나 잘 적응할 수 있는 조직구조를 가지고 있는가와 같은 환경의 요구와 조직구조의 적합성이나 적응력에 의해서 결정된다.

2. 조직생태주의이론

조직생태주의이론은 조직의 탄생과 죽음을 이해하는데 있어 경쟁과 자연적인 도태를 강조한다(Pfeffer, 1997). 따라서 생태이론에 의하면 조직들은 부족한 자원을 갖기 위해 경쟁하며 강한 조직이 다른 조직들을 지배한다. 그리고 경쟁에서 진 조직들은 주변환경에 적응해야 하며 적응하지 않는 조직들은 도태되는 것이 자연적 법칙이라고 할 수 있다. 조직생태주의이론에 따르면 무력증(inertia)은 조직이 환경과 발맞추어 함께 빠르게 변화하지 않는 것을 의미하며 무력증이 조직에 있어 중요한 부분으로 인식되어진다(Hannam and Freeman, 1984). 따라서 조직생태주의이론은 도태과정의 역할을 조사하는 것이라고 할 수 있다(Singh and Lumsden, 1990). 조직생태주의적 관점에 따르면 조직의 수행력은 조직의 탄생 및 생존과 깊은 연관이 있으며 조직이 수행력이 있다는 것은 결국 생존과 탄생의 능력이 있다는 것을 의미하고 죽음은 수행력이 없음 즉, 수행력이 없는 조직은 죽음으로 이르게 된다는 것을 의미한다. 하지만 생태주의이론에 따르면 모든 조직적 죽음이 다 나쁜 것만은 아니라고 한다. 예를 들어 어떤 조직적 죽음은 더 나은 조직적 탄생을 위한 밑거름이 될 수 있기 때문이다.

3. 인간자원관리이론

인간자원관리이론은 조직의 수행력을 증가시키기 위해서 조직 안에 있는 인적자원을 어떻게 관리하는가를 강조하는 이론이다. 즉, 조직의 인적 자원과 조직의 수행능력 사이의 관계에 많은 관심을 갖는다고 볼 수 있다. 이 이론에 따르면 조직의 수행력은 생산성, 기술 등과 같은 요소들보다는 조직구성원들을 어떻게 관리하는가에 따라 결정된다고 한다. 특히 현대 사회에서 조직들이 기술이나 상품 등과 같은 요소를 통해 다른 조직들과 비교해서 경쟁적 이득을 취하는 것은 기술정보의 급속한 보급에 의해 어렵게 되었기 때문에 고용관계에 대한 차이점이 조직수행력에 중요한 영향을 미친다는 점이 강조된다(Pfeffer, 1997; 1994).

인간자원관리이론에 따르면 구체적으로 직무에 있어서 높은 수행력은 높은 임금, 직원들의 기술, 직원을 고용하는데 있어서의 노력, 훈련, 힘의 위임, 적은 직무구분, 더 많은 정보의 공유, 적은 상관 등과 같은 요소들에 많은 영향을 받는다고 한다(Pefeffer, 1997; Katzenbach and Smith, 1993; Mohrman, Cohen, and Mohrman, 1995; Seaman, 1995). 다음의 〈표 5-1〉은 학자들에 강조하는 직무수행력을 높이는 요소들을 정리한 것이다.

〈표 5-1〉 직무수행력을 높이는 요소들

Authur(1994)	Womack, Jones, Ross(1990)	Huselid(1995)	Ichniowski, Shaw, Prennushi(993)
·탈중앙화 ·참여 ·기술수준 ·훈련 ·장려금이나 보너스 ·사회적 활동 ·노동조합참여율 ·통제의 범위 ·높은 혜택 ·정당한 절차	·직위차별 감소 ·상황에 따른 보상 ·높은 훈련 ·직원을 보유히여야 한다는 사명감 ·질에 대한 강조 ·다중한 기술을 가진 직원 ·유연성 강조 ·직원들의 사명감 강조	·승진 ·정보공유 ·훈련 보상 참여 ·공식적 불만절차에 대한 접근 ·모집에서의 선별 ·직원태도조사 ·공식적인 직무분석 ·공적을 기초로 하는 수행력 측정	·장려금 ·선별적인 모집과 선출 ·팀웍과 협조 ·고용안정 ·유연한 업무 ·지식과 기술훈련 ·정보의 의사소통 ·노동관계의 질

〈표 5-1〉 이어서

Wood(1996)	Osterman(1994)	Lawler, Mohrman, 그리고 Ledford(1992)	Walton(1985)
·훈련 ·사명감 ·단계별 경력과 진보 ·질 ·팀웍 ·규칙적인 보고 ·장기적인 훈련 예산 ·자기 자신의 질에 대한 책임 ·직원의 기술을 사용할 수 있는 직무설계 ·유연한 직무설명 ·생산직 직원을 위한 공식적인 사정 ·핵심적인 직무의 안전을 보장하기 위한 일시적인 간부들의 활용 ·강제적인 업무 부담이 없음	·자체적으로 지도를 하는 작업팀 ·직무순환 ·고용인문제해결집단 ·질 중심관리	·정보의 공유 ·훈련의 양과 유형 ·수행력에 기초한 보상 ·대안적인 보상체계 ·힘의 공유 ·직무의 재설계 ·자체 관리하는 직무팀 ·고용안전 ·제안제도 ·유연한 시간 ·고용인주식제도	·팀의 활용 ·생각하고 행동하는 직무설계 ·평평한 조직구조 ·직위차이의 극소화 ·다양한 보상 ·기술에 대한 지불 ·폭넓게 공유된 자료 ·고용안정을 보장하기 위한 시도 ·다양한 이슈로의 직원들의 참가 ·노동관계에서의 상호관계

* Pfeffer, 1997. p. 173에서 재인용

4. 사회행동이론

사회행동이론은 인간의 행동은 다른 사람과의 상호행동의 현재의 효과나 이전의 효과에 대한 소개 없이는 거의 설명될 수 없다는 것을 강조한다(Granovetter, 1986). 이러한 인간행동에 대한 사회행동이론의 관점은 조직행동에도 그대로 반영되었는데 사회행동관점에 따르면 조직행동은 사회적 관계의 계속적이고 구체적인 체계 안에 구체화되어 있다고 한다(Granovetter, 1985). 따라서 사회행동이론은 조직의 수행능력이 조직의 연계망 그리고 외부 지원자원과의 연계에 의해서 크게 영향을 받는다는 점을 강조하는 이론이라고 할 수 있다. 사회행동이론에 따르면 조직은 인간이 로빈슨크루소같이 혼자 격리되어서 살 수 없는 것과 같이 조직 홀로 할 수 있는 것은 극히 제한적이며 다른 조직과의 연계망구성 그리고 상호행동과 상호관계에 의해서 많은 영향을 받기 때문에 조직의 수행력 또는 효과성은 다른 조직과의 연계와 상호행동 등과 같은 요소들과 밀접한 관계가 있음을 강조한다. 사회행동이론에 따르면 조직의 연계망은 조직에 대한 정당성과 자원의 흐름에 직접적인 영향을 준다고 한다. Baum과 Oliver(1991)는 다른 조직과의 연계를 가지고 있는 조직은 증가하는 경쟁시대에서도 살아남을 가능성이 더욱 크다는 점을 강조하였다. 결국, 사회행동이론은 조직 자체적인 특성을 강조하기보다 다른 조직과의 관계나 연계를 보다 강조함으로써 조직의 효과성을 증가시킬 수 있다는 것과 나아가 조직의 생존과 성공은 다른 조직과의 연계의 유형에 의존한다는 것을 강조하였다(Pfeffer, 1997; Pfeffer and Salancik, 1978).

제 2 절 조직수행력

1. 조직수행력 평가

사회복지조직들을 포함해서 모든 조직들은 조직의 과업환경에 의해서 그리고 다양한 내적 집단들에 의해서 평가받는다. 조직에 대한 평가의 결과는 조직의 생존에 있어 다음과 같은 두 가지 점에서 영향을 미친다고 하는데 그것들은 다음과 같다(Hasenfeld, 1983).

첫째, 자원의 안정적인 유입과 정당화는 조직에 대한 호의로운 평가결과를 조건으로 한다는 점이다. 즉, 자원의 제공자 또는 정당화의 제공자는 조직의 수행능력이 제공자들의 이익이나 관심과 일치한다는 것을 입증하는 한에서 조직에 대한 계속적인 지원을 할 것이다.

둘째, 평가의 결과는 조직 안에서 주요집단들의 힘에 영향을 미친다. 힘의 유지 또는 힘의 보전은 역시 조직 수행능력의 호의로운 평가에 달려 있다고 볼 수 있다.

결국 조직의 정치적 경제적 생존능력은 조직의 효과성과 효율성의 측정에 의해 결정적으로 영향을 받는다(Hasenfeld, 1983). Rossi(1978)는 인간봉사조직에 있어서 조직의 수행력 평가는 전형적으로 다음과 같은 점들을 입증하는 것이라고 하였다.

·조직이 표적집단에 접근하고 있는가?
·조직이 의무적인 서비스를 제공하고 있는가?
·서비스가 효과적인가?
·client들은 효율적으로 서비스를 제공받고 있는가?

사실 조직의 수행력을 평가하고 조직들이 스스로 생존능력을 보여주는 것은 사회복지의 책임성의 시대와 밀접하게 연관이 있다고 볼 수 있다. 사회복지에 대한 비용부담은 복지국가의 출현 이후로 급속도로 증가하였으며 증가된 국가비용에 대한 사회프로그램의 제공을 책임지고 있는 정부조직들이나 민간 비영리조직들에 대한 서비스제공과 이에 따른 그들의 행동능력에 대한 평가가 효과성과 효율성을 강조하였던 경제적 평가원칙들과 결합하면서 국가 지출을 줄이기 위한 노력들에 영향을 미쳐 수행력 평가를 강조하는 상승효과를 가지고 왔던 것이다.

하지만 효율성과 효과성이라는 경제적 원칙에 근거한 평가기준들은 조직 수행능력을 화폐적 가치로만 평가하는 한계를 가지고 있어 즉, 사회복지가치의 실현을 추구하는 대부분의 사회복지기관들의 수행력 평가를 위해서 적용될 수 있는 기준으로 제한점을 가지고 있어 사회복지조직의 수행력 평가를 위한 다른 기준들과 함께 조직의 다면평가에 대한 중요성이 지적되고 있다. 인간봉사조직평가를 경제적 평가기준인 효율성과 효과성만을 가지고 수행하는 경우에 있어 좋지 않은 결과를 낳게 만드는 요인들로는 다음과 같은 점들이 지적될 수 있다(Hasenfeld, 1983). 다시 말해 인간봉사조직의 수행력 평가가 어려운 이유는 다음과 같은 점들에 기인한다.

첫째, 인간봉사조직의 목표가 복합적이고 단순한 평가기순으로 쉽게 요약될 수 없다.

둘째, 사용하는 서비스 기술이 결정되어 있지 않다는 점이 정확한 측정을 방해한다.

셋째, client로부터 서비스의 효과를 분리시키는 것이 매우 어렵다.

넷째, client에 대한 서비스의 효과는 쉽게 양적으로 수량화할 수 없다.

다섯째, 평가의 결과가 애매모호하기 때문에 해석에 대한 갈등을 불러일으킨다.

결국 효율성, 효과성, 적절성, 형평성, 평등성 등의 다면적 판단 기준이 적용되어 대부분의 사회복지기관들은 자신들이 가지고 있는 수행력에 대한 평가를 객관적으로 실행하여 조직의 변화나 또는 조직적 생존을 위한 토대를 구축하기 위해 노력해야만 한다는 당위성이 제기되고 있다. 따라서 조직은 수행력 평가를 위해서 다음과 같은 점들을 추가적으로 입증하여야 할 필요성이 제기되고 있다.

첫째, 조직으로부터 제공되는 서비스에 대한 접근이 표적집단의 모든 사람들에게 가능하도록 되어 있는가?

둘째, 조직으로부터 제공되는 서비스나 혜택이 client의 욕구를 해결할 만한 적절한 수준인가?

셋째, client들이나 직원들 또는 제3자들로부터 제기되는 문제점들에 대한 문제처리과정은 어떠하며 적당하게 공개되고 있는가?

넷째, 조직이 추구하는 목적을 성취하기 위해 조직은 사회적 지지를 얻기 위한 활동을 얼마나 펼치고 있는가?

Hasenfeld(1983)는 조직의 수행력을 평가하는 데 있어 다양한 유형을 제시하였는데 그가 제시한 평가의 유형은 다음과 같다.

· **이성적 유형**: 자원제공자에 의해서 동의된 관찰할 수 있는 기준을 사용하는 평가

· **체계적 유형**: 자원제공자들에 의해서 기준의 중요성이 합의가 되지 않은 관찰할 수 있는 기준을 사용하는 평가

· **만족할만한 유형**: 자원제공자에 의해서 동의되었지만 측정될 수 없고 관찰될 수 없는 기준을 사용하는 평가로서 자원제공자들의 동의에 의한 평가이기 때문에 만족할만한 유형으로 분류한다. 따라서 간접적인 측정도구를 사용한다.

· **상징적 유형**: 관찰되지 않고 측정되지 않는 평가기준을 사용할 때 상징적 유형의 평가가 이루어진다.

2. 사회복지조직의 수행력을 평가하는데 있어서 문제점

사회복지조직의 수행력을 평가하는 것은 결코 쉬운 일이 아니다. Nay, Scalon, Schmidt 그리고 Wholey(1976)는 사회프로그램의 평가작업을 수행한 후에 이들 프로그램을 평가하는데 있어 어려운 세 가지의 이유들을 다음과 같이 지적하고 있다. 첫째, 사회프로그램과 관련해서 측정할 수 있고 구체적인 목표들이 결여되어 있다. 둘째, 프로그램의 목적성취와 프로그램의 행동들을 연결하는 실험할 수 있는 그리고 그럴듯한 가정이나 전제들이 부족하다. 셋째, 행정가들이나 관리자들이 관리할 수 있는 능력, 권위, 동기 등이 부족하다. 이러한 이유들은 사회복지조직의 평가에 대한 어려움의 이유에도 동일하게 적용될 수 있다고 보여지는데 위의 이유들에 덧붙여서 Hasenfeld(1983)은 사회복지조직을 포함하는 인간봉사조직을 평가하기가 어려운 구조적인 이유들을 다음과 같이 설명해 주고 있다.

첫째, 사회복지조직들은 애매모호하고 갈등적인 목적을 가지고 있지만 이러한 목적은 사회복지조직들이 반드시 수용해야 하는 경쟁적인 가치와 이익에 직면해 있다는 점이다. 즉, 대부분의 사회복지조직들은 때때로 추상적이고 애매한 목적을 설정하지만 이러한 목적들은 사회적 정의와 그들 조직의 소명감이나 임무를 성취하기 위해 그들이 추구해야하는 목적진술들이라고 믿는다.

둘째, 사회복지조직들은 그들이 제공하는 서비스의 조정을 필요로 하는 조직을 둘러싸고 있는 정치, 경제적 환경 요소들에 의해서 종종 변화를 경험한다는 점이다. 이것은 Weiss와 Rein(1970)이 강조한 것과 마찬가지로 사회프로그램들이 자발적으로 변화하는 상황을 통제할 수 없다는 점에서도 입증된다.

셋째, 사회복지조직들이 제공하는 서비스기술들이 결정되어 있지 않고 그리고 가장 중요하게는 경험적 사회조사를 위해 반드시 필요한 원인과 결과의 인과관계에 대한 만족할만한 정보를 제공할 수 없다는 점이다.

넷째, 많은 사회복지조직이 가지고 있는 구조적으로 느슨한 구조가 조직의 총체적인 수행력에 대한 다양한 부서들의 기여를 애매모호하게 하고 산만하게 한다는 점이다.

Campbell(1969)에 따르면 위에서 지적한 이러한 점들 이외에 사회복지조직들이 다루는 대상이 인간이라는 점이 또한 평가를 어렵게 하는 방법론적인 문제들을 제공한다고 한다. 다루는 대상이 인간이기 때문에 나타나는 문제점들로는 다음과 같은 점들이 지적될 수 있다.

첫째, 인간속성들 사이의 상호관련이 복잡하고 일반적으로 알려져 있지 않기 때문에 개입과 변화에 관련된 주제에서 이러한 상호관련들을 측정하고 분리하기 어렵다는 점이다.

둘째, 서비스보다는 다른 외부적 요인들이 client들에게 영향을 미치고 그리고 서비스결과를 설명한다는 점이다. 더군다나 사람들은 서비스에 의해서 설명되어질 수 없는 변화를 결과하면서 계속해서 성숙해진다는 점이 지적된다.

셋째, 조직은 client들이 조직에 들어오고 나가는 것을 통제할 수 없기 때문에 조직이 제공하는 서비스의 결과에 영향을 미치는 편견이 나타난다는 점이다. 모든 client들이 조직이 제공하는 서비스에 대해 같은 생각을 한다는 것은 불가능할 수 있다. 서비스기술의 효과성은 client의 속성에 크게 의존하기 때문에 누가 들어오고 누가 나가는지가 결과에 중대한 영향을 미친다고 볼 수 있다. 처음서부터 서비스기술의 효과에 부정적인 client들은 결과의 효과성에 대해 부정적인 견해를 나타내기가 쉽게 된다.

넷째, 편견이 프로그램의 영향력을 측정하기 위해 사용된 도구에 의해서 나타날 수 있다는 점이다. 어떤 도구를 사용하여 영향력을 평가하느냐에 따라 결과가 다르게 되는 경우가 종종 있다.

3. 조직구조와 수행력의 관계

1) 조직구조와 수행력이란?

조직의 구조는 조직이 목적을 성취하기 위해 행하는 수행력(performance)에 영향을 미치는가? 조직의 구조는 수행능력에 직접적인 영향을 미친다고 볼 수 있다. 이는 조직의 구조가 수행되어져야 하는 과업 속으로의 업무의 분화를 반영하기 때문이며 또한 조직적 목적을 성취하기 위한 이들 과업들의 조정을 반영하기 때문이다(Mintzberg, 1979). 결국 조직의 수행력은 얼마나 잘 목적이 성취되는가를 지적해 주기 때문에 조직구조와 수행력은 깊은 상호의존관계에 있다고 볼 수 있다(Gillespie, 2000).

Fry(1982)는 조직구조를 구성하는 세 영역을 복잡성(complexity), 형식(formalization) 그리고 중앙집중(centralization)이라고 하였다. 그에 따르면 구조적 복잡성이란 수직적 수평적 상이성의 양을 의미한다. 즉, 부서의 숫자나 서열의 숫자 등을 의미한다. 형식은 규정이나 절차 등의 양을 의미한다. 그리고 중앙집중은 조직 안에서의 힘의 분배가 한쪽으로 좁게 집중되어 있는 것을 의미한다(Glisson, 1992).

조직구조는 갈망하는 결과를 성취하기 위해 필요한 사람들이나 기능들의 공식적인 배열이라고 한다(Page, 1988). Hall(1982)은 구조를 사람들의 공식적인 위치적 분배와 역할관계라고 보았으며 Skidmore(1995)는 구조를 조직의 기능과 실천활동을 수행하기 위한 힘과 권위, 책임성 그리고 메커니즘과 관련한 조직의 실제적인 배열과 수준이라고 정의하였다(Gibleman, 2000).

결국 조직구조는 조직의 운영 또는 관리적인 측면에서 보았을 때 매일 매일 조직이 기능하는 실제적인 부분을 담당하고 결정하기 때문에 조직에 있어 매우 중요한 변수이다. 구조는 또한 목적과 목표를 성취하기 위해서 조직이 앞으로 나아갈 수 있도록 하는 실질적인 틀 또는 뼈대라고 할 수 있다. 일단 조직의 구조적 틀이 설립되면 그 구조적 틀은 다른 기능들이 수행해야 하는 방식들을 결정 또는 규정한다. 다시 말해, 조직적 구조는 다음의 요소들을 결정하게 됨을 의미하며 그리고 업무에 대한 집중(또는 강조), 책임의 경로, 슈퍼비전과 감독, 의사소통의 경로, 참여의 정도 그리고 조직의 목적 성취에 대한 영향(력) 등의 요소들이 조직의 구조에 많은 영향을 미친다고 한다.

수행력이란 얼마나 과정의 결과가 필요한 것, 기대, 또는 목적에 부응하는가 설명해 주며 그리고 얼마나 개개인들, 과업집단, 또는 조직적 과정이 잘 움직이는가를 지적해 준다고 한다. 따라서 일반적으로 수행력을 평가하는 평가기준으로는 생산성, 효율성(비용), 또는 효과성(client 상태의 개선)과 관련이 있다고 볼 수 있다(Gillespie, 2000).

2) 조직구조와 수행력의 관계

Gillespie(2000)는 조직구조와 수행력의 관계를 설명하는데 있어 세 개의 접근방법을 제시해 주고 있는데 그것들은 첫째, 직위적 접근방법(positional approach), 둘째, 관계적 접근방법(relational approach) 그리고 세 번째로 체계 역동적 접근방법(system dynamic approach)이다. 이것들을 차례대로 살펴보면 다음과 같다.

(1) 직위적 접근방법

조직구조에 관한 고전적 입장은 일반적으로 Weber(1922 ; 1947), Parsons(1951), 그리고 Homans(1958) 등에 기초해 있다고 볼 수 있다. 그들의 관점에 따르면 구조는 조직 안에 있는 직위(또는 위치)들 사이의 관계의 유형이라고 한다. 다시 말해 각각의 직위는 수행하기를 기대하는 역할이 있고 각각의 직위들은 사람들이 차지하고 있기 때문에 각각의 직위와의 결합은 수행하기를 기대하는 직위를 차지하고 있는 사람들의 역할의 집합체라고 볼 수 있다. 직위를 차지하고 있는 사람들이 수행해야 하는 역할은 지적된 행동들로 구성되어 있으며 의무적인 관계가 직위에 자리하고 있는 사람들에게 지어져 있다.

조직 안에서 직위(자리)와 그 역할은 공식적으로 규정되어져 있으며 직위를 차지하고 있는 사람들과는 독립적으로 존재한다. 다시 말해 사람들은 수시로 바뀔 수 있지만 직위에 부여된 역할은 바뀌지 않게 되기 때문에 사람들과는 독립적인 관계를 유지하게 된다는 것을 의미한다. 따라서 사람들은 직위보다 덜 영원한 것으로 간주된다. 직위와 직위에 부여된 역할은 상대적으로 정지되어 있고 그리고 조직의 영속적인 구조를 구성하며 종종 조직차트 안에 반영된다. James와 Johns(1976)은 구조를 조직 안에서 부서들과 직위(자리)에 반영된 조직의 영속적인 특성이며 부서와 직위들 서로 서로에 대한 체계적인 관계라고 정의하였다. 결국 직위와 직위에 부여된 역할은 대체적으로 누가 누구에게 이야기할 것인지, 누가 무엇을 할 것인지 그리고 누가 누구를 지도 감독할 것인지를 결정하는 것으로 비쳐진다.

이러한 직위적 접근방법에 의하면 구조를 의미하는 핵심적인 단어들은 외형, 복잡성, 형식, 중앙집권 등이다. 외형은 조직의 크기와 통제의 거리를 의미하는데 조직의 크기는 일하는 직원들의 숫자로써 그리고 통제의 거리는 한 상급자가 통제하는 하급자의 수를 의미한다. 복잡성은 지리적 위치, 조직의 수평적 수직적 체계(몇 개의 서열이 존재하는지 등) 등을 의미한다(Blau and Schoenherr, 1971). 또한 형식은 정책이나 절차의 숫자를 의미하고(Hage and Aiken, 1969) 그리고 중앙집권은 의사결정을 하는 힘이 소수 결정가들에 의해서 유지되는 것을 의미한다고 한다(Hall, 1982).

결국, 조직구조에 대한 직위적 접근방법은 조직이 지정된 위치(자리)를 분명히 가지고 있음을 강조하며 이 직위들에 부여된 역할이 직원들의 행동을 할 수 있게 하고, 제한하며 구체화하기도 한다. 따라서 이러한 조직구조가 조직의 수행력에 영향을 미치게 됨을 알 수 있다. 하지만 조직구조에 대한 직위적 접근방법은 조직 안에 있는 개개인들이 조직구조를 창조하고 재설계하는 등의 능동적인 역할에 대한 설명을 할 수 없는 한계를 가지고 있음을 알 수 있다(Gillespie, 2000).

(2) 관계적 접근방법

직위적 접근방법이 강조하는 사전에 고지된 역할이나 서열적 관계대신에 관계적 접근방법은 사람들 사이의 상호행동(관계 또는 연계망)을 강조한다. 즉, 조직 안에서의 실제적인 관계의 구조는 공식적인 조직구조와 일치할 수도 있고 일치하지 않을 수도 있음을 강조한다. 다시 말해 사람들은 규정된 역할만을 하는 것은 아님을 강조한다고 볼 수 있다. 결국 사람들이 직위에 부여되어 있는 역할만을 수행한다고 보지 않는 것이 관계적 접근방법의 특징이라고 볼 수 있다. 따라서 관계적 접근방법은 체계 안에서의 사람들의 관계에 많은 관심을 가짐과 동시에 상호조직적 연계망(networks)도 또한 강조한다.

관계적 접근방법은 크기(size), 밀도(density), 거리(distance), 그리고 구성요인(components)들을 강조한다. 크기는 연계망에 연결되어 있는 행위자들의 수를 의미한다(Marsden, 1990). 밀도는 실제적으로 존재하고 있는 연결에 대한 연계망 안에서 연결 가능한 비율을 의한다(Tolsdorf, 1976). 거리는 관계를 가지고 있는 행위자들을 연결하기 위해 필요한 최대의 연계 숫자를 의미한다(Burt, 1991). 구성요소는 조직을 구성하는 조직성원을 의미하는데 크게 파벌(clique)과 중간수준의 행정가들을 의미한다. 파벌은 같은 집단 안에서 다른 사람들과 관계를 공유하고 상호 행동하는 집단성원들을 의미하며(Borgatti and Everett, 1992) 중간수준의 행정가는 비록 서로 관계할 필요는 없지만 그들의 상급자들이나 하급자들과 비슷한 관계 하에 있는 구조적 동등집단을 대표한다고 한다.

관계적 접근방법과 직위적 접근방법의 가장 큰 차이점은 관계적 접근방법이 실제적 상호행동을 강조하는 반면에 직위적 접근방법은 직위나 자리와 연관된 역할지침을 강조한다는 점이다. 직위적 접근방법은 구조를 상의하달, 공식적, 그리고 상대적으로 정지되어 있는 것으로 보며 구조를 설계하는데 있어 효율적이고 효과적인 수행능력을 산출해 내는 구조를 강조한다. 반면 관계적 접근방법은 구조를 하위상달, 공식적이기도 하고 비공식적이기도 하며, 대체적으로 개인적으로 동기부여되고 그리고 직위적 접근보다는 조직구조를 역동적으로 바라본다. 관계적 접근방법은 사기를 진작시키며 혁신과 성장을 지지하는 구조를 강조한다. 그리고 관계적 접근방법은 체계이론에 기초하고 역동적 구조를 가정한다.

직위적 접근방법이나 관계적 접근방법은 모두 구조적 요인(위치적 접근방법의 구조적 요인은 외형, 복잡성, 형식 등을 의미하며 관계적 접근방법은 크기, 밀도, 구성용인 등을 의미)으로부터 수행력을 예측한다. 예를 들어 직위적 접근방법은 통제의 거리가 하급자의 수행력에 영향을 준다고 본다. 반면 관계적 접근방법은 행위자의 연계망의 크기가 다른 사람과의 조정이 목적인 경우에 수행력에 긍정적인 영향력을 준다고 한다(Gillespie, Colignon, Banerjee, Murty, and Rogge, 1993).

(3) 체계 역동적 접근방법

체계 역동적 접근방법은 Forrester(1961 ; 1971 ; 1975)에 의해서 발전하였다고 알려져 있다. 체계 역동적 접근방법은 구조적 요인의 각각의 변수가 다른 변수들 그리고 수행력의 순환과정 안에 연결되어 있다고 가정한다. 그리고 순환과정은 피드백 고리를 형성하게 된다. 체계 역동적 접근방법은 안정적 집합체나 자극-응답의 관계로부터 오는 결과로서 조직적 수행력을 바라보는 대신에 계속적이고 독립적이며 자기 유지적이고 역동적인 과정으로 조직적 수행력을 바라본다는 특징이 있다. 주어진 특정 시간에서 결과를 예측하기보다는 체계 역동적 접근방법은 시간을 뛰어넘는 수행력을 추진해 내는 관계의 구조를 강조한다.

체계 역동적 접근방법은 특정 변수의 구조보다는 변수들 사이에서의 관계의 역동성 즉, 상위하달식과 하위상달식을 모두 강조한다. 예를 들어 client 숫자(직위적 접근방법에서 강조하는 구조적 요인 또는 변수)와 크기(행위자의 숫자 즉, 직원의 숫자, 관계적 접근방법에서 강조하는 구조적 요인 또는 변수)사이의 긍정적 관계는 직원의 상태를 나타내는 단지 한 조각에 지나지 않는다고 볼 수 있다. 만약 크기(직원의 숫자)가 증가한다고 하면 더 많은 client를 도울 수 있게 되고 그렇게 되면 증가하는 client의 숫자는 더욱 큰 크기를 가져오게 하는 압력으로 작용하게 되어 직원들이 더 많아지게 되어 결국 수행력에 직접적인 영향을 미치게 되는 것이다(Forrester, 1971). 따라서 이러한 순환과정이 수행력의 역동성을 구성하는 대부분의 관계를 유지하게 되는 것이다.

체계 역동적 접근방법을 나타내는 핵심적인 단어들은 시간을 뛰어넘는 변수들의 분배, 피드백 고리, 그리고 한 변수가 다른 변수에 미치는 효과에 있어서의 지연 등에 반영되어 있다.

결국 위에서 설명한 세 가지의 접근방법 모두 수행력을 결정하는 중요한 결정요인으로 조직 구조를 강조하고 있지만 그 내용은 서로 다르게 나타나다. 이 세 가지의 접근방법의 차이점들을 표를 통해서 살펴보면 〈표 5-2〉와 같다.

〈표 5-2〉 조직구조에 대한 직위적, 관계적 그리고 체계 역동적 접근방법 각각의 특징

위치적 접근방법	관계적 접근방법	체계 역동적 접근방법
지시적	서술적	서술적
정지	정지	역동적
상위하달	하위상달	상위하달과 하위상달방식
공식적 위치	비공식적인 개인 관계	공식적 그리고 비공식적 관계
한 쪽으로의 직접적 인과관계	양방으로의 직접적 인과관계	양방향의 직접적 그리고 간접적 인과관계

직위적 접근방법은 위에서 본 바와 같이 조직적으로 미리 지적된 직위 또는 자리 그리고 규정을 사용하는 반면 관계적 접근방법과 체계 역동적 접근방법은 서술적이다. 그리고 직위적 그리고 관계적 접근방법은 정지적인 반면에 체계 역동적 접근방법은 역동적임을 알 수 있다. 또한 위치적 접근방법은 행정가들에 의해서 만들어지는 것으로서 구조적 변수들을 바라보고 또한 직접적으로 수행력에 영향을 미치는 것으로 구조적 변수를 인식한다. 따라서 인과관계는 한쪽 편으로만 흐르는 일방주도로 바라본다. 반면 관계적 접근방법은 구조적 변수를 행정가들에 의해서 부분적으로 만들어지고 개인적으로 동기 부여된 상호행동의

유형에 의해서 부분적으로 나타난다고 보기 때문에 수행력에 영향을 미치는 방식이 양방향에서 온다고 인식함을 알 수 있다. 그리고 체계역동적 접근방법은 구조적 변수가 대체적으로 행정가들에 의해서 만들어지지만 부분적으로는 수행력에 영향을 미치는 피드백고리를 형성하는 상호행동의 유형으로부터도 나타난다고 보기 때문에 직적접이고 간접적인 양방향의 인과관계를 강조한다고 볼 수 있다.

제3절 사회복지조직과 효과성

1. 사회복지조직구조의 특징

Hall(1977)에 따르면 조직의 구조를 건설하는 것은 어떻게 힘이 조직 안에 있는 집단들이나 개인들에게 할당되는가 그리고 누가 조직 안에서 개인적 행동에 대해서 **통제**를 행하는가를 결정하는 것이라고 한다. 이러한 구조를 만드는 구조화의 과정에 행사되어지는 힘(power)은 누구의 선호 즉, 누가 좋아하는 것이 주목을 받아야 하는지, 어떻게 결정이 이루어지고 수행되어지는지 그리고 어떻게 과업이 할당되어지고 작업배열이 구성되는지를 결정한다고 한다. 또한 통제는 어떻게 수행이 평가받고 인가받는지 그리고 얼마만큼의 자율성과 개인적인 판별을 조직 구성원들이 자신들의 업무에 대해서 가질 수 있는지를 결정한다고 한다(Hasenfeld, 1983).

조직의 구조가 조직의 목적과 목표를 성취하기 위해서 조직이 앞으로 나아갈 수 있도록 하는 실질적인 틀 또는 뼈대라고 이해한다면 조직구조는 조직이 성취하려고 기능하는 수행력에 있어 중요한 토대를 구축하는 중심축이라고 볼 수 있다. 조직의 수행력을 효과성, 효율성,

적절성, 형평성 등의 기준으로 평가한다고 했을 때 조직 구조는 이러한 평가기준에 부합하는 적절한 행동들을 담보할 수 있는 실제적인 체계를 의미한다고 볼 수 있다. 특히 Lawrence와 Lorch(1967)에 따르면 조직의 효과성의 증대는 작업 부서(또는 단위들)들이 조직의 환경적 그리고 기술적 실체들을 성취하기에 충분한 만큼 그리고 그들 상호관계를 관리하기에 충분한 만큼 다양해야 한다고 한다. 또한 조직의 효과성은 새로운 기술들이 힘의 탈-중앙집중화와 높은 직원들의 분별력에 의해서 동반되어 나타날 때 증대된다고 한다(Zey-Ferrel, 1979). 하지만 이러한 조직효과성에 대한 일반적인 발견들은 교육, 의료, 그리고 사회복지조직을 포함하는 인간봉사조직들에서는 몇몇 이유들로 인해 적용하는데 문제점이 있다고 지적된다. 이러한 문제점들은 다음과 같다.

첫째, 사회복지조직은 상이하고 종종 양립적인 가치를 가지고 있는 다중하고 변화하는 이익집단들에 의해서 특징지어지는 혼란스러운 환경에 직면해 있다는 점이다. 이러한 집단들의 요구에 부응하기 위해서 조직은 조직구조를 이성적으로 설계하는 조직능력을 심각하게 제한하는 다중한 때때로는 갈등적인 목적을 추구하게 된다.

둘째, 사회복지영역에서 사용하는 기술들은 수많이 불명확한 과업과 행동들과 결합되어 있다는 점이다. 따라서 조직의 내재적 구조는 건축물의 청사진과는 달리 기술적인 청사진에 의해서 쉽게 인도되지 않는다는 점이다.

셋째, 사회복지영역에서 사용하는 기술들은 직원의 수행능력과 산출을 평가하고 감시 감독하기에 어려움을 가지고 있다는 점이다. 이것은 사용하는 기술의 애매성에서도 기인하고 인간속성의 복잡성에서도 기인하며 일반 직원들과는 달리 사회복지조직에 있는 직원들의 행동들이 확연하게 눈에 보이지 않고 그리고 client들에 대한 기술적용의 결과나 산출을 위한 목적이 정확히 결정되어 있지 않기 때문이기도 하다.

넷째, 사회복지조직에서 가장 중심적인 행동인 직원(사회복지사)과 client의 만남이 쉽게 조직적 통제 하에 놓여지지 않는다는 점이다. 따라서 조직의 정책에 입각해서 이러한 만남을 통제하고 구조화하려는 노력들에는 당연히 어려움이 따르게 된다.

Hasenfeld(1983)는 일반 조직들과는 달리 사회복지조직을 포함하는 인간봉사조직의 구조들을 느슨하게 묶여져 있는 체계(loosely coupled system)로 바라보았다. 느슨하게 묶여져 있는 이러한 구조는 다음과 특징을 가지고 있다고 한다.

첫째, 사회복지조직 구조의 특징으로써 조직의 기술적 핵심에 일치하는 다양한 과업과 활동들이 약하게 연계되어 있고 약하게 조정되어 있다는 점을 들 수 있다. 이러한 과업과 활동이나 행동들은 명확하게 정의된 기술을 가지고는 논리적으로 입증될 수가 없음을 의미한다.

둘째, 사회복지조직 구조는 직원들의 활동들에 대해 약한 통제체제를 가지고 있다는 점을 들 수 있다. 직원들의 활동들을 명확하고 정확하게 감시감독하고 평가할 수 있는 측정메커니즘이 일반조직에서보다 부족하다는 것을 나타낸다.

셋째, 사회복지조직 구조는 조직 전반에 걸쳐 약하고 다중한 권위체제가 존재한다는 특징을 가지고 있다고 한다. 이는 사회복지조직 안에 있는 개개인들이나 부서(또는 단위들)들은 일반 조직에 있는 사람들이나 부서와 비교해서 상대적으로 자율적이며 그리고 다른 부서나 다른 사람들로부터의 간섭으로부터 상대적으로 떨어져 있음을 의미한다.

사회복지조직이 이러한 느슨하게 묶여 있는 구조적 특징들을 갖게끔 하는 요인으로 Hasenfeld(1983)는 특히 세 개의 요인들을 강조하였다. 그 요인들은 첫째, 조직을 둘러싸고 있는 환경의 성격 둘째, 사용하는 기술의 본질 그리고 마지막으로 client와 직원들과의 만남의 유형 등이다. 이들 요인들에 대해 좀더 살펴보면 다음과 같다.

1) 본질적으로 상이한 목적, 다중한 이익, 그리고 혼란스러운 환경

사회복지조직은 몇 개의 독특한 성격을 나타내는 혼란스러운 과업환경을 갖는다. 이 독특한 성격들로는 첫째, 조직 안에는 요구와 이익을 위해서 경쟁하는 집단들과 상이한 부서들을 구성하고 있다는 것이다. 집단들과 상이한 부서들은 자원과 정당성의 제공자, 규제기관(또는 조정기관), 이익집단들, 잠재적이고 실제적인 서비스수혜자들, 그리고 고용인(직원들)을 포함한다. 둘째, 구성원이나 집단들의 관심과 과업환경의 구성요인은 불안정하다는 것이다. 즉, 조직은 종종 자원제공자와 규제자들과의 관계 안에서 불확실성과 변화를 경험하는데 이는 자원제공자와 규제자의 요구와 관심이 계속적으로 조직 안에 유입되기 때문이다. 더군다나 새로운 이익집단들과 서비스수혜자들이 계속 증가하게 되는데 이는 사회복지의 정의가 사회변화에 매우 민감하기 때문이다. 셋째, 사회복지조직은 특히 그들 조직의 영역에 위협을 주고 변화에 취약하게 만드는 자원과업환경에 크게 의존한다는 점이다.

2) 결정되지 않은 기술과 불명료한 평가기준

TV나 신발 등과 같은 일반 상품을 만들 때는 정해진 기술을 사용하고 평가도 명확한 평가기준을 사용할 수 있지만 사회복지조직에서 인간을 다루는 기술은 정해져 있지 않으며 평가의 기준 역시 명확하지 않다고 할 수 있다. 인간을 다루는 기술의 구성요소(client 속성, 지식기반, 직원-client 상호행동, client 통제, 그리고 실행)들은 사회복지사들의 과업에 대한 그들의 인식을 결정한다고 한다(Hasenfeld, 1983). 예를 들어 client의 속성에 대한 정보가 제한적일 때, client가 변화스럽지 않고 안정적이라고 가정할 때, client를 다루는 지식이 완전한 것으로 보여질 때, 상호행동의 유형이 능동적이고 수동적일 때는 서비스과업은 일상적이고 예측가능하며 효과적으로 보여질 수 있다. 하지만 client가 변화스럽고 불안정하고, client를 다루는 지식이 불완전하며, 상호행동의 유형이 상호 참여적이면 서비스과업은 예측할 수 없고 판에 박혀 있지 않은 것으로 보여진다.

인간을 다루는 기술은 불명료하고 예측할 수 없다는 과업인식에 의해 성격이 규정받는다. 따라서 그러한 기술을 전개하는 조직 안에서 작업배열이 느슨하게 구조화되어 있다는 것은 당연한 결과라고 생각되어진다. 작업배열이 느슨하게 구조화되어 있다는 것은 다음과 같은 점에서 조직에 장점을 가져다준다.

첫째, 자율성을 증진시키고, 규정을 감소시키고, 그리고 다른 업무부서의 영향력을 제한함으로써 조직은 직원들에게 그들의 과업인식과 일치하는 작업환경을 제공한다. 직원들은 그들이 수행해야 하는 과업이 판에 박혀 있지 않고 결과가 불확실하다고 인식할 때 그들은 그들의 업무로부터 오는 피드백에 기초해서 과업을 변경할 수 있게 되고 그들의 자체적인 판단에 좀더 자유롭게 의지하게 된다.

둘째, 책임성에 대한 강조가 직원 그들 자체에게로 이동한다. 예를 들어 프로그램의 성공과 실패는 조직의 전반적인 정책이나 규정에 의해서라기보다 직원과 client들과의 만남에 더욱 기인하게 된다.

셋째, 조직의 나머지 다른 부분들이 기술적 불확실성에 의해서 보호받게 된다는 장점이 있다. 즉, 결정되지 않은 기술을 사용하는 업무부서가 다른 부서들에게 미치는 파급효과는 감소하게 된다는 것을 의미한다. 다른 부서에 대한 어떤 부서의 기술의 영향력이 감소하게 됨을 의미한다.

넷째, 서비스기술을 평가하는 명확한 기준이 형성되어 있지 않기 때문에 서비스기술이 직접적으로 어느 정도의 성취를 가져다주었는지를 평가하는 문제를 회피할 수 있다는 장점이 있다. 오히려 조직은 client 증언, 평판, 자기평가나 동료평가 등을 가지고 성취를 평가하는 것에 크게 의존한다(Thompson, 1967).

기술이 결정되어 있지 않은 경우에 수행력을 평가한다는 것은 다음과 같은 이유들로 인해 매우 어렵게 된다고 한다(Dornbush and Scott, 1975).

첫째, 결과가 불확실하기 때문에 성공을 구성하는 것이 무엇인지를 정의하는데 심각한 어려움이 나타나게 된다.

둘째, 성공에 대한 동의된 개념은 노한 쉽게 측정되지 않는다.

셋째, 지식이 불완전하고 client들이 불안정하고 다양하기 때문에 과업수행력을 평가하는 기준을 형성하기가 어렵다.

넷째, 위의 셋째 이유와 관련지어서, 직원들의 활동을 감시하기 위한 적절한 샘플을 결정하는 것이 어렵다.

다섯째, 직원과 client들의 만남의 내용이 쉽게 보이지 않으며 따라서 감시 감독하기가 어렵다는 점이다.

3) 직원과 client의 관계

사회복지조직의 느슨한 구조에 가장 많은 영향을 미치는 요소는 직원과 client의 관계라고 할 수 있다. 사회복지조직이 이들 관계를 통제하는데 여러 제한점들이 지적되는데 이들을 살펴보면 다음과 같다.

첫째, 사회복지조직의 활동은 조직의 공식적 권위구조에 의해서가 아니라 client와 직원들과의 관계를 통해서 이루어진다는 점이다. 즉, 중요한 조직적 활동이 직접적 명령계통에 따른 의사소통을 통해서가 아니라 client와 직원들과의 만남을 통해서 이루어지기 때문에 통제하기가 어렵다.

둘째, 효과적인 감시감독을 위해 매우 중요한 client와 직원들의 관계를 보고 관찰하는 것이 극도로 제한적이라는 점이다. 이것은 다음과 같은 몇 가지 이유에 기인하는데 먼저 지적될 것은 직원과 client 사이에 교환된 정보에 대한 비밀보장을 보장하기 위해 윤리적이고 법적인 제한이 있기 때문이다. 두 번째 이유는 사회복지사들은 그들과 client들과의 관계의 질, 그들 사이의 신뢰, client가 갖는 신뢰 등이 외부의 침입에 의해서 나쁜 영향을 받을 수 있다는 강력한 믿음을 가지고 있기 때문이며, 세 번째로 신뢰할 수 있고 유효한 수행력 평가기준의 결여가 client와 직원관계의 직접적 관찰을 관찰의 해석에 대한 심각한 갈등을 유발시키는 매우 불안정한 감독도구로 만들기 때문에 client와 직원관계가 공개되는 것을 꺼려하는 요인을 제공한다는 것이다. 네 번째로 조직이 완전히 이들 관계를 통제할 수가 없기 때문에 그리고 직접적 감시 감독은 사람과 시간을 필요로 하기 때문에 client와 직원관계의 직접적으로 감시 감독하는 행정적 비용이 매우 높다는 것이 기인한다. 다섯 번째로 전문직으로서의 사회복지직의 측면에서 직접적 감시 감독은 전문직의 자율성에 대한 심각한 침해이고 전문적 경쟁력에 대한 도전으로 보여지기 때문이다.

셋째, 결국 위의 두 번째의 이유들로 인해 client와 직원관계에 의해서 생성되는 많은 정보들이 사회복지사들에 의해서 효과적으로 통제된다는 점이다. 즉, 직접적으로 client를 다루는 사회복지사들은 client의 정보를 통제할 뿐만 아니라 client들에게 제공되는 조직의 정보도 통제하며(Prottas, 1979) 나아가 client에게 무엇을 이야기할 것인지 무엇을 기록할 것인지, client의 어떤 정보를 받아들이고 무시할 것인지 등을 결정하는데 있어 사회복지사의 분별력이 중요한 영향력을 갖게 된다.

넷째, client와 다양한 직원들과의 관계가 쉽게 조정되지 않는다는 점이다. 한 명의 client는 다양한 직원들과 관계를 갖게 되는데 client와 다양한 직원들이 갖게 되는 각각의 관계는 그들 각각의 관계를 형성하는 상호관계의 내용에 크게 영향을 받기 때문에 이들 관계들은 결국 쉽게 조정되는 것이 어렵게 된다.

조직의 공식적 권위구조상에서 가장 낮은 지위에 있는 사회복지사라고 하더라도 그들의 업무는 일상화하기에 너무 복잡하고, 다양하고 예측불가능한 인간 조건에 부응하는 상황에서 일을 하며, 그리고 client들은 사회복지사들이 그들의 복지를 책임지는 주요인물이라고 믿기 때문에 낮은 지위에 있는 사회복지사들도 중요한 분별력을 실천한다고 볼 수 있다. 낮은 지위에 있는 사회복지사들은 이러한 분별력을 그들의 상대적 자율성을 유지하기 위해서 그리고 상급자들과는 다른 그들 자신들의 이익을 증진시키기 위해서 사용하게 된다.

결국 환경의 성격, 기술의 본질 그리고 직원과 client의 관계에 기초하는 사회복지조직의 느슨하게 묶여있는 구조는 부서나 단위들이 다른 사람들에게 제한받는 것 없이 환경 안에서의 변화와 발전에 응답할 수 있도록 하며 조직이 불명확한 기술에 대처하고 다룰 수 있게 하며 어느 한 부서의 실패가 조직의 다른 부서에 영향을 미치지 못하게 하고 조직이 상치하는 서비스이데올로기를 수용하도록 하고 갈등을 줄이도록 하며 직업적 자율성을 증진시키게 한다(Weick, 1976). 하지만 느슨하게 묶여 있는 구조는 Hasenfeld(1983)가 지적한 바와 같이 한쪽 측면으로는 client에게 혜택을 주는 새로운 사고를 가진 혁신과 실험을 증진시키는 구조이기도 함과 동시에 또 다른 한편으로는 서비스전달체계의 불협화음을 만들어낼 수 있는 구조라는 점을 부인하기 어렵다. 예를 들어 생활보호대상자들은 사회복지사들로부터 다양한 권고나 지도를 받게 되는 경우가 실제 존재할 수 있게 된다. 즉, 어떤 사회복지사는 직업교육프로그램에 등록하는 것을, 또는 그냥 집에서 자신의 아이들을 돌보는 것을, 또는 직장을 찾는 것을, 또는 가족관계를 복원하는 것 등등을 권유한다고 했을 때 이러한 상황에서 client는 혼란스럽게 되고, 용기를 잃게 될 수 있으며 나아가 소외를 느낄 수도 있게 되는 것이다. 따라서 느슨하게 묶여 있는 조직 구조적 특징을 가진 조직에서 일하는 사회복지사들은 이러한 서비스전달체계에 있어서 나타날 수 있는 혼란과 문제점들을 반드시 이해하고 대처할 수 있는 연계망이나 관계 또는 체계를 고려해야 할 것이다.

2. 사회복지조직과 효과성

조직의 수행력을 평가 또는 판단하는 기준으로 지적되고 있는 것들로는 경제적 가치에 근거하는 효율성(efficiency)과 효과성(effectiveness) 그리고 중립적 가치와 사회복지의 가치가 적용되는 적절성(adquacy), 형평성(equity), 평등성 등 많은 기준들을 생각할 수 있다. 어느 한쪽의 기준만을 적용해서 조직의 수행력을 평가하는 시대는 이미 지나가고 있으며 다양한 평가기준을 적용해서 다면적 측정을 하는 방식이 선호되고 있다. 경제적 가치 또는 Pareto 원칙에 입각해서 조직의 수행력 평가에 기준으로 제시되었던 비용과 혜택의 관계만을 강조하는 효율성 측정방식은 교육, 복지 등의 인간봉사조직에 있어서 그 적합성이 끊임없이 논란이 되고 있지만 효과성 측정만큼은 대부분의 학자들이 공감하는 평가기준으로 자리잡고 있다. 효과성을 가지고 조직의 수행력을 평가한다는 것은 조직이 성취하려는 목적을 얼마만큼 이루었는지를 구체적인 숫자를 포함하는 결과를 가지고 평가하는 방식이라고 간단히 설명할 수 있는데 이 효과성 측정과 사회복지조직의 수행력과의 관계를 좀더 구체적으로 살펴볼 필요가 있다고 생각되어지기 때문에 여기서는 효과성 측정방식의 다양한 방법들을 살펴보고 이 방법들과 조직의 수행력 평가와의 상관관계에 대해 좀더 살펴보기로 한다.

1) 조직 효과의 다양성

수많은 학자들이 조직적 효과성을 규정하기 위해 시도하였지만 불행하게도 아직까지도 조직적 효과성을 측정하는 도구나 조직 효과성의 정의에 대한 많은 이견들이 존재하고 있는 것이 현실이다(D'Aunno, 1992). 따라서 현실적으로 조직적 효과성에 대한 다양한 모델들과 효과성에 대한 다양한 정의들 또 그것을 평가하는 기준들이 다양하다고 볼 수 있다. Cameron과 Whetten(1983) 등에 따르면 조직적 효과성을 측정하고 정의하는 데 있어서 수많은 접근방법이 존재하는 이유는 바로 조직들이 다 상이하게 때문이라는 데서 원인을 찾는다. Scott(1987)는 조직의 다양한 개념이 다양한 분석가들에 의해서 유지되고 이 다양한 개념들이 조직의 효과성을 측정하는 독특한 기준들을 만들어 내기 때문이라고 강조한다. 따라서 무엇이 조직의 효과성을 측정하는 유일한 도구인가에 대답을 찾는 것 자체가 무리일 수 있는 것이다. 따라서 효과성을 측정하는 다양한 모델들이 문제인 것이 아니라 그러한 다양한 모델들이 복잡성을 특징으로 하는 조직을 평가하는데 있어 강점으로 역할 할 수 있다고 보여진다. 따라서 다양한 모델들을 살펴봄으로써 조직의 수행력을 평가하는데 있어 특정 모델이 또는 혼합모델들이 다른 모델들보다 더 유용한지를 살펴보는 것이 중요하다고 볼 수 있다. 특정 모델은 어떤 특정 조건에서 사용되어야 하는 것이 훨씬 유용한 것인지 등에 대한 고찰의 필요성이 제기된다는 것이다. 결국 조직 수행력을 평가하는 모델들이 어떻게 다르며 서로 서로 어떤 연관이 있는지를 밝히는 것이 중요하다고 볼 수 있다.

사회복지조직의 효과성을 평가하는데 있어 지적되는 어려운 점 또는 몇 가지 문제점들이 존재한다. 인간봉사조직 특히 사회복지조직은 상대적으로 다른 조직들과는 달리 독특한 특징들을 가지고 있기 때문에 그들의 효과성을 측정하는 것은 어렵다고 볼 수 있다. 또한 이러한 사회복지조직들이 가지고 있는 독특한 특징들이 바로 특정 효과성 모델이 다른 효과성 모델보다 더욱 적합한지를 설명해 주기도 한다. 아마도 사회복지조직의 효과성을 평가하는 데 있어 어려움을 나타내는 독특한 특징은 사람이 원료(또는 투입)라는 점일 것이다. 사람이 조직이 다루는 원료라는 사실은 조직과 조직의 효과성 평가에 있어 몇 가지 중요성을 제시해 준다. 그 중요성들은 다음과 같다.

첫째, 사회복지조직들이 사용하는 기술들이 확실하게 결정되어 있지 않다는 점이다. 즉, 서비스를 제공하는 기술에 있어 수단과 방법의 관계에 대한 지식이 제한적이라는 것이다. 이러한 점은 대체적으로 인간의 본성이 내재적으로 복잡하기 때문이다. 따라서 client들의 사회적 또는 건강에 대한 욕구를 해결하는 수단들이 종종 현재의 과학적 지식의 범위를 뛰어넘는 경우가 발생한다. 하나의 예를 든다면 에이즈를 해결하기 위한 대처수단은 현재의 우리가 가지고 있는 과학적 지식만으로는 해결하기가 곤란함을 쉽게 알 수 있다. 이것은 교육이나 복지의 측면에서도 마찬가지이다. 인간의 욕구가 계속 확대되고 발전함으로써 이 욕구들을 해결하려는 시도들은 현재의 사회복지사들이 가지고 있는 기술들로는 어려울 수가 있는 것이다. 따라서 사회복지사들은 client들이 가지고 있는 문제나 욕구를 해결하기 위해 사용하는 기술들을 결정하기에 어려움을 겪게 되며 또한 사회복지사들이 기대하는 효과를 성취하기 위해 어떤 서비스를 제공하여야 하는지를 결정하는 것도 어려움을 겪게 된다. 따라서 조직의 수행력을 특정한 하나의 서비스만을 가지고 결정하는 것은 어렵다고 볼 수 있다.

둘째, 우리는 다원주의 사회에 살고 있다. 따라서 사회복지조직의 사업이나 역할에 대한 공공의 가치나 관점은 변화하며 정해져 있지 않고 애매모호하다고 볼 수 있다. 나아가 조직 간의 갈등과 경쟁이 심화하고 있으며 결과적으로 사회복지조직을 포함하는 인간봉사조직들은 급변하는 그리고 호의적이지 않은 환경에 직면해 있다고 볼 수 있다. 따라서 효과성에 대한 기준이 시대적 흐름에 따라 변활 수 있기 때문에 효과성에 대한 평가가 그러한 급변하는 환경에서 수행되기가 어려울 뿐만 아니라 기준 자체도 수명이 짧게 되는 것이다(Quinn and Cameron, 1983).

2) 조직효과성 측정 모델

Hasenfeld(1983)가 제시하였던 조직의 수행력을 측정 또는 평가하는 네 가지의 유형 즉, 이성적 유형(자원제공자에 의해서 동의된 관찰할 수 있는 기준을 사용하는 평가), 체계적 유형(자원제공자들에 의해서 기준의 중요성이 합의가 되지 않은 관찰할 수 있는 기준을 사용하는 평가), 만족할만한 유형(자원제공자에 의해서 동의되었지만 측정될 수 없고 관찰될 수 없는 기준을 사용하는 평가로서 자원제공자들의 동의에 의한 평가이기 때문에 만족할만한 유형으로 분류로서 간접적인 측정도구 사용) 그리고 상징적 유형(관찰되지 않고 측정되지 않는 평가기준을 사용)에 기초해서 조직의 효과성을 측정하는 모델로

D'Auuno(1992)는 목적 성취모델, 다중구성원모델, 제도적 모델, 그리고 상황모델을 제시하였는데 각각의 모델 또는 접근방법들은 효과성을 측정하기 위해 사용하는 도구와 이론적 가정에 있어서 다양한 측면들을 내포하고 있다. 각각의 모델들이 내포하고 있는 내용들에 대해 살펴보면 다음과 같다.

(1) 목적 성취모델(Goal attainment model)

조직의 효과성을 측정하는 데 있어 가장 많이 사용되고 있는 측정모델이라고 얘기할 수 있다. 목적 성취모델에 따르면 조직은 그들이 진술하였던 목적을 성취하는 범위에서 효과적이라고 한다. 이 모델은 이성을 강조하는 경제적 가치에 기초해 있기 때문에 조직이 갈망하는 목적을 성취하기 위해 존재한다는 측면에서 조직은 이성적(rational)이라고 강조한다(지은구, 2003a; Scott, 1987). 따라서 조직적 행동은 가능한 효과적으로 목적을 성취하기 위해 실천가들에 의해서 수행된 행동들로 구성된다.

목적 성취모델에 기초한 효과성 분석은 조직의 목적을 구체화하는 것에서 시작하며 그리고 목적이 얼마만큼 성취되었는가를 측정하는 과정으로 진행된다. 측정은 일반적으로 목적과 성취된 결과를 수치로 비교하는 것을 포함해서 제공된 서비스나 프로그램의 양과 질을 수치화 함으로써 이루어진다. 하지만 모든 서비스나 프로그램의 결과를 수치로 나타낼 수 있는 것은 아니기 때문에 목적이 성취되었는가를 측정할 수 있는 모두가 인정할 수 있는 객관적인 비교의 척도를 구하는 것이 중요한 이슈가 된다고 볼 수 있다. 또한 조직이 성취하려는 목적이 불분명하다든지 또는 목적들 사이에 갈등이 일어난다고 했을 때 역시 효과성을 측정하기가 어렵다는 문제가 지적된다.

하지만 위와 같은 약점에도 불구하고 연구자들은 목적 성취모델을 선호하는 경향이 있는데 이는 목적 성취모델이 조직이 가지고 있는 목적이 측정가능하고 관찰 가능하여 수치화하기가 가능한 경우 효과성을 측정하기가 매우 용이하기 때문이라고 볼 수 있다.

(2) 다중구성원모델(multiple constituency model)

간략하게 말해서 다중구성원모델은 조직과 관련되어 있는 이해당사자(client, 사회복지사, 후원자, 정부기관 등)들이 만족한다면 그 조직은 효과성을 산출한다고 보는 관점이다. 따라서 목적을 완전하게 성취하였는지 아닌지에 상관없이 조직이 제공하는 서비스나 프로그램에 대해 관련이해당사자들이 만족한다면 그 조직은 당연히 효과성을 담보한다는 것을 강조한다.

다중구성원모델은 목적 성취모델에 대한 하나의 대안으로 제시되었다(Conolly et al., 1980; Tsui, 1990; Wagner and Schneider, 1987; Zammuto, 1982, 1984). 이 모델에 따르면 조직은 조직과 관련이 있는 다중 구성원들의 이익을 최소한으로 만족시키는 범위에서 효과적이라고 한다. 이 모넬의 기본 가정은 조직이 생존을 위해 그리고 자원을 위해 다양한 집단에 의존한다는 것이다. 따라서 조직이 이러한 집단들을 최소한으로 만족시킬 수 없다면 집단들은 조직의 폐쇄와 몰락을 야기할 수 있는 그들의 지원을 철회할 것이라고 한다. 따라서 조직에 대한 정치경제학적 관점이 다중구성원모델에 잠재되어 있다고 볼 수 있다(D'Aunno, 1992).

다중구성원모델은 두 개의 단계를 거친다고 하는데 첫 번째 단계는 구성원들을 확인하는 단계이고 두 번째 단계는 조직 수행력에 대해 다양한 이해당사자들의 만족이 평가되는 단계를 의미한다(Pfeffer and Salancik, 1978).

조직구성원들을 어떻게 확인하는가 그리고 구성원들 사이의 갈등을 어떻게 다루는가에 대해서는 다양한 견해들이 있다. 먼저 **힘 관점**(power perspective)으로 이 문제들을 해결하는 방법이 있다. 이 관점에 따르면 가치 있고 부족한 자원의 교환을 추적함으로써 가장 우선적으로 조직의 구성원들을 확인할 수 있다고 한다. 이러한 자원을 유지하고 있는 집단은 조직에 대한 힘을 가지고 있다고 볼 수 있고(Emerson, 1962; Thompson, 1967) 결과적으로 이러한 집단들이 조직의 효과성을 평가하는데 포함되게 된다. 힘 관점과는 달리 Zammuto(1982)에 의해서 제시된 **진화적 관점**(evolutionary perspective)이 있다. 진화적이라는 의미는 환경적인 변화와 그 변화에 대한 조직적 순응을 강조한다는 것을 의미한다. Zammuto(1982)는 조직과 조직의 환경은 진화적이고 효과성이라는 것은 변화의 전황 하에서 보여지는 것이라고 강조하였다. 결과적으로 어떤 한순간에 있어 조직원들의 선호는 조직의 효과성을 평가하기 위해서는 불충분한데 이는 환경 안에서의 장기적인 변화가 고려되지 않기 때문이라고 한다. 즉, 어떤 한 순간에 있어 효과적인 수행력이라는 것은 환경적 변화가 변화하기 때문에 효과적이지 않을 수도 있음을 의미한다. 이것이 사실이라면 어떤 한순간에 있어 누구의 선호가 먼저 만족되어져야 하는가에 대한 문제는 어떻게 상이한 선호가 장기적으로 만족되는가에 대한 문제만큼은 중요하지 않게 된다(Zammuto, 1984). 다시 말해 진화적 관점은 효과성의 측정이란 구성원들의 선호가 고려되어져야 하는 것은 물론이고 조직적 환경 안에서의 변화도 고려되어야 한다는 것을 강조한다고 볼 수 있다. 따라서 이 관점은 효과성에 대한 고정된 평가보다는 오히려 효과적으로 되는 과정을 강조한다고 볼 수 있다(Zammuto, 1982, 1984).

결론적으로 다중구성원모델은 어떻게 구성원들을 확인할 것인가에 대한 그리고 어떻게 그들의 선호를 평가할 것인지에 대한 다양한 가정을 가지고 있지만 그럼에도 불구하고 대부분의 경우에 있어 이 모델은 조직의 효과성은 주요 구성원들의 선호에 따라 평가되고 규정되어야 한다는 관점을 강조한다. 다중구성원모델에 따르면 효과성의 판단은 개개인들이나 집단이 조직을 위해서 유지하고 있는 평가된 가치와 선호에 기초한다는 것인데 이러한 가정은 강점과 약점을 동시에 가지고 있다고 볼 수 있다(Cameron, 1986). 먼저 약점으로 지적되는 것은 다음과 같다.

첫째, 가치와 선호는 집단에 따라서 다양하고 그리고 그러한 다양성에 의해서 나타나는 갈등을 해결하는 것이 어렵다.

둘째, 집단의 선호는 때때로 확인하기가 쉽지 않다.

셋째, 선호는 시간을 뛰어넘어 다양하다.

넷째, 때때로 한 집단에서도 양립하는 선호가 존재한다.

다섯째, 평가에 참여하기 위해 구성원들을 확인하는 방법이 불명확하다.

하지만 위와 같은 문제점에도 불구하고 다중구성원모델이 실용적이기 때문에 사용에 장점을 가지고 있다. 특히, 이 모델은 조사자들에게 조직 효과성을 평가하기 위해 따라야 하는 지침들을 제공하는데 이 지침들은 융통성 있으며 다양한 상황에 잘 적응한다. 또 다른 장점으로 다중구성원 모델은 다양한 집단구성원들을 고려하기 때문에 구성원들 사이의 중요한 갈등이 무시될 수 있는 가능성이 줄어든다는 점이다.

결국 다중구성원모델이 목적성취모델보다 조직 효과성을 평가할 수 있는 기준이 훨씬 광범위하고 다양하다고 볼 수 있는데 이는 목적성취모델이 단순히 목적 성취에 대한 결과물을 평가하는 반면 다중구성원모델은 평가기준으로 조직 구성원들의 모든 선호를 고려할 수 있기 때문이다. 다시 말해 조직구성원들의 선호가 목적성취모델에 따르면 목적을 성취하는 하나의 단순한 것으로 간주되지만 다중구성원모델은 조직 구성원들의 선호는 조직이 목적을 성취하는 것 이외에도 다른 선호를 유지할 수 있다는 것을 전제하기 때문이다(D'Aunno, 1992).

(3) 제도적 모델(또는 시설모델)

조직의 효과성을 측정하는 하나의 방안으로서 제도적 모델(Institutional model)이 사용되기도 한다. 제도적 모델은 조직의 효과성을 결과의 산출물보다 조직의 신념이나 규정 또는 규칙 그리고 **조직의 구조나 결과물을 생산해내는 과정**이 그들이 나아가야 할 방향으로 나아가는가를 기준으로 측정하는 모델이다. 제도주의이론가들은 조직적 환경 안에서 폭넓게 유지되는 신념과 규정들은 그 조직의 구조와 행동에 영향을 미칠 수 있다고 생각하였다(Scott, 1987; Zucker, 1987). 조직이 강력한 신념이나 규정에 의해 성격 규정되는 환경에 직면했을 때 조직의 생존과 효과성은 효율적인 생산(더 많이 생산한다든지 더 값싸게 생산하는 등의)보다는 폭넓게 유지된 기대로의 순응으로부터 획득된 정당성에 더욱 더 의존한다(DiMaggio and Powell, 1983; Meyer and Rowan, 1977). 다시 말해 제도주의 이론가들은 조직이 직면하고 있는 두 종류의 환경을 구분하는데 첫 번째 종류의 환경으로 조직은 재화와 서비스의 생산에 있어서 효율성과 효과성을 위한 압력에 직면한다고 한다. 재화와 서비스의 효율성과 효과성을 강조하는 이러한 압력은 다음과 같은 상황에 더욱 강력해진다.

첫째, 조직들 사이에 높은 수준의 경쟁이 있는 경우

둘째, 소비자나 다른 집단들이 서비스의 양과 같은 재화와 서비스의 생산으로 효과성과 효율성을 손쉽게 측정할 수 있는 경우 조직이 직면하는 또 다른 경우의 환경이란 조직이 어떻게 행동할 것인지에 관한 기대에 순응하게끔 하는 압력이다. 이러한 기대에 순응하게 하는 압력은 특히 조직의 결과나 산출물을 (수치로)측정하기가 어려운 경우에 강력하게 된다고 한다. 즉, 조직이 산출해 내는 재화나 서비스의 질이나 가격을 소비자들이 평가하기가 어려운 경우가 인간봉사조직 특히 사회복지조직들의 대부분이다. 따라서 이들 조직들이 산출해 내는 결과물들인 재화나 서비스들은 전통적으로 경제적 조직들이 산출해내서 교환시키는 전통적 의미의 시장(market)이 형성되어 있지 않기 때문에 결과적으로 시장에서 거래에 의해서 효율성과 효과성이 평가되어지는 조직적 산출물들을 가지고 있는 일반 조직들의 조직 효과성 평가방법은 사회복지조직의 효과성 평가방법으로는 적당하지 않는다는 점이 강조된다고 볼 수 있다.

즉, 조직이 강력한 신념과 규정하에 그들이 나아가야 할 방향으로 기대하는 만큼 나아간다고 한다면 재화와 서비스에 대한 효율성과 효과성에 기초한 조직의 효과성 평가보다도 훨씬 바람직한 평가가 될 수 있다는 점이 강조된다. 결국 제도적 이론에서는 조직이 우리의 기대에 순응할 수 있는 구조와 과정을 가지고 있는가가 중요한 이슈가 될 수 있기 때문에 결과물이나 산출물을 측정하기보다는 구조나 과정을 측정하는 것이 강조된다(Donabedian, 1966).

나아가 제도적 이론가들은 폭넓게 유지된 기대에 대한 순응이 사회의 관점에서 정당성을 조직에게 가져다주고 그리고 이 정당성은 외부로부터 조직이 생존하기 위해서 필요한 자금이나 다른 자원들을 포함하는 지지나 자원을 가져다준다고 한다. 결국 사회복지조직들은 생산의 효과성이나 효율성을 위한 요구보다는 폭넓게 유지된 신념에 대한 순응을 위한 압력에 더욱 직면하게 된다(Meyer and Scott, 1983). 실질적으로 사회복지조직들이 산출해 내는 결과는 대부분 효과성과 효율성을 수치로 측정하는데 있어 한계를 갖게 되는 경우가 대부분이다. 복지서비스나 프로그램을 통해서 갖게 되는 client들의 소득의 증대나 건강 상태의 개선 등 수치로 측정할 수 있는 직접적 결과 이외의 client들의 정서적 안정의 증대와 사회적 적응과 개인적 자부심의 증대 등 간접적으로 서비스가 client들에게 가져다주는 효과를 수치로 평가한다는 것은 현재의 기술로는 불가능하다고 볼 수 있다.

다중구성원모델과 마찬가지로 제도적 모델은 조직 효과성에 대한 핵심으로써 외적 구성원의 선호를 강조한다고 볼 수 있다. 이는 제도적 모델의 기본적 가정이 구성원의 선호를 만족시키는 것이 정당한 것으로 보여질 것이고 그리고 자원을 획득하고 최소한 생존을 보장받게 한다는 것에 있기 때문이다. 하지만 다중구성원모델과는 달리 제도적 관점은 구조와 과정에 관한 조직의 신념으로의 순응이 구성원들이 선호하는 것임을 강조한다. 또한 목적성취모델이 강조하는 효과성인 조직적 결과나 산출물을 강조하는 대신 제도적 이론은 대부분의 사회복지조직들의 결과물이나 산출들은 평가하기가 어렵다고 강조한다.

결론적으로 제도적 이론은 조직의 효과성이 조직의 구조와 과정에 관해 폭넓게 유지된 기대로 순응하는 것에 의해서 평가되며 더 나아가 조직의 생존과 자원의 획득이 구조와 과정에 대한 순응 그리고 조직에게 부여되는 정당성에 의존한다고 강조한다.

(4) 상황모델(contingency model)

조직의 효과성을 측정하는 데 있어 상황모델을 사용한다는 것은 특정 조직이 갖게 되는 가장 적합한 효과성모델이란 특정 상황에 의존한다는 것을 강조함을 의미한다. 상황모델의 근간을 이루는 두 전제가 있는데 그것들은 다음과 같다. 첫째, 조직의 효과성은 일차적으로 문제유발개념이라는 것이다. 즉, 조직이 직면하는 경험적 정황에 매우 가깝게 연관되어 있다는 것을 의미한다(Cameron, 1986). 경험적 정황이라는 것은 매우 광범위하기 때문에 결국 모든 조직의 효과성을 측정하기 위해 하나의 단일한 효과성모델을 적용하는 것보다 특정 조직이 갖게 되는 주어진 특정 상황에 가장 적합한 효과성모델을 사용해야 한다는 것이다. 둘째, 조직에 관련되어 있는 다중구성원들을 간과해서는 안 된다는 점이다. 이 전제는 모든 구성원들이 동등하게 대접받아야 한다는 것을 의미하는 것이 아니라 가능한 많은 구성원들의 선호를 이해하는 것에 의해서 조직 수행력에 관한 무엇인가를 얻을 수 있다는 것을 의미한다고 볼 수 있다. 즉, 구성원들이 원하는 것이 무엇인가 그리고 어떤 효과성모델이 평가를 수행하기 위해 유용한 것인가를 이해하는 것이 조직효과성 평가를 위해 중요한 것임을 상황이론모델은 강조한다고 볼 수 있다. 결국, 조직효과성을 측정하는 상황모델은 다음과 같이 설명될 수 있다.

첫째, Hasenfeld(1983), Thompson(1967), 그리고 다른 학자들이 지적한 것과 같이 집단이 조직을 위해 가지고 있는 수행력 기준은 측정의 영역에 따라 다양하다. 예를 들어 조직에서 제공하는 서비스의 효율성이나 질을 측정하기 어려운 경우가 존재한다.

둘째, 구성원들에 의해서 공유된 수행력 기준은 다양하다. 다양한 구성원들이 다양한 수행력 기준들을 가자고 있을 수 있다.

셋째, 수행력 기준과 조직적 환경은 안정성에 있어 다양하다. 즉, 수행력 기준과 조직의 환경은 급속하게 그리고 근본적으로 내용을 바꿀 수 있고 또한 느리게 진화할 수도 있으며 오랫동안 유지될 수도 있다(Zammutto, 1984). 따라서 효과성 기준이 측정할 수 있는 것인가, 구성원들에 의해서 공유되고 있는 것인가, 그리고 안정성이 있는 것인가를 판단하여 상황에 맞는 효과성모델을 적용해야 한다는 것이 상황모델의 핵심이 될 수 있다. 조직효과성 평가를 위해 상황모델을 정리하면 〈표 5-3〉과 같다.

〈표 5-3〉 조직효과성을 평가하기 위한 상황모델의 적용

평가 접근방법	평가기준 사용을 위한 제안
목적성취모델; 거래비용분석	측정가능하고, 안정적이고, 구성원들에 의해 공유되어 있는 경우
체계모델	측정가능하고 그리고 안정적이지만 공유되어 있지 않은 경우
다중구성원 힘 모델; 자원의존모델; 정치경제모델	측정가능하고 안정적이지만 집단들 사이에 갈등이 있는 경우
다중구성원 진화모델; 인생주기모델	측정가능하고 안정적이며 그리고 공유되어 있고 그리고 갈등이 있는 경우
제도적 모델	측정하기 어렵고 공유되어 있지 않으며 갈등적이고 변화하는 경우

수행력 기준이 측정가능하고 안정적이며 공유되어 있다고 한다면 거래비용분석모델과 목적성취모델이 조직의 효과성을 측정에 유용할 것이다. 〈표 5-3〉에 나타나 있는 거래비용분석모델은 client를 포함하는 외부적 집단과의 조직자원 교환의 효과성을 강조하는 모델이다. Williamson(1975)은 거래비용분석모델과 목적성취모델을 이성적 체계모델 안에 포함된다고 하였다. 따라서 체계모델은 넓은 의미에서 목적성취모델에 포함되는 모델이라고 할 수 있다.

수행력 기준이 측정가능하고 안정적이지만 기준들이 다양한 집단에 의해서 공유되어 있지 않다고 한다면 체계접근방법(또는 모델)이 유용할 것이다. 즉, Hasenfeld(1983)가 지적한 바와 같이 기준이 측정 가능하고 안정적인 조건 하에서 조직의 다양하고 때로는 상반되는 구성원들과 행동들이 동시에 평가될 수 있게 된다.

수행력 기준이 측정가능하고 안정적이지만 기준들 서로 서로 갈등이

있는 경우 자원의존모델같이 힘의 관점에 기초해 있는 모델들이나 다중구성원 힘 모델이 유용하다. 즉, 상이한 구성원들이 조직 수행력을 위한 서로 다른 선호도를 갖는 경우에 더 힘이 있는 집단의 선호가 즉, 그 집단의 만족이 먼저 측정될 수 있다고 전제할 수 있다. 따라서 힘에 기초한 이 모델들에 따르면 효과성의 평가는 각각의 집단구성원들의 힘과 선호에 따라 우선순위가 있을 수 있게 되고 그러한 순위는 조사자들에게 효과성 평가를 위한 기준을 선택하는데 있어 제한된 또는 좁은 시각(즉, 조직의 생존과 자원획득이 가장 중요하다는)을 제공해 준다.

수행력 기준이 측정가능하고 변화한다면 다중구성원진화모델과 인생주기모델이 유용한데 이는 이 두 모델이 조직과 환경에 있어서의 변화와 그리고 효율성과 생존을 위한 조직적 순응의 중요성을 강조하기 때문이다. 조직의 탄생기, 성장기, 도태기 등의 각 성장단계마다 조직의 수행력 기준이 다르게 적용될 수 있다. 결론적으로 다중구성원모델과 인생주기모델의 중요한 강조점은 조직은 변화한다는 것이고 조직이 변화할 때 효율성의 평가는 조직적 변화의 적절한 모델에 의해서 다르게 적용되어야 한다는 것이다.

수행력기준이 측정하기가 어렵고, 공유되어 있지 않으며 그리고 갈등이 있을 때 Hasenfeld(1983)는 상징적 접근방법이 유용하다고 하였다. 그에 따르면 관찰되지 않고 측정되지 않는 평가기준을 사용할 때 상징적 유형의 평가가 이루어진다고 한다. 이 경우에 조직은 재화와 서비스의 생산성 등과 달리 조직의 행동에 직접적으로 관련이 없는 상징(symbols)을 사용해서 구성원의 갈등적인 요구를 만족시킬 수 있다고 한다.

결론적으로 조직의 수행력을 평가하는데 있어 평가기준이 어느 경우에는 손쉽게 수치로 측정될 수 있지만 측정하기가 어려운 경우가 많이 존재하기 때문에 수행력 평가를 위해 측정 가능한 기준을 대체할 수 있는 다양한 기준들이 있어야 한다는 것은 너무나 당연한 것이라고 볼 수 있다. 따라서 간접적이고 대체할 수 있는 평가기준들은 위에서 설명되어진 각각의 효과성 평가모델들에 의해서 제공받을 수 있다.

3. 조직 수행력 평가의 정치학

조직의 수행력을 평가한 결과가 조직의 생존과 번영에 직접적인 영향을 미치는 주요자원을 제공한다는 점에서 조직수행력평가는 정치적이라고 말할 수 있다. 조직의 외적 그리고 내적 이해집단들은 조직의 평가에 영향을 미치기 위해 노력하는데 이는 평가결과에 수반하는 자원의 할당이 그들의 관련 이해를 지지하기 때문이다. 즉, 각각의 이해집단들을 위한 정치적 전략들은 첫째, 그들 집단의 이해를 지지하는 조직적 행동들이나 수행력을 확인하는 것, 둘째, 이러한 행동들과 수행력의 정당한 평가를 요구하는 것 그리고 셋째, 자원을 할당하고 성취할 수 있는 조직의 능력과 만족할 만한 평가의 결과를 연결시키는 것들로 구성된다(Hasenfeld, 1983). 예를 들어 억압받고 있는 계층들을 돕는 것을 지지하는 이익집단들은 이들 계층들에게 제공되는 서비스를 측정할 수 있는 그리고 이를 위해 자원을 획득할 수 있는 조직의 능력에 이 측정의 결과를 연계할 수 있는 평가기준을 받아들이도록 조직에 압력을 가할 것이라고 볼 수 있다.

Hasenfeld(1983)에 따르면 일반적으로 이익집단들은 평가과정에 있어 다음의 구성요소들에 영향을 미치게 하기 위해 노력한다고 하였는데 그것들은 첫째, 평가기준의 결정, 둘째, 평가받는 client집단의 선택, 셋째, 측정도구와 절차의 결정 그리고 넷째, 결과의 해석이다. 이들에 대해 좀더 구체적으로 살펴보면 다음과 같다.

■ 평가기준의 결정

자원을 제공하는 사람들은 중요한 조직의 행동들을 통제하기 위해서 평가기준을 한정하기 위해 시도하며 그 결과 중요한 조직의 행동들은 자원제공자의 이익에 부합하게 된다. 예를 들어 정부에 의해서 제공되는 생활보호대상자들에 대한 자격신청과정에 대한 평가에서 자격기준을 상회하는 차상위계층 대상자들이 생활보호서비스를 제공받고 있음이 나타났다고 한다면 자원제공자인 정부는 자격기준을 좀더 엄격히 제한하려고 좀더 까다로운 기준을 제시하게 될 것이며 반대로 복지기관이나 시민단체들은 다른 평가기준을 사용할 것을 주장할 것이고 또한 자격기준에 대한 문제점들과 차상위 복지소외계층들에 대한 자원의 확대 등을 주장할 것이다. 동시에 생화보호대상자들은 평가기준에 프로그램에 대한 그들의 만족을 나타낼 수 있는 지표들을 포함할 것을 주장할 것이다. 따라서 이러한 집단들간의 평가기준에 대한 갈등은 정치적 협상이나 타협 등을 이끌어 내기도 한다. 따라서 사회복지조직들은 이러한 집단들의 불만을 누그러뜨릴 수 있는 다양한 기준들을 제시하고 사용해야 함이 강조될 것이다.

■ 평가받는 client집단의 선택

어떤 client집단이 평가받을 것인가는 평가의 결과에 명백한 영향을 미치게 된다. 일반적으로 조직은 평가결과에 그들이 원하는 결과를 만들어 낼 것 같은 client집단을 평가하려고 하는 경향이 있다. 이는 조직이 그들의 효과성을 증명하기 위해 가지고 있는 욕망과 관련이 있다고 볼 수 있다. 예를 들어 직업훈련프로그램과 같은 경우, 조직들은 비용효과성을 입증하기 위해서 더 적은 자원을 필요로 하는 client들을 평가집단에 포함시킬 수 있다. 결국 평가에 포함되는 client집단의 선택은 이익 집단들이 조직의 서비스전달에 영향을 미친다는 점에서 정치적 결정이 될 수 있다는 것이다.

■ 측정도구와 방법의 결정

평가하기 위해서 측정도구와 방법을 선택하는 것도 정치적이라고 볼 수 있다. 조직을 평가하기 위해 사용되는 정보의 내용과 출처는 평가기준을 위한 점수에 반영된다. 일반적으로 사회복지조직들은 정보의 출처로서 자신들이 가지고 있는 자체 기록들에 의존하는 경향이 있다. 따라서 이러한 자체 기록들을 사용하는 경우 내용을 통제할 수 있기 때문에 당연히 평가점수가 부정적이기보다는 긍정적이고 더 높을 수 있다고 볼 수 있다. 이런 경우 자체기록은 중립적인 도구라고 볼 수 없게 된다. 또한 자체기록을 사용하는 경우 평가 점수를 통제할 수 있기 때문에 직원들이 의도적으로 결과를 왜곡하려는 의도를 가지고 있지 않다고 해도 결과적으로는 평가의 결과에 대한 편견을 만들어 낼 수 있게 된다. 결국 평가목적을 위해 만들어지는 자료들은 그것이 수행력을 측정하기 위해 사용되기 때문에 내재적인 편견을 만들어 낸다.

■ 결과의 해석

평가결과는 당연히 해석되어지는 것을 피할 수 없으며 따라서 경쟁적인 정치적 영향력에 의존하게 된다. 현재의 상태를 유지하는 것을 원하는 사람들은 긍정적 결과를 강조할 것이고 조직에 대해 불신을 가지고 있는 사람들은 부정적인 결과를 좀더 강조할 것이다.

4. 조직효과성의 이해

체계주의이론에 입각해서 Kettner(2002)는 조직의 효과성을 증진시키기 위해서 조직변수와 인간변수를 통합하는 통합주의적 관점을 제시하였다. 인간변수는 성, 인종, 조직 문화, 작업장에서의 경쟁을 위한 욕구 등과 같은 이슈들을 나타내고 조직변수는 조직이 움직이기 위해 필요한 이슈들을 나타내는 요인들이라고 할 수 있다. 조직변수와 인간변수를 구성하는 내용들을 표로 나타내면 〈표 5-4〉와 같다.

〈표 5-4〉 조직변수와 인간변수

조직변수	인간변수
·하나의 체계로서의 조직에 대한 이해; 투입, 처리, 산출과 성과; 하위체계 ·조직의 목적과 목표 그리고 임무 ·조직구조의 적절성과 유연성 ·환경의 중요성 ·질의 중요성 ·업무설계/기술; 자율성과 기업가주의; 사람을 통한 생산성 ·동기부여와 보상체계; 내부적 일관성의 중요성(일관성 있는 내부적 보상체계의 중요성) ·검토, 평가와 조사 ·의사전달과 통제의 중요성	·(사람들의)다양성의 중요성; 조직적 삶의 모든 측면 속으로 다양한 사람들의 관점을 결합 ·사회적 집단의 중요성 ·지식, 기술, 그리고 창의성을 사용할 수 있는 직원들의 욕구 ·주의력과 인식을 위한 직원들의 욕구; 동질감 개발; 적소(niche)의 발견(자기의 능력을 최대화할 수 있는 부서의 발견); 개인화 ·수행능력에 대한 보상, 내부석 일괄성의 중요성(일관성 있는 내부적 보상체계의 중요성)

Kettner(2002)에 따르면 생산성과 수행능력을 최대화시키는 방향으로 이러한 인간변수와 조직변수를 통합시키는 것이 관리자의 역할이라고 한다. 이 변수들과 관리자의 역할을 그림으로 나타내면 〈그림 5-1〉과 같다.

〈그림 5-1〉 관리자의 역할: 조직변수와 인간변수의 통합

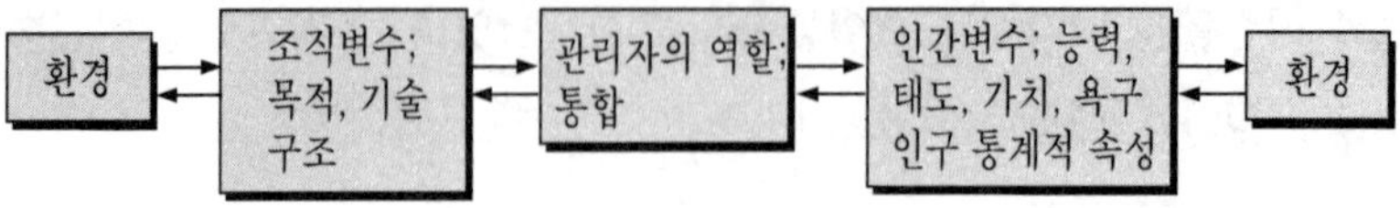

* Miles, R. 1975. Theories of management: Implications for organizational behavior and development. New York: McGraw Hill, p.21에서 재인용

결국 그는 조직변수와 인간변수를 통합하여 조직이 효과적으로 관리되기 위해서 관리자는 전체 조직체계의 분석, 임무와 목적의 확립, 조직구조의 설정, 이상적인 업무설계의 설정, 동기부여와 보상체계의 설정, 자료수집과 보고체계의 설계, 재정관리체계의 확립, 인적자원계획의 확립, 모집과 선별체계의 설계, 슈퍼비전과 직원훈련 및 개발의 원칙 확립, 수행능력평가설계, 종결(또는 퇴임)정책의 확립 그리고 조직수행능력의 평가 등의 분야에서 책임감이 있어야 한다고 강조하였다. 그리고 이러한 책임감을 위해 관리자가 수행하여야 하는 역할을 제시하였다. 그에 따르면 이러한 관리자의 책임감과 역할은 조직관리의 우수성을 규정하는데 도움을 주고 결국 조직이 일관성 있고 통합적인 효과성을 발휘하는데 도움을 준다고 한다. 조직의 효과성을 증진시키기 위한 관리자의 책임에 따른 역할은 다음과 같이 구분될 수 있다.

관리자의 책임: 전체체계의 분석

관리자의 역할: 조직의 목적, 기대한 성과, 필요한 기술, 최신기술을 사정하기

조직 그리고 프로그램의 투입, 처리, 산출과 성과를 규정하기

체계통합의 틀을 이용하기

관리자의 책임: 조직의 임무와 목적의 확립

관리자의 역할: 공유된 비전에 대한 동의를 확보하기

계속적인 개발을 위한 과정을 만들고 조직과 프로그램 목적, 목표, 행동을 고안하기

조직을 구조화하고 목적과 목표를 성취할 수 있는 자원을 할당하기

체계 통합적 관점에서 임무, 목적, 그리고 목표를 검토하기

관리자의 책임: 조직구조의 설정

관리자의 역할: 현존하는 구조, 통제 그리고 보고체계를 사정하기

효과성, 생산성, 효율성 그리고 질을 최대화할 수 있는 이상적인 조직구조를 창조하기

기술적 핵심을 보호하기 위해서, 높은 질과 경쟁력 있는 경영을 보장하기 위해서, 과업환경의 수요와 욕구를 달성하기 위해서 어떻게 조직이 구조화되어야 하는지 생각하기

체계 통합적 관점에서 조직을 구성하는 모든 구성부분들을 검사하기

관리자의 책임: 이상적인 업무설계의 설정

관리자의 역할: 조직 안에 있는 모든 직종의 업무분석을 개발하기

직원들의 창의성, 지식, 기술을 이용해서 조직의 효율성, 효과성, 생산성 그리고 질을 최대화할 수 있도록 이상적인 업무설계를 창조하기

조직의 임무, 목적 그리고 목표를 성취하기 위해서

모든 조직 안에 있는 직종들이 어떻게 전체 체계에 맞게끔 하여야 하는지 평가하기

관리자의 책임: 동기부여와 보상체계의 설정
관리자의 역할: 무엇이 직원들을 동기 부여하는지 이해하기
조직의 임무, 목적 그리고 목표를 성취하기 위해서 가장 열심히 그리고 최선을 다하여서 일하는 직원들이 가장 높은 보상을 받도록 보장하는 체계를 설계하기

관리자의 책임: 자료수집과 보고체계의 설계
관리자의 역할: 검토, 평가, 그리고 조사목적을 위한 성취와 실행의 모든 단계에서 자료를 수집할 수 있는 체계를 설계하기
수집된 정보나 자료가 진술된 목표나 목적 그리고 행동들을 추적하는데 유용한지, 보상과 동기부여와 일치하는지, 구조를 발전시키는데 사용될 수 있는지 확인하기

관리자의 책임: 재정관리체계의 확립
관리자의 역할: 조직의 모든 투입을 설명하고 추적할 수 있는 시스템을 설계하기
표준예산형식으로 모든 자원을 할당하기
효율성을 계산하기 위해서 단위 비용(unit cost)을 계산하기
조직의 임무, 목적, 목표뿐만 아니라 동기부여와 보

상시스템의 원칙에 일치하는 예산의 우선순위를 보장하기

관리자의 책임: 인적자원계획의 확립
관리자의 역할: 전문가를 위한 조직의 욕구에 일치하는 계획을 준비하기
그 계획은 client와 조직의 욕구에 따르는 필요한 직원의 모집과 선발과 함께 각각의 직종에 대한 완전한 업무분석을 포함하여야 한다.

관리자의 책임: 모집과 선별체계의 설계
관리자의 역할: 다양한 집단의 신청자들과 모집위원을 위한 시스템을 확립하기
확립된 업무분석에 일치하는 직원을 선별하고 고용결정을 보장하는 시스템을 설계하기

관리자의 책임: 슈퍼비전과 직원훈련 및 개발의 원칙확립
관리자의 역할: 슈퍼비전이 직원들의 욕구에 부응하는지 보장하기
기술과 지식을 위한 직원들의 욕구에 적절한 훈련을 제공하기
직원들이 그들의 경력을 쌓고 승진을 준비할 수 있도록 격려하기

관리자의 책임: 수행능력 평가체계의 설계
관리자의 역할: 조직의 임무와 목적에 일치하는 그리고 업무분석에 일치하는 수행력 평가를 위한 시스템을 설계하기

그 시스템이 직원들의 수행력을 정확하게 평가하수 있는지를 보장하기
높은 수행력을 나타내는 직원은 보상하기

관리자의 책임: 퇴임을 위한 정책의 확립
관리자의 역할: 비생산적인, 낮은 수행력을 보여주는 직원들이 계속 고용상태에 있어야 하는지 아닌지를 나타내주는 시스템을 설계하기
계속 조직에 있어야 함을 입증하지 못하는 직원들을 퇴임시키기
퇴임정책이 조직의 임무나 목적, 목표 그리고 수행능력평가시스템에 일치하여야 한다.

관리자의 책임: 조직수행능력의 평가
관리자의 역할: 이해관련당사자들이 조직수행능력을 이해하고 살펴볼 수 있도록 그리고 현재 진행되고 있는 프로그램의 계속성이나 변화에 관한 결정을 할 수 있도록 정보나 자료를 모으기
조직수행능력을 체계 통합적 관점에서 평가하기

결국 Kettner(2002)는 이러한 관리자의 책임감과 역할이 조직관리의 우수성에 대한 의미를 규정하는데 도움을 주고 결국 조직이 일관성 있고 통합적인 효과성을 발휘하는데 도움을 준다고 강조하였다.

5. 조직효과성 측정을 위한 변수(variables)

조직의 효과성을 측정하기 위해서 사용할 수 있는 변수를 이해하기 위해서는 Likert(1967)가 제시하였던 효과성을 이해하기 위해 사용할 수 있는 세 개의 변수(variables)를 살펴볼 필요가 있다. Likert는 효과성을 이해하는데 사용할 수 있는 세 개의 변수로써 **원인 변수**(causal variable), **개입변수**(intervening variable) 그리고 **결과변수**(end-result variable)를 제시하였다. Likert에 따르면 이 변수들 사이의 관계를 통해서 조직의 효과성을 이해할 수 있다고 한다. 즉, 원인변수가 높은 질을 성취하도록 관리되고, 그리고 개입변수가 조직의 목적이나 임무선언을 성취하도록 소명감에 영향을 받게 되면 결국 결과변수 또는 조직의 성과가 성공적이고 효과적인 조직을 나타나게 된다고 한다.

1) 원인변수

원인변수는 조직의 통제와 관리 하에 있는 변수들로써 사회복지조사론이나 통계학에서 사용되는 용어로는 독립변수로 간주될 수 있는 변수이다. 다시 말해 원인변수는 관리자에 의해서 통제되는 변수라고 할 수 있다. 또한 체계이론에서 사용하는 용어로는 조직의 투입(input)을 구성하는 조직적 구성요인들이라고 볼 수 있다. 예를 들어 원인변수로 간주될 수 있는 변수들로는 **직원, 경영지식, 기술, 조직구조, 업무설계, 동기부여, 보상체계, 재정, 자료와 정보, 인적자원계획** 등이 있을 수 있다.

조직의 관리자들은 스스로에게 다음과 같은 질문을 함으로써 조직관리의 통제 하에 있는 원인변수들을 확인할 수 있다.

■ 전체 체계에 대한 분석

- 조직 안에 있는 체계들 즉, 프로그램이나, 인적 자원, 재정, 관리 등에 대한 당신의 인식은 무엇인가?
- 위의 체계들이 더욱 조화있게 상호 작동하기 위해서 필요한 변화는 무엇인가?

■ 임무와 목적의 설립에 관한 질문

- 조직의 임무선언과 철학이나 가치가 조직에 스며들어 있는가에 대한 당신의 인식은 무엇인가?
- 프로그램의 목적, 목표, 행동들이 직원들에 의해서 지지되고 이해되고 있는가?
- 직원들이 개선이나 개량을 위한 제안을 내놓고 있는가?
- 목적을 성취하기 위해 자원이 적당한가?

■ 조직구조에 대한 질문

- 구조가 직원들이 함께 조화롭게 작업할 수 있는 최적의 작업관계를 지원하는가?
- 현재의 구조가 기관 밖에서 일하기 위해서 또는 기관 내적인 협동에 장애가 되지는 않는가?
- 비공식적 조직구조가 의도한 대로 기능하고 있는가?

■ 업무설계에 대한 질문

- 어떤 과업과 의무가 직원들에 의해 수행되고 있는가?
- 어떤 책임감이 업무를 수행하는 직원들에게 할당되어 있는가?
- 직원들이 그들 업무의 어떤 측면을 좋아하는가 또는 싫어하는가?

■ 동기부여와 보상체계에 대한 질문

- 직원의 동기를 고취시키기 위해서 어떤 방법이나 기법들이 현재

사용되고 있는가?
- 그 기법이나 방법들이 적당하게 작동하고 있는가?
- 동기부여에 대한 우리의(조직의) 전제는 무엇인가?
- 보상체계가 공평하고 적절한가?
- 최고의 직원이 최고의 대우를 받고 있는가?

■ 자료수집과 보고체계에 대한 질문
- 가지고 있지는 않지만 필요한 정보는 무엇인가?
- 필요한 보고를 할 수 있고 질문에 대답할 수 있는 적당한 자료들을 가지고 있는가?
- 보고가 직원들과 공유되는가?
- 직원들은 자료수집의 결과에 대한 피드백을 얻고 있는가?
- 관리정보체계로부터 오는 정보를 어떻게 사용하고 있는가?

■ 예산 재무관리체계에 대한 질문
- 예산의 우선순위들이 조직의 임무선언과 철학을 반영하고 있는가?
- 조직의 예산보고내용이 계획과 일치하는 성취와 노력의 수준을 나타내 주는가?
- 자원을 할당하는 방식에 어떤 변화가 있어야 한다고 생각하는가?

■ 인적자원 계획에 대한 질문
- 전문적 영역에서 우리가 필요로 했던 직원과 현재의 직원들 사이에는 어떤 차이가 있는가?
- 인적자원의 규칙이나 규정, 상부로부터의 명령, 조항 등이 지켜지고 있는가?
- 조직 안에 있는 모든 직종에 대한 업무분석을 가지고 있는가?
- 업무분석이 개정될 필요는 없는가?

■ 직원고용 또는 선발에 대한 질문

- 우리조직의 직원모집노력이 우리가 모집하려고 하는 신청자들에게 매력적인가?
- 신청자집단이 임직원들이 필요로 하는 프로파일과 일치하는가?
- 직원모집의 과정이나 절차에 있어서 어떤 문제는 없는가?
- 신청자집단에서 가장 우수한 신청자들을 선별하고 있는가?

■ 슈퍼비전과 직원훈련 및 개발에 관한 질문

- 우리가 진행하고 있는 슈퍼비전은 효과적인가?
- 슈퍼비전에 얼마나 많은 시간을 소비하고 있는가?
- 슈퍼비전, 훈련 또는 개발프로그램들이 더 나은 직원들의 수행력을 유발시키고 있는가?
- 직원들이 훈련을 계속 유지하고 있는가?
- 훈련 및 개발프로그램 중에서 무엇이 바뀌어야 하는가?

■ 수행력 평가시스템에 관한 질문

- 우리의 수행력평가시스템은 손쉽게 이용할 수 있는가?
- 수행력평가시스템이 임금상승, 승진 또는 보상 등을 적당하게 보장하고 있는가?
- 수행력평가시스템이 수행력을 어떻게 증진시키는가에 대한 지침이나 피드백을 제공하고 있는가?
- 수행능력을 사정하는데 있어 어떤 변화가 필요한가?

■ 퇴임에 관한 질문

- 비자발적인 퇴임이 전년도에 얼마나 있었는가?
- 우리는 비생산적인 직원들을 생산적인 직원으로 되도록 얼마만큼 돕고 있는가?

- 퇴임에 관한 정책을 수정해야 할 필요가 있는가?

2) 개입변수(intervening variables)

개입변수는 조직의 내부적 상태에 대한 현재의 조건을 나타내는 변수이다. 다시 말해 조직의 현재의 상태를 나타내주는 변수이다. 개입변수들은 조직의 직원들에 의해서 통제되며 조직의 임무, 목적, 목표, 팀웍(teamwork), 의사소통 등의 행동에 대한 직원들의 사명감에 반영되어 있다. 따라서 개입변수들에 대한 평가는 조직 구성원들에게 개입변수와 관련된 모든 조직체계에 대한 질문을 통해서 얻어질 수 있다. 다시 말해 직원 모두가 조직의 임무나 목적 부서들의 구조나 부서간 업무영역, 업무설계, 동기부여나 보상체계 등 현재의 조직체계와 과정에 대해서 어떻게 인식하고 있는지를 조사함으로써 개입변수에 대한 평가를 수행할 수 있게 됨을 의미한다. **직원들이 현재의 조직경영체계와 조직체계의 전반 등을 어떻게 인식하는가가 조직이 성취하려고 하는 결과가 성취될 것인지에 결정적인 영향을 미칠 수 있기 때문에 개입평가는 조직이 원하는 결과를 성취하기 위해서 중요하다**고 볼 수 있다. 다음은 개입변수의 현 상태를 알아보기 위해 직원들을 조사하는 경우에 사용될 수 있는 직원조사의 예이다.

직원조사의 예: (예, 아니오로 대답)

■ 임무선언, 목적, 목표에 관한 질문

________ 나는 조직의 임무선언과 철학을 인식하고 있다.

________ 나는 조직의 임무선언, 목적 목표를 구성하는데 있어 내가 가지고 있는 역할에 대해서 만족한다.

________ 나는 우리조직의 경영방식이 목적과 목표에 관련한 기대감

들을 의사전달하는 데 훌륭한 역할을 수행하고 있다고 느낀다.

■ 업무관계

_______ 나는 나의 부서, 프로그램의 구조가 좋은 업무관계를 지지하고 촉진시킨다는 것을 안다.

_______ 나는 필요할 때마다 다른 직원들과 협조적인 방식으로 작업한다. 그리고 조직의 구조나 부서의 구조에서 이에 대한 방해물들을 찾지 못했다.

_______ 나는 충분히 융통성있게 작업하고 있고 원하면 언제든지 쉽게 변화시킬 수 있다.

■ 업무설계

_______ 나는 나의 일을 즐긴다.

_______ 나는 나의 일을 수행하는데 있어 경쟁력이 있다고 생각한다.

_______ 나의 업무분야 중에는 다른 부서나 영역에서 일하는 사람이 일을 하면 더 잘할 것 같은 업무분야가 있다.

_______ 나는 결정수립에 더욱 큰 책임감을 갖기를 원한다.

■ 동기유발

_______ 나는 생산적이 되도록 충분히 동기 부여되어 있다.

_______ 나는 나의 조직이나 부서에 중요한 기여를 하고 있다고 생각한다.

_______ 나는 나의 의견이나 의사가 나의 조직이나 부서에서 결정수립을 하는 경우에 무시당하지 않는다고 생각한다.

_______ 나는 경영층이 직원들의 동기를 부여하는데 좋은 역할을 수행한다고 생각한다.

■ 보상

_______ 나는 현재의 보상체계가 열심히 일하고 상을 받을 가치가 있는 직원에게 보상을 준다고 생각한다.

_______ 나는 보상체계가 일을 열심히 하게끔 인도한다고 생각한다.

_______ 나는 현재의 조직보상체계에 만족한다.

■ 자료수집

_______ 나는 자료수집을 위한 기대가 합리적이라고 생각한다.

_______ 나는 나의 작업에 영향을 미치는 자료나 정보에 관한 피드백을 얻는다.

_______ 나는 나의 수행능력을 고취시키는데 도움을 주는 피드백을 발견한다.

■ 재정과 자원

_______ 나는 나의 부서나 프로그램 그리고 기관의 예산에 익숙하다.

_______ 나는 예산이 조직의 임무와 일치하는 우선순위를 반영한다고 생각한다.

_______ 나는 나의 작업의 기대를 충족시킬 수 있는 적당한 자원을 가지고 있다.

_______ 나는 예산책정과정에서 내가 가지고 있는 영향력에 대해 만족한다.

■ 인적자원규정(또는 법)

_______ 나는 모든 종류의 차별과 관련한 규정과 법에 관한 지식을 가지고 있다고 생각한다.

_______ 나는 조직이 모든 종류의 차별이나 괴롭힘에 관해서 직원들에게 적당한 교육을 제공한다고 생각한다.

_______ 나는 조직이 모든 종류의 차별이나 괴롭힘에 관한 조항을 강화하는데 있어 적당한 역할을 하고 있다고 생각한다.

■ 인적자원기획

_______ 나는 인적자원기획과정에 대해 알고 있다.

_______ 나는 조직의 고용과정이 적당하다고 생각한다.

_______ 나는 인적자원기획과정에서 내가 가지고 있는 영향력에 대해 만족한다.

■ 업무분석

_______ 나는 나의 직무에 관련된 업무분석을 읽었다.

_______ 나는 나의 직무에 관한 업무분석이 그 직무를 위해 필요한 자격이나 수행되는 업무에 대해 정확하게 반영하고 있다고 생각한다.

■ 직원모집 및 선발

_______ 우리 조직의 직원 모집과 선별 및 선발과정이 훌륭한 결과를 낳고 있다고 나는 생각한다.

_______ 나는 직원 모집과 선별 및 선발과정에서 내가 가지고 있는 영향력에 만족한다.

■ 오리엔테이션

_______ 나는 내가 입사할 당시에 직원오리엔테이션프로그램이 포괄적이고 잘 설계되었다고 느꼈었다.

_______ 나는 작년에 새로운 직원을 교육하는 오리엔테이션에 참가했었다.

_______ 그 오리엔테이션에서 나는 새로 선발된 직원들과 함께 내가 계획했던 목표를 성취할 수 있었다.

■ 슈퍼비전 및 자문

_______ 내가 받은 슈퍼비전과 자문이 나의 욕구를 해결하는데 적당하였다.

_______ 나는 도움이 되는 동료들로부터의 자문이나 다른 종류의 전문적 자문을 받은 적이 있다.

■ 직원훈련 및 개발

_______ 훈련프로그램에 대한 나의 전반적인 인상은 잘 계획되어 있고 투자한 시간만큼 가치가 있다는 것이다.

_______ 나는 외부 강연회나 회의, 또는 워크숍 등에 참가할 기회를 잡을 수 있었다.

_______ 나는 기관에서 이루어지는 교육혜택의 이익을 잡을 수 있었다.

_______ 나는 나의 자기개발프로그램에 놓여 있다.

■ 수행력 평가

_______ 나는 수행력평가에서 대체적으로 긍정적인 경험을 했고 도움이 되는 피드백을 받아 왔다.

_______ 나는 수행력평가시스템이 공정하고 정확하게 나의 수행력을 사정한다고 생각한다.

_______ 나는 수행력평가를 위해 소비한 시간이 가치 있는 투자라고 생각한다.

■ 퇴임

_______ 나는 조직의 퇴임정책을 알고 있다.

_______ 나는 퇴임정책이 공정하고 지속적으로 시행되고 있고 있다고 느낀다.

3) 결과변수

결과변수는 조직의 성취물을 의미한다. 사회복지조사에서 사용하는 용어로는 종속변수로 나타날 수 있고 체계이론에서 사용하는 용어로는 조직의 산출(outputs)로 표현된다. 결과나 산출의 측정은 조직의 성공이나 프로그램의 성공여부를 판단하기 위해 종종 사용된다. 결과나 산출은 조직의 목적이나 목표, 장기적 계획이나 전략적 계획을 검토하는 것을 통해서 측정될 수 있다. 또한 조직이 원하는 결과를 성취하였는가를 평가하는 가장 확실한 방법은 조직이 제공하는 서비스 특히 프로그램을 측정함으로써 이루어질 수 있다. 프로그램이 성취하려는 구체적인 목표, 예를 들어 프로그램에 참석한 client의 숫자, 프로그램을 통해서 개선이 있었던 client의 숫자, 프로그램에 끝까지 참석한 client의 숫자, client들의 프로그램에 대한 만족조사 등을 통해서 조직이 성취하려는 결과가 평가될 수 있게 된다.

모든 조직은 사회복지조직을 포함하여 산출한 결과를 가지고 평가받는 것을 선호한다. 결과나 산출이 성취되기 위해서 모든 조직들은 계획(plan)을 작성한다. 따라서 계획은 성공이 측정될 수 있는 기준일 뿐만 아니라 성취되어질 산출이나 결과를 만들어 내는 지도로써의 역할을 담당한다고 볼 수 있다. 조직이 작성하게 되는 계획으로는 현재 가장 많이 사용되고 있는 전략적 기획과 운영기획 그리고 좀더 구체적인 결과를 산출해 내기 위한 프로그램기획으로 나누어 볼 수 있다. 결론적으로 결과나 산출에 대한 평가는 조직이 작성한 다양한 계획들이 목표하는 결과를 성취하였는가를 검토함으로써 측정이 이루어지게 됨을 알 수 있다.

잘 설계된 프로그램은 결과나 산출이 평가받을 수 있도록 규칙적으로 자료와 정보를 정리하여 가지고 있다고 볼 수 있다. 따라서 이러한 자료와 정보를 바탕을 프로그램이 성취하려는 목적과 목표가 결과나 산출을 중심으로 해서 평가되어지고 이러한 프로그램의 평가는 결국 조직의 수행력 평가에 중요한 결정적인 기초를 제공하게 된다.

〈그림 5-2〉는 사회복지조직에 적용하는 경우에 나타나는 원인 변수(causal variable), 개입변수(intervening variable) 그리고 결과변수(end-result variable)의 관계를 나타낸다.

〈그림 5-2〉 원인 변수, 개입변수 그리고 결과변수의 관계

원인 변수	⇨	개입 변수	⇨	결과 변수
· 지식 그리고 기술 · 조직구조 · 업무설계 · 보상 · 재정 · 자료 그리고 정보 · 인사계획 · 조직의 통제 하에 있는 다른 요소들		· 사명감, 사기, 직원들의 협조 · 직원의 수행능력 · 조직의 현재 내적 상태를 나타내는 다른 요소들		· client 성과 · 목표의 성취 · 프로그램계획과 · 전략의 성취 · 다른 조직적 성취물

* Kettner, 2002, p.365에서 인용

만약 〈그림 5-2〉에서 지적된 원인변수들이 높은 수준의 질을 성취하기 위해 관리되고 그리고 개입변수들이 조직의 임무나 비전에 대한 사명감으로 영향을 미친다고 한다면 결과변수들은 성공적인 그리고 효과적인 조직을 나타내줄 것임에 틀림없을 것이다.

6. 조직 수행능력과(조직적 목적의 성취를 위한) 사회복지사의 역할

조직이 목적하는 결과를 성취하는 것이 조직의 수행능력을 평가하는데 있어 가장 결정적인 요인이라고 할 수 있다. 목적하는 바를 성취하

기 위해서 사회복지행정가들이 다음과 같은 역할을 담당하여야 한다.

① 사회복지행정가 또는 관리자는 윤리적으로 방어적인 결정을 요구하는 도덕적 딜레마에 직면해 있지만 행정적 결정은 사회적 가치에 입각해서 이루어져야 하며 그 가치는 사회정의, 상호신뢰, 공평성 등이 될 수 있다.

② 사회복지조직의 관리는 외부성원들의 기대와 선호에 영향을 주고 그들과 화해하고 이견이 있을 때에는 중개하기 위한 노력을 필요로 한다.

③ 사회복지행정가는 사회적으로 차별받고 있는 낙인화된 그리고 무시 받고 있는 집단들을 옹호하고 이들을 위해 대중들로부터의 자원과 감정적 지지를 이끌어내야 한다.

④ 사회복지행정가는 client의 문제를 해결하기 위한 자원을 동원하기 위해 다른 조직과 협력하여야 한다.

⑤ 사회복지행정가는 지지자, 후원자, 자원활동가, 직원들의 도덕적 사명감을 격려하고 고취하기 위해서 조직이나 프로그램이 추구하는 목적과 가치를 명확히 하여야 한다.

⑥ 사회복지행정가는 조직수행력을 측정할 수 있는 측정도구를 찾기 위해 노력하여야 한다.

⑦ 사회복지행정가는 직원들을 지지하고 역량을 강화시키는 프로그램을 개발하기 위해서 노력하여야 한다.

⑧ 사회복지행정가는 프로그램에 대한 통제권을 반드시 가지고 있어야 한다.

⑨ 사회복지행정가는 서비스전달의 성과와 서비스전달을 위한 수단의 선택에 직접적으로 개입되어 있어야 한다.

제6장

사회복지조직과 기술

제 1 절 조직의 구조와 기술

1. 기술이란 무엇인가?

과거에는 기술이라고 하면 조직이 원료를 변형시키는데 사용하는 단일한 또는 지배적인 과정이나 행동이라고 규정하였지만 Mohr(1971)가 언급했던 바와 같이 기술이라는 용어는 다면적 개념을 포함하는 개념으로 바뀌었다고 할 수 있다. 즉, 기술(technology)이라는 단어는 투입(input)을 산출(output)로 변형시키는데 사용되는 과정이나 재료뿐만 아니라 기술을 발전시키도록 돕는 그리고 운영의 부분들인 솜씨, 지식, 그리고 노동을 포함하는 용어이다. 따라서 기술은 재료나 작동(운영, operation)과 같은 하드웨어와 인간구성요소 즉, 지식구성요소를 둘 다 포함한다고 할 수 있다(Dawson, 1996). 예를 들어 연필을 만들기 위해서는 연필을 만드는데 필요한 재료가 있어야 하고 재료를 연필로 만드는 작동기술이 있어야 하며 재료를 연필로 만드는데 필요한 지식이 있어야 한다. 기술에 대한 이러한 정의는 기술을 조직 안에서의 단일한 힘으로 보는 시각을 벗어나 좀더 포괄적으로 기술을 인간노력과 결부지어 바라보는 시각이라고 할 수 있다(Dennis, Gillespie and Mornsey, 1978). Savage(1988)에 따르면 기술을 구성하는 구성요인은 크게 세 개로 나누어질 수 있는데 첫째 구성요인은 원료(재료)이며 두 번째 구성요인은 작동 또는 변형과정이고 세 번째 구성요인은 원료와 변형과정에 대한 지식이라고 한다.

Noble(1977)은 기술을 축적된 과학적 지식, 기술적 솜씨, 실행, 논리적 습관 등을 뛰어 넘는 개념으로 이해하였다. 그에 따르면 기술은 특정한 사회 역사적 정황에서 특정한 관심과 목적을 가지고 다양한 행동을 취하는 인간자체가 기술이라고 정의하였다. 결국 Noble에게 있어 **기술이란 구조와 마찬가지로 인간들이 그들의 목적을 성취하기 위해 사용하는 하나의 도구**(tool)라고 간주될 수 있다. 결국 기술이란 단순한 의미의 용어가 아니고 다면적인 의미를 포함하고 있는 의미이며 인간이 사용하는 단순한 능력이나 솜씨의 의미를 뛰어넘어 특정한 사회 역사적 정황에서 인간이 그들의 목적을 성취하기 위해 사용하는 모든 방법이 바로 기술(또는 기술발전의 근거)이라고 할 수 있다.

기술은 또한 조직적 정황 하에서 이해되어야 한다. 예를 들어 엔지니어는 조직의 재정적 한계 안에서 기술적 최선을 다하기 위해서 노력할 것이다. 재정책임자는 주어진 예산의 범위에서 비용을 보장하기 위해 노력할 것이며 이러한 방식으로 조직 안에 있는 모든 개개인들이나 집단들은 기술의 선택, 창조, 그리고 운영을 주어진 상황에서 가장 최선을 선택하는 이성적인 판단을 통해 이루려고 노력할 것이다.

대체적으로 조직의 효과성은 조직이 사용하는 기술과 소비자가 원하는 것 사이를 결합시키려는 조직의 능력에 의해서 결정된다고 한다. 이 능력이란 다시 말해 소비자의 욕구가 일차적으로 기술의 크기나 복잡성에 의존한다는 것을 의미한다. 이는 기술사용을 통해 만들어낸 생산품이 소비자들의 욕구를 충족시키게 하는 것이 바로 조직의 능력이라는 점을 강조하는 것이다. Perrow(1965)는 기술을 구성하는 최소한의 다섯 가지 속성이 있는데 그것들은 다음과 같다고 강조하였다. (Hasenfeld, 1983)

첫째, 기술은 의도된 원인과 효과관계에 대한 지식이 필요하다는 것이다. 즉, 테크닉이라는 것은 특정한 조건 하에서 하나의 변화를 야기하는 행동들의 수행능력을 이끈다는 것을 의미한다.

둘째, 기술에는 환류체계가 있다는 점이다. 즉, 행동의 결과가 객관적인 방식으로 평가 또는 사정될 수 있음을 의미한다.

셋째, 기술은 기술행동의 효능에 대한 반복적인 입증을 보장하는 것이 가능하다. 기술이 한 client에게 효과나 효능을 가져다주었다면 그 기술은 같은 조건 하에서 또 다른 client에게도 같은 효능과 효과를 가져다 줄 수 있다는 것을 의미한다.

넷째, 기술은 객관적으로 수용될 수 있고 합리적이어야 하며 그리고 명확한 내성(tolerance)이 있다. 즉, 기술이 객관적으로 수용될 수 있고 합리적이기 때문에 기술사용에 따른 성공의 비율이 측정될 수 있다. 이는 어떤 기술을 사용하느냐에 따라 어느 정도의 문제해결이 또는 성공이 가능한지를 알 수 있다는 것을 의미한다. 그리고 성공비율과 상관없이 한번 획득한 기술은 내성 때문에 행동을 계속 유지하기에 충분하다고 판단될 수 있다는 점이다.

다섯째, 기술은 충분히 의사 전달될 수 있다. 다시 말해 적절한 훈련을 받은 대부분의 사람들이 기술을 숙달할 수 있으며 그리고 내구력의 수용할만한 범위 하에서 기술을 실행하는 것이 가능하다는 것을 의미한다. 즉, 기술전달이 가능하다는 것을 의미한다.

사회복지조직에서 투입과 산출의 변형을 위해 사용하는 기술이 생산체계의 기술적 필수품이나 하드웨어만을 강조하는 물질적인 것으로 한정하게 되면 기술을 사용하는 사람의 의도, 해석, 그리고 행동들이 무시되는 결과를 초래하기 때문에 기술을 인간노력과 결부 지어 인간과의 관계 하에서 해석하는 것이 중요하다. 사회복지조직에서 기술과 구조사이의 관계를 이해하기 위해서는 기술이 인간과의 **상호행동과 원료로서의 인간**을 포함하고 있음을 인식하는 것이 중요하다고 할 수 있다. 비록 사회복지조직에서 효과적인 client의 관리나 재정관리 등을 위해 컴퓨터의 이용과 같은 하드웨어가 중요하지만 대부분의 사회복지조직에서 사용하는 인간봉사기술은 생산체계와 하드웨어보다는 기술을 사용하는 사람의 **상호행동, 해석**, 그리고 **의도**(intention) 등으로 특징지어진다고 할 수 있다(Glisson, 1992).

투입을 산출로 변형시키는 그리고 운영, 지식, 노동 등을 포함하는 기술의 발전은 산업혁명에 따른 과학기술의 발전과 그에 영향을 받은 노동의 분업에 의해서 보다 기술 집약적으로 세분화되었다고 볼 수 있다. 사회복지조직에서 사용하는 기술도 마찬가지로 산업혁명 이후 불어닥친 자본주의의 확대와 과학기술혁명에 따라 노동의 분업이 이루어지게 되었다.

2. 조직과 조직구조 그리고 기술

조직의 다양성을 보여주는 가장 명확한 표시는 조직이 산출해 내는 산물이라고 할 수 있다. 공장에서 제조되는 각종재화나 부속품(옷이나 신발 가전제품 등), 정제된 자연상품(음식), 관리상담, 복지, 의료, 여가 그리고 교육 등의 다양한 산물들이 조직을 통해서 산출된다. 모든 조직은 투입 그리고 다양한 방식으로의 산물로의 변형과 재화와 서비스 산출의 분배를 구성하는 하나의 핵심을 가지고 있다. 이것을 조직이 가지고 있는 핵심기술이라고 말할 수 있다. 예를 들어 형광등공장에서 일하는 사람들은 기계와 장비, 기술, 노동과 지식을 이용해서 원료를 변형시켜 완성된 형태의 산물인 형광등을 만들어 내고 의사는 병원에 찾아온 환자를 약이나 수술 그리고 충고 등을 통해서 변형시켜 더욱 건강한 인간을 만든다. 또한 사회복지사는 문제를 가지고 있는 인간을 상담이나 다양한 프로그램이나 서비스를 제공힘으로써 문제 해결적인 인간으로 변형시키기 위해 노력한다. 〈표 6-1〉은 투입과 산출의 다양한 변형과정을 설명해 주고 있다.

〈표 6-1〉 조직에서의 투입과 산출의 변형과정

	투입 ⇒	변형과정 ⇒	재화와 서비스의 산출
일반조직	원료	노동	완성된 상품
병원	환자	수술	건강한 환자
사회복지조직	client	프로그램을 통한 인적 물적 자원의 제공	개선된 조건의 client (client의 변형)

구조(structure)는 목적을 성취하기 위한 하나의 도구로서 인식될 수 있으며 또한 구조는 의사전달과 통제 그리고 협조의 목적을 보장하는

수단으로 인식될 수 있다. 이러한 의사전달과 통제 그리고 협조의 목적은 서열체계를 통해서라기보다는 연계망 또는 시장의 운영을 통해서 획득되어진다(Dawson, 1996). 그리고 Fry(1982)에 따르면 구조의 영역은 복잡성, 중앙집권화, 형식화로 구성되어 있다고 한다. 구조의 **복잡성**은 조직 부서의 수 등을 나타내는 수직적 수평적 조직구조의 양을 의미하며 **형식화**는 절차나 규정의 양을 의미하고 중앙**집권화**는 조직에서 힘이 좁게 분배되어 있음 즉, 힘이 한쪽으로 집중되어 있음을 의미한다. 또한 Barley(1990)에 따르면 구조는 개개직원들의 매일매일 행동의 반복적인 모습같이 구체적인 것 또는 거대한 관료주의 특징의 구조적 배열만큼이나 추상적인 것이라고 한다. 결국 **조직구조는 목적을 성취하기 위해 복잡성, 형식화 그리고 중앙집권화로 구성되어 있는 하나의 도구**라고 정리할 수 있다.

조직구조의 핵심기술은 원료, 지식, 솜씨, 테크닉, 그리고 조직의 존재이유인 상품을 만들고 서비스를 제공하는 하드웨어로 구성되어 있다. Glisson(1992)은 일반적으로 조직과 기술에 관련된 연구에서 위계질서가 덜하고 더욱 융통성 있는 조직구조를 가지고 있는 조직이 덜 일상적이고 더욱 복잡한 핵심기술을 필요로 하며 위계질서가 강하고 덜 융통성 있는 조직구조를 가지고 있는 조직이 더욱 일상적이고 덜 복잡한 기술을 필요로 한다고 강조한다. 이는 조직구조의 특징이 핵심기술의 특징을 설명한다는 것을 의미한다.

나아가 Glisson(1978)은 기술은 조직구조에 의존한다고 강조하면서 조직구조를 설계단계와 실행단계로 나누어서 기술과 연관하여 설명해 주고 있다. 그에 따르면 **설계단계**(design phase)에서 관리층은 사용되어질 기술을 완전하게 하기 위한 조직구조를 설계한다고 한다. 예를 들어 만약 특정한 서비스를 제공받고 있는 client가 관리층에 의해서 비슷한 개입이나 치료 그리고 해결책을 필요로 하는 비슷한 문제나 특징을 갖고 있는 것으로 간주되면 관리층은 반복적이고 일상적인 개입이나 치료 그리고 문제해결행동을 나타내는 기술을 설계한다는 것이다. 이러한 기술설계를 완벽하게 하기 위해 관리층은 직원들의 상호행동을 인도하는 엄격한 노동의 분업, 분명한 규정과 규칙을 갖는 구조 그리고 직원들에게 상대적으로 적은 자유재량을 허락하는 구조를 설계한다고 한다. 그리고 **실행단계**(implementation phase)에서 관리층은 구조를 직원들에 의해서 경험되어진 실제적인 구조로 인식하며 직원들의 문제해결행동과 개입 등의 실행된 기술이 직원들이 기능하는 실행된 구조에 반드시 부응하여야 한다고 강조한다. 결국 Glisson(1978)은 **기술이 조직구조에 종속적인 관계에 있다**고 강조한다. 한편 Weick(1990)은 **기술이 구조를 형성하고 동시에 구조가 기술을 형성하며 또한 기술이 구조의 원인이기도 하면서 결과이기도 하다**고 강조한다.

결국 이익이나 목적을 성취하기 위한 도구로서의 조직구조는 기술을 사용해서 만들어내는 생산물이나 서비스를 이용해서 목적하는 바를 성취하게 되며 조직구조와 기술은 상호영향을 주고받는 밀접한 관계를 유지한다고 할 수 있다. 따라서 **기술은 조직이 목적을 성취하기 위해 사용하는 도구**라고 정리할 수 있다.

제 2 절 사회복지조직과 기술

1. 사회복지조직과 기술

사회복지조직은 일반 기업조직과는 달리 구조적인 측면에서 대체적으로 덜 중앙집권화되어 있고 덜 형식화되어 있으며 복잡성이 매우 높은 조직구조의 특징을 갖고 있다. 이러한 특징을 갖는 사회복지조직에서 사용하는 인간봉사기술은 생산체계와 하드웨어보다는 기술을 사용하는 사람간의 **상호행동, 해석,** 그리고 **의도**(intention) 등으로 특징 지워 진다. 사회복지조직에서 서비스에 의해서 해결되어야 하는 문제나 욕구, 서비스를 제공받는 client, 적용되는 개입, 그리고 개입에 적용되는 솜씨나 장비 등은 핵심기술의 모든 부분이다. Perrow(1967), Hage와 Aiken(1969), 그리고 Hunt(1970) 등을 포함하는 학자들은 핵심기술을 특징짓는 요인으로 원료(raw materials)를 들고 있는데 Glisson(1978)에 따르면 인간봉사조직에서 원료는 문제를 가지고 있는 그리고 특정 client만을 위해 제공되는 개입을 사용하는 각각의 client로서 인식된다고 한다.

사회복지조직은 일반적으로 직원들이 다른 조직과 비교해서 더 많은 권위와 자유재량의 힘을 가지고 있는데 Glisson(1978)에 따르면 인간봉사조직에서 직원들에게 더 많은 권위와 자유재량의 힘을 제공하는 구조는 더욱 개별화되어 있고 덜 일상적인 인간봉사기술과 연관이 있다고 한다. 이는 서비스의 개별화는 기대할 수 없었던 그리고 계획될 수 없는 더 많은 사회복지사의 상호행동과 결정을 포함하기 때문이다. 결론적으로 개별화된 서비스는 덜 중앙 집권화한 그리고 덜 형식화한 구조를 필요로 한다고 할 수 있다. 이것은 인간을 다루는 사회복지사들이 인간의 본질을 다루는데 있어 더욱 많은 사회복지사의 분별력이나 자유재량을 필요로 하기 때문이다.

Glisson(1978, 1992)은 인간봉사조직에서 사용하는 기술을 조직구조(설계된 구조와 실행된 구조)와 관련져서 세 가지로 유형화하였는데 첫째는 이용 가능한 기술이고 두 번째는 설계된 기술이며 세 번째는 실행된 기술이라고 한다. **이용 가능한 기술**은 최신의 지식과 개입테크닉, client에 대한 실제적인 속성과 기법(테크닉)을 사용해서 기대하는 성과를 얻을 수 있는데 사용 가능한 기술을 의미한다. 그리고 **설계된**

기술은 관리층에 의해서 설계된 기술을 의미하며 관리층이 사회복지사가 사용하기를 원하는 개입전략과 테크닉, 관리층의 관점에서 본 client의 속성, 그리고 성과에 대한 관리층의 기대 등을 포함한다. 마지막으로 **실행된 기술**은 실제적으로 사용된 기술을 의미하며 사회복지사들에 의해서 사용된 개입전략과 테크닉 client에 대한 사회복지사의 관점, 그들의 개입에 따른 성과들로 구성된다. 그에 따르면 설계된 기술을 지원하기 위해 관리층에 의해 설계된 것이 **설계된 구조**(designed structure)라고 한다. 설계된 구조는 기술설계를 완벽히 하기 위해 관리층에 의해 제시된 노동의 분업, 절차, 규정, 의사결정에로의 참여, 권위의 서열 등이 포함된다. 그리고 **실행된 구조**는 사회복지사가 그들이 기능해야 하는 조직 안에서 실제적으로 경험하는 구조를 의미한다. 결국 이용 가능한 기술은 사회복지사들이 실제적으로 실행하는 기술에 영향을 미친다고 할 수 있다. 다시 말해 사회복지사들은 이용 가능한 기술의 지식과 기능을 직접적인 경험을 통해서 실제적으로 조직 안에서 사용할 수 있도록 이끈다고 할 수 있다.

사회복지조직구조와 기술의 관계에 대해서 Glisson의 견해에 따르면 사회복지사들이 속해 있는 조직에 의해서 수행되는 기술은 조직구조에 의존적인 관계에 있다고 할 수 있고 Weick의 견해에 따르면 사회복지사들이 사용하는 기술은 조직에 의해서 형성되기도 하고 기술이 그들 조직의 구조를 형성하기도 한다고 생각할 수 있기 때문에 결국 **기술과 구조는 상호보완적이고 상호행동을 중심으로 한다**는 것이라고 할 수 있다. 사회복지기술의 의존성은 인지적이고 감성적이며 인간의 행동수정을 산출해 내기 위한 시도로서 인식되어지는 사회복지기술의 본질에 의존한다고 할 수 있다. 즉, 사회복지기술의 본질은 client에게 결정되지 않은 기술을 사용한다는 것과 하나가 아니고 다양한(이질적인) 기술을 동시에 사용한다는 것을 의미한다. 이미 앞장에서 언급한 바와 같이 결정되지 않은 기술을 사용한다는 것은 사회복지조직만이 가지고 있는 특징 중에 하나이다. 결국 사회복지기술이 결정되지 않고 이질적인 기술이라는 것은 기술이 개별적이고 예측할 수 없는 인간에게 적용되기 때문이기도 하며 인간은 쉽게 평가될 수 없고 사회복지사가 태도나 자아상, 인지, 분석적 과정 등과 같은 추상적 현상에 관심을 갖는 작업을 수행하기 때문이기도 하다. 따라서 이러한 종류의 기술은 실행과 성과에 있어서 매우 높은 불확실성을 내포한다고 할 수 있기 때문에 사회복지조직의 특징 중에 하나인 사회복지조직의 목적이 애매하고 불확실하다는 원인을 설명해 준다.

또한 기술의 이질성, 원료(즉, client)의 다양성, 성과에 대한 낮은 예측가능성 등이 모두 사회복지기술이 조직구조에 민감하도록 영향을 주었다고 할 수 있다. 결국 사회복지기술의 불완전하고 이질적인 본질이 관리층이 기술을 어떻게 설계할 것인지 그리고 기술을 지원할 구조를 어떻게 설계할 것인지에 대한 여지를 제공하였다고 할 수 있다. 결국 Glisson과 Durik(1988)은 이러한 사회복지기술의 본질을 설명하면서 사회복지기술은 조직적 정황에 취약하다고 강조하였다. 예를 들어 맹장을 잘라내는 의료기술은 대체적으로 모든 맹장염을 앓고 있는 사람에게 동질적인 그리고 수술방식에 있어 이미 결정적인 의료기술을 사용하기 때문에 조직적 정황과는 별 관계가 없을 수 있지만 사회복지기술은 이와는 본질적으로 다른 즉, 처해져 있는 client의 상황에 따라 이질적이고 결정되지 않은 기술을 제공하기 때문에 사회복지사와 client, 사회복지사와 사회복지사 그리고 사회복지사와 조직상층부와의 상호행동을 강조하는 내용으로 채워져 있다고 볼 수 있다. 또한 사회복지의 특성상 사회복지사들은 생산물보다는 과정을 중요시할 수밖에 없고 client들에게 일어나는 사건들이 사회복지사들의 상상력과 해석 그리고 추론을 필요로 하기 때문에 또 다른 한편으로 사회복지사가 사용하는 기술이 조직을 형성할 수 있고 조직이 기술을 형성할 수도 있다고 해석하는 것이 가능해진다. 결국 이용 가능한 최신의 기술과 조직구조사이의 적합성이 사회복지조직의 효과성에 밀접한 연관이 있다고 할 수 있다. 또한 사회복지조직의 조직의 효과성은 사회복지조직이 사용하는 기술과 client의 욕구 사이를 결합시키려는 조직의 능력에 의해서 결정된다고 볼 수 있다. 즉, 조직의 능력이란 다시 말해 client의 욕구가 일차적으로 기술의 크기나 복잡성에 의존한다는 것을 의미한다.

2. 사회복지조직이 사용하는 기술

사회복지조직에서 사회복지사들이 다루는 기술은 상업기술(commercial technology)이 아니고 인간봉사기술(human service technology)이다. 단순하게 얘기한다면 사회복지사들이 사용하는 기술은 client를 향해 이루어지는 핵심적인 행동들이라고 할 수 있다. 인간봉사기술로서 사회복지사들이 사용하는 기술은 조직구조에 영향을 받지만 일반적으로 고도로 개별화되어 있으며 덜 일상적인 기술이고 결정으로의 참여에 사회복지사들의 개입이 허락되고 자유재량권이 인정되며 분명하고 구체적인 노동의 분업이 이루어져 있는 기술임과 동시에 비결정적이고 이질적인 기술을 사용한다고 할 수 있다. client의 상태를 개선시키기 위해 적용되는 기술은 인간의 기능과 행동에 관한 광범위한 지식과 변화하는 그리고 때로는 모순되는 그리고 복잡하고 불완전한 지식을 필요로 한다. 따라서 사회복지사들은 기술을 사용함에 앞서 client의 행동에 영향을 미치는 문화적 그리고 생물학적 요인들뿐만 아니라 그들의 삶을 지배하는 모든 정치 경제 사회 환경적 요인 등을 포괄적으로 이해하여야 한다는 점이 지적될 수 있다.

사회복지사들이 사용하게 되는 **인간봉사기술**에 대해 Hasenfeld(1983)는 사람들을 현재의 지위에서 새로운 지위로 변형시키기 위해서 사람들의 육체적, 심리적, 사회적 또는 문화적 태도를 변화시키는 것을 목적으로 하는 제도적(institutional) 절차의 집합체라고 정의하였다.

여기서 제도적이라는 용어는 절차가 합법적이고 조직에 의해서 인가받은 것을 의미한다. 다른 일반적인 조직과는 달리 사회복지조직은 사람들이 가지고 있는 문제와 대응이 지체될 수 없고 과학적 기초지식의 부족이 무시될 수 없는 욕구를 해결하기 위해 노력하기 때문에 이러한 조직에서 사용하는 인간봉사기술은 과학적 기술에 기초할 뿐만 아니라 경험과 신념체계에 기초한다.

Hasenfeld(1983)은 인간봉사기술로 client들이 다루어지는 과정의 단계들에 대해 설명해 주고 있다. 그에 따르면 인간봉사기술은 조직에서 client가 다루어지는 과정에 부합하여 다음과 같은 몇 개의 구성요인을 포함한다고 한다.

- **모집과 선별**: 이 단계는 조직의 서비스를 받기에 적절하다고 간주되는 client를 모집하고 선별하는 과정을 포함한다. 일반적으로 조직은 client들에게 자격 있음과 자격 없음이라는 지위를 부여한다.
- **사정과 분류**: 이 단계는 client에 대한 구분(labeling)과 분류(classification)를 이끌어내기 위해 client의 속성(attribute)을 평가하기 위한 절차들로 구성되어 있다.
- **지위변형(status transformation)**: 이 과정은 client의 육체적, 심리적, 사회적 그리고 문화적 지위에서의 예견된 변화를 가져오기 위해 설계된 기술들을 포함한다. 지위변형을 위해 사용하는 기술은 사회복지조직에서 사용하는 핵심기술을 의미하며 서비스의 성과에 직접적인 책임이 있는 기술을 의미한다고 할 수 있다.

■ **종결과 보증**: 이 단계는 조직으로부터 client가 나가는 것을 통제하고 한정하는 그리고 client의 변화된 조건이나 지위에 대해 대중이 확인할 수 있는 절차로 구성된다.

결국 위에서 살펴본 바와 같이 인간봉사기술의 각각의 단계는 도덕적 판단과 평가를 필요로 하는데 이것은 원료가 바로 사람이라는 독특성에 기인하며 이것이 일반 기술과 사회복지조직이 사용하는 기술과의 가장 두드러진 차이점이라고 할 수 있다. 원료로서의 인간을 다룬다는 것은 인간봉사기술의 사용에 있어 다음과 같은 두 가지의 문제를 내포하는데 첫째는 원료로 인간을 다루는 것은 사용하는 기술에 대한 도덕적 측면이 강조됨을 의미한다는 점이며 두 번째는 인간봉사기술이 반드시 인간에 대한 제한된 지식과 인간의 복잡성과 다양성으로부터 오는 수많은 불확실성에 대처하여야 한다는 점이다.

Hasenfeld(1983)는 인간봉사기술의 속성으로 인간봉사기술은 첫째, 도덕체계이고 둘째, 결정되지 않은 체계이며 셋째, 실천이데올로기이며 넷쌔, 대면적(face to face) 상호행동이고 다섯 번째 client통제시스템이라고 지적하였다. 이들 속성에 대해 좀더 자세히 살펴보면 다음과 같다.

1) 도덕체계로서의 인간봉사기술

사회복지조직에 의해서 다루어지는 client들은 모두 그들의 독자성을 결정짓는 그리고 사회적 정황 하에서 도덕적 지위를 규정하는 **도덕적** 그리고 **문화적 가치**를 부여받고 있다. 그들은 그들의 개인적 특성에 대한 도덕적 그리고 사회적 의미를 나타내는 독자성과 지위를 가지고 사회복지기관을 찾아오게 된다. 다시 말해 나이, 성 인종, 신체적 특징, 감정이나 태도의 표현, 그리고 행동 등이 client의 사회적 지위나 독자성과 일치하는 사회적 의미로 해석되어진다는 것을 나타낸다. 따라서

client의 특성(attribute)은 단순히 치료를 받아야 하는 또는 욕구가 해결되어야 하는 대상으로 인식되어지는 것이 아니라 사회적 도덕적 지위를 가지고 있는 존재로서 인식되어진다. 이는 사회복지조직의 client에 대한 치료 또는 개입형태가 client에 대한 사회복지사들의 도덕적 평가에 의해서 이루어진다는 것을 의미한다. 이러한 의미에서 사회복지조직이 사용하는 기술은 도덕적 체계라고 정리할 수 있게 된다.

2) 결정되지 않은 체계로서의 인간봉사기술

인간(또는 client)의 성격, 태도나 특성의 성공적인 변화 또는 변형은 과학적 지식에 기초한 기술을 필요로 한다. 하지만 이러한 과학적 지식은 매우 복잡하고 불완전하며 다양한 의미로 해석될 수 있는 지식이다. 결국 이러한 과학적 지식은 완전하지 않은 또는 결정되지 않은 지식을 의미한다. 이는 인간의 태도나 특성 그리고 성격의 복잡성과 다양성 그리고 그러한 특성이나 성격을 관찰하고 측정하는데 있어서 나타나는 어려움 등이 인간의 생리적, 심리적, 그리고 사회적 기능에 관한 지식이 완전하지 못한 지식이 되도록 영향을 미쳤기 때문이라고 할 수 있다. 인간에 관한 지식이 매우 높은 불확실성에 기초한다는 것은 한편으로 인간 속성들이 쉽게 구분될 수 없으며 서로 서로 격리될 수 없기 때문이고 인간속성과 상호 행동하는 다른 속성들에 의해서 많은 부분 영향을 받기 때문이기도 하다. 결국 어떤 특정한 치료나 개입에 대한 개개인의 반응과 반작용은 일정치 않으며 높은 예측불가능을 내포한다고 할 수 있다.

인간 스스로가 그들의 행동에 영향을 미치는 외부요인을 완벽하게 통제할 수 없다는 점과 그리고 인간행동에 영향을 미치는 보이지 않는 그리고 알려지지 않은 과정이 종종 인간에게 적용되는 기술의 효과에 대한 객관화된 그리고 관찰된 결과를 낳도록 하는 것을 어렵게 만든다.

예를 들어 개입결과에 대한 동일한 기준적용을 할 수 없다는 점, 모든 인간들이 처한 조건의 상이성에서 오는 비슷한 사례의 부족, 인간욕구와 문제의 본질에 있어서의 다양성 그리고 기술행정의 다양성 등이 개입에 대한 기술적 성과의 평가를 극도로 어렵게 만든다는 점이다 (Bergin and Lambert, 1978). 또한 기술의 적용 없이도 문제가 개선되고 나아지는 "자발적 완화"(spontaneous remission)라고 알려져 있는 현상이 덧붙여져서 인간에게 적용되는 기술의 효과에 대한 객관화된 그리고 관찰된 결과를 낳도록 하는 것을 어렵게 만든다. 예를 들어 Bergin과 Lambert(1978)의 조사에 따르면 정신치료에 있어서 평균적인 자발적 완화현상이 43%에 이른다고 한다. 결국 client에게 제공된 상담을 통한 상태의 개선이 상담을 통해서 이루어지는 치료기술 때문인지 아니면 또 다른 요인에 의해서 인지를 완전하게 결정할 수 없는 상황이 존재하게 된다. 따라서 인간행동을 변화시키는 것을 목적으로 하는 인간봉사기술이 사용되었을 경우 의도된 결과나 개입이 측정하기 어렵고 눈에 잘 보이지 않기 때문에 개입기술과 성과사이의 인과관계를 입증하는 것이 극히 어렵다고 할 수 있다.

또한 기술사용에 있어 조직적 그리고 사회경제적 상황도 기술적용의 성과에 중대한 영향을 미치기 때문에 사회복지프로그램의 효과성을 사회복지기술로만 연관해서 평가한다는 것은 매우 어렵다고 할 수 있다. 예를 들어 실업상태에 있는 실직자들이 직장을 얻는 것을 돕는 직업훈련프로그램의 경우 그 국가나 지역의 경제적 상황도 많은 부분 프로그램성과에 영향을 미친다는 것을 부정할 수 없다. 결국 사회경제적 조건이 사회복지기술의 효과성에 영향을 미친다. 결국 사회복지기술은 인간자체의 불확실성, 불완전성과 조직적 상황과 사회경제적 상황에 의해서 영향을 받기 때문에 완전하게 결정된 그리고 정리된 체계에 있다고 할 수 없으며 보다 불완전한 체계에 있을 수밖에 없다고 할 수 있다.

3) 실천이데올로기로서의 인간봉사기술

인간봉사기술이 불완전하다는 점과 도덕적 가치를 강조하는 것은 기술의 실천과 실행에 있어 심각한 문제들을 만들어낸다고 하는데 그 첫 번째 문제점으로 지적될 수 있는 것은 사회복지조직을 포함하는 인간봉사조직이 적절한 기술을 선택하는데 있어 분명한 지침이 부족하다는 것이다. 이는 분명한 기술이 존재하지 않기 때문이라기보다 다양한 기술들이 과학적 지식의 정도에 따라 다양한 지지를 받고 있기 때문이라고 할 수 있다. 두 번째 문제점은 다양한 기술들이 조직에 의해서 심사숙고되어져야만 하는 어떤 도덕적 가치를 전제하고 있기 때문이고 그리고 기술의 경험적 타당도에 대한 심사숙고를 무시하려는 경향 때문이라고 한다. 사회복지사들은 기술을 실천적으로 사용하는데 있어 이러한 문제점들이 존재한다는 점을 인식하여 하는데 이는 사회복지사들이 client의 문제를 해결해 주는 문제해결사의 역할을 수행하기 때문이다. 사회복지사들은 그들의 서비스를 필요로 하는 사람들의 문제나 욕구에 반드시 응답하여야 한다. 다시 말해 사회복지사들은 과학적 지식이 유용하지 않더라도 그리고 행동을 위한 분명한 지침을 제공할 수 없을지라도 반드시 해결책을 사람들에게 제시하여야 한다. 따라서 사회복지기술은 실천적 현장에서 과학적 지식에 따라 다양하기 때문에 분명하지 않고 또 조직에 의해서 고려되는 도덕적 가치를 내포하는 체계이고 인간의 다양성 때문에 경험적 타당도를 부정한다고 하더라도 그들의 신념과 경험에 근거해서 사람들의 문제를 해결할 수 있는 기술을 반드시 제공하여야만 한다는 당위성이 있다고 할 수 있다. 즉, 사회복지사들은 사람들의 욕구나 문제의 해결을 위해 반드시 그들의 지혜, 경험, 그리고 신념뿐만 아니라 인간문제를 해결하기 위한 그들의 탐색에 대한 과학적 지식에 반드시 의존하여야 한다는 것을 의미한다. 이런 의미에서 인간봉사기술은 실천이데올로기라고 간주된다.

즉, 사회복지조직과 사회복지사들은 실천이데올로기를 수용하는 것에 의해서 기술의 실천적용에서 나타나는 문제점들을 극복할 수 있음을 의미한다고 할 수 있다. 이는 실천이데올로기가 조직을 위하여 다음과 같은 이중의 기능을 수행하기 때문에 가능하다. 그 첫 번째는 실천이데올로기가 불확실성을 줄여주고 행동의 일정한 경로를 제공하며 두 번째로는 사회복지사들의 행동에 대한 정당성과 논리적 근거를 제공한다는 점이다. 물론 실천이데올로기는 조직에 의해서 수용되는 도덕적 태도에 의해서도 일부분 구성되지만 사회복지사들에 의해서 경험된 또는 수용된 인간본질에 대한 사고에 의해서도 구성된다. 예를 들어 알코올중독자에 대해 갖고 있는 사회복지사들의 실천이데올로기로는 알코올중독의 원인에 대한 다양한 이론적 기초 즉, 개인의 성격, 가정불화 등의 개인적 원인에서부터 구조조정에 따른 실업, 해고 등의 사회적 원인에 이르기까지의 다양한 이론적 기초들 중에서 사회복지사들의 개인적 신념이나 경험 등에 이해 갖게 되는 이론이 바로 실천이데올로기가 된다는 것을 의미한다. 다시 말해 복지수혜자가 가지고 있는 그들의 불행 또는 문제가 개인적 발전의 손상이나 가족관계에서 온다고 전제할 수도 있고 자본주의생산체계 자체가 가지고 있는 모순에 의한 사회경제적 요인에 의해서 온다고 전제할 수도 있다. 결국 사회복지사들은 그들의 이데올로기적 경향에 근거한 상이한 치료개입을 실천기술로 적용하게 된다. 물론 여기서 지적되어야 하는 점은 사회복지기술이 실천이데올로기로 기능한다는 것은 사회복지기술의 속성 중에 하나로서 사회복지기능이 실천이데올로기로서 기능한다는 점이지 모든 사회복지기술이 반드시 실천이데올로기라는 점을 의미하는 것은 아니라는 점이다.

Scott(1969)에 따르면 시각장애인시설에는 두 개의 실천이데올로기가 있다고 하는데 첫 번째는 회복이데올로기(restorative ideology)이고 두 번째는 적응이데올로기(accommodative ideology)이다. 그에 따르면 **회복이데올로기**는 시각의 상실은 죽음의 경험과 같다고 전제한다고 강조한다. 따라서 치료는 시각장애인이 슬픔을 극복하도록 돕는 것과 경험된 상실을 회복하도록 하는 것에 중점을 둔다고 하는 실천이데올로기이다. 그리고 **적응이데올로기**는 시각장애인이 사회에서 기능을 하지 못한다고 전제한다. 따라서 그들의 의존상태를 보호하고 장애에 적응할 수 있는 그들을 위한 새로운 환경이 만들어져야 한다는 점을 강조하는 실천이데올로기이다.

4) 대면적(face to face) 상호행동으로서의 인간봉사기술

인간봉사기술의 속성 중에 가장 중요한 것은 인간봉사의 핵심기술(core technology)이 사회복지사와 client 사이의 대면을 통한 직접적 상호행동이라는 점이다. 상호행동의 내용과 형태는 결정적으로 기술의 성과에 영향을 미치는데 이는 개입절차가 client에게 직접영향을 미치기 때문이다. 예를 들어 교육적 기술의 측면에서 보면 교육의 효과는 교사와 학생 사이의 감정적인 결합과 친밀도에 의해서 결정되는 것과 마찬가지로 사회복지사들과 client 사이의 감정적 결합과 친밀도 역시 사회복지조직의 효과를 나태내줄 수 있다는 것을 의미한다고 할 수 있다. 따라서 인간봉사기술은 기술의 성공적인 실행을 위한 선결조건으로 상호행동의 최적의 상태를 유지하는 것을 강조한다.

client와 사회복지사의 상호행동이 사회복지기술의 가장 중요한 속성이라고 한다면 이러한 기술의 사용은 바로 client와 직접적으로 부딪치는 일선에서 일하는 사회복지사들의 업무에 반영되는데 Lipsky(1976)에 따르면 client와 직접적으로 부딪치는 일선에서 일하는 사회복지사들의 업무는 다음과 같은 조건에 의해 성격 규정된다고 한다.

· 일선사회복지사들은 client와 규칙적인 상호행동을 한다.
· 일선사회복지사들은 상대적인 독립성과 분별력을 가지고 있으며 그들의 개인적인 태도와 행동은 client의 치료에 중요한 영향을 미친다.
· 일선사회복지사들은 그들이 다루어야 하는 client에 대해 두드러진 영향력을 가질 수 있다.

직접적 상호행동은 일반적으로 사회복지사들의 영향력 있는 개입, 관계의 확산, 자유재량, 구별주의(보편주의와 반대되는 의미로서, particularism)를 고취시킨다고 한다. 하지만 이러한 사회복지사의 영향력 확대와 구별주의, 자유재량의 확대 때문에 사회복지사들은 client로부터의 그리고 조직으로부터의 사회복지사의 역할기대에 대한 갈등을 경험하게 된다. 자기주의에 정당성을 부여하는 전문화(professionalization)는 그런 갈등을 줄이기 위한 사회복지조직에 의해서 사용되는 하나의 메커니즘이라고 할 수 있다. 하지만 사회복지조직에서 이러한 갈등은 다음의 두 요인에 의해서 더욱 악화될 수 있는데 **첫 번째 요인**은 사회복지사가 client가 필요로 하는 서비스를 통제할 수 있기 때문에 client에 대해서 힘을 가지고 있는 것으로 비쳐지고 이 때문에 갈등이 더욱 악화될 수 있다는 점이다. 이러한 힘의 불균형은 사회복지사들이 직접적 상호행동의 통제를 위해 임의로 자원을 사용하는 것을 고취시키고 그리고 client의 입장에서는 사회복지사가 가지고 있는 구별주의의 가치에 대해 문제를 제기하도록 고취시킨다. **두 번째 요인**은 client의 욕구에 맞는 서비스 그리고 개별화된 치료를 고취시키는 서비스기술은 사회복지의 가치인 공평과 형평을 희생시켜서 사회복지사의 구별주의와 자유재량권 사용을 위한 정당성을 강화한다는 점 때문에 갈등이 악화된다는 것이다(Handler, 1979). 다시 말해 공평과 형평에 맞는 보편적인 서비스가 제공되는 것이 아니라 client의 개별적 상황에 맞는 서비스가 제공될 수 있음을 의미한다.

5) client통제시스템으로서의 인간봉사기술

자기가 스스로 행동하는 실체로서의 client는 잠재적으로 사회복지조직에서 수여되는 기술을 비효과적으로 만들 수 있으며 client의 속성을 변형시키려는 노력들을 무시할 수 있다. 심지어 client가 아니더라도 client의 부모들 역시 사회복지사의 노력을 무시할 수 있고 거부할 수 있다. 예를 들어 client가 그의 대인관계에 대해 사회복지사에게 말하는 것을 꺼릴 수 있고 상담프로그램이나 훈련프로그램 기간 중에 상담이나 훈련수업을 임의로 빠질 수도 있으며 부모들도 그들 자식들에게 영향력을 행사하여 진행되고 있는 상담이나 교육을 무시할 수 있다. 따라서 client의 순종과 협조의 필요성은 사회복지의 기술이 client의 행동에 있어 중대한 변화를 목적으로 할 때나 활동적인 client의 참여와 개입이 필요할 때는 반드시 필요하다고 할 수 있다. 다시 말해 사회복지조직 또는 사회복지사들은 그들의 기술의 적용을 위해서는 반드시 client로부터의 협조와 순종이 뒷받침되어야 한다. 결국 client에 대한 통제와 순종을 이끌어내야 하는 필요성이 사회복지조직에 있어 결정적으로 중요한 이슈이고 사회복지조직이나 실무자들이 많은 부분 신경을 써야하는 부분이라고 할 수 있다.

사회복지기술 나아가 인간봉사기술은 결국 client통제의 다양한 메커니즘과 유기적인 협조의 관계에 있다고 할 수 있다. 이는 실질적으로 사회복지사들이 client와 따뜻한 감정이입의 관계를 만들기 위해 노력하며 client로부터 사회복지사의 충고를 따르도록 동기부여를 이끌어내기 위해서 그리고 신뢰를 이끌어내기 위해서 노력하고 client가 스스로 그들의 기능을 방해하는 대인관계의 문제점들을 탐색하도록 도와주는 것을 목적으로 행동하며 사회복지사들의 client에 대한 통제 역시 이러한 변화노력에 근거해서 이루어지기 때문이다. 따라서 사회복지사들의 client에 대한 변화노력과 통제노력은 그 구분이 애매하여 협조적 관계에 있다고 정리할 수 있다. 따라서 사회복지기술을 포함하는 모든 의료교육 등의 인간봉사기술은 client의 통제시스템으로서 기능한다고 할 수 있다. 예를 들어 의료기술인 경우에는 다음과 같은 환자통제메커니즘을 사용하게 된다고 한다(Coe, 1970). 첫째, 환자복을 입히고 개인적인 휴대품들을 모두 제거함으로써 그리고 제한된 면회와 엄격한 스케줄을 제공함으로써 환자를 통제를 할 수 있게 된다. 둘째, 환자에게 제공하는 진단에 관한 정보나 치료의 양식, 병의 예후 등에 대한 정보를 가지고 환자를 통제할 수 있게 된다. 셋째, 병원에서 자유롭게 자유재량으로 이동하는 것을 금지함으로써 환자를 통제한다.

결국 client를 통제하는 목적은 client를 통제함으로써 그들이 가지고 있는 문제나 욕구를 보다 효과적으로 해결해 주는 것에 있기 때문에 사회복지기술은 다음과 같은 통제메커니즘을 이용할 수 있다. 첫째, 사회복지사들은 client들이 가지고 있는 문제를 포함하는 개인적 신상에 대한 정보를 제공받음으로 인해 client에 대한 통제권을 갖게 된다. 따라서 client에 대한 개인적 신상정보가 사회복지사들로 하여금 client에 대한 통제를 갖게 한다. 둘째, 사회복지사들은 client의 문제나 욕구를 해결할 수 있는 다양한 정보의 원천을 가지고 있음으로 인해 client에 대한 통제권을 갖게 된다. 셋째, client의 조건에 대한 조사를 통해 서비스수혜자격의 가부를 결정할 수 있기 때문에 client에 대한 통제권을 갖게 된다. 따라서 client의 조건에 대한 조사가 통제메커니즘으로 기능하게 된다. 넷째, client에 대한 보상(reward)과 징벌(punishment)이 또한 통제메커니즘으로 기능할 수 있다. 이는 조직의 규정을 침해한 client에 대한 서비스를 중단한다든지 또는 협조적이고 성실한 client에게 추가적인 수여금을 제공하는 것 등을 의미한다(Gamson, 1968). 다섯 번째, Gamson(1968)에 따르면 client통제메커니즘의 하나로서 **설득**(persuasion)이 사용될 수 있다고 한다. 사회복지기술은 client를 변형시키는 변형과정에서 client의 협조와 활동적인 개입을 필요로 하기 때문에 설득을 통해서 사회복지사들은 client와의 동질감을 증가시키기 위해서 노력하게 된다.

제 3 절 사회복지기술의 구성요인

사회복지기술은 복잡하고 다양한 분야를 내포하고 있으며 그리고 독특한 요소들로 구성되어 있다. 따라서 사용되는 다양한 사회복지기술을 구분하기 위해 그리고 client와 사회복지사와의 관계에 영향을 미치는 상이한 영향력을 확인하기 위해서는 사회복지기술이 가지고 있는 구성요인(components)들을 확인하는 것이 필요하다. 사회복지기술의 독특한 구성요소들은 어떻게 client관리와 과업의 처리가 수행되어지는지 그리고 어떻게 이러한 과업들이 조직화되고 실행되는지 그리고 어떻게 과업들이 사회복지사와 client의 역할수행에 영향을 미치는지를 결정한다.

Hickson, Pugh 그리고 Pheysey(1969)는 일반적으로 조직이 사용하는 기술은 다음과 같은 세 개의 독특한 요소들을 포함하고 있다고 주장하였다. 그들 요소들은 첫째로 **작동기술**(operations technology)로서 상품을 생산하는 과정을 의미한다. 두 번째 요소는 **재료기술**(material technology)로서 작업에 사용되는 재료의 속성을 의미한다. 세 번째 요소는 **지식기술**(knowledge technology)로서 작업에 사용되는 지식의 속성을 의미한다. 이러한 기술요소의 3분화는 일반적인 상업기술이나 공장기술에는 적절하게 적용될 수 있지만 사회복지기술을 포함하는 인간봉사기술로의 적용에는 한계가 있기 때문에, 다시 말해 인간봉사기술이 가지고 있는 속성을 나타내는 데에는 한계가 있기 때문에, Hasenfeld(1983)는 위의 요소에 덧붙여서 다음과 같은 다섯 개의 구성요인들을 가지고 인간봉사조직의 기술이 가지고 있는 독특한 구성요소들을 설명해주고 있다. 다시 말해 인간봉사기술은 **client속성기술, 지식기술, 상호행동기술, client통제기술 그리고 작동기술** 등의 다섯 가지의 요인들을 사용해서 client의 변형을 성공적으로 수행한다고 한다. 다시 말해 사회복지사들이 사회복지기술이 가지고 있는 이러한 다섯 가지 기술들을 사용하여 client의 변형을 실천에 옮긴다고 할 수 있다. 사회복지기술이 가지고 있는 이들 구성요소들을 구체적으로 살펴보면 다음과 같다.

1. client속성(attributes)기술

client의 **속성은 client가 가지고 있는 문제점이나 욕구** 등을 의미한다 따라서 **clicnt속성기술은 사회복지사가 client가 가지고 있는 속성을 변화시키는 기술**을 의미한다. 앞에서도 언급한 바와 같이 사회복지조직에서 원료는 바로 client라는 점이 바로 client가 독특하고 개별화된 그들만의 속성을 가지고 있다는 것을 의미한다. 따라서 결과된 서비스의 성과를 위해서는(결국은 client속성기술을 통한 client의 변화나 변형을 의미한다) 사회복지조직은 다음과 같은 세가지점을 반드시 결정하고 규정하여야 한다고 하는데 그 **첫 번째**로는 사회복지조직이 제공하는 사회복지기술과 연관한 또는 관련이 있는 속성(문제나 욕구 등의 범위를 의미)의 범위이고 **두 번째**로는 수용할 수 있는 client속성의 변화 정도이며 **세 번째**로는 client속성의 상대적 안정성이라고 한다. 사회복지사가 client속성기술을 사용할 때 반드시 결정하여야 하는 세 개의 측면을 좀더 자세히 살펴보면 다음과 같다.

■ 기술과 연관한 또는 관련이 있는 속성의 범위

기술과 연관한 또는 관련이 있는 속성의 범위는 client의 속성(특히 자기배경)에 대한 조직의 관심을 의미한다고 할 수 있다. 예를 들어 일상적인 상담프로그램에서보다 일시적인 위기개입상담프로그램에서 사회복지사들은 client의 자기배경 또는 속성에 대해서 알 수 있는 것이 제한 받게 된다. 따라서 client의 자기배경에서의 조직의 관심은 client에 관한 사회복지사의 기대에 영향을 미친다고 할 수 있다. 즉, 광범위한 client의 속성에 대한 조직의 관심이 크면 클수록 client들이 사회복지사들의 요구에 협조하고 요구를 허락하는 기대가 커진다고 한다. 다시 말해 사회복지사들이 client에 대해 더 많은 것을 알게 되면 자신의 속성이 노출된 client들은 사회복지사의 요구에 협조하고 순응하게 된다는 것을 의미한다.

■ client속성의 차이정도

client속성의 차이정도란 client의 문제와 욕구 그리고 서비스기술과 연관해서 고려되어져야 하는 다른 속성들 사이에서의 client들 간의 차이의 정도를 의미한다. 다시 말해 client들은 각각 해결하고 싶은 문제나 욕구들을 가지고 있으며 이러한 속성의 차이를 사회복지조직이나 사회복지사들은 동일한 차이로 분류하기도 하고 상이한 차이로 분류하기도 하면서 client의 차이를 통제한다고 할 수 있다. 즉, client의 속성에 대한 사정이나 측정을 통해서 분류(또는 편성)기준이나 선택기준을 통해서 client의 차이를 통제한다. 예를 들어 알코올중독치료프로그램에서 사회복지사들은 프로그램 안에 있는 모든 client들이 비슷한 욕구나 문제점들을 갖고 있다고 client들을 분류할 수 있다.

따라서 client의 차이는 사회복지사들이 client들을 동일하게 대접하는 정도를 결정할 수 있다. client들 사이의 속성의 차이의 정도가 크면 클수록 사회복지사가 client들을 위해 그들의 서비스를 개별화하여 처리해야 할 필요성이 커지게 되고 또한 반복적이지 않은 결정과 행동들에 개입해야 할 필요성이 커지게 된다고 할 수 있다. 따라서 client의 차이는 사회복지사와 client사이의 만남의 내용과 유형에 있어 동질성과 다양성을 결정짓는다.

■ client의 안정성

client의 안정성이란 서비스가 전달되는 동안에 client에 나타나는 변동을 의미한다고 할 수 있다. 예를 들어 위기개입상태에 있는 client는 일반적인 개입상태에 있는 client보다 훨씬 큰 불안정성을 나타낼 것이다. 이는 병원에서 응급실에 있는 환자가 회복실에 있는 환자보다 훨씬 불안감이 큰 것과 비슷하다.

client의 안정성은 client와 사회복지사와의 관계에도 또한 영향을 미친다고 한다. 예를 들어 client의 불안정성이 크면 클수록 사회복지사들은 client와의 상호행동의 내용과 유형을 또는 그들이 사용하는 개입테크닉을 수정하고 바꾸려고 더욱 노력하게 된다. 따라서 client의 안정성을 위해서 사회복지사들은 client나 다른 관련되어 있는 사람들(예를 들어 가족이나 다른 관련 사회복지사)과의 의사전달을 더욱 자주 가져야 한다.

2. 지식기술

지식기술은 두 개의 영역으로 구성된다. 첫 번째는 client의 변화를 가져오는데 사용되는 기법(또는 테크닉)과 관련 있는 영역(개입기법)이고 두 번째는 이러한 기법의 기초지식과 관련이 있는 영역으로서의 지식의 인과관계이다. 이 두 영역에 대해 살펴보면 다음과 같다.

■ 개입기법

기술은 서비스목표를 성취하기 위해서 사용되는 기법에 따라 다양하다. 이러한 기법은 사회복지사가 반드시 수행하여야 하는 과업과 어떻게 수행되어질 것인가에 대한 방법을 결정하고 한정한다. 즉, 프로그램에 따라서 상이한 기법이 사용되어진다는 것을 의미한다. 예를 들어 직업훈련프로그램에서 사회복지사들이 사용하는 테크닉과 개별관리프로그램에서 사회복지사가 사용하는 기법은 다르다고 할 수 있다. 결국 사회복지사가 행하는 작업의 구조와 내용에 따라 그들이 사용하는 기법은 상이하다. Hasenfeld(1983)은 인간봉사조직에서 사용하는 개입기법을 다음과 같이 네 개로 분류하였다.

① 환경기법: client의 생태학적 경제적 또는 사회적 환경을 조정하는 테크닉을 말한다. 사회적 제휴, 소득지원, 주택비보조 등이 포함된다.

② 생리학적기법: client의 생리적 속성을 조정하는 테크닉을 말한다. 수술이나 물리치료 등이 포함된다.

③ 인식기법: client의 인식력이나 인지력을 조정하는 테크닉을 말한다. 훈련이나 교육 등이 포함된다.

④ 감정기법: client의 감정, 태도 등을 조정하는 테크닉을 말한다. 상담이나 정신치료 등이 포함된다.

위에서 제시된 기법은 특정 하나의 기법만 사용될 수도 있지만 몇 개의 기법이 함께 사용되기도 한다. 어떤 기법을 사용하기 위해 선택할 것인지에 대한 문제는 사회복지사의 솜씨(skill)와 사회복지사가 client의 다양한 속성에 대해 갖게 되는 상이한 주의력(attention)에 의해서 결정되며 기법의 선택은 사회복지사와 client와의 사이에서 발전된 관계의 유형에 영향을 미친다고 한다. 물론 인식과 감정테크닉이 환경 기법과 생리적 기법보다 더욱 가까운 client와 사회복지사의 관계를 필요로 하지만 일반적으로 client의 조건을 개선시키고 문제를 해결하는 데에는 어떤 하나의 완전한 기법보다는 상이한 기법에 근거하는 문제해결책들이 제시되게 된다.

■ 지식의 인과관계

사회복지조직에서 사회복지사들은 인과관계가 확실하고 완벽한 지식을 전제하고 그 지식에 기초한 표준화된 개입기술을 사용하는 것을 원한다고 볼 수 있다. 하지만 모든 조직에서 사용하는 지식기술이라는 것은 완벽한 인과관계가 성립된 지식에 기초할 수도 있고 불안전한 인과관계의 지식에 기초한 지식기술일 수도 있기 때문에 불완전한 지식에 기초할 때 사회복지사들은 기술사용의 불확실성을 경험하게 된다. 이러한 지식의 인과관계의 완전성과 불완전성이 사회복지사와 client와의 관계에 영향을 미치게 되는데 인과관계의 불완전성으로 인해 개입기술의 결과에 관한 불확실성이 크면 클수록 client와 사회복지사 사이의 믿음과 협조적 관계의 필요성이 더욱 커진다.

3. 상호행동기술

사회복지조직을 포함하는 인간봉사조직에서 가장 핵심적인 기술이 실무자와 client사이의 직접적 상호행동에 대한 의존이라고 할 수 있다. Hasenfeld(1983)에 따르면 상호행동기술은 **상호행동의 수단, 상호행동의 유형 그리고 의사전달구조**로 구성되어 있다고 한다. 이들을 좀더 구체적으로 살펴보면 다음과 같다.

(1) 상호행동의 수단

상호행동의 기술이 상호행동의 수단이라는 것은 상호행동이 대인관계의 수단이나 또는 개인적 수단을 통해서 전달된다는 것을 의미한다. 상호행동은 다음과 같은 세 가지 양식으로 나타난다고 한다. **첫 번째**는 컴퓨터 등과 같은 **장비**의 사용이다. 이 경우에 상호행동은 장비에 의해서 통제된다. **두 번째**는 자격심사나 조사 등과 같은 **정보처리**의 경우이다. 이 경우에 상호행동은 사회복지사와 client사이의 정보처리와 교환에 의해서 통제된다. **세 번째**는 훈련, 교육, 정신치료 등과 같은 **의도적 대인관계**의 경우이다. 이 경우에 상호행동은 긍정적 개인접촉과 사회복지사와 client사이의 결속력의 발전에 기초한다고 한다.

상호행동의 이러한 세 가지 양식의 사용은 개입테크닉에 의해서 결정된다고 한다. 예를 들어 환경 그리고 생리적 테크닉은 장비의 사용을 필요로 할 것이고 감정테크닉은 의도적 대인관계에 더욱 의존하게 된다. 하지만 반드시 어떤 개입테크닉은 어떤 상호행동의 양식을 사용해야 한다는 규칙이나 규정은 존재하지 않지만 사회복지사와 client와의 관계가 인간적인가 아니면 비인간적인가가 상호행동의 양식을 결정한다고 한다. 다시 말해 장비의 사용은 대부분의 비인간적 관계에서 사용되고 의도적 대인관계는 대부분의 인간적 관계에서 사용된다고 할 수 있다.

(2) 상호행동의 유형

Szasz와 Hollender(1956)은 상호행동의 유형을 수동과 능동, 인도와 협력 그리고 상호참여로 구분하였다. 이들 유형들을 살펴보면 다음과 같다.

■ 수동과 능동

수동과 능동이라는 상호행동의 유형은 client가 수동적이고 사회복지사는 능동적이라는 것을 의미한다. 다시 말해 client들은 절대적으로 국가와 사회복지조직에 의존하고 그리고 사회복지기관은 이러한 client들을 위해 개입전략을 수행하고 인도한다는 것을 의미한다.

■ 인도와 협력

인도와 협력으로서의 상호행동은 client를 돕는 사회복지기관이 개입과정에 중대한 책임이 있다는 것을 전제하지만 client도 능동적으로 조직에 응답하여야 하고 사회복지사들에 의해서 제공되고 인도되는 지시에 협조하여야 한다는 것을 의미한다. 따라서 사회복지조직은 client를 인도하고 client들은 사회복지사들에게 협조하여야 한다는 점을 강조한다.

■ 상호참여

상호행동의 상호참여유형은 사회복지조직이나 client 모두가 개입과정에 상호책임이 있다는 것을 진세한다. client는 개입과정에 능동적으로 참여하여야 하고 미래의 개입방향에 대한 결정에 참여하는 것으로 기대되며 사회복지사들은 client들에게 자문을 제공하여야 함을 의미한다.

결국 위에서 제시된 상호행동의 유형은 사회복지사와 client에 대한 역할기대를 의미한다고 할 수 있다.

(3) 의사전달구조

의사전달구조는 서비스기술에 의해서 규정된 client와 사회복지사사이의 정보의 흐름을 구성하는 의사전달 망(net)의 속성을 의미한다. 의사전달 망은 첫째, 개인에서 개인으로의 의사전달 망, 둘째, 개인에서 집단으로의 의사전달 망 셋째, 집단에서 개인으로의 의사전달 망 넷째,

집단에서 집단으로의 의사전달 망으로 구분된다. 따라서 client개인과 사회복지사 개인의 의사전달, client집단과 사회복지사 사이의 의사전달, 사회복지사집단과 client사이의 의사전달 그리고 마지막으로 client 집단과 사회복지사집단간의 의사전달로 구분된다고 할 수 있다. 이것을 그림으로 그리면 〈그림 6-1〉과 같다.

〈그림 6-1〉 의사전달의 예

client ⇒ 사회복지사
client 집단 ⇒ 사회복지사
client 집단 ⇒ 사회복지사집단

사회복지사 ⇒ client
사회복지사 ⇒ client집단
사회복지사집단 ⇒ client집단

4. client통제기술

사회복지조직에서 대부분의 서비스기술을 사용하는데 있어 client를 통제하는 메커니즘이 있다고 한다. 통제메커니즘은 사회복지사들에 의해서 이루어지는 개입테크닉의 의도된 효과가 무효화되고 손상되는 것을 막기 위해서 사용된다. 특히 직접적 상호행동을 중요시하는 사회복지기술적용에 있어 client가 사회복지사들이 사용하는 기술의 요구에 부합하도록 하고 client에게 좀더 효과적인 개입테크닉의 영향력을 제공하기 위해 통제메커니즘이 활용된다고 할 수 있다. 따라서 client통제기술이 중요한 사회복지기술의 구성요인이 된다고 할 수 있다.

Gamson(1968)에 따르면 client의 통제 양식은 첫째, 실무자가 직접적으로 강화(reinforcement)를 전달하는 정도 다시 말해 사회복지사가 전달하는 보상이나 징벌의 정도 그리고 둘째 통제노력이 얼마나 분명한지 그리고 client에게 알려져 있는 정도에 의해서 구별될 수 있다고 한다. 사회복지사들은 직접적 통제수단으로 설득, 위협, 약속 등을 사용할 수 있고 간접적 통제수단으로서 행동수정이나 변화, 정보의 제공 여부 등을 사용할 수 있다. 일반적으로 비간접적인 통제수단을 사용하는 것이 직접적인 통제수단을 사용하는 것보다 효과적이지만 실행하기가 훨씬 어렵다.

5. 작동기술(operations technology)

사회복지기술의 마지막 구성요인으로 작동기술을 들 수 있다. 작동기술은 서비스기술에 의해서 요구된 행동들을 조직화하고 연속적으로 이루어지도록 하는 것을 의미한다. Tompson(1967)과 Van de Ven, Delbecq, 그리고 Koenig(1976)에 따르면 작동기술은 업무흐름에서 과업의 독립성 정도를 규정한다고 한다. 업무흐름의 독립성 정도는 다음과 같은 네 가지의 형태로 구분된다고 한다. 첫 번째는 완전한 독립성이고 두 번째는 연속적 독립성이며 세 번째는 상호 호혜적 독립성이고 네 번째는 팀 독립성이다. 이들 독립성의 정도를 좀더 구체적으로 살펴보면 다음과 같다.

■ (작동기술의)완전한 독립성

완전한 독립성은 어떤 과업도 다른 과업과 직접적으로 어떤 연관도 갖고 있지 않은 업무흐름의 독립성을 의미한다. 예를 들어 client에게 적용되는 어떤 업무가 다른 업무와 직접적으로 어떠한 연관도 없음을 의미한다. 다시 말해 알코올중독예방프로그램의 업무상담과 방과후학

습지도프로그램의 업무상담간에는 직접적인 업무의 중복이 없이 각기 독자적인 업무흐름이 존재한다.

■ 연속적 독립성

각각의 client에 대한 과업이 또 다른 client에 대한 과업의 종결에 의존하는 업무흐름의 독립성을 의미한다. 예를 들어 노인종합복지관에 서비스를 받기 위해 처음 오는 노인들은 사회복지사로부터 자격심사를 받게 되고 원하는 서비스를 제공하는 사회복지사에게 인계되어 개인적 문제 또는 조건에 관련된 서비스를 제공받게 되는 과정을 거치게 된다.

■ 상호 호혜적 독립성

상호 호혜적 독립성은 각각의 client에 대한 과업이 다른 client에 대한 과업에 의존한다는 것을 의미한다. 예를 들어 감정적으로 손상된 어린아이들과 일하기 위해서 사회복지사는 그 어린아이를 돕기 위해서 행동한 학교선생님의 노력에 의존하여야 하고 반대로 학교선생님들도 사회복지사의 노력에 의존하여야 한다는 것을 의미한다.

■ 팀 독립성

사회복지사들은 상호 호혜적 독립성을 갖고 있을 뿐만 아니라 동시에 함께 일하기도 한다.

결국 작동기술은 서비스기술에 개입되어 있는 사회복지사들 사이의 작업배열을 결정하고 또한 그들 사이의 협력을 위한 메커니즘을 결정한다고 볼 수 있다.

지금가지 설명한 사회복지기술이 가지고 있는 다섯 개의 구성요인들을 간략하게 표로 만들면 〈표 6-2〉와 같다.

〈표 6-2〉 사회복지사들이 사용하는 기술의 구성요인 개요

client 속성기술	지식기술	상호 행동기술	client 통제기술	작동기술
·client의 문제나 욕구의 범위 ·client 속성의 변화정도 ·client 속성의 상대적 안정성	·개입테크닉 - 환경테크닉 - 생리적 테크닉 - 인지테크닉 - 감정 테크닉 ·인과관계	·수단 - 장비 - 정보 - 대인관계 ·유형 - 수동-능동 - 인도협력 - 상호참여 ·의사전달 망	·보상이나 징벌의 정도 ·통제의 명백함	·과업 독립성 - 완전한 독립성 - 연속적 독립성 - 상호호혜독립성 - 팀 독립성

* Hasenfeld, 1983, p. 133에서 재구성

제 4 절 사회복지기술의 기능

사회복시기술은 client들에게 어떻게 기능하는가? 다시 말해 사회복지기술을 구성하는 다섯 개의 요인들을 사용해서 client를 어떠한 상태로 변형시키는 것을 추구하는가? 사회복지조직들은 서비스기술을 사용하는데 있어 서비스기술의 구성요인들인 client속성기술, 지식기술, 상호행동기술, client통제기술과 작동기술 그리고 각각의 기술에 따른 다양한 테크닉과 각각의 기술들이 포함하고 있는 내용들을 포함해서 다양한 선택을 할 수 있다. 즉, 어떤 서비스기술을 선택하고 실행할 것인가는 조직의 산출물에 대한 계획된 영향력 또는 갈망했던 상품에 의해 규정받는다고 할 수 있다. 사회복지조직이 제공하는 기술은 그들이 생산해 내는 상품(즉, client)의 본질에 기초해서 본다면 인간처리기능, 인간유지기능, 그리고 인간변화기능과 같은 세 가지의 기능을 제공한다

고 한다. 다시 말해 사회복지조직에서 서비스기술(또는 사회복지기술)은 생산품인 client의 입장에 기초해서 본다면 인간을 처리하고 유지시키고 그리고 변화시키는 기능을 가지고 있다는 것을 의미한다. 대부분의 사회복지조직은 이러한 인간을 처리하고 유지하며 변화시키는 기능들이 적절하게 혼합된 서비스를 제공하고 있다고 할 수 있다. 예를 들어 소득보장프로그램은 사람을 처리하는 기술과 사람을 유지시키는 기술을 동시에 사용하며 약물중독자치료프로그램은 사람을 유지시키는 기술과 사람을 변화시키는 기술의 기능이 중요시된다. 따라서 사회복지기술의 기능은 사회복지사가 개입하는 핵심적인 행동, 기술을 관리하는데 있어 행정적인 고려, 조직 내에서의 기술의 구조적 위치, 전반적인 사회복지사와 client의 관계, client통제메커니즘, 그리고 사회복지사의 승낙메커니즘에 영향을 미친다고 할 수 있다.

1. 인간처리기술 기능

사회복지기술이 인간처리기술(people processing technologies)의 기능을 수행한다는 것은 개개인들의 태도를 바꾸는 것에 의해서가 아니라 client에게 사회적인 명칭이나 신분 또는 지위를 부여하는 기능을 말한다. 예를 들어 정신지체 1급 또는 2급등으로 명칭을 부여함으로써 그들이 적절한 보호를 받을 수 있도록 하는 기술의 기능을 말한다. 사람에게 특정한 사회적 지위나 신분 또는 명칭을 부여하는 것은 사회적 집단이나 사회복지조직으로부터 이미 정해진 대응이 제공되도록 하기 때문에 지역 내에서 변화된 지위나 신분을 가진 사람들이 주요한 산출물이 된다는 것을 의미한다.

인간처리기술의 원리는 실질적으로 사람들의 타고난 속성이나 태도

등을 바꾸는 것은 어렵기 때문에 직접적으로 사람들의 속성을 바꾸는 것 대신에 사회복지조직은 사회적 지위, 신원, 속성의 정의를 바꾸어서 새로운 정의에 대한 사람들의 반응이 원하는 변화를 만들도록 하는 것이라고 할 수 있다. 예를 들어 한 청소년이 비행청소년이라는 사회적 지위가 부여되면 첫째로 그 지위는 그 청소년의 권리와 지위, 의무 그리고 자존심, 그리고 특권 등을 바꾸게 하고 두 번째로 그 청소년에 대한 통제권이 다양한 청소년관련 복지단체들로 바뀌고 세 번째로 사회적 집단이나 조직의 그 청소년에 대한 반응이나 대응이 바뀐다. 이러한 효과는 비행청소년의 반사회적 행동을 줄이는 방향으로 청소년의 속성을 바꾸는 것에 집중되어 있다고 할 수 있다. 또한 빈곤한 client가 복지급여를 신청해서 저소득생계비지원을 받게 되어 수급자라는 지위가 부여되면 그 지위는 client가 필요한 재정적 지원을 받을 수 있는 허가를 제공하고 뿐만 아니라 이미 제시된 방향으로 수급자로서의 client의 권리나 특권 그리고 의무를 규정한다.

결국 인간치리기술에서 **사회복지사의 핵심적인 행동은 분류-배치체계**(classification-disposition system)에 기초한다고 할 수 있다. 이 체계는 client와 상호행동하고, 적절한 지위(label)를 부여하고 client들의 속성을 변형시킬 수 있는 외부나 내부의 다른 부서에 client들을 연계시키도록 사회복지사들을 인도하는 절차들로 구성된다. 따라서 사회복지기술의 효과성과 관리는 처리 부서와 잠재적 수혜자로서의 client와의, 조직상호간의, 그리고 조직 내에서의 내부적 교환에 매우 높게 의존한다. 이는 만약 어떤 한 부서가 기대된 분류배치행동에 응답하는 것을 실패하면 사회복지기술의 목적과 존재근거가 위험에 빠진다는 것을 의미한다.

client를 다른 부서에 연결시켜 주는 배치는 인간처리기술을 전개하는 조직에게 있어서 일차적으로 중요한 조직 경영적 측면에서의 관심이라고 할 수 있다. 그리고 client를 무리 없이 그리고 지체 없이 처리 부서에 들어오고 나가도록 하는 것이 인간처리기술을 사용하는 사회복지사의 행동에 있어 가장 중요한 요소라고 할 수 있다. 이러한 client를 무리 없이 그리고 지체 없이 처리 부서에 들어오고 나가도록 하는 목표를 성취하기 위해서 조직은 인간속성기술의 조정을 포함하는 다음과 같은 메커니즘을 전개하여야 한다고 한다.

첫째, 처리 부서(processing units)는 받아들이는 부서(receiving units)가 허용하는 분류체계를 사용하여야 한다는 점이다.

둘째, 분류범위를 줄여서 처리행동을 단순화시키는 노력을 하여야 한다는 점이다. 이것은 client에게 필요한 정보의 양을 줄이는 효과를 가져다 준다.

셋째, 보통의 사례 또는 일상적인 사례를 개발하여야 한다는 점이다. 이것은 사회복지사들이 client들을 대표적이고 적당한 범주로 할당할 수 있도록 도와줌으로써 client의 독창성이나 특유의 성격에 대한 과도한 고려를 줄이도록 한다.

인간처리기술에서 client와 사회복지사의 상호행동에 대한 강조는 덜 강조되는데 이는 인간처리기술에서 상호행동은 제한된 기간동안에 client에 관한 정보를 모으는 데 일차적으로 사용되기 때문이다. 따라서 client통제에 관한 조직적 고려도 역시 제한적이고 주로 client통제는 client에게 유용하고 신뢰할 수 있는 정보를 제공하였는가에 집중된다고 한다. 통제방식으로는 위협을 통해서 client의 승낙을 확보하는 것이 주로 사용되며 일반적으로 조직은 client에 대한 기초적인 자신의 배경에 관한 정보를 문서화는 법률적 정당성을 가지고 있다. 사회복지조직의 주요한 관심 또는 고려는 사회복지사의 승낙을 확보하는 것과 정해진 분류배치체계를 고수하며 그리고 분류실수를 줄이는 것이라고 할 수 있다.

2. 인간유지기술(people sustaining technologies)기능

사회복지기술의 중요한 기능으로 인간을 유지시키는 기능을 수행한다는 것은 사람들의 번영이나 개인적 복지를 저해시키는 것들을 막고, 지체시키고, 보호하는 기능을 수행한다는 것을 의미하며 구체적인 인간유지기술로서 가정간호, 소득보장제도 등이 포함된다. 다시 말해 인간유지기술은 client의 번영이나 복지를 위협하는 조건을 최소화시키고 제거하며 열악한 조건을 일으키는 개인적 자원의 부족을 보상함으로써 인간이 더 이상 나빠지지 않고 그들의 복지를 유지하도록 하는 기술을 의미한다. 따라서 이 기술의 생산물은 사람들이 사회적 기능을 수행하는 것을 유지시킬 수 있는 자원에 대한 접근을 획득할 수 있도록 도움을 받는 client들이라고 할 수 있다. **인간유지기술의 원리**는 더 이상 나빠지지 않노록 사람들의 현 상태를 유지시킬 수 있도록 돕는다면 그들의 조건은 개선될 것이라는 믿음에 기초한다. 따라서 대부분의 소득보장프로그램들과 노인이나 장애인의 보호프로그램 등은 인간유지기술에 포함된다고 할 수 있다.

결국 **인간유지기술의 중요한 전제**는 client들이 그들의 사회적 기능을 개선시킬 수 있는 방향으로의 변화를 향한 잠재성을 적게 가지고 있다는 것이다. 예를 들어 중증장애인이나 치매노인들에게 있어 그들의 육체적인 조건을 변화시키는 인간변화기술을 사용하는 것은 환자들의 능력으로 보았을 때 현실적으로 불가능할 수 있으며 이보다는 그들의 현 상태를 더 이상 나빠지지 않도록 유지시켜 주는 인간유지기술이 훨씬 효과적이라고 할 수 있다. 따라서 사회적으로 배제되어 있는 사람들이나 낮은 사회적 지위를 부여받은 사람들은 인간변화기술보다는 인간유지기술이 중심이 되어야 한다고 할 수 있다. 인간유지기술의 핵심 행동들은 **보호**와 **유지**이다. 따라서 서비스조항이나 지원의 양이나 다양성 그리고 빈도에 대한 규정이나 절차들을 설정하고 적용하는 것이 인간유지기술에서 핵심적인 행동들의 내용이 된다고 할 수 있다. 예를 들어 저소득층생계비지원과 같은 소득보장프로그램의 경우 client의 자격이 입증된다면 사회복지사들은 client들이 제공받아야 하는 수여금의 양이나 유형 그리고 관련된 서비스 등을 결정하는 것이라고 할 수 있다. 그리고 노인요양프로그램인 경우는 client들의 목욕과 세탁, 음식의 유형과 계획, 약의 배분, 여가활동을 위한 시설의 사용 등을 규정하는 것이라고 할 수 있다.

인간유지기술을 인간을 변화시키는 것이 아니기 때문에 조직의 외적 환경으로부터의 영향을 덜 받게 되고 조직의 내적 요건들에 더 많은 영향을 받는다. 따라서 이 기술을 사용하는데 있어 조직의 목표는 조직의 규정을 파괴하고 방해하는 환경적 영향력으로부터 인간을 유지시키는 기술을 보전하는 것이라고 할 수 있다. 환경의 간섭으로부터 기술을 보전하기 위해 조직은 **표준화된 규정과 높은 수준의 관료화**를 설정해 놓게 된다. 또한 인간유지기술에서 사회복지사들은 client에 대한 실재적인 통제를 갖게 되고 많은 부분 client들은 사회복지사나 간호사 그리고 다른 직원들에게 그들의 운명을 의존하게 된다고 할 수 있다. 따라서 client와 사회복지사 사이에 힘의 불균형이 일어나게 되고 이러한 불균형으로 인해 client에 대한 착취, 무시, 학대 등의 결과가 초래되는 경우도 종종 발생한다. 이러한 현상은 client가 힘이 없기 때문에 일어나기도 하고 사회복지사들이나 다른 직원들이 client의 상황이나 조건의 개선이 이루어지지 않을 것이라고 보기 때문에 일어나기도 한다. 특히 client에 대한 지원이나 지지의 양이 줄어드는 경우에는 client에 대한 착취, 무시 그리고 학대 등의 상황이 더욱 심각한 수준이 되는데 이러한 현상은 이익을 추구하는 조직이 사회복지관련프로그램을 제공하는 경우에는 더욱 자주 발생하게 된다고 볼 수 있다. 또한 어떤 프로그램이든 간에 과도한 client숫자, 낮은 임금, 제한된 자원, 그리고 승진할 수 있는 지위나 기회의 부족 등은 사회복지사들로 하여금 열악한 노동조건에 맞게끔 서비스의 질이나 양을 제한하도록 유도하기 때문에 client에 대한 방임이나 무시 등이 일어나기도 한다. 따라서 표준화된 규정이나 기준이 인간유지기술을 사용하는데 있어 client에 대한 방임이나 착취 또는 무시가 일어날 수 있는 내재적인 잠재성을 축소시키기 위해 사용할 수 있는 중요한 메커니즘이라고 할 수 있다. 결국 이러한 메커니즘이 사회복지사들의 client에 대한 자유재량권을 제한하는데 이용된다(Handler, 1973).

인간유지기술은 사회복지사와 client와의 관계를 제한하는 속성을 가지고 있다. client에게 제공되는 서비스의 양이나 유형 그리고 빈도 등이 국가나 조직의 능력에 맞추어 규성되기 때문에 상호행동의 유형은 **수동-능동**의 형태에 기초한다고 볼 수 있다. 그리고 client에 대한 통제는 보상과 징벌을 통한 통제 그리고 위협과 약속에 의해서 이루어진다.

3. 인간변화기술(people changing technologies)기능

사회복지기술의 기능으로서 사람을 변화시키는 기술은 삶의 질을 개선시키기 위해서 또는 번영을 위해서 사람의 개인적 태도를 바꾸는 기술로서 직업훈련, 교육, 상담, 심리 정신치료 등이 포함된다. 다시 말해 인간변화기술은 client의 복지와 사회적 기능을 개선시키기 위하여 직접적으로 client의 생리적, 심리적, 또는 사회적 속성을 바꾸는 것을 목적으로 한다. 따라서 인간변화기술이 강조하는 것은 예정된 변화를 성취하기 위해서 client의 속성에 직접적인 조정을 실행한다는 점이라고 할 수 있다. Vinter(1963)에 따르면 인간변화기술에는 두 개의 하위기능이 있다고 하는데 첫 번째는 **회복**(restoration)이고 두 번째는 **향상**(enhancement)이다.

회복은 부족이나 장벽 그리고 무능 등을 제거하고 줄여서 그 결과 client가 사회적으로 갈망하는 수준에서 기능할 수 있도록 하는 것이라고 할 수 있다. 회복을 위한 기술은 정신치료, 재 사회화 등이 포함된다. 그리고 client는 무능으로부터 고생하는 또는 정상이 아닌 사람으로 인식된다. **향상**은 사람들이 더 나은 번영이나 사회적 기능을 하도록 하는 것을 말하며 교육이나 직업훈련, 성격구축 질병예방 등이 포함된다. 인간변화기술은 인간유지기술과는 달리 client가 변화할 수 있는 개선될 수 있는 중요한 능력이 있다는 것을 전제한다.

인간변화기술을 사용하는데 있어서 이 기술에 의해서 추구되는 변화의 양이 크면 클수록 기술의 복잡성과 불확정이 커지고 그리고 환경으로부터 이 기술을 보호하려는 조직의 필요성은 커진다고 한다. 이는 다음과 같은 두 가지 측면을 설명해 준다.

첫째, 인간변화기술적용의 성공여부는 변화를 추구하는 사람들의 속성과 이 기술에 의해 변화가 가능하다고 규정된 속성 사이의 일치를 보장할 수 있는 조직의 능력에 의해 예측된다는 점이다. 예를 들어 직업교육프로그램에 들어와 있는 각각의 훈련생들은 그 교육수준의 정도, 이해력이나 인지력의 정도 등이 다 틀리기 때문에 기술지식의 정도가 낮은 사람들은 당연히 더욱 복잡하고 결정되지 않은 기술을 사용하여야 하는데 이러한 기술이 조직에 의해서 적절하게 제공되지 않으면 client의 변화는 보장받을 수 없게 됨을 쉽게 예측할 수 있다.

둘째, 조직은 반드시 외부의 영향력으로부터 client를 격리하여야 하는데 이는 그렇게 하여야만 사회복지사들이 client들에 대한 통제를 할 수 있기 때문이라는 점을 설명한다. 예를 들어 사회복지사가 일대일 직접 성격구축을 위한 프로그램을 실행하는데 있어 client에 대한 절대적인 통제권을 가지고 있어야 그 client의 성격변화가 가능하지 외부에 의해서 영향을 받게 되면 목적하는 결과를 성취하기가 어려워진다. 이것은 의사에 의한 수술의 경우에도 마찬가지이다. 따라서 조직의 효과성을 위해서 외부의 환경으로부터 인간변화기술을 보호하는 것이 사회복지조직에서 중요한 행정적 관심이 된다. 일반적으로 전문성과 합법적인 자율성이 이 기술의 핵심적 행동을 보호하는데 필요하다고 한다.

다른 기술과는 달리 인간변화기술은 (특히 중대한 변화가 요구될 때)상대적으로 심도있고 광범위한 사회복지사와 client와의 관계를 요구한다. 심도 있고 광범위한 관계는 종종 client와 사회복지사의 상호참여에 기초하는데 다음과 같은 이중기능을 가진다. **첫째의 기능**은 이러한 관계가 변화노력에 대한 client의 준비와 수용을 증대시키는 사회-심리적 상태를 만드는 것을 목적으로 한다는 것이다. client가 변화를 준비하고 수용할 수 있도록 하는 사회-심리적 상태를 만드는 것은 인간변화기술의 성공적인 완수를 위해 필요한 선결조건이라고 할 수 있는데 이는 왜냐하면 client가 사회복지사의 개입노력에 반응하든지 또는 무시할 수 있는 잠재성을 가지고 있다고 전제하기 때문이다. 따라서 성공적인 변화를 위해서 또는 효과적인 개입의 선결조건으로서 첫째, 사회복지사와 client사이의 신뢰를 구축하는 것이 중요하고 둘째, 사회복지사의 전문기술과 권위에 대한 client의 인지력을 이끌어내는 것이 중요하며 셋째, client의 협조와 순종을 획득할 수 있도록 하는 것이 중요하다고 할 수 있다.

두 번째의 기능은 인간변화기술에서 사회복지사와 client의 관계는 그것자체가 변화를 위한, 특히 행동변화를 위한 하나의 도구가 된다는 것이다. 따라서 직접적 사회복지실천을 수행하는 사회복지사의 경우 사회복지사와 client사이의 의사 전달의 사고나 감정의 이입 등이 중요시 된다. 결국 client의 변형이나 변화에 있어 사회복지사와 client의 관계가 중요한 역할을 수행하므로 사회복지조직들은 관계의 형성과 활용을 촉진시킬 수 있는 조건을 만들어야 하며 외부의 간섭으로부터 관계를 보호하기 위해 노력하여야 한다. 사회복지사가 전문기술과 권위의 입장에 있도록 하고 client는 의존의 입장에 있도록 하는 것이 관계의 형성과 활용을 촉진시킬 수 있는 조건을 확보하기 위해 사용되는 조직적 입장에서의 하나의 의도라고 볼 수 있다. 전문기술에 기초한 힘의 불균형 그리고 관계의 힘(referent power, 사회복지사와 함께 있는다는 것이 client에게 힘이 된다는 의미에서)이 client에게 영향을 미치는데 매우 효과적이라고 한다. 따라서 인간변화기술을 사용하는 있어 조직들은 client의 승낙(compliance)을 이끌어내기 위한 중요한 메커니즘으로서 **설득**(persuasion)에 의존한다. 왜냐하면 설득이 협조와 신뢰의 관계를 형성하는데 더 많은 도움이 되기 때문이다. 또한 인간변화기술을 사용하는 것에 사회복지사의 승낙을 얻기 위해서 조직은 일차적인 메커니즘으로서 가치나 사명감에 호소한다.

결론적으로 본다면 특정 사회복지조직이 사용하는 사회복지기술들이 하나의 특정 사회복지기술이 갖게 되는 기능만을 위해 독점적으로 사용되는 경우도 있지만 일반적으로 대부분의 사회복지조직들은 사회복지기술을 사용하는데 있어서 인간처리기술기능과 인간유지기술기능 그리고 변화기술기능을 다양하게 사용하기 때문에 사회복지조직은 다중기술체계라고 할 수 있다.

제5절 사회복지노동의 분업과 기술발전의 역사

사회복지기술의 발전에 가장 직접적인 영향을 미친 것은 바로 사회복지노동의 분업이라고 할 수 있다. 과학기술혁명에 따른 급속적인 기계화와 자동화의 발전에 기초해서 기술의 변화가 빠르게 진행되어 노동의 전문화가 이루어졌던 것과 마찬가지로 사회복지노동도 과학기술의 혁명과 이에 따른 노동분업과 전문화에 영향을 받아 자선과 박애를 철학적 기초로 하는 단순 원조나 지원 중심의 사회복지기술을 탈피하여 보다 과학적이고 기술 집약적인 노동의 전문화로 구분화가 되기 시작하였다. 특히 산업사회가 해체되고 후기 산업사회가 급속히 진행되었던 20세기 중반이후 사회복지노동의 기술은 전문적 사회과학의 인식의 틀을 기초로 해서 급속하게 발전하였다.

사회복지서비스노동도 일반 노동과 같이 시장을 결정짓는 중요한 요소인 시간과 공간이라는 개념에서 분석할 수 있다. 즉, 복지서비스노동도 일반시장에서 이루어지는 것과 같이 노동의 분업이 이루어져 왔다. 자선과 시혜를 바탕으로 행해졌던 자본주의 이전의 복지노동 또는 초기자본주의의 복지노동은 노동분업의 발전이라는 세계사적 흐름에 맞추어 그 노동의 본질과 내용에 있어 질적 양적인 발전을 이루게 되었다. 노동의 분업이 자동화와 기계화에 따른 과학기술혁명에 기인한다면 복지노동의 분업은 이것과 함께 복지의식의 발달 내지는 복지권의 확대 발전과 사회복지가치의 발달에서도 그 원인을 찾아볼 수 있다. 자선과 시혜를 바탕으로 이루어졌던 단순한 기부행위 또는 자선행위로서의 복지노동은 자본주의 발전과 함께 이루어졌던 노동의 분업과 이에 따라 필연적으로 결부되어 나타난 노동소외 그리고 빈부격차와 불평등의 확대 재생산등 자유경쟁시장의 실패에 기인한 국가의 개입과 이에 따른 시민의식의 성장과 함께 나타난 복지권을 향한 욕구의 증대에 힘있어 자본주의 시장의 실패와 이에 따른 사회문제의 해결을 위해 다양한 노동의 분업이 일어나게 되었다. 자선이라는 민간 부분의 개인적 시혜나 기부행위 등으로 복지노동을 또는 사회복지의 성격을 국한시키려했던 시도(Scruton, 1982)는 자본주의의 확대발전과 그에 따른 시민 복지권의 국가에 대한 책임인식의 증대로 말미암아 복지권은 더 이상 개인의 선택이 아닌 국가의 그리고 사회의 선택으로 자리잡게 되었던 것이다. 개별사회사업, 집단사회사업 그리고 지역조직사업으로 사회복지노동이 분업화되었던 20세기 중반 이후 사회복지노동의 분업은 빠르게 진행되어 왔다. 지금 사회복지노동은 크게 **미시사회복지**와 **거시사회복지**분야로 나누어진다. 미시사회복지분야는 개인과 집단 그리고 가족 등의 문제를 해결하기 위해 직접적인 실천기술을 사용하는 분야를 그리고 거시사회복지분야는 사회복지정책의 시행 및 결정, 행정, 프로그램의 계획 및 평가 분석 그리고 지역사회복지실천 등의 분야를 포함한다.

현재 사회복지사의 직종은 사회복지노동의 분업에 따라서 빠르게 분업하고 있는데 산업복지사, 상담복지사, 복지정책가, 복지행정가, 사회복지공무원, 학교사회복지사, 의료사회복지사, 그리고 복지자원활동가 등 다양한 복지노동의 분업으로 인해 복지노동, 그 내용과 본질은 확대발전하게 되었다.

복지노동분업의 발전과 이에 따른 복지노동의 다양성은 인간이라는 재료를 다루는 복지노동분야에서 일반상품을 다루는 산업노동분야의 발전과 그 맥을 같이하여 왔다. 즉, 산업분야에서 과학기술혁명과 이에 따른 노동분업의 발전은 곧 복지노동분야의 노동분업과 발전을 동시에 가져다주었으며 또는 같이 발전하게 되는 요인들을 제공해 주게 되었다. 예를 들어 단순한 기부에 의한 한 인간에 대한 온정주의적 사회복지노동 또는 단순한 치료나 상담만을 중요시하며 개인의 문제를 다루려 했던 사회복지노동은 인간이라는 상품에 대한 질 좋은 서비스 또는 상품의 제공과 발달 그리고 인간과 그를 둘러싼 환경에 내재하고 있는 문제들에 대한 다양한 분석틀의 발전 등으로 인해 그 노동의 분업은 빠르게 발전하여 현재 사회복지노동은 그 다양성과 특수성 그리고 전문성에 있어서 다른 부분 노동의 분업에 따른 특수성과 전문성에 비해 빠른 속도로 발전하고 있다. 그 수에 있어서도 사회복지노동에 종사하고 있는 복지노동자는 과거 20년 전에 비해 눈에 띄게 증대되었는데 이는 20년 전 불과 10여개 대학에서 사회복지전문가를 발굴하기 위한 사회복지학과를 설치하였었는데 지금 그 수에 있어 거의 100개 이상의 대학에 사회복지학과가 설치되어 있다는 점에서도 확인된다.

결론적으로 볼 때 사회복지노동의 분업에 따른 업무의 다양성은 특히 복지노동분야에서 빠르게 확대되어 왔다. 특히 정책분석 및 평가, 기획, 복지서비스프로그램개발 및 평가, 조직행정, 상담, 일반심리치료, 지역복지, 의료복지, 학교복지, 군사회복지, 산업복지분야 등 그 분야의 확대는 현재도 빠르게 진행되고 있는 실정이다.

제7장

사회복지조직과 힘

힘(power)은 반대에 직면해 있으면서도 하나의 결과를 성취할 수 있는 능력으로 정의될 수 있으며 영향력은 우리가 그렇게 하려고 의도하였던 또는 의도하지 않았던 간에 다른 사람에 대해서 가지고 있는 효과로 정의할 수 있다(Lohmann and Lohmann, 2002). 사회복지의 영역은 일반적으로 동의나 협조 또는 협력, 상호조정 등의 단어에 익숙해 있기 때문에 힘이나 또는 힘과 연관이 있는 갈등이나 반대 등의 단어에는 상대적으로 익숙하지 않을 수 있다. 힘과 연관된 단어로서 사회복지사들은 역량강화(empowerment)라는 용어에는 매우 친밀하다고 볼 수 있다. client의 역량을 강화하여 client 스스로 문제를 개선할 수 있도록 돕는 다든지 사회복지사들 스스로 문제를 해결해 나갈 수 있는 역량을 강화한다든지 하는 의미에서 역량강화는 사회복지의 전 영역에서 매우 중요한 개념으로 사용되고 있다.

하지만 힘과 영향력은 사회복지조직 안에서 매우 중요한 개념으로 작용하고 있으며 특히 조직을 통제하고 조직 안에서 사회복지행정가들이 조직적 목적을 성취해 나가는데 있어서 반드시 이해하여야 하는 개념이라고 할 수 있다. 조직 안에서의 힘의 구조나 힘의 관계는 조직이 결정을 수행해 나가는데 있어서 누가 결정을 하여야 하는지 그리고 어떻게 보다 분명하고 명확한 결정을 할 수 있는지 그리고 이루어진 결정에 대해 분명한 책임구조를 밝히는데 있어서 중요한 역할을 수행하며 영향력 또한 조직적 목적을 성취하는데 있어 중요한 한 요소라고 할 수 있다.

제 1 절 사회복지조직과 힘

1. 힘이란 무엇인가?

Weber(1947)는 힘을 사회적 관계에 있는 한 사람이 저항에도 불구하고 그의 의도를 수행하는 가능성이라고 정의하였으며 Russell은 힘이란 무엇인가가 일어나도록 하는 능력이라고 정의하였다(Lohmann and Lohmann, 2002). 힘은 또한 다른 사람을 통제할 수 있는 능력이라고도 정의할 수 있기 때문에 힘은 통제라는 개념과도 연관이 있다. Gerth와 Mills(1958)은 힘(power)이란 (공동의 행동에 참여해 있는 다른 사람들의 저항에 대항하는 것을 포함하는)공동의 행동 안에서 인간이나 인간집단들이 그들의 의지를 깨달을 수 있는 기회라고 정의한다. 이런 의미에서 본다면 힘이란 다른 사람들의 반대에도 불구하고 원할 때 원하는 것을 얻을 수 있는 능력이라고 볼 수 있다. Wrong(1979)에 따르면 힘이란 다른 사람들에 대해 의도된 그리고 예견된 효과를 만들어 내는 어떤 사람들의 능력이라고 한다. 또한 어떤 학자들은 힘을 교환의 매개물인 상품으로 보기도 한다. 즉, 그들은 얻고 잃음에 의존해서 소비되고 투자될 수 있는 상품이라고 힘을 바라보는 것이다(Banfield, 1961). 그리고 Miller(1983)는 힘을 변화를 만들어 내는 능력이라고 정의한다. 즉, 어떤 것을 A에서 B로 옮기고 또는 A 상태에서 B의 상태로 바꾸는 것을 의미한다고 한다. 이러한 의미에서 힘은 또한 사람의 감정이나 사고를 움직이는 것까지도 포함하기 때문에 매우 강력한 의미를 지니게 된다고 한다. Miller는 힘이 사람들 사이에서의 움직임을 의미하기도 하지만 또한 더 큰 영역인 사회, 정치, 경제의 장에서의 움직임도 포함한다고 한다. Miller의 관점에서 본다면 결국 힘이란 다른 사람의 행동을 통제하고 제한하는 것을 포함하는 의미에서 보다 더 넓은 의미로 힘을 해석하게 되는 것을 의미한다. 즉, 다른 사람의 자원, 능력, 행동을 위한 효과성을 증진시키고 사람들을 성장시키는 것들이 모두 힘의 실행에 포함되게 되며 결국 사회화를 하고 성숙하고 그리고 부모, 교사, 사회복지사로서의 역할을 수행하는 사람들은 힘을 소유하고 힘을 사용한다(Hardcastle, Wenocur, and Powers, 1997).

대부분의 학자들은 힘과 권위를 구분하는데 이는 Max Weber가 권위를 합법화된 힘(legitimated power)으로 정의한 것에 영향을 받은 것으로서 Weber는 권위를 조직의 CEO 같은 특정 지위에 있는 사람들에게 자발적으로 또는 법적으로 부여된 힘이라 정의하였다. 힘과 권위의 차이점은 권위가 힘의 한 형태이긴 하지만 권위에 있는 모든 사람들이 힘이 있는 것이 아니고 그리고 힘이 있는 모든 사람이 사회체계 안에서 권위에 있지 않다는 점이다. 권위를 구성하는 자원보다는 힘을 구성하는 힘의 자원이 훨씬 다양하고 복잡하다고 한다. 힘을 구성하는 자원으로 전략적 정보의 통제나 접근, 경제적 자원, 힘있는 사람과의 연계, 카리스마, 나이, 현명함, 지능 등이 모두 포함된다(Hardcastle, Wenocur, and Powers, 1997).

힘에는 또한 잠재적 힘(potential power)과 실재적 힘(actual power)

이 있다. 실재적 힘의 입장에서 본다면 잠재적 힘은 아직 성공적으로 실현되지 않은 힘이기 때문에 존재하지 않는 힘으로 볼 수 있지만 실질적으로 잠재적 힘이 다른 사람의 행동을 제한할 수 있기 때문에 실재적 힘이 사용되는 것으로 볼 수도 있다는 점이다. 이는 노동조합의 예를 통해서 이해될 수 있다. 노동조합이 파업을 할 수 있는 힘을 가지고 있기 때문에 실질적으로 파업을 행하지 않더라도 즉, 파업을 위한 잠재성이 노사간의 차이에 대한 해결이나 협상을 자극할 수 있게 된다.

2. 조직과 힘

조직 또는 조직의 삶을 이해하기 위해서는 힘에 대한 개념을 이해하는 것이 반드시 필요한데 이는 조직성원들이 그들 자신들을 위해서 또는 다른 사람들(예를 들어 client)을 대신해서 그들의 힘을 직무에서 과업을 성취하기 위해 바치기 때문이라고 할 수 있다. 앞에서 지적한바와 같이 힘은 일반적으로 다른 사람에게 어떤 사람의 의지를 부과하는 능력으로 정의될 수 있으며 힘은 물리적인 속성과 행동이나 사건에 대한 영향력을 포함한다. 조직 안에서 힘은 어디로부터 오고 어디에 존재하는가? 조직 안에서의 힘의 원천은 일반적으로 서열구조로부터 온다고 할 수 있다. 서열구조가 힘의 원천이라는 것은 힘이 공식적 직위 또는 권위에 의존한다는 것을 의미한다. 하지만 조직 안에서 동원할 수 있는 힘은 권위나 직위뿐만 아니라 다양한 원천을 가지고 있다. 조직성원들의 힘은 그들이 통제하는 자원의 양에 전적으로 의존한다. 여기서 조직성원들이 통제하는 자원에는 돈, client, 인원동원능력, 전문적 기술, 그리고 정당화 등이 포함된다. 이러한 자원에 대한 욕구와 자원의 사용가능성은 시간에 따라 다양하다고 할 수 있으며 힘은 이러한 자원에 접근하는 것을 통제할 수 있는 집단이나 사람들 사이에 존재한다. 힘은 다양한 측면의 개념을 포함하고 있다. 힘은 개개인의 성격으로 비추어지기도 하고 인간 사이에 영향력을 미치는 과정으로 이해되기도 하며 교환되어지는 상품으로 간주되기도 하고 인과관계의 유형이기도 하며 그리고 가치와 윤리의 학문 안에 있는 하나의 이슈이기도 하다(Cavanaugh, 1984).

힘이 조직의 서열구조로부터 온다고 한다면 조직의 구조와 힘은 밀접한 연관이 있을 수밖에 없게 된다. 조직의 구조는 Pfeffer(1978)가 지적한 바와 같이 조직에 참여하는 사람들 사이의 힘의 관계의 결과를 의미한다고 할 수 있다. 힘을 가지고 있는 사람들은 조직 안에서 그들의 힘의 자원을 재생산할 수 있도록 조직의 규정과 규칙, 직위 그리고 예산할당을 개조하는 것에 그들의 힘을 사용할 것이다. 따라서 조직의 구조(조직도에 나타나는 조직구조)는 조직을 통제하고 그들의 힘을 영속시킬 수 있도록 하는 하나의 도구가 된다. 이렇듯 힘은 조직 안에서 하나의 서열구조를 의미하기도 하지만 보다 넓은 의미에서 힘이란 조직이 목적하는 바를 성취할 수 있도록 하는 능력이라고 할 수 있기 때문에 조직의 서열구조에 있는 모든 조직구성원들은 그들이 가지고 있는 힘의 자원을 이용하여 조직성원 개개인의 업무나 조직의 목적을 성취하도록 노력한다고 볼 수 있다.

3. 힘과 영향력

일반적으로 영향력은 우리가 그렇게 하려고 의도하였던 또는 의도하지 않았던 간에 다른 사람이 무엇을 하도록 하는 효과로 정의할 수 있다. Theoderson과 Theoderson(1969)은 영향력을 설득하는 행동을 통해서 어떤 사람의 의견이나 태도에 자발적 변화가 일어나도록 영향을 미치는 힘이라고 정의하였다. 따라서 영향력은 자발적으로 변화가 일어나도록 하는 능력으로 이해될 수 있다. 이러한 영향력의 정의에 따르면 영향력은 사회복지사들에게 있어 매우 중요한 개념임을 알 수 있다. client에게 영향력을 행사함으로써 client들에게 변화가 일어나도록 하고 직장동료나 하급직원들에게 영향력을 행사하여 조직구조나 행정 그리고 사회복지서비스전달에 있어 변화가 일어나도록 할 수 있기 때문이다. 결국, 영향력은 언어기법이나 논쟁 또는 설득을 통해서 힘을 실현하는 부드러운 노력이라고 할 수 있으며 일반적인 힘보다 훨씬 순하고 부드러우며 사회적으로 수용 가능한 유형의 힘이라고 할 수 있다(Lohmann and Lohmann, 2002). 결국, 영향력은 넓은 의미에서 힘과 마찬가지로 다른 사람에게 변화가 일어나도록 하는 능력이라고 할 수 있으며 힘은 강제력 또는 통제의 개념에 보다 관련이 있다고 할 수 있다. 따라서 조직구조 안에서 조직성원들은 힘과 영향력을 적절히 이용하여 목적하는 바를 성취하기 위해 노력하게 된다.

4. 힘과 역량강화

힘과 관련이 있는 용어로서 역량강화도 사회복지조직에 있어 매우 중요한 개념이다. 물론 역량강화는 힘보다는 하위개념이라고 할 수 있다. 위에서도 언급한 바와 같이 사회복지사들은 역량강화(empowerment)라는 용어에는 매우 친밀하다. 이는 client의 역량을 강화하여 client 스스로 문제를 개선할 수 있도록 돕는 다든지 사회복지사나 조직이 스스로 문제를 해결해 나갈 수 있는 역량을 강화한다든지 하는 의미에서 역량강화가 사회복지사들이 중요시하는 실천에 있어서 한 개념이기 때문이다. 역량강화는 자신감, 통제, 결정권한, 영향력, 자율성, 그리고 자기믿음 등으로 정의될 수 있다(Rapp, Shera, and Kisthardt, 1993). 그리고 일반적으로 역량강화는 힘이 결여되어 있는 사람이나 힘이 부족한 사람들과 같이 힘이 없는 사람에게 힘을 가져다주는 것이라고 정의할 수 있다. 따라서 모든 사회복지영역에서 역량강화는 매우 중요한 의미를 내포한다고 할 수 있다. 결국, 조직을 통제하고 client들을 통제하기 위해서 조직성원들은 힘이나 영향력을 활용하고 가지고 있어야 하지만 또 다른 한편으로는 조직이 목적하는 바를 성취하기 위해서는 조직의 성원들이나 조직이 제공하는 서비스수혜자인 client들의 힘을 강화시켜 보다 문제 해결적인 구조를 만드는 것이 중요하다고 볼 수 있다.

Robbins, Chatterjee, 그리고 Canda(1998)는 역량강화이론이 사회는 자원에 대한 불균등한 그리고 상이한 수준의 힘과 통제를 소유하고 있는 집단들로 구성되어 있다는 사고에 기초한다고 강조하였다. 이것은 결국 조직은 자원을 통제하는 유형으로서 불균등한 그리고 상이한 힘의 수준을 소유하고 있는 상이한 직위에 있는 사람들로 구성되어 있음을 의미하는 것이라는 점을 의미한다고 할 수 있다. 따라서 역량강화이론에 따르면 힘은 사람들이나 자원을 통제하고 접근할 수 있도록 하는 능력을 의미하며 이러한 의미에서 역량강화는 사람을 통제하고 자원에 접근할 수 있는 힘을 갖도록 하는 것이라고 할 수 있다. Staples(1990)에 따르면 역량강화는 상대적으로 허약한 집단을 그들의 이익과 욕구에 보다 호의로운 상황이 될 수 있도록 힘의 관계를 변형시킬 수 있는 충분한 세력으로 발전시킬 수 있도록 하는 집합적인 능력의 배양이라고 하였다. Simon(1994)은 역량강화를 위해 필요한 다섯 요인들을 강조하였는데 그것들은 다음과 같다.

첫째, 사회복지사와 client사이의 집합적 협력체계의 구축

둘째, (client의)약점보다는 강정에 대한 강조

셋째, 개인과 그들의 사회적 환경에 대한 강조

넷째, client와 client집단의 욕구, 책임, 그리고 권리에 대한 인식

다섯째, 역사적으로 힘이 없는 집단과 구성원들을 돕기 위한 전문적 에너지의 사용

힘이 없음은 개인적 성취로 인도할 수 있는 효과적인 수행능력으로서의 감정, 기술, 지식 그리고 물질적 자원을 관리할 수 있는 능력부재라고 할 수 있으며 이러한 의미에서 역량강화는 효과적인 행동과 비판적 의식을 가진 자기효율성과도 밀접한 연관이 있다고 할 수 있기 때문에 client가 자기확신을 갖도록 그리고 스스로 행동하고 이야기할 수 있는 사회적 기술을 건설하도록 하는 것이 매우 중요하다고 볼 수 있으며(Lohmann and Lohmann, 2002; Robbins, et al., 1998) 나아가 사회복지사들도 수행업무에 대한 자기확신과 직원들과의 관계를 위한 사회적 기술을 건설하는 것이 중요하다.

결국, 사회복지조직에서 효과적으로 기능하기 위한 능력을 소지하여야 한다는 의미에서 직원들에 대한 역량강화가 중요시되며 나아가 조직적 목적을 성취하기 위해서 힘을 적절하게 사용하는 것이 중요하다고 볼 수 있는 것이다.

제 2 절 힘의 원천과 조건

1. 힘의 원천

힘의 원천은 일반적으로 돈, 상품, 서비스, 대중의 지지, 지식, 투표, 정보, 언론매체에 영향을 줄 수 있는 능력, 다른 힘이 있는 사람이나 집단들과의 연계 등을 포함한다(Haynes and Mickelson, 1991; Jansson, 1999). 힘은 힘의 정의에서 살펴본 바와 같이 결정에 영향을 줄 수 있는 능력이라는 측면인 권위와 관련이 있다. 이런 측면에서 선출된 관리, 종교지도자, 조직 책임자, 특정분야의 전문가, 대학총장 등은 힘을 가지고 있다고 볼 수 있다. 사회복지사의 힘의 자원은 전문적 지식과 기술, 복지정책이나 복지서비스체계에 대한 정보 그리고 client의 욕구에 대한 정보 등으로부터 온다. 또한 복지수급자에 대한 자격을 결정하는 사회복지사의 역할을 통해서도 온다.

다른 사람의 삶에 영향을 미치는 결정에 영향을 미칠 수 있는 능력인 권위로부터 오는 힘의 측면에서 사회복지행정가들이나 슈퍼바이저들은 인력을 고용하고 또는 해고하며 기관의 정책이 어떻게 수행되는지를 결정하는 권위를 가지고 있는 사람들이다. 힘(power)의 원천에 대해서 French와 Raven(1959; 1968) 그리고 Raven(1965)은 다음과 같이 여섯 가지로 분류하였는데 그것들은 다음과 같다.

- 보상의 힘
- 억압의 힘
- 합법적인 힘

· 관계의 힘
· 전문적 힘
· 정보의 힘

이들의 힘의 원천을 사회복지조직의 지도자(또는 행정가나 관리자)가 조직을 행정 관리하는 경우를 고려하여 좀더 구체적으로 살펴보면 다음과 같다.

첫째, 강제하는 힘: 순응하지 않는 사람이나 집단에 대해 제재를 가하는 능력. 즉, 벌칙을 내릴 수 있는 힘을 의미한다. 따라서 상급자의 지시나 요청에 순응하지 않으면 직원들은 제재를 받을 수 있게 된다.

둘째, 보상의 힘: 보상의 힘은 힘이 지도자의 자원에 대한 통제로부터 온다는 것을 강조한다. 즉, 적절한 행동에 대해 혜택을 제공하는 능력. 결국, 성취에 대해 보상을 할 수 있는 힘을 의미한다. 사회복지사들은 지도자로부터 그들이 수행한 업무에 대해 임금의 상승이나 승진 등의 다양한 방법으로 보상받을 수 있게 된다.

셋째, 합법적인 힘: 합법적인 힘은 조직의 규정이나 규칙에 부응하여 적용되는 힘을 의미한다. 따라서 권위를 갖는 직위나 위치로부터 오는, 전문적 위치에서 오는, 또는 대중의 인정으로부터 오는 어떤 결정을 할 수 있는 그리고 제재와 보상을 할 수 있는 능력. 즉, 자리나 지위 등에 의해서 오는 정당한 힘을 의미한다.

넷째, 전문적 힘: 전문적인 힘은 지식으로부터 오는 힘을 의미한다. 즉, 힘을 가지고 있는 사람이 어떤 결정을 하는데 있어 교육과 경험을 가지고 있다는 인정으로부터 오는 힘을 의미한다. 따라서 행정가들의 전문적 지식이나 인지력으로부터 오는 힘을 의미한다. 이러한 경우에 사회복지사들은 그들의 상급자들을 신뢰하며 그들이 진실을 말한다고 믿게 된다. 또한 사회복지사라는 직업은 전문성에 기초해 있기 때문에 전문가로서의 사회복지사들이 갖는 힘은 client들에게 사회복지사들이 개인, 집단, 가족, 조직의 문제를 해결해 나가는데 있어 지식과 기술을 가지고 있음을 인정하도록 한다고 볼 수 있다.

다섯째, 관계의 힘: 관계의 힘은 지도자와 직원의 동질감에 기초하는 힘이다. 직원들은 지도자를 존경하고 존중하기 때문에 영향을 받는다. 결국, 지도자의 힘은 직원들이 지도자를 존중하고 존경하는 것으로부터 온다고 할 수 있기 때문에 지도자의 카리스마나 성격 등이 힘의 원천이 된다. 따라서 다른 직원들에 대해 호의를 베푸는 것이나 지도자의 감정적인 지지 그리고 대인관계의 기술들이 힘의 원천이 됨을 의미한다.

여섯 번째, 정보의 힘: 마지막으로 정보의 힘은 조직이 직면해 있는 정황에 대한, 사건이나 이슈에 대한, 사람에 대한 또는 어떤 사실에 대해 놓여 있는 정보로부터 힘이 온다는 것을 의미한다. 따라서 지도자의 힘의 원천이 그가 가지고 있는 정보에 의존한다는 것을 의미한다.

힘은 힘을 소유한 사람의 개인적 태도로부터 또한 오기도 한다. 예를 들어 매력적인 외모나 카리스마 또는 명성 때문에 어떤 사람들은 힘을 갖게 되기도 한다. 카리스마가 있는 지도자를 따르는 사람들은 종종 그 지도자들이 어떤 결정을 하기 위한 전문성이나 정당성을 가지고 있다고 믿는다고 한다(Jansson, 1999; Mondros and Wilson, 1994). 정치가들은 사회에 대한 그들의 비전이나 대중들에게 영향을 미치는 능력 때문에 대중들로부터 인정과 지지를 얻는다. 힘은 또한 사회구조에서 차지하고 있는 지위에 의해서도 나타난다. Kahn(1991)에 따르면 사회에서의 지위에 따른 힘은 부, 교육, 인종이나 성으로부터 올 수도 있다고 한다. 예를 들어 미국에서 교육받은 백인 남자는 백인 여자나, 흑인들에 비해 힘이 더 많은 것으로 인식될 수 있다는 것이다.

개개인들이 각각 개별적으로 일해서는 정치적 의사결정에 영향을 끼칠 수 있는 충분한 힘을 발휘하기가 어렵기 때문에 개개인들은 정치적 결정에 영향력을 행사하기 위해 이익집단에 합류하게 된다(Khan, 1991). 예를 들어 사회복지사협회도 일종의 이익집단으로서 사회복지정책 의사결정에 대한 그들의 힘을 표출하게 된다. 이익집단은 일반적으로 기업이나 전문적 조직이나 노동조합 등과 같은 공식적 조직구조를 갖는다. 이익집단은 대중매체나 돈 등과 같은 힘의 자원을 이용해서 그들에게 이익이 되는 법률의 발전에 영향을 미치기 위해 노력한다. 이익집단은 그들의 기득권의 지원을 위해 로비를 행하기도 한다. 이익집단은 사회변화에 대한 그들의 영향력을 증진시키기 위해 다양한 전략과 전술을 사용한다.

2. 힘이 실현되기 위한 조건

힘이 실현되기 위해서는 분명한 조건이 성립되어 있어야 한다. 즉, 힘은 힘을 사용하는 사람(또는 집단)과 힘에 응답하는 사람(또는 집단)과의 상호행동에 전적으로 존재한다고 할 수 있다. 힘은 효과적인 사용을 위해서 위에서 언급한 힘의 원천을 동원할 수 있는 능력이라고 정의될 수 있는데 힘의 사용이 효과적이기 위해서 반드시 필요한 조건으로는 다음과 같은 세 가지의 조건을 상정할 수 있다(Tyson and Jackson, 1992).

첫째, 힘의 사용이 효과적이기 위해서는 두 행위자간의 **힘의 불균형**이 존재해야 한다. 힘이 있다고 생각하는 사람과 힘이 없다고 생각하는 두 사람 또는 두 집단 간의 힘의 불균형에 대한 인식이 존재하지 않는다면 힘은 실현될 수 없다(March, 1955).

둘째, 힘의 사용이 효과적이기 위해서는 동원되는 **힘의 적법성**(합법성) 또는 정당성이 인정되어야 한다. 조직 안에서 힘이 합법적이고 정당하다고 인정되어야만 힘은 실현될 수 있지 만약 힘을 사용하는 사람이나 집단이 힘의 사용에 대해 정당성이나 합법성을 가지고 있지 않다면 힘은 실현되기 어렵게 된다.

셋째, 힘의 사용이 효과적이기 위해서는 힘을 실현되었을 때 얻을 수 있는 **성과에 대한 욕망**이 존재해야 한다. 즉, 힘을 사용하는 사람(또는 집단)과 힘에 응답하는 사람(또는 집단)과의 공동의 이익이나 관심이 있어야 힘의 사용은 효과적이 된다.

〈그림 7-1〉 힘의 효과와 원천

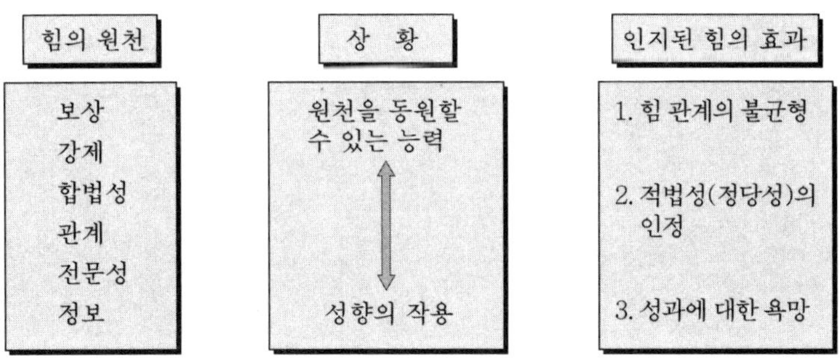

* Tyson and Jackson, 1992, p. 89에서 재인용

힘이 효과적인 사용을 위해서 힘의 원천들을 사용할 수 있는 능력이라고 한다면 힘의 원천을 사용할 수 있는 또는 동원할 수 있는 능력은 주어진 상황에 크게 의존한다고 볼 수 있으며 상황은 힘을 동원하는 사람의 성향이라고 할 수 있다. 여기서 힘을 동원하는 사람의 성향이라는 것은 그 사람의 직위나 수준을 의미하는 것으로서 사회복지조직의

예를 들면 힘을 동원할 수 있는 능력은 관장과 부장, 과장 또는 팀장 그리고 말단 사회복지사에 따라서 다르다고 할 수 있다. 따라서 힘의 원천과 힘의 효과는 〈그림 7-1〉로 나타낼 수 있다.

제8장

사회복지조직과 client의 관계

제 1 절 사회복지조직과 client

1. 사회복지조직과 client의 일반적 관계

사회복지조직과 일반 기업조직이나 관료조직과의 명백한 차이는 client와의 관계에 있다. 일반기업에서 의미하는 소비자와 client의 차이는 client가 다음과 같은 세 가지의 독특한 특징을 가지고 있기 때문에 나타나게 된다. 첫 번째로 client는 조직이 제공하는 서비스의 수혜자임과 동시에 소비자라는 특징이 있다. 두 번째로 client는 작업대상이 되는 원료를 나타낸다는 것과 변화노력과 처리과정에서 사회복지조직들이 반드시 고려하여야 하는 것으로 client가 사회적 가치를 부여받고 있다는 점이다. 그리고 세 번째로 client는 조직에서 준회원이 된다는 점이다. 이는 client가 반드시 조직의 정책에 부응하고 협조하여야 하며 규정된 행동이나 수행을 따라야 한다는 것을 의미한다.

따라서 소비자가 아니라 client가 된다는 것은 사회적 도덕적 지위와 상호 연관되어 있다는 것이 인지되어야 한다. 이러한 지위는 client가 받는 서비스의 양과 질을 결정할 뿐만 아니라 client의 사회적 지위와 특정한 client역할 사이에 영속적이고 친밀한 관계가 존재한다는 것을 의미한다. 결국 client가 누구이고 그들의 역할이 어떻게 규정되어 있는지가 사회복지조직의 생존과 효과성에 심대한 중요성을 제공하며 client가 없으면 사회복지조직은 생존할 수 없기 때문에 client는 조직에 있어 결정적인 자원이라고 할 수 있다. 따라서 client가 가지고 있는 속성(문제나 욕구 또는 자기배경 등)은 서비스기술에 결정적인 영향을 미치고 나아가 조직의 서비스산출물에도 중대한 영향력을 끼친다고 볼 수 있다. 이러한 의미에서 조직의 정치 경제적 지위는 client의 속성에서 나타나는 그들의 사회적 지위에 의해서 결정된다고 할 수 있고 이 조직의 지위와 client의 지위는 상호 강화되도록 영향을 미친다.

client와 조직과의 관계는 자원과 서비스가 교환되는 일련의 거래로서 인식될 수 있다. client와 조직은 거래의 당사자들이기도 하고 또한 조직은 거래가 이루어질 수 있는 장소를 제공하는 역할을 담당하기도 한다. 따라서 일반적인 상품의 거래가 이루어지는 시장과는 달리 사회복지서비스와 자원의 거래는 조직에서 이루어진다고 할 수 있다. client들은 자발적이든 비자발적이든 조직과의 상호행동을 통해서 그들이 원하는 또는 갈망하는 서비스와 자원을 획득할 수 있으며 조직도 client와의 상호행동을 통해서 조직이 통제하는 자원(client의 변형을 위해서 필요한 정보)을 획득하게 된다. 예를 들어 저소득생계비지원프로그램의 client(또는 수급자)와 정부조직과의 관계를 본다면 client는 가장 높은 수준의 공적원조(생계보조비)를 받기 위하여 노력할 것이고 정부는 자격조사를 통해서 생계지원을 받을 수 있는 사람과 받을 수 없는 사람을 가리고 그리고 받을 수 있는 사람의 경우는 보조금의 액수 등을 결정하기 위해 노력할 것이다. 또한 약물중독자지원센터에서의 사회복지사와 client의 관계를 본다면 client는 그들의 가치와 관심에 부응하는 충고나 도움을 받기를 원할 것이고 사회복지사는 기관의 정책이나 규정 그리고 그들의 전문적 관심에 일치하는 서비스를 제공하기 위해 노력할 것이다.

이러한 사회복지사와 client의 교환관계는 다음과 같은 네 개의 요소들로 구성되는데 첫 번째 구성요소는 관계의 **개시**(initiation)로서 client와 사회복지사가 자발적으로 또는 비자발적으로 접촉을 하는 과정을 말한다. 두 번째 구성요소는 관계의 **유형**(pattern)으로서 client와 사회복지사의 역할과 서비스가 제공되는 작동절차를 규정하는 것을 의미하고 세 번째 구성요소는 **자원전이**(resource transfer)이다. 자원전이는 서비스를 전달하기 때문에 나타나는 실제적인 서비스전달과정을 나타낸다. 마지막으로 네 번째 구성요소는 **성과**(outcome)로서 교환관계로부터 사회복지조직과 client에게 쌓이는 혜택과 비용을 나타낸다.

2. 조직과 client 사이의 힘의 관계

사회복지조직(또는 사회복지사)과 client의 교환관계는 힘 의존이론(power dependence theory)에 의하면 어느 쪽의 힘이 더 강한가에 전적으로 의존하게 된다. 예를 들어 조직에 대한 client의 의존, 다시 말해 client에 대한 조직의 힘은 사회복지조직의 서비스에 대한 client의 욕구에 직접적으로 비례하며 그리고 다른 조직이나 자원으로부터 서비스가 이용가능한지에 따라 반비례한다. 또한 client에 대한 조직의 의존, 즉 조직에 대한 client의 힘은 client의 자원을 위한 조직의 욕구에 직접적으로 비례하며 그리고 다른 곳에서 비슷한 자원이 유용가능한지에 따라 반비례한다고 볼 수 있다.

Hasenfeld(1983; 1992)는 사회복지조직의 힘이 client의 문제해결에 매우 중요한 영향을 미치는 힘의 요소라는 점을 강조하였다. 그에 따르면 실제적으로 사회복지기관은 사회복지사들이 처리하여야 하는 정보의 유형을 제한하는 것에 의해서, 사회복지사들이 선택할 수 있는 대안들의 범위를 줄이는 것에 의해서 그리고 선택대안들 사이에서 선택을 위한 규칙을 구체화하는 것에 의해서 사회복지사들의 결정수립과정을 통제한다고 한다. 결국, 조직은 사회복지사들의 결정수립과정을 제한함으로서 조직의 핵심적인 활동인 사회복지서비스의 전달이라고 하는 조직운영의 목적을 강화하고 유지한다고 볼 수 있다. 그리고 이러한 조직운영의 목적은 조직의 핵심적인 자원을 통제할 수 있는 사람의 이익을 대표하는 것이라고 할 수 있다. 여기서 이익은 사회복지사들의 가치나 규범이 될 수도 있고 client의 이익과 연관이 있을 수도 있다. 결국, 사회복지조직은 client의 욕구와 조직의 운영목적이 통합되어 있어야 바람직하다고 볼 수 있으며 조직의 핵심 집단은 조직의 힘에 영향을 미치는 정치, 경제, 그리고 문화적 환경 하에서 통합에 대한 가치를 보증하고 지지하여야 한다고 볼 수 있다.

하지만 대부분의 경우 사회복지조직들은 client에 대한 힘의 우위를 가지고 있는데 이는 조직들이 client가 필요한 서비스를 독점하고 있기 때문이다. 다시 말해 기관은 client에 대해서 힘의 우위를 유지할 수 있는데 이는 조직이 client를 필요로 하는 것보다 client가 조직을 훨씬 필요로 하기 때문이다. 이러한 현상은 국가가 제공하는 공공복지서비스인 경우는 그 정도가 더욱 심하게 나타나게 되고 client로서는 대안이 없기 때문에 전적으로 공공조직과의 힘의 불균형상태에 놓이게 된다고 할 수 있다. 결국 client에 대한 사회복지조직의 힘의 우위를 극복하기 위해서 client는 다음과 같은 네 가지의 방법들을 사용할 수 있으며 Hasenfeld(1983)은 이 방법들에 대해 다음과 같이 정리하여 주고 있다.

첫째, client들은 조직의 서비스에 대한 그들의 욕구를 줄임으로써 힘의 불균형을 극복할 수 있다.

둘째, client들은 다른 서비스 제공자의 발전을 촉진시킴으로써 또는 다른 서비스 제공자를 찾는 것에 의해서 그리고 서비스를 위한 다른 자원을 찾음으로 인해서 힘의 불균형을 극복할 수 있다.

셋째, client는 조직에 있어 자원이기 때문에 client들은 조직의 자원에 대한 욕구를 자극함으로써 힘의 불균형을 극복할 수 있다. 예를 들어 조직이 특정 프로그램을 제공할 수 있는 자원을 확보하기 위해서는 그 프로그램을 필요로 하는 client가 일정정도임을 보여주어야 하는 경우 client들은 그 필요한 숫자를 채워줄 수 있기 때문에 힘의 불균형을 극복할 수 있게 된다.

넷째, client들은 조직에게 필요한 대안 가능한 client의 자원 즉, client의 숫자를 줄임으로써 힘의 불균형을 극복할 수 있다. 사회복지조직은 client가 없이는 생존할 수 없다. 모든 프로그램들은 client가 중심이기 때문에 client의 자원을 찾지 못하는 경우 그 조직의 프로그램들은 실행될 수 없게 된다.

이러한 네 가지의 방법들을 Hasenfeld(1992)는 **역량강화**에 의해서 구체화될 수 있다고 보았는데 이는 역량강화가 첫째, client와 사회복지 사간의 수준에서 client의 힘의 자원을 개선시킬 수 있기 때문이며 둘째, 조직적 수준에서 사회복지조직이 client의 문제에 보다 적극적으로 응답할 수 있도록 조직의 힘을 강화시킬 수 있기 때문이고 마지막으로 정책적 수준에서 정책결정의 형성이나 제정이 역량이 강화된 사람들에 의해서 직접적으로 영향을 받을 수 있기 때문이라고 한다. 또한 보다 구체적으로 사회복지사가 client의 힘의 자원을 증가시킬 수 있도록 하는 전략으로 그는 다음과 같은 방법들을 제시하였다(Hasenfeld, 1992).

첫째, 조직과 조직의 자원 그리고 client의 권리에 대한 더욱 많은 정보를 client들에게 제공하는 방법.

둘째, client들이 조직 안에서 그들의 정당한 권리를 요구하고 주장할 수 있도록 client를 훈련시키는 방법.

셋째, client들이 그들의 욕구를 다룰 수 있도록 지식과 기술을 증가시키는 방법.

넷째, client들이 원하는 성과를 효과적으로 성취할 수 있도록 그들의 환경을 조절할 수 있는 대인기술을 개선시키는 방법.

다섯째, 다른 사람과의 연합을 통하여 client의 자원을 증진시키는 방법.

여섯째, 필요한 자원을 획득하기 위한 효과적인 방법이 위협적이거나 파괴적일 때 client를 교육시키는 방법.

일곱째, client를 지원할 수 있는 사회적 연계망으로 client를 연계시키는 방법.

여덟째, 필요한 서비스나 혜택을 확보하기 위하여 정보, 전문기술 그리고 정당성 등과 같은 사회복지사들의 자체적인 자원을 활용하는 방법.

한편 Hirschman(1970)은 client가 힘의 우위를 확보하기 위해서 또는 client에 대한 조직의 응답을 증진시키는 전략(조직이 빨리 client의 욕구에 대응하게 하는 전략)으로서 **떠남**(exit)과 **목소리**(voice)의 중요성과 효과에 대해 강조하였다. 그에 따르면 떠남이란 client가 조직이 제공하는 서비스의 질에 만족하지 못하는 경우 그 조직을 떠나는 것을 의미하며 이는 그 조직에 있어서는 도태(client 수의 감소에 따른)를 의미하는 것이기 때문에 조직이 문제를 수정하게끔 강제하게 된다. 목소리는 청원을 통해서 불만족을 표시한다든지 더 높은 직위에 있는 직원에게 호소한다든지, 또는 조직이 수정행동으로 나아가도록 대항하는 것 등을 포함한다. 하지만 사회복지조직은 다음과 같은 특징들을 동시에 내포하고 있기 때문에 떠남과 목소리 전략 그리고 Hasenfeld가 제시하였던 네 가지 방법의 효과가 의문시될 수 있다. 각각의 전략적 효과에 불확실성을 제공하는 사회복지조직의 특징을 지적하면 다음과 같다.

첫째, 대부분의 사회복지조직은 국가의 공적자금으로 재정 충당되지 client로부터 자금이 충당되지 않는다는 점이다.

둘째, 대부분의 사회복지조직들은 제한된 경쟁 조직들을 갖고 있다는 점이다.

셋째, 같은 욕구에 대응한다고 하더라도 다양한 사회복지조직에서 제공되는 서비스의 질에는 분명한 불일치가 존재한다는 점이다.

이러한 사회복지조직의 조건 하에서 떠남의 전략은 비효과적일 수 있는데 이는 사회복지조직의 존재가 공적자금에 의해 보장받기 때문이고 그리고 서비스를 독점하기 때문에 쉽게 client들을 모을 수 있다는 점 때문이다. 따라서 떠남 전략이 효과적이지 않을 때 또는 사용가능하지 않을 때에는 목소리전략이 보다 효과적인 전략일 수 있는데 목소리 전략이 효과적이기 위해서는 client들이 조직에 대해서 충분한 영향력과 협상능력을 동원할 수 있어야 한다. Hasenfeld(1983)는 조직이 client에 대한 힘의 우위를 증가시키기 위해 사용할 수 있는 네 가지 전략을 제시하였는데 그 전략들은 다음과 같다.

첫째, client에 대한 서비스제공과정으로부터 자원을 확보하는 것을 분리하여 조직은 client가 통제하는 자원에 대한 필요성을 줄이게 되고 조직은 힘의 우위를 증가시킬 수 있다. 다시 말해 client로부터의 자원 동원을 줄임으로써 자원의 client에 대한 의존도에서 벗어나게 되어 조직은 힘의 우위를 증가시키게 된다.

둘째, 서비스영역을 확대하고 자격기준을 완화하는 것을 통해서 잠재적인 client집단을 확대하여 힘의 우위를 증가시킬 수 있다.

셋째, 높은 요구에 있는 프로그램과 활동들을 개발해서 조직이 제공하는 서비스에 대한 client의 욕구를 증대시킴으로써 힘의 우위를 증가시킬 수 있다.

넷째, 독점을 통해 대안 가능한 서비스의 사용가능성을 줄임으로써 힘의 우위를 증가시킬 수 있다(Morris and Lescohier, 1978).

제2절 사회복지조직으로의 등장과 client의 유형화

1. 사회복지조직으로의 등장(entry)

조직은 client가 제공받는 서비스의 질과 유형을 결정할 뿐만 아니라 client들의 미래의 복지와 번영에 중대한 영향을 미친다. 예를 들어 직업훈련프로그램에서 제공하는 교육서비스의 질이 교육생의 진로와 미래에 결정적인 영향을 미친다고 할 수 있다. 그리고 조직의 측면에서 본다면 어떤 client가 조직에 들어오느냐가 서비스효과성을 입증할 수 있는 조직의 능력에 중대한 영향을 미치는데 이는 client의 속성(client가 가지고 있는 욕구나 문제 또는 자기배경 등)이 client의 번영과 복지를 개선하고 촉진시키기 위한 조직의 능력을 결정하기 때문이다. 따라서 조직의 생존이 서비스의 효과성을 입증하는 것과 연관되어 있다면 조직은 client의 등장 또는 입장(entry, 조직으로 들어오는 것)을 통제하여야 한다. 사회복지조직으로의 client가 등장하는 것(client의 등장)은 다음과 같은 두 변수에 의해서 사전 결정될 수 있다고 하는데 그것은 첫째로 선택에 대한 client의 통제의 양(얼마나 client가 조직을 선택할 수 있는가) 그리고 두 번째로 client의 등장에 대한 조직통제의 양(얼마나 조직이 client가 조직으로 들어오는 것을 통제할 수 있는가)이다(Carlson, 1964).

2. client의 유형화

사회복지조직에 들어온 후 모든 client들은 개입기술과 다양한 서비스를 받기 위한 사정(assessment)과 구분 그리고 분류의 과정을 겪게 된다. Scheff(1965)는 이러한 과정을 **유형화과정(process of typification)**이라고 이름 붙였다. 유형화과정을 통해서 사회복지사들은 client들을 작업을 위한 정형화된 유형으로 만들고 그들 각각의 문제를 해결하기 위해 특정한 행동계획을 처방하기 위해 그들에 대한 정보를 모으고 검토하고 정리한다. 이러한 과정을 거쳐서 client들은 전형적인 또는 표준적인 사례(case)들로 구분되게 된다. Hasenfeld(1983)에 따르면 유형화과정이 client와 사회복지사 사이의 관계와 거래의 상태를 설정하고 매개변수를 규정한다고 한다. 결국 유형화과정은 조직의 서비스기술을 적용 또는 작동하는데 있어 반드시 필요한 것이라고 할 수 있다. 결국 효과적인 서비스전달이라는 것은 client의 적절한 유형화에 의존하는데 이는 사회복지사의 지식이 client의 문제, 욕구, 병, 진단 등에 의해서 조직화되기 때문이다. 사회복지사들은 각각의 client들의 속성을 명확히 하고 확인하여 거기에 맞는 서비스를 제공하는 것을 결정하게 된다. 결국 서비스기술의 실패는 client를 잘못 유형화하는 경우에 발생할 수 있기 때문에 적절한 서비스기술이 적용되게 하기 위해서 client를 유형화하는 유형화과정은 서비스전달에 있어서 핵심적인 행동이라고 할 수 있다. 유형화는 조직의 운영 또는 기능에 다음과 같은 점들을 제공해준다.

첫째, client의 유형화는 사회복지사들로 하여금 client의 상황에 맞는 적절한 서비스기술을 제공하도록 한다.

둘째, 유형화는 사회복지조직이 다양하고 다중적인 client의 욕구와 요구를 제한된 서비스의 영역 안으로 집중시키도록 한다.

셋째, 유형화는 client문제해결에 대한 예측가능성을 증가시키고 불확실성을 감소시켜 조직효과성을 증대시키는데 사용될 수 있다.

넷째, 사회복지사들은 유형화를 그들의 작업조건을 통제하고 그들의 수행력에 대해 긍정적인 평가를 하도록 고취시키며 그들의 명성이나 입장을 보호하는데 사용할 수 있다.

유형화는 또한 client의 입장에서도 첫째, 적절한 서비스나 혜택을 받도록 해주고 다시 말해 혜택의 최적의 상태로 만들어주고 둘째, client들이 감당하여야 하는 비용(시간이나 돈)을 최소화하는데 도움을 준다. 이는 유형화가 client들의 문제나 욕구에 응답하도록 설계된 서비스를 획득하는 것을 보장해 주기 때문이라고 할 수 있다.

제 3 절 client와 사회복지사의 관계의 본질

사회복지사와 client사이의 관계의 핵심은 바로 신뢰(trust)라고 할 수 있다(Hasenfeld, 1978, Handler, 1992). 다시 말해 양자의 관계의 본질을 규정하는 핵심적인 요인으로 신뢰관계가 지적된다고 할 수 있다. 신뢰는 한 사람의 운명이나 복지를 다른 사람의 손에 맡기는 것을 의미한다고 하는데 이것이 바로 사회복지사들이 client를 돕는 과정의 핵심적인 근본이념이라고 할 수 있다. 즉, client의 신뢰는 사회복지사가 제공하는 서비스의 질과 바람직성에 대한 믿음과 그들의 기술, 방법, 그리고 행동양식에 대한 확신을 나타낸다(Bidwell, 1970). 그리고 사회복지사와 client의 신뢰관계는 client의 개인적 목적과 사회복지사의 관심과 목적사이의 일치성에 입각해 있다. client에게 있어서 그러한 일치성은 사회복지조직이 개입하는 개입의 성과가 client의 욕구를 위해 노력할 것이라는 것을 보장하고 그들을 사회복지사의 손에 맡기도록 충동한다는 것을 의미한다.

사회복지사와 client사이의 신뢰관계의 질을 결정짓는 또는 신뢰관계에 영향을 미치는 첫 번째 요인으로 client에게 유용 가능한 자원의 규모가 지적된다. client들의 욕구를 해결할 수 있는 충분한 자원 없이 많은 client들에게 서비스를 제공한다는 것은 client와 사회복지사의 관계를 악화시키는 부정적인 효과를 낳는다고 할 수 있다. client들의 문제를 해결할 수 있을 정도의 충분한 자원을 가지고 있지 않다면 결국 client들은 그들이 받아야 하는 적당한 서비스를 받지 못하고 있다고 느끼게 되고 그리고 조직은 그들의 욕구를 해결하는데 있어 충분히 응답적이지 못하다고 느끼게 된다는 것은 당연하다고 할 수 있다. 그리고 사회복지사들은 client들을 다루면서 그들의 서비스요청을 해결할 수 없다는 무능력에 빠지게 될 수 있다. 결론적으로 client의 욕구를 해결할 수 있는 자원의 부족은 사회복지사와 client사이의 관계에 있어 적대감을 불러일으키는 주요한 원인이 된다.

두 번째로, 사회복지사들의 소명감의 정도, 그들의 업무로부터의 소외 등도 사회복지사와 client사이의 신뢰관계의 질에 영향을 주는 주요한 요인으로 지적된다. 사회복지사들이 그들의 업무에 대해서 긍정적으로 생각하고 client들의 문제를 모두 해결할 수 있다고 생각하며 그들의 업무를 통제할 수 있다고 생각한다면 당연히 사회복지사와 client의 관계는 긍정적인 관계가 될 수 있지만 만약 사회복지사들이 그들의 업무로부터 그들이 소외되어 있다고 생각한다면 그들은 당연히 client들로부터도 소외되어 있다고 생각할 수 있기 때문에 사회복지사와 client의 관계에 좋지 않은 결과를 낳게 하는 요인을 제공하게 된다.

세 번째로, client가 갖게 되는 도덕적 속성도 또한 사회복지사와 client의 신뢰관계에 영향을 미치는 요인이 된다. 예를 들어 자신의 문제 또는 곤경을 더욱 악화시키는데 책임이 있는 client들은 도움의 측면보다는 감시의 측면이 더욱 강조된다. 예를 들어 약물중독자가 계속 약물을 남용하게 되면 그의 약물남용에 대해 사회복지사의 감시의 측면이 도움의 측면보다 강조된다.

네 번째로, 사회복지사와 client사이의 주관적 관계의 개입도 사회복지사와 client사이의 신뢰관계에 영향을 미치는 요인으로 지적된다. 사회복지사가 client들을 객관적보다는 주관적으로 다루게 되면 client의 사회복지사에 대한 신뢰는 증가하게 되는데 이는 client들이 그들의 관심과 소망이 고려되어진다고 느끼기 때문이라고 할 수 있다.

마지막으로 사회복지사와 client사이의 신뢰관계에 영향을 미치는 요인으로 사회복지조직(또는 사회복지사)에 의해서 사용되는 client통제 메커니즘이 지적된다(즉, client를 어떻게 통제하느냐 하는 것). 조직이나 사회복지사가 사용하는 통제메커니즘으로서 위협, 설득, 약속 등이 사회복지사와 client사이의 관계에 영향을 준다는 것을 의미한다. 신뢰관계가 위협에 의해서 생길 수 없다는 것은 너무나 당연하다고 할 수 있다. 원칙적으로 본다면 강제에서 설득으로 나아가면 신뢰는 증가한다고 할 수 있다(Gamson, 1968).

제9장

사회복지조직과 변화

제 1 절 사회복지조직의 변화

1. 사회복지조직과 변화

인간이 내적 외적 요인에 의해서 계속적인 변화를 추구해 왔던 것과 마찬가지로 사회에 존재하는 모든 체계도 외적 내적 요인에 의해서 빠르게 변화해 왔다. 일반적으로 변화의 여건은 외부환경에 의해서 만들어지는 경우가 많이 있지만 내부의 여건이 변화를 실행하도록 부추기는 역할을 담당하기도 한다. 계속적으로 변화를 추구하지 않는 인간은 현대사회의 경쟁에서 살아남기가 점점 어려워지고 있으며 인간은 계속적인 생존을 유지하기 위해 끊임없는 스스로의 변화를 추구한다.

사회복지조직이 직면하고 있는 현대사회에서 조직을 둘러싼 외부적 환경은 끊임없이 조직을 변화시키도록 추동하고 있으며 변화를 추구하지 않는 조직은 쇠퇴와 퇴보의 과정으로 들어가도록 압력을 가하고 있다. 우리는 불확실성의 시대에 살고 있다고 한다. 특히 사회복지조직을 둘러싼 불확실성은 조직이 더욱 책임감있는 행정과 서비스전달체계를 유지 확보하도록 동기를 부여하고 있다. 계속적인 사회복지의 민영화의 확대, 예산의 삭감, 계속적인 빈곤과 인간소외의 증대 등등 복지현장을 둘러싸고 있는 환경조건들은 조직변화를 통해서 이러한 환경조건에 더욱 책임성 있으며 효과적이고 client의 욕구에 응답적인 질 좋은 서비스를 제공하도록 압력을 가하고 이러한 변화에 적응하지 못하는 조직은 퇴보하도록 하는 조직메커니즘을 형성하고 있다. 사회복지행정에서 지도력과 조직구조의 중요성은 조직의 생존과 안정 그리고 번영과 퇴보를 결정짓는 중요한 요인으로 자리잡고 있으며 변화에 적극적으로 응답하지 않는 조직행정과 지도력 그리고 구조와 서비스전달체계 등은 조직이 자지자신의 정당성을 상실하고 존재의 의미를 상실하도록 하여 사회복지조직으로서의 생명이 꺼지도록 영향력을 행사한다.

사회복지조직을 운영 또는 행정, 관리하는 것은 조직 안에서의 정책의 계속적인 수정과 변화를 필요로 하는 하나의 역동적인 과정이라고 한다(Frey, 1990). 따라서 조직변화는 조직을 운영하기 위해 나아가 조직이 생존하기 위해 추구하는 계속적인 과정이라고 할 수 있다. 사회복지조직이 가지고 있는 가장 중요한 존재근거 또는 조직설립목적은 거시적으로 바라보았을 때 사회문제의 해결이라고 할 수 있기 때문에 **사회복지조직 안에서의 구조나 정책의 계속적인 수정과 변화는 client들이 가지고 있는 문제를 해결하기 위해 조직적 측면에서 가장 효과적이고 문제 해결적인 서비스나 행정 등을 제공하기 위한 계속적인 노력이라고 할 수 있다.** 따라서 사회복지행정가, 정책결정가, 또는 일선 사회복지사들은 client들에 대한 서비스를 개선시키기 위한 혁신적인 방안을 찾는 것에 책임이 있다고 볼 수 있다. 결국 client에게 좀더 빠르게 응답하기 위해서 또는 client의 문제를 효과적으로 해결하기 위해서 사회복지조직은 조직이 제공하는 프로그램과 조직의 구조나 정책을 변화시킬 수 있는 능력을 반드시 가지고 있어야 한다.

조직변화는 일부 관리자들만의 문제가 아니다. 조직변화가 조직의 서비스전달체계를 변화시킬 수 있기 때문에 관리자들은 물론이고 일선 사회복지사들도 조직변화에 많은 관심을 기울여야 한다. 이는 일선사회복지사들이 조직의 가장 밑바닥에서 어떻게 조직의 정책과 그 조직의 운영실태가 서비스를 제공하는 실천환경에 영향을 미치는지를 직접 확인할 수 있고 또한 그들은 매일 매일 현장에서 만나는 client들에 대한 서비스전달을 증진시킬 수 있는 이슈들을 확인할 수 있으며 변화를 제안할 수도 있기 때문이다.

조직변화는 위에서 밑으로 내려오는 상명하달과정으로 비춰지기도 하지만(French, Bell, and Zawacki, 1978) 일반적으로 조직변화는 행정적으로 설계된 변화를 위해 낮은 단계에 있는 직원들로부터의 승낙으로 이루어지는 행정과정이라고 할 수 있다(Frey, 1990; Brager and Holloway, 1978; Resnick and Patti, 1980; Weissman, 1973; Finch, 1976; Pawlak, 1976; Wasserman, 1971). 따라서 변화를 성공적으로 수행하기 위해서는 상위직원들과 하위직원들 사이의 효과적인 서비스전달의 목적을 공유하여야 하며 그리고 효과적인 변화를 증진시키기 위해 두 집단의 상호지지와 지원은 필수적이라고 할 수 있다. Kast와 Rosenweig(1974)에 따르면 조직은 정보와 에너지와 자원이 들어오고 나가는 것을 통해서 조직환경과 상호 행동하는 열린 체계이기 때문에 필연적으로 조직은 변화한다고 한다.

Hasenfeld(1983)는 조직변화란 힘의 분배, 조직의 내부구조, 자원할당을 변경하는 것이라고 정의하였으며 Feinstein(1985)은 변화가 새로운 프로그램의 채택, 새로운 client들에게 서비스하는 것, 새로운 하부체계와 회원의 개발, 새로운 직원 기능의 창조나 새로운 직원의 고용 등을 포함하는 것이라고 하였다. Feinstein에 따르면 조직을 변화시키기 위해서 조직의 약점과 강점을 파악하고 있어야 하며 성장을 위한 기회를 확인하고 변화를 위한 능력과 의지를 건설하여야 한다고 강조하였다. Frey(1990)는 조직변화가 서비스전달체계를 형성하는 것이기 때문에 사회복지사들을 포함하는 변화의 실무자들은 조직의 실천과 정책이 어떻게 실천현장에 영향을 미치는지 그리고 제안된 변화나 이슈가 client들에 대한 서비스전달을 개선시키는지를 확인하는 것이 중요하다고 강조하였다. 그리고 Brager와 Holloway(1978)에 따르면 조직의 변화는 사회복지사나 실무자가 어떤 것의 현재상태와 그것이 이렇게 변했으면 좋겠다는 것 사이의 긴장을 경험하는 것에서 시작한다고 주장하였다. 따라서 그들에게 있어 조직변화란 조직의 실천 현장에 실재하는 것과 바꾸어지기를 갈망하는 것 사이의 긴장을 해소하는 것이라고 정리할 수 있다. 한편 Resnick(1980)은 조직변화를 위해 필요한 네 개의 구성요인을 강조하였다. 그에 따르면 조직변화는 첫째, 변화촉매자가 있어야 하고, 둘째, 행동체계가 있어야 하며 셋째, 변화를 위한 제안서와 마지막으로 행동계획이 필요하다.

결국 조직변화는 조직의 구조, 지도력, 행정체계, 서비스전달체계 등 조직 전반에 걸쳐 급속하게 변화하는 환경에 빠르게 적응하고 client의 욕구에 더욱 빠르게 응답하기 위해서 조직을 효과적이며 서비스 질을 강조하도록 만드는 것이라고 정리할 수 있다.

2. 조직변화의 인생 주기적 관점

조직의 변화과정, 좀더 구체적으로 조직의 생성과 도태를 인간이 태어나고 죽는 순환과정과 동일시하여 바라보는 시각이 있다(Hasenfeld and Shimid, 1989a; Hannan and Freeman, 1977). 생물학적인 은유를 빌린다면 조직은 태어나고 성장하고 성숙하고 도태하고 나중에는 죽게 된다. 이러한 변화과정에서 조직은 조직 안에 있는 문화, 구조, 전략, 서비스, 과정 등의 변형을 겪게 된다. 물론 생물체와는 달리 조직은 재생(renewal)을 통해서 죽음과 쇠퇴를 예방할 수 있다. 이 재생이 바로 조직적 변화를 의미한다고 할 수 있다. client에게 제공되는 서비스나 프로그램, 서비스전달체계, 조직구조나 행정관리체계, 재정이나 예산관리체계, 직원관계 등에 대한 혁신적인 변화가 죽어 가는 조직을 다시 살리게 할 수 있다는 것을 의미하는 것이다.

인생 주기적 관점에 따르면 조직의 생성과 죽음에 이르는 과정은 외부적 환경에 기인한다. 외부적 환경은 자원의 수납, 서비스전달에 대한 정당성의 확보 등을 의미하며 정당성을 확보하지 못하면 서비스를 전달하지 못하게 되고 자원이 부족하면 인적자원이든 물적 자원이든 서비스를 중단하게 되기 때문에 조직은 쇠퇴하여 죽음에 이르게 된다는 것을 의미한다. 조직의 탄생과 성장, 쇠퇴, 죽음과 재생의 역동성을 이해하는 것은 인간봉사조직이 외부적 환경에서 기인하는 혼동을 효과적인 전략을 형성함으로써, 적응구조를 설계함으로써, 그리고 보다 응답적인 서비스전달체계를 발전시킴으로써(결국 조직적 변화를 추구함으로써) 조정할 수 있다는 것을 의미하기도 한다(Hasenfeld and Schmid, 1989).

인생 주기적 관점에 따르면 조직은 태어나서 성장을 거듭하면서 변화를 받아들이고 적응하여 재생하지 않는 한 몰락 또는 죽음에 직면하게 된다는 것을 알 수 있다. 즉, 조직은 도태단계에서 재생으로 나아가지 않는 한 죽음을 맞이하게 된다. 인생 주기적 관점에 따르면 조직은 집중(또는 수렴)과 재교육(reorientation) 사이를 왕복한다(Tushman and Romanelli, 1985). 집중은 성숙과 구조완성단계를 의미하며 이 기간동안 조직은 목적을 성취하기 위해 점진적인 변화를 경험한다. 그리고 재교육은 형성, 발전, 재생단계를 의미하며 조직은 이 기간동안에 급진적인 변화를 경험하게 된다(Hansenfeld and Schimid, 1989a). Hansenfeld와 Schimid(1989a)에 따르면 조직의 재생(또는 재교육)은 다음과 같은 네 개의 조직하위체계의 조정된 변형을 반드시 포함한다고 한다. 다시 말해 다음과 같은 네 개의 체계가 조직변화에 의해서 수반된다는 것을 의미한다. 그것들은 첫째, **지도력**, 둘째, **조직과 환경의 관계**, 셋째, **조직구조**, 넷째, **조직과 client의 관계**이다. 결국 조직이 변화하기 위해서 또는 재생하기 위해서 지도력이나 환경, 구조 그리고 client를 위한 서비스전달체계가 반드시 조정되어야 한다는 것을 의미한다. 따라서 급박히 변화하는 환경에 대한 적응부재, 지도력의 부재, 엄격함과 관료화의 증대, client의 욕구에 대한 무반응 내지는 무감각은 결국 조직쇠퇴의 표시라고 할 수 있으며 조직생존을 위해서 새로운 변화를 위한 도약 즉, 재생과정이 필요하다는 표시이기도 함을 인식하여야 한다는 점이 강조된다.

조직재생의 궁극적인 목적이 client들에게 좀더 응답적인 서비스전달체계를 만드는 것이라고 정의한다면 결국 조직변화와 조직재생은 같은 뿌리에 있다고 할 수 있다. 조직이 쇠퇴하는 가장 주요한 이유는 조직이 추구하는 목적과 행동의 불일치에서 나타난다고 할 수 있다. 목적불일치에 의해서 조직은 client를 잃게 되고, client의 욕구에 대한 적절한 대응을 할 수 없게 되며, 자원과 자기 자신이 서 있어야 할 자리를 잃게 되어 결국 조직은 쇠퇴하고 결국에는 죽음에 이르게 된다고 할 수 있다. 따라서 client에 대한 조직의 응답을 증가시키는 것이 가장 중요한 일차적인 동력이라고 할 수 있다(Hasenfeld, 1987).

인생 주기적 관점에서의 조직변화는 위에서 설명한 변화의 변증법적 본질에 의해서도 설명되어지는데 이는 조직이 성장과 발전을 거듭하면서 결국 내적 동력이 변화를 위한 기초를 제공하여 조직재생의 길로 나아가도록 한다는 점에서 그렇다. 다시 말해 조직이 성장 하지만 성장의 밑거름이 되었던 구조나 관계, 지도력 등이 조직의 쇠퇴를 가져다주고 이 요인들에 대한 변화가 다시 새로운 재생의 길을 가게 한다는 것을 의미한다.

3. 조직과 계획된 변화

사회복지조직이 추구하는 변화는 변화의 목적이 불확실하고 애매모호하며 즉흥적인 변화가 아니라 계획에 의거한 계획적이고 체계적인 따라서 예측가능하고 명확함을 추구하는 변화여야 한다. 계획에 의거한 변화는 조직의 모든 측면에서의 변화에 중심축이 되는 지도로서의 역할을 담당한다. 계획된 변화라는 개념을 사회복지분야에 처음 소개하였던 사람은 사회복지사인 Robert Morris(1964)였다고 한다. 일반적으로 조직에서의 변화를 설명해 주는 두 접근방법이 있는데 하나는 흐름이론(theory of flux)이고 다른 하나는 구조적 변화이론(structural change theory)이다. **흐름이론**이라고 불리는 계획된 변화의 모델은 조직이 계속적으로 변화하고 그러한 변화는 피할 수 없으며 항상적이라는 것을 강조한다. 다른 한편으로 **구조적 변화이론**이라고 불리는 계획된 변화의 모델은 조직이 균형상태로 있음을 강조하며 그리고 변화는 구조적 안정이 수반되는 특별한 경우에 일어나는 것으로 간주한다.

Chin과 Benne(1976)에 따르면 위의 두 변화이론은 모두 세 개의 변화전략 갖게 된다고 하는데 첫 번째는 **경험적-이성적**(emperical-rational) **변화전략**이고 두 번째는 **규범적-재교육적**(normative-reeducative) **변화전략**이며 세 번째는 **힘-강제적**(power-coercive) **변화전략**이라고 한다. 경험적-이성적(empirical-rational) 변화는 자지자신의 이익에 관심이 있는 조직이나 개인들에 의해 변화가 일어난다고 보며, 규범적-재교육적(normative-reeducative) 변화는 변화가 태도, 가치, 기술 그리고 관계의 수정을 통해서 일어난다고 보고, 힘-강제적(power-coercive) 변화는 변화가 힘의 실천을 통해서 일어난다고 본다.

한편 Kettner, Daley, 그리고 Nichols(1985)는 계획된 변화는 갈망하는 변화를 성취하기 위한 행동들의 집합체라고 정의하고 계획된 변화는 다섯 요인을 포함한다고 강조하였다. 그들에 따르면 계획된 변화에 포함되는 요인들은 첫째, 이전 조건에 대한 숙고, 둘째, 변화를 위한 준비, 셋째, 기획, 넷째, 변화실행 그리고 마지막으로 변화결과의 사정이라고 한다. 이 요인들이 포함하는 구체적인 내용이나 행동들에 대해서 살펴보면 다음과 같다.

- **이전 조건에 대한 숙고**: 조직 변화에 있어서 이전 조건에 대한 숙고는 관리 또는 행정스타일, 직원과 관리층과의 관계, 조직의 사기 또는 조직과 환경과의 관계 등을 포함한다고 한다. 또한 변화를 시도했었던 과거의 경험이나 과거 변화가 남겨 놓은 결과 등을 포함한다.
- **변화를 위한 준비**: 변화를 위한 준비는 이전 조건을 심사숙고하기, 관련된 정보의 원천을 확인하기, 개입하여야 하는 시스템을 확인

하기, 개입을 위한 허가를 획득하기 그리고 계획된 변화노력에 개입하는 것을 결정하기 등의 행동들을 포함한다.

- **기획**: 기획(planning)은 변화기회를 확인하고, 변화기회를 분석하며, 목적과 목표를 설정하고, 변화노력을 설계하고 구조를 만들며 그리고 변화를 위한 자원계획을 만드는 내용들을 포함한다.
- **변화실행**: 변화실행은 계획을 한 행동에 기초해서 변화개입을 실행에 옮기는 행동들을 수반하는데 이러한 실행 행동들로는 변화노력을 수행하기, 변화노력을 검토하기, 변화노력을 평가하기, 상황을 안정화시키고 재사정하기 등을 포함한다.
- **변화결과의 사정**: 변화결과는 기대했던 것일 수도 있고 기대하지 않은 것일 수도 있으며 의도했던 것일 수도 있고 의도하지 않은 것일 수도 있다. 그리고 결과는 또한 분명한 것일 수도 있고 애매모호한 것일 수도 있으며 쉽게 인식할 수 있는 것일 수도 있고 쉽게 인식할 수 없는 것일 수도 있다. 결국 변화결과는 조직변화의 여파 또는 잔존결과라고 할 수 있다.

한편 Brager와 Holloway(1978)는 조직의 변화가 직원이 어떤 것의 현재상태와 그것이 이렇게 변했으면 좋겠다는 것 사이의 긴장을 경험하는 것에서 시작한다고 한다. 그들에 따르면 계획된 변화는 일련의 일들로 진행되는 과정이라고 하는데 일련의 일들은 계획된 변화과정을 위한 요인을 의미한다고 할 수 있다. 일련의 일들로 그들이 지적한 것들은 첫째, **시작 사정**(initial assessment), 둘째, **사전개시**(preinitiation), **개시**, **실행**, 그리고 **제도화**(institutionalization)라고 한다. 시작사정은 실제 인식되어진 것과 갈망하는 것 사이의 불일치가 인식되어지고 이루어질 수 있는 것에 대한 개념이 형성되어지는 변화과정단계를 의미한다. 사전개시는 변화를 소개하는 단계를 말하며 개시는 변화목적의 승인, 확산, 소개를 보장하는 단계를 의미한다. 따라서 개시단계에서의 중요한 과업은 적합한 변화목적을 설정하는 것이라고 할 수 있다. 실행은 변화를 조직이 채택하는 단계를 의미하고 제도화는 변화가 체계 안에 안전하게 자리잡아 조직의 삶에 영속적인 구성요인으로 되는 변화과정단계를 의미한다.

조직변화에 있어 경제적 효율성을 강조하는 입장을 취하는 Kast와 Rosenzwig(1974)는 계획된 변화를 조직과 조직을 관리하는 관리자들이 다양한 분야에서 현재의 조직조건과 갈망하는 조건사이의 차이를 확인할 수 있도록 돕는 것으로 인식하였으며 이를 위한 일반적인 행동들을 조직개선(organizational improvement)이라는 말로 한정하였다. 그들은 계획된 변화를 위한 노력들은 첫째, 효율성, 둘째, 효과성, 셋째, 참여자 만족을 강조하는 것이며 다음과 같은 질문에 대한 대답을 추구하는 것이라고 정의하였다.

"어떻게 이 조직을 일하기에 더욱 만족스러운 장소로 만들 것이며 더욱 효과적으로 그리고 더욱 효율적이 되도록 만들 것인가?"

계획된 변화가 실행되는 과정은 몇 개의 단계들로 이루어져 있다고 할 수 있는데 Kast와 Rosenzwig(1974)에 따르면 변화는 문제인식단계, 문제확인단계 그리고 문제해결단계를 거쳐서 진행된다고 한다. 즉, 그는 조직이 가지고 있는 문제를 인식하는 단계가 계획된 변화를 실행하는 가장 첫 번째 단계라고 한다. **문제인식단계**는 변화를 위한 필요성 또는 욕구를 인지하는 것을 포함한다. 변화되어야 하는 문제에 대한 인식은 다양한 자원에서 이루어질 수 있는데 가장 중요한 방법은 조직을 둘러보고 비판하고 그리고 후속조치를 취하는 것이라고 한다. 그리고 계획된 변화를 위한 두 번째 단계는 문제확인이고 세 번째 단계는 문제 해결이며 네 번째 단계는 변화의 실행이다. 조직은 이러한 일련의 계획된 변화과정을 거치면서 새로운 조직적 변화를 경험하게 된다. **문제확인단계**는 현재의 조직조건과 원하는 조건 사이의 차이를 확인하는 것을 의미한다. 시작이 반이라는 말이 있듯이 일단 문제가 확인되면 반은 해결된 것으로 생각할 수 있게 된다. **문제해결단계**는 대안들을 만들고 대안들을 평가하여 하나의 대안을 실행하기 위한 행동을 선택하는 것을 포함한다.

또한 Lewin은 변화가 성공적으로 관리되기 위해서는 다음과 같은 세 단계를 반드시 거쳐야 한다고 주장하였는데 첫 번째 단계는 **녹이는(unfreezing) 단계**이고 두 번째 단계는 **변하는(changing) 단계** 그리고 세 번째 단계는 **다시 얼리는(refreezing) 단계**라고 한다. 녹이는 단계는 조직 내에서 변화를 위한 욕구가 인식되고 기존의 행동이나 태도를 녹이기 위한 행동들이 취해지는 변화를 위한 준비 단계를 의미하며 변화를 위한 동기를 만드는 것이 강조된다. 그리고 변하는 단계는 새로운 정보에 근거해서 새로운 대응을 개발하여 변화가 실질적으로 추진되는 단계를 의하며 다시 얼리는 단계는 시도된 변화에 의한 새로운 태도나 행동들이 고착화되는 단계를 의미하며 조직을 통합하고 안정화하는 것이 강조된다. 특히 그는 변화를 관리하는 것은 변화를 추진하는 힘을 기르는 것보다 변화에 저항하는 힘을 감소시키는 것이 보다 중요하다고 강조하였다(Dawson, 2003). 그리고 Kotter(1996)는 성공적인 변화를 성취하기 위해서는 다음과 같은 8단계를 거쳐야 한다고 강조하였다.

- 1단계: 변화의 절박함(sense of urgency)을 설정하는 단계
- 2단계: 협동(coalition)체계를 만드는 단계
- 3단계: 비전과 전략을 개발하는 단계
- 4단계: 비전에 대해서 의사소통하는 단계

- 5단계: 광범위한 행동의 역량을 강화하는 단계
- 6단계: 단기적인 승리를 만드는 단계
- 7단계: 개선들을 통합정리하고 더 많은 변화를 생산하는 단계
- 8단계: 새로운 문화(또는 시도된 변화들)를 고착화하는 단계

한편 공공조직과 비영리조직의 계획화된 변화에 대한 연구에서 Bills(1992)는 공공기관들이 직면한 핵심적인 문제점은 누가 무엇을 할 것인지에 대한 **역할혼란**(role confusion)이며 비영리기관들이 직면한 문제점은 조직이 무엇인가를 하는 것이 옳은 것인지에 대한 **지위불명확성**이라고 강조한다. Rogers와 Shoemaker(1976)는 혁신의 확산을 강조하였는데 그들에 따르면 확산과정은 인식, 관심, 평가, 시도, 그리고 채택의 다섯 상태를 통해서 움직인다고 한다.

결론적으로 계획된 변화는 조직적 측면에서 현재의 조직상황과 새롭게 원하는 방향 사이에서 나타나는 차이를 극복하기 위해 취해지는 일련의 행동 또는 노력이라고 할 수 있다. 공식적 조직은 계획에 의한 조직이고 대부분의 사회복지조직들은 공식적 조직이기 때문에 사회복지기관의 행정이나 관리를 위한 계획의 필요성은 조직 운영에 있어서 가장 중요한 부분일 수 있다. 따라서 대부분의 사회기관 또는 사회복지기관들은 매일 매일 기획의 과정 그리고 계획에 의한 변화에 순응하는 과정에 개입되어 있다고 볼 수 있다. 현재 대부분의 기획모델들은 직관적이고 경험적 사고에 기초하지 않는 문제 해결적이고, 이성적 사고를 강조하고, 그리고 결정 수립의 모델들을 강조하는 모델들이 중심이 되고 있다. 물론 문제해결적 접근방법이 조직변화를 주도하는데 있어 완전한 접근방법이라고 말할 수는 없다. 이는 문제해결적 접근방법이 문제를 확인하고 그 문제를 해결하는 것에는 장점을 가질 수 있지만 새로운 조직구조를 설계하고 행정체계를 재설계하고 프로그램을 변화시

키며 새로운 계획을 창조하고 조직문화를 일신하는 데에는 부족한 면이 있기 때문이다. 따라서 변화가 계획에 의거한다는 것은 변화가 문제해결적 접근방법에 기초한다는 것을 의미하는 것이 아니라 보다 광범위한 변화를 실행하기 위해 변화노력이 계획에 의거하여 체계적으로 진행된다는 것을 강조한다는 것이라고 할 수 있다.

결국 사회복지행정가들은 다양한 의미에서 계획가로 역할을 해야 하며 계획활동을 위한 끊임없는 욕구와 프로그램과 정책의 심사숙고를 위한 계속적인 책임성을 강조해야 한다. 이것은 조직의 임무선언, 목적과 목표, 전략 그리고 다양한 이해당사자들과의 관계와 이외에 다른 측면들을 재음미하고 다시 활력을 불어넣어 주기 위한 필요성이 증대하는 것과 같은 맥락으로 이해될 수 있다. 현대 사회복지의 제반 환경들이 급속히 변화하는 사회에서 특히 사회복지행정가의 계획가로서의 역할은 그 중요성이 더욱 증대될 수밖에 없다고 보여진다. 사회복지사들이 변화를 위해서 그들이 속한 조직 또는 지역에서 사회기획을 위한 주도권을 행사하지 않으면 또는 기획에 참여하지 않으면 누가 그 일을 대신할 수 있겠는가?

제 2 절 조직변화의 필요성

1. 조직의 변화는 왜 필요한가?

조직의 변화에 대한 다양한 분야들에 대해서 살펴보기에 앞서 가장 먼저 이해해야 할 것이 바로 왜 조직은 변화가 필요한가를 이해하는 것이라고 할 수 있다. 어떤 이유들 때문에 조직들은 점진적이든 급진적이든 또는 작은 변화든 큰 변화든 변화를 추구하게 되며 그 변화가 조직의 운명에 많은 영향을 미친다는 점을 부인할 수 없다. 조직의 지도자들이나 구성원들은 외부환경에서 일어나는 변화를 이해하여야 하고 그리고 그 변화가 그들의 조직에 어떠한 영향을 끼치는지를 인식해야 한다.

변화는 절대적으로 아무것도 움직이지 않는 진공상태에서 일어나지 않는다(Perlmutter, 2000). 이는 반드시 변화를 일으키는 원인이 존재한다는 것을 의미한다. 따라서 변화를 일으키는 또는 변화가 일어나게끔 하는 환경적 요인들을 이해하는 것이 변화를 이해하는데 도움이 된다고 할 수 있다. 이는 변화의 과정을 어떻게 관리할 것인가 그리고 추구하려는 변화의 본질은 무엇인가를 알기에 앞서 변화가 일어나게끔 하는 정황을 이해하여야 한다는 것을 의미한다. 결국 조직을 둘러싼 외부적 내부적 환경의 정황이 요인으로 작용하여서 변화가 일어나도록 작동하기 때문에 이러한 환경정황을 이해하는 것이 변화의 본질을 이해하는 첫 단계라고 할 수 있는 것이다. 사람이 환경에서 존재하는 것과 같이 조직도 환경에서 존재하기 때문에 어떻게 환경의 요구에 응답하면서 환경과 상호행동을 하는가가 조직의 성장과 발전에 필요한 원동력이 될 수 있다. 조직이 변화를 추진하게끔 하는 요인들은 다양하다. Perlmutter(2000)는 변화를 야기하는 환경정황으로 첫째, client숫자의 증가 둘째, 민영화에 따른 이익집단의 사회복지영역으로의 진입 셋째, 민간복지조직들의 정부와의 계약에 대한 의존의 심화 넷째, 공공지출의 계속적인 지출감소 등을 들고 있다. 이 장에서는 조직이 변화를 하게끔 하는 환경에 대해서 첫째, 경제적 이유, 둘째, 정치적, 법적 변화와 규제의 변화 셋째, 사회복지기술의 발전 또는 기술 혁신, 넷째, 사회 문화적 변화, 그리고 다섯째, 민영화를 중심으로 좀더 자세히 살펴보기로 한다.

1) 경제적 이유

경제적 요인은 조직이 변화하여야 하는 중요한 하나의 원인을 제공해 준다. 1990년대 한국 사회는 산업사회를 거쳐 빠르게 후기산업사회로 진입하였다. 후기산업사회의 주요 특징은 생산과 제조업의 쇠퇴와 서비스업의 성장이다. 다시 말해서 생산과 제조업의 고용이 서비스분야로의 고용으로 유지된다는 점이다. 즉, 후기산업사회는 제조분야나 생산분야가 중요하지 않음을 강조하는 것이 아니라 오히려 지식과 정보의 창조, 교환 그리고 수용이 사회적 그리고 경제적으로 더 중요함을 강조한다는 것이다. 광산, 조선, 공학 등이 은행 재정 서비스, 관광, 교육 서비스의 성장에 의해서 뒤처지게 되었다. 정보가 사회의 중요한 중심축이 됨으로 인해 정보에 뒤처져 있는 또는 정보사용에 있어 기술이 없는 사람들은 노동시장의 둘레로 전락해 버려 운송, 청소, 접대 서비스 등의 일자리에 매이게 된다. 따라서 후기산업사회는 복지국가에 있어 한 편으로는 위협이기도 하면서 한편으로는 기회이기도 하다.

복지국가에 대한 위협으로써 후기산업사회는 국가의 사회복지 설립에 기초가 되었던 계급구조가 용해된다는 것을 의미한다. 다시 말해 고연봉 노동자들의 대거 출현으로 인해 노동자들에게 있어 계급의식은 사라지고 대신에 더 높은 연봉을 위한 경쟁력 강화에만 관심이 모아지게 되었다는 것을 의미한다. 이는 복지국가가 시장이 중심이 되는 사회 그리고 더욱 개인주의적 사회로 변화한다는 것을 의미한다.

하지만 복지성장의 기회로써 후기산업사회는 복지시설이나 제도 등이 후기산업사회에서 더욱 필요하다는 사회복지서비스윤리가 구체화되는 계기를 마련하였는데 이는 후기산업사회에서 노동에 대한 소외가 더욱 심해지고 소외계층이 확대되면서 복지제도에 대한 필요성이 더욱 증가하였기 때문이다.

후기산업사회의 특징으로 기인하는 소외계층의 확대는 빈익빈 부익부의 심각한 양극화현상이 고착되는 것을 뛰어넘어 더욱 양극화가 심화되는 것을 의미하며 이러한 사회계급구조의 불균형의 성장으로 인해 결국 중간계급은 점차 사라지게 되고 대부분의 중간계급들은 상층계급으로 이동하기보다는 빈곤계층이 중심을 이루는 하위계급으로 떨어지게 되는 결과가 초래되고 있다. 따라서 이러한 산업경제구조 하에서 사회복조조직의 필요성과 영향력의 확대는 증가할 수밖에 없게 되며 하위계급들의 복지서비스에 대한 욕구는 계속 확대되고 있다. 하지만 동시에 보수주의의 영향으로 국가의 복지비는 계속 후퇴하고 있고 우리나라의 경우 복지지출비는 대부분의 선진복지국가 복지지출비의 약 30% 선에 머물러 있는 것이 현실이다. 결국 복지관련 조직들은 국가의 복지비 지출의 증대를 위해서 계속적인 노력을 기울여야 하는 경제적 환경에 직면해 있다고 할 수 있다. 복지비의 지체나 축소와 사회소외계층의 확대와 사회문제해결이라는 욕구의 증대라는 경제적 요인은 새로운 사회적 욕구로서 자리잡게 되어 사회복지조직에게 있어 변화에 대한 조직적 대응을 필요로 하는 변화요인을 제공하고 있다.

2) 정치적, 법적 변화와 규제의 변화

복지제도나 복지전달체계를 변화시키는 정치적 변화나 규제의 변화 그리고 법의 변화는 사회복지조직이 기능함에 있어 직접적인 영향을 미친다. 예를 들어 미국에서 공화당이 중심이 되어 추진하여 이루어졌던 1996년 복지개혁은 각종 새로운 법안과 규제의 등장을 낳았으며 사회복지조직들이 복지서비스를 전달하는데 있어 심대한 영향을 미쳤다. 우리나라의 경우도 국민기초생활보장법이 국회를 통과하여 1999년에 입법화되면서 복지전달체계에 많은 변화를 가져다주었으며 규정과 규제가 수정 또는 보완되었다. 따라서 이러한 정치적 법적 그리고 규제의 변화는 조직의 대응을 불러일으키며 나아가 조직의 변화에 요인을 제공해 준다.

3) 기술 혁신

다른 조직과 마찬가지로 기술은 사회복지조직에도 심대한 영향을 미친다. 새로운 기술과 함께 재화 또는 상품 그리고 서비스의 유형에 변화가 이루어지게 되고 재화와 서비스가 만들어지는 방법에 있어서도 변화가 일어나게 된다. 정보처리기술과 업무수행 방법에서의 발전은 모든 조직에 있어 공통적으로 나타나고 있으며 작업장의 작업조건을 급속하게 변화시키고 있다.

책임성의 증대와 측정할 수 있는 결과에 대한 강조는 사회복지조직들에게 있어서 그들의 효과성, 재정적 능력 등을 서류화할 수 있는 컴퓨터기술의 사용증대와 그리고 자금을 보조해 주는 정부기관이나 민간재단들에게 자금사용에 대한 꾸준한 보고를 해야 하는 필요성이 제기되어 이를 위한 컴퓨티 기술의 사용 역시 증가하고 있다. 또한 조직 상호간의 또는 조직과 client들과의 의사전달의 효과를 증진시키는 방법으로 또한 컴퓨터기술(특히 인터넷의 사용 등)의 사용이 보편화되고 있다. 또한 적절한 정보에 보다 편리하고 빠르며 정확하게 접근할 수 있는 정보망의 구축은 다양한 욕구를 가지고 있는 client들에게 그들의 욕구에 맞는 다양한 문제를 해결할 수 있는 정보와 소개기관을 전달해 주는데 있어 혁신적인 방법을 제공해 주고 있다. 결국 컴퓨터기술의 사용은 client의 서비스를 증가시키고 생산성과 비용효과성 그리고 서비스의 이중적 제공 등을 피함으로써 **경제율**(경제율이란 더 많은 양의 재화나 서비스가 더 적은 양의 재화나 서비스보다 더 싸게 생산 또는 제공될 때를 나타내는 경제용어이다)을 개선하는 데 결정적인 원인을 제공한다고 볼 수 있다.

4) 사회 문화적 변화

지난 수년 동안 업무에 대한 직원들의 태도와 서비스를 향한 소비자들의 기대감에 영향을 미치는 주요한 변화들이 사회에서 이루어져 왔다. 업무에 대한 직원들의 태도에 있어서 직원들 간의 협조적이 관계를 중요시하는 분위기와 직원들이나 소비자들의 인구 통계적 변화 그리고 소비자들의 질을 담보하는 서비스의 기대 등은 대부분의 조직에 영향을 미치고 있는 사회 문화적 변화요인이라고 할 수 있다. 사회복지조직은 꾸준히 client에 대한 서비스의 질 향상시키기 위해 노력해 오고 있으며 직원들의 상호 협조에 기초하는 집단적 결정을 수립하기 위해 노력해 오고 있다.

가정폭력과 학대, 빈곤, 약물중독, 범죄 같은 전통적인 사회문제들과 함께 왕따, 집단 자살, 성폭력 등의 성범죄와 가족동반자살 등 새롭게 나타나고 있는 다양한 사회문제들은 재정적으로 한계가 있는 사회복지조직에게 있어 이러한 사회문제에 대처하기 위한 새로운 변화를 시도하게끔 하는 기폭제 역할을 하고 있다. 또한 인구구성의 변화 특히 노인인구의 급격한 증가 등과 한부모의 증가를 포함하는 가족의 변화 등의 인구 통계적 변화 또한 사회복지조직들에게 있어 이에 대한 적절한 대처를 할 수 있는 변화요인으로 작동하고 있다. 또한 계속적으로 증가하고 있는 빈곤 인구층의 확대와 실업자수의 증가도 새로운 서비스의 개발과 이에 대한 적절한 대책들을 필요로 하는 조직적 변화에 대한 필요성으로 작동하고 있다.

5) 민영화

복지서비스의 민영화는 1980년대 이후 하나의 현상으로 자리잡고 있다. 관료적 공공복지전달체계에 의해서 전달되었던 많은 복지서비스들이 계약을 통해 비영리복지기관들에게 이전됨으로써 이전에 공공복지전달체계에 의해서 제공되던 때보다 서비스의 책임성에 대한 증대와 질의 증대에 긍정적인 영향을 미치고 나아가 서비스전달의 효과성의 확보와 확대가 이루어지고 있다는 점에서 민영화의 확대는 계속적으로 이루어지는 외부환경의 특징으로 자리잡아 가고 있다.

제한된 자원과 높아지는 복지서비스에 대한 기대감은 또한 영리기관들에게도 복지전달체계가 이윤추구의 영역으로 인식되어 복지서비스를 시장을 통해서 교환이 이루어지도록 하는 영리추구의 민영화가 증대하도록 하였다. 결국 민영화는 공공복지조직들이 더욱 서비스에 집중하고 더욱 비용 효과적인 서비스를 제공하도록 하는 데 동력으로 역할을 함과 동시에 민간조직들에게는 복지전달체계의 변화라는 새로운 환경에 대한 적응과 조직간의 경쟁이라는 또 다른 환경을 제공해 주고 있다고 볼 수 있다. 예를 들어 만약에 복지서비스전달을 둘러싸고 공적조직과 민간조직이 경쟁하게 된다면(또는 민간조직들끼리 경쟁한다고 해도) 직원들의 태도와 가치에서뿐만 아니라 조직 체계, 절차, 그리고 구조에 있어서 변화가 초래될 수밖에 없다.

지금까지 설명한 조직을 둘러싸고 있는 변화하는 환경은 사회복지조직의 서비스제공 방식과 운영과 기능에 있어서의 변화를 불러일으키는 변수로 이해할 수 있다. 결국 조직은 이러한 변화하는 환경 속에서 다음과 같은 일들을 수행해야 한다.

■ 질과 client의 가치를 증진시킨다

사회복지조직들은 대중들의 기대를 충족시키기 위해 서비스의 신뢰도, 비용효과성, 그리고 수행능력을 반드시 증진시켜야 한다. 조직의 지도자들은 직원들이 서비스수혜자들이 누구인지를 확인하고, 그들이 무엇을 원하는지를 질문하고 서비스를 가지고 어떻게 그들을 만족시킬 것인가를 찾고 그런 서비스를 제공할 수 있도록 재 조직화하는 것에 의해서 서비스수혜자들과의 관계를 혁신할 수 있도록 도와야 한다.

■ **행정관리비용을 줄인다**

대부분의 비영리사회복지조직들은 자원에 있어 제한적이기 때문에 좀더 client가 만족하는 서비스를 제공하기 위해서 행정관리비용의 낭비를 줄일 수 있는 방안들이 고려되어야 한다.

■ **혁신방안들은 도입한다**

사회복지조직들은 반드시 서비스를 제공하는 데 있어서 혁신적인 방안들을 수용하고 도입해서 더욱 효과적이어야 한다.

■ **응답시간을 줄인다**

빠르게 변화하는 환경 속에서 client의 욕구에 더욱 빨리 응답하는 것도 조직의 측면에서 하나의 특권이라고 할 수 있다. 빨리 응답한다는 것은 두 가지측면으로 나누어서 살펴볼 수 있는데 첫 번째는 현존하는 서비스를 더욱 빨리 제공하는 것이고 다른 하나는 새로운 기술을 더욱 빠르게 도입하는 것이다.

■ **직원들이 조직을 위해 더 많은 기여를 할 수 있도록 동기를 부여한다**

직원들의 재능과 기술을 고취시킬 수 있도록 하여서 직원들이 조직에 더 많은 기여를 할 수 있도록 하는 것도 중요한 과제가 될 수 있다. 대부분의 사회복지조직에 있어 직원들의 동기를 부여하기 위해서 화폐적 보상을 하는 것은 제한적이기 때문에 지도자들은 직원들의 동기를 고취시킬 수 있는 대안들을 반드시 찾아야만 한다. 그리고 직원과 상층관리자들 간의 관계가 갈등을 일으키지 않도록 개선된 노사관계를 유지하는 것도 중요하며 갈등이 일어나는 경우 갈등이 빨리 해결되고 상호책임성을 강조하는 것도 중요하다.

■ 변화를 빨리 관리한다

변화는 불가피하기 때문에 조직은 더욱 효과적으로 변화를 관리할 수 있는 능력을 발전시키는 것이 중요하다.

■ 가치를 입증한다(특히 공적 조직인 경우)

민영화에 대한 위협을 예방하기 위해서 특히 공공복지조직은 대중들에게 그들 조직이 존재하는 가치를 입증할 수 있는 능력을 개발하여야 한다. 또한 그들이 제공하는 서비스가 다른 민간 조직들이 제공하는 서비스와 다른 점을 집중적으로 확인하고 공공복지조직이 더욱 효과적인 서비스를 제공한다는 것을 입증하여야 한다.

제 3 절 성공적인 변화를 위한 전제조건과 요소

Frey(1990)는 조직변화가 성공적으로 수행되기 위한 전제조건(또는 가정)을 제시하였으며 Proehl(2001)은 공적 사회복지조직이든 비영리 민간사회복지조직이든 조직이 변화를 성공적으로 수행하는데 결정적으로 중요한 10가지의 요소를 지적하였다. 또한 Frey(1990)은 조직변화가 성공적으로 수행되기 위해서 반드시 평가하여야 하는 일련의 변수들을 제시하였다. 전제조건의 내용과 요소들 그리고 평가되어야 하는 변수들에 대해서 살펴보면 다음과 같다.

1. 성공적 변화를 위한 전제조건

Frey(1990)는 조직변화가 성공적으로 수행되기 위한 전제조건으로 다음과 같은 네 개의 조건을 강조하였다.

첫째, 변화를 성공적으로 수행하기 위한 효과적인 행동계획을 개발하기 위해서, 실천가(또는 사회복지사)들은 변화제안서의 허용을 방해하는 또는 지지하는 요인들을 반드시 사정하고 확인하여야 한다. 결론적으로 잠재적 저항에 대한 사전 조사 또는 사정은 결정적으로 중요하다는 것을 의미한다. 이러한 저항에 대한 사정은 변화에 대한 지지를 획득하는 행동계획을 발전시키는 토대를 형성할 수 있다.

둘째, 모든 변화제안서는 독창적이다라고 전제되어야 한다. 이론적으로는 무수히 많은 수의 변화제안서들이 조직의 문제를 해결하기 위해서 소개되어 졌지만 조직의 문제는 다양한 방식으로 해결되었다고 할 수 있다. 심지어는 같은 조직의 문제를 해결하기 위해 설계된 제안서들도 그 복잡성, 크기, 내용 그리고 비용 등의 측면에서 다 다르다. 또한 조직변화를 언제 시도하였는지의 시기에 따라서 변화에 대한 조직의 수용여부도 다 다르다. 어떤 때는 조직변화제안서가 수용되기도 하지만 또 어떤 때는 거부되기도 한다. 따라서 모든 변화제안서들은 그것 자체가 갖는 자신만의 특별한 상황으로 보여져야 할 필요성이 제기된다.

셋째, 변화제안서의 내용과 본질은 제안서에 대해서 조직적 요인들이 갖는 상대적인 영향력을 사정하기 위한 실마리를 실천가들에게 제공해야 한다는 점이다. 이는 각각의 제안서들이 각기 독립적으로 평가되어야 한다는 것을 의미한다. 어떤 조직적 요인이 제안서를 거부하는데 영향을 미쳤다고 해서 또 다른 제안서를 거부하는데 그 조직적 요인이 똑같이 제안서를 거부하도록 영향력을 행사한다고 가정할 수는 없다는 점을 의미한다. 예를 들어 조직적 요인으로서의 변화를 위한 자금지출이 어떤 제안서에는 변화에 대한 치명적인 방해물이 될 수 있지만 또 다른 제안서에서는 상대적으로 덜 중요할 수도 있다. 따라서 변화제안서의 내용이 어떤 요소가 중요한지를 사정하는데 뿐만 아니라 조직적 요인들의 상대적 중요성을 확인하는 데에도 도움을 주는 실마리를 제공한다.

넷째, 실천가들이 변화제안서를 가지고 있다는 전제이다. 변화제안서는 분명하고 구체적인 행동이 이루어질 수 있는 일련의 제안들로 구성되어 있다. 예를 들어 사회복지기관에서 일련의 사회복지사들이 client들이 상담을 위해 기다리는 시간에 관심이 있다고 했을 때 그들은 변화제안서를 만들어서 구체적으로 기다리는 시간을 줄일 수 있는 방안들(예를 들어 새로운 사회복지사를 채용한다든지, 접수시간을 줄인다든지 짧은 상담을 강조한다든지 하는)에 대해 제시하게 된다. 결국 조직의 문제는 변화제안서에 따른 행동에 의해서 해결되는 것이라고 할 수 있다.

2. 성공적인 변화를 위한 요소

성공적인 변화를 위해서 반드시 필요한 중요한 핵심적 요인들은 과연 어떤 것들이 있는가? Proehl(2001)은 조직이 변화를 성공적으로 수행하는데 결정적으로 중요한 임무, 성과 등의 10가지의 요소들을 지적하였다. 여기에 변화에 개입되어 있는 변화참가자와 이해관련당사자를 확인하는 것도 성공적인 변화를 위해 중요한 요인이라고 볼 수 있기 때문에 결국 성공적인 변화를 위해 반드시 필요한 요인은 11개 요인으로 정리될 수 있다. 성공을 위해 확인하여야 하는 또는 수행하여야 하는 11가지의 요소들을 살펴보기로 한다.

1) 임무(mission)

Altshuler(1999)는 성공적인 혁신은 중요한 문제를 해결하기 위해 설계된 변화를 위한 임무가 조직성원들과 조직외부의 사람들에 의해서 이해되어질 수 있도록 분명하게 성격 규정되어져야 함을 강조하였다.

잘 정의된 임무는 변화노력을 위한 경로(또는 절차나 과정)를 잘 이해할 수 있도록 도우며 설사 지도력에 있어 변화가 있다 해도(예를 들어 지도자가 바뀌었을 경우) 임무는 조직이 나아가야 할 방향과 기능의 연속성을 유지할 수 있도록 돕는다고 한다. Drucker(1999)에 따르면 임무에 집중하는 것은 혁신을 수행하기 위해 필요한 주요열쇠 중에 하나라고 한다.

대부분의 조직들은 실천을 위한 기준으로써 임무를 가지고 있지만 임무가 중심이 되는 조직(mission focused organization)은 훨씬 덜 일반적이라고 한다. 임무가 조직의 결정수립을 하는데 있어 중심이 되었을 경우에 인사나 모든 다른 우선순위들은 이차적인 문제가 된다. 복지행정가나 슈퍼바이저, 또는 상층 관리자들은 임무를 성취하기 위해 존재한다는 점을 명심할 필요가 있으며 모든 조직성원들은 임무와 연관이 없는 어떤 결정에 대해 의문을 가질 정당한 권리가 있음을 인지해야 한다. 결국 사회복지조직에 있는 지도자들에게 있어 가장 커다란 도전 중에 하나는 조직이 임무가 중심이 되도록 하는 것이라고 할 수 있다.

2) 성과(outcomes)

일반적으로 성과측정은 일반기업들에게 있어 추진하는 힘 또는 추진력이었으며 공적조직들에게 있어도 성과를 사용한다는 것은 직원들의 동기를 고양시키기 위해서, 공적조직의 책임성을 유지하기 위해서, 그리고 조직이 성취한 성취물에 대해 일반 대중들로부터 지지를 얻기 위해서라고 한다. 하지만 사회복지조직들에게 있어 변화에 대한 성과를 확인하는 것이 어렵기 때문에 그리고 성과를 평가할 수 있는 자료를 모집하는 것이 또한 만만치 않기 때문에 성과가 추진하는 힘이 된다는 것, 직원의 동기를 고양시킬 수 있다는 것 또는 책임성을 유지하기 필요하다는 것 등은 어렵다고 볼 수 있다. 따라서 변화의 책임성을 증진시켜야 하는 책임을 맡고 있는 복지기관의 행정가들은 측정하기가 어렵고 성과에 대한 통제가 제한적이기 때문에 성과측정보다는 측정하기가 쉽고 통제하기가 쉬운 행동을 측정하는 것을 선호한다. 그리고 전통적으로 사회복지는 가치를 중심으로 하는 실천의 영역이기 때문에 성과를 측정하는 것보다 과정이나 행동을 측정하는 것을 더 중요하게 간주하여 왔다.

하지만 성과를 측정하여 조직적 변화에 대한 책임성의 근거로 삼으려고 하는 변화에 직면하여 사회복지조직들은 그들이 제공하는 서비스나 프로그램의 효과성을 증명해야 할 필요성이 제기되고 있다. 이는 조직이 목적하는 것을 얼마나 잘 성취하였는지를 측정하기 위해 성과측정을 사용하여 숫자로 보여주어야 하는 변화에 직면해 있다는 것을 의미한다. 예를 들면 고용훈련프로그램을 통해 얼마나 많은 client들이 직장을 획득하였는가? 10대 임산부비율이 증가하였는가 감소하였는가? 범죄율이 증가하였는가 감소하였는가? 아동학대발생률이 증가하였는가 감소하였는가? 등의 프로그램의 성과를 측정하여 프로그램의 효과의 정도를 결정짓는 근거로 삼는다는 것을 의미한다. 따라서 이러한 성과가 프로그램의 효과를 알려주는 숫자 화된 척도가 되었다(Murphey, 1999).

3) 변화가 조직의 가치 위에 근거하는가?

대부분의 사회복지조직들은 이미 확고한 조직문화를 가지고 있는 경우가 대부분이기 때문에 조직의 문화를 변경하고자 하는 시도는 상당히 어렵고 복잡하다고 할 수 있다. 비록 새로운 지도자나 법률이 기존의 문화가 잘 기능하지 않거나 또는 비생산적인 문화라고 한다면 조직문화를 수정할 수 있지만 이러한 경우는 자주 발생하는 경우라고 할 수 없다. 성공적인 변화는 조직의 임무, 가치, 그리고 규범이 변화를 위한 기초로서 작동할 때 발생한다고 할 수 있다. 조직의 지도자들은 종종 조직을 잘못 이끌 수도 있으며 그리고 그들의 행동이 조직의 문화를 파괴적으로 이끌 수도 있다. 결국, 정치가든지, 조직지도자이든지, 또는 노조지도자이든지 성공적인 변화주도세력은 조직의 핵심가치를 빨리 알아내서 추종하는 사람들에게 그 가치들에 관해 얘기함으로써 추종자들의 마음을 확실히 잡아야 하는 것이 중요하다. 예를 들어 미국의 Roosevelt 대통령은 국민들에게 친숙한 신념, 전통, 체계의 정황 안에서 급진적인 개혁을 추구하였기 때문에 성공하였다고 한다(O'Toole, 1995).

4) 변화는 전체적이어야 한다

체계이론의 기초적인 전제는 조직은 상호 연결된 부분으로 구성되어 있다는 것이고 체계의 한 부분에서 변화가 발생할 때 다른 부분들도 변화에 영향을 받든지 또는 변화된다는 것이다. 모든 열린 체계와 마찬가지로 조직도 외부환경과 밀접하게 연관이 있으며 외부환경에 변화가 일어나게 되면 조직은 반드시 생존하기 위해 변화한다. 그러나 많은 사회복지조직의 경우에 있어 어느 한 부서가 변화를 추진하는 경우 다른 부서에 어떻게 변화가 영향을 미칠지를 고려하는 경우가 적고 심지어는 한 부서의 변화가 다른 부서에게 있어 문제로 나타나는 경우도 발생하여 결국에는 전제적인 새로운 변화가 이 문제를 해결하기 위해 나타나는 경우가 종종 일어난다.

따라서 조직을 전체체계로 바라본다는 것은 한 부분의 변화는 조직 안에서의 일관성을 성취하기 위한 다른 부분의 변화와 주위를 또한 필요로 해야만 한다는 것을 의미한다. 변화를 위해서는 최소한의 의사소통, 조정, 그리고 통제체계가 부서들간에 이루어져야 한다. 전체적인 노력으로 변화를 바라보기 위해서는 조직의 임무선언이 강력한 힘을 발휘할 때 즉, 변화가 조직의 임무선언과 일치하여야 한다는 점이 중요하다고 할 수 있다.

5) 최고관리층의 지원

조직의 전반적인 변화를 추구하는데 있어서 최고관리층이 변화에 적극 지원하는 것이 효과적인지 아닌지에 대해서는 어떻게 지원이 이루어지는가에 따라서 견해가 상이하다고 볼 수 있다. 예를 들어 일부 지도자들은 변화과정에 적극 개입하여 회의나 모임을 주선하고 해결을 위한 제안을 제시하고, 변화의 수행을 감독하는 경우도 있고 또한 어떤 지도자들은 변화과정에서 한 걸음 뒤로 물러나 있으면서 단순하게 직원들의 역량을 강화시키는 것에 좀더 주안점을 두는 경우도 있다. 하지만 Proehl(2001)에 따르면 위의 두 경우가 모두 변화를 지원하는 적절한 방법이 아니라고 한다. 그녀에 따르면 최고관리층이 변화에 적극적인 경우에 있어 현실적으로 최고관리층은 서비스를 전달하는 최일선에 자리하고 있지 않기 때문에 종종 조직의 매일 매일 일상적으로 이루어지는 운영에 대해 잘 인식하지 못할 수도 있고 그리고 조직의 매일 매일의 업무에 영향을 미치는 제한된 능력을 가지고 있을 수 있기 때문에 적절하지 않다고 한다. 또한 최고관리자들은 일반적으로 조직 안의 어떤 한 부서가 최고의 성과를 산출하기 위해서 어떻게 해야 하는지에 대한 잘 모를 수도 있으며 제기된 문제에 대한 충분하게 포괄적으로 이해를 하지 못하는 경우도 있다고 한다.

또한 최고관리자가 변화에 대해 자유방임적인 관점을 가지는 경우도 또한 문제점들이 제기된다고 한다. Proehl에 따르면 선의의 입장에서 지도자들의 자유방임적 관점이 직원들의 역량을 강화해 준다고 하지만 이것이 변화에 주도적인 직원들의 노력을 고의로 방해할 수 있다고 한다. 즉, Proehl(1996)은 역량강화가 된다는 것이 직원들로 하여금 변화에 자기가 주체적으로 나아간다는 것을 의미하는 것은 아니라고 한다. 결국, 변화에 자유방임적인 자세를 취하는 것이 변화에 적극적인 자세를 취하는 것보다 덜 지지적인 행동이라고 볼 수 있는데 이는 변화를 주도하는 직원들이 종종 변화를 성공적으로 수행하기 위해 필요한 기술, 지식, 또는 정보를 가지고 있지 않은 경우가 많이 있기 때문이다.

성공적인 최고관리자들은 변화주도세력을 지원한다는 것에 대해 다시 생각하여 입장을 정리하여할 필요성이 있는데 이는 변화과정을 위한 전반적인 방향성을 명확하게 규정하는 것에 의해 그들의 지지를 나타내는 것을 의미한다고 할 수 있다. 또한 최고관리자들은 정보에 대한 접근, 훈련 그리고 인적 자원을 포함하는 변화를 위해 필요한 자원을 제공하여야 한다. 그리고 최고관리자들은 변화주도세력들에게 경제적인 도움을 주어야 한다. 나아가 최고관리자들은 변화를 주도하는 직원들의 업무시간에 대한 유연성과 변화실행노력을 도울 수 있는 슈퍼바이저의 역할을 담당할 수도 있다. 지지적인 최고관리자라는 것은 위험과 요구를 지원하는 환경을 만드는 역할을 담당하여 실수를 변화과정에서 받아들일 수 있는 부분으로 만들어 주는 사람들이라고 할 수 있다. 결국 변화과정에 개입되어 있는 사람들을 위한 선도자나 조언자의 역할을 담당하는 것이 최고관리자들의 중요한 변화과정에서의 역할이라고 할 수 있다.

6) 올바른 역량강화

힘 관계(power relationship)의 이동은 종종 역량강화와 증진된 참여를 통해서 이루어지는 경우가 있지만 역량강화와 참여의 증진이 항상 성공적인 결과를 가져다주는 것만은 아니다(Proehl, 2001). Proehl(2001)에 따르면 역량강화가 성공적인 결과를 가져다주지 못하는 이유 중에 하나는 일선 직원들의 재능과 상상력을 이끌어내지 못하기 때문이라고 한다. 따라서 변화를 성공적으로 유도하기 위해 일선 직원들의 재능과 상상력을 이끌어내기 위해서는 일선직원들을 담당하는 슈퍼바이저들의 역할이 중요하다고 볼 수 있다. Larkin과 Larkin(1996)에 따르면 일선 슈퍼바이저들은 조직에서 의견을 이끄는 오피니언리더라고 한다. 이는 일선 슈퍼바이저들이 일선 직원들의 태도와 행동에 매우 큰 영향을 주기 때문이다. 결국 일선슈퍼바이저들이 변화노력의 성공에 절대적으로 중요한 성공열쇠라고 할 수 있다.

Senge, Kleiner, Robert, Ross, Roth, 그리고 Smith(1999)에 따르면 사람들이 깊게 고려하고 있는 변화를 둘러싸고 있는 힘과 자기 자신들로부터 나오는 변화에 대한 사명감이 성공에 있어서 중요한 열쇠가 된다고 한다. 결국 변화를 성공적으로 이끌기 위해서는 단순히 직원들의 역량을 강화시켜야 한다는 당위성이 중요한 게 아니라 역량강화가 직원들이 변화과정에 필요한 재능과 창의력을 유도할 수 있게 변화와 직접적인 연관이 있어야 한다는 것이 중요하다고 볼 수 있다.

7) 주의력의 client(또는 소비자)에 대한 집중

Drucker(1999)에 따르면 조직은 반드시 다음의 점들을 명확히 하여야 한다고 주장한다.

첫째, 무엇이 우리조직의 임무인가?
둘째, 우리의 소비자는 누구인가?
셋째, 소비자의 가치는 무엇인가?

그리고 Osborne는 변화에 있어 첫 번째 단계는 다음과 같은 기본 질문들을 하는 것이라고 한다(Posner and Rothstein, 1994).

첫째, 우리는 어떤 기업을 운영하고 있는가?

둘째, 우리의 임무는 무엇인가?

셋째, 우리가 서비스를 제공하고자 목표로 하는 소비자는 누구인가?

결국 변화를 성공적으로 이끌기 위해서는 사회복지조직이 서비스를 제공하고자 하는 client가 누구인지에 대한 철저한 분석이 반드시 뒷받침되어야 한다는 점이 강조될 수 있다.

8) 다른 기관과의 협조

제한된 예산과 증가하는 대중들의 욕구에 적절하게 대처할 수 있는 성공적인 프로그램을 제공하기 위해서는 사회복지조직들은 다른 조직들과의 연계망을 구성하여 장기적인 문제를 해결하기 위한 다양한 형태의 연합행동들이 필요하게 된다. 현재 해결해야 하는 대부분의 사회문제들은 정부조직 혼자만의 힘으로는 결코 문제를 해결할 수 없으며 민간 조직들이나 단체들의 협조가 반드시 필요하다. 예를 들어 노인들의 소득보장을 위하여 시행되는 노인일자리사업의 성공은 정부조직 혼자만으로는 절대적으로 불가능하며 일반기업체들의 적극적인 참여와 비영리노인복지단체들의 협조가 반드시 필요하다고 할 수 있다. 결국 혁신적인 계획(또는 프로그램)의 제공이나 수정 또는 변경 등이 다른 분야의 조직들이나 단체들과의 연합에 의해 성공적으로 성취될 가능성이 높다고 할 수 있다. 따라서 변화주도세력들에게 또는 변화를 추진하는 촉진세력들에게 다른 조직이나 단체들과의 연합행동의 중요성이 강조되어야 하겠다.

9) 정보기술

기술은 사회복지조직에 중요한 효과를 가져다주는 요인이다. 사회복지조직에 있어서 정보처리과정과 업무처리방식은 과학기술의 발전과 함께 급속도로 발전하고 있다. 특히 책임성과 성과 측정이 강조되는 현존의 상황에 맞추어 사회복지조직들은 그들의 업무의 효율성, 효과성, 그리고 재무관리 등을 서류화하기 위해서 그리고 재정을 지원하는 상급조직에 운영보고를 하기 위해 컴퓨터기술을 사용하는 것이 증가하고 있다. 또한 client에 대한 서비스의 질을 개선하기 위해서 컴퓨터의 사용이 증가하고 있다. 결국 이러한 컴퓨터 기술을 포함하는 정보기술의 발전에 기인하는 외부환경의 급속한 발전과 이에 대한 적응은 조직이 그들의 기술적 부분을 성공적으로 개선하고 변화하는데 있어서 하나의 중요한 열쇠로서 작동하고 있다.

10) 지도력

어떻게 변화를 이끌 것인가 또한 사회복지조직에서 일하는 대부분의 직원들에 의해 변화를 성공적으로 이끄는 하나의 중요한 요인으로 지적되고 있다. Kotter(1996)에 따르면 성공적인 변화노력은 관리에서 오는 것이라기보다는 지도력에서부터 온다고 한다. 그에 따르면 실제 성공적인 변화에 있어 관리는 약 10%에서 30% 그리고 지도력은 70%에서 90%를 좌우한다고 한다. 그는 관리란 복잡한 체계를 유지하고 기술이 완만하게 적용되도록 하는 과정의 집합체라고 정의하고 지도력은 변화하는 상황에 조직을 적응하도록 하는 과정의 집합체라고 정의하였다. 따라서 지도자들은 미래는 어떠할 것인지를 규정하여야 하고 사람들이 비전을 갖도록 해야 하며 그리고 방해에도 불구하고 비전이 일어나도록 고취하여야 한다.

11) 변화참가자와 이해관련당사자의 확인

성공적인 변화를 위해서는 조직의 다양한 집단들이나 개인들 그리고

client와 이해관련당사자들로부터 지지를 얻는 것이 결정적이라고 할 수 있다. 지지를 얻는 것은 노력과 계획을 필요로 하는데 이러한 계획과 노력은 제안된 변화에 누가 주요 참가자들이고 이해관련당사자들인가를 이해하는 것에서부터 시작한다고 할 수 있다(Netting, Kettner, and McMurtry, 2004). 변화에 참여하는 참여자들이나 이해관련당사자들은 변화가 성공이나 실패냐를 결정하는 중요한 역할을 수행할 수 있기 때문에 이들에 대한 확인과 이해가 필요하고 이들을 변화지지세력으로 만드는 것이 반드시 수반되어야 하는 구체적인 행동이라고 할 수 있다.

변화에 참여하는 또는 변화에 이해가 걸려 있는 당사자들을 구분하면 첫째, 변화를 처음 선도한 선창자 둘째, 변화주도세력 셋째, client 넷째, 지지자 다섯째, 통제자 여섯째, 변화책임부서, 일곱째, 표적 여덟째, 행동팀 아홉 번째, 실행자 그리고 마지막으로 반대자 등으로 구별할 수 있는데 이들이 누구인지 그리고 이들이 왜 변화에 개입하는지를 이해하고 확인하는 것이 결국은 중요한 성공을 위한 요소가 된다.

결론적으로 변화를 성공적으로 수행하기 위해서는 변화에 직접 간접으로 참여하게 되는 사람들이나 집단들을 확인하고 이해하는 것이 중요한데 이를 위해 조직의 변화에 연관이 있는 조직변화에 개입되어 있거나 이해관련당사자와 관련된 명부를 작성하는 것이 중요하다고 할 수 있다. 변화개입명부 또는 **변화참가명부**는 조직 안에서 처음으로 변화의 필요성을 제기한 사람(선창자)을 포함해서 조직변화에 관련이 있는 사람들에 대한 속성을 분류한 표이다. 〈표 9-1〉은 명부의 예이다.

〈표 9-1〉 변화참가(또는 개입)명부

직 위	정 의	
선창자	문제를 처음 제기한 사람	처음 문제를 처음 인식한 그리고 그 문제에 관심을 기울인 사람
변화주도세력	변화를 조정하고 실행하기 위해 노력하는 사람들이 모인 집단	변화협력팀으로도 불린다. 변화노력의 단계에 지도력과 조정에 책임이 있는 사람들이나 집단
client	변화의 일차적(직접적) 또는 이차적(간접적) 수혜자	조직변화가 client의 욕구에 보다 응답적이기 위함이 목적이기 때문에 client가 일차적 수혜자라고 할 수 있다. 하지만 조직행정구조나 조직관리자의 변경 등과 같은 경우는 직원들이 일차적인 수혜자가 되고 client가 이차적인 수혜자가 될 수 있다. 따라서 일차적 수혜자가 누구이고 이차적 수혜자가 누구인지를 확인하는 것이 필요하다
지지자	변화노력을 지지 또는 지원하는 것으로 기대되는 사람	변화노력을 지원 또는 지지할 집단이나 사람들에 대한 확인
통제자	변화를 승인하는 그리고 변화가 실행되도록 지시하는 힘이나 권위를 가지고 있는 사람이나 집단	제안된 계획의 실행을 명령하고 승인할 수 있는 공식적 힘이나 권위를 가진 사람이나 집단
책임부서	변화에 책임이 있는 조직부서나 조직	변화노력의 행동을 전달하거나 지지하는 것에 책임이 있는 조직부서나 조직
실행자 (implementor)	변화행동개입을 실행하는 집단이나 사람	변화노력의 행동을 전달하거나 지지하는 조직부서나 변화노력을 실행하기 위해 필요한 행동들을 또는 서비스를 직접적으로 전달하는 것에 개입되어 있는 개인

〈표 9-1〉 이어서

표적(target)	성공적인 개입으로 변화되어야 하는 것	변화가 성공적으로 되기 위해 변화되어야 할 필요가 있는 것(사람, 집단, 구조, 정책, 실무 등)은 무엇이고 어디에 그것들이 위치해 있는가에 대한 명확화
반대자	변화에 반대하는 사람이나 집단	현 상황을 선호하는 또는 기존의 상태에 대 해 불만을 가지고 있지 않은 사람 그리고 변화에 부정적인 영향을 받는 사람들이나 집단
행동팀	변화를 추진하는 추진팀(task force)	변화를 실행하고 계획하는데 있어 결정적인 역할을 수행하는 개개인들로 구성된 팀. 변화를 실행하기 위해 여러 변화관련이해집단이나 사람들이 모여서 이루어진 집단으로 팀원은 변화주도세력, 책임부서원, 실행자 등과 중복될 수 있음)

결국, 변화는 변화를 통제하는 통제자의 승인 아래서 변화선창자에서 변화주도세력, 변화행동팀, 실행자 등을 통해서 이루어진다고 할 수 있다.

〈그림 9-1〉 변화참가자에 따른 변화의 흐름

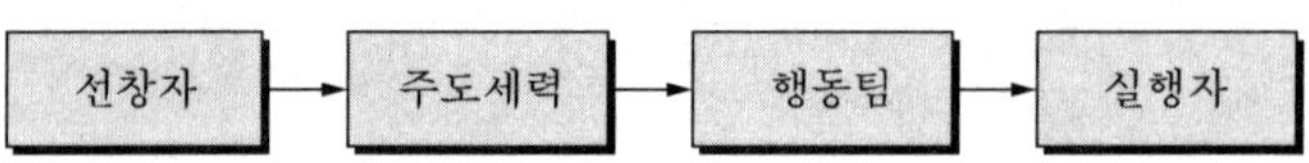

3. 성공적인 변화를 위해서 반드시 평가해야 할 조직 요인들

조직변화는 시도 때도 없이 이루어지는 것이 아니다. 어느 정도 필요성이 인정되고(위에서 언급했던 경제적 이유, 정치적 법적 변화와 규제의 변화, 기술혁신, 사회 문화적 변화, 그리고 민영화 등), 수행능력도 있어야 하며 외부나 내부로부터의 지지 등도 필요하다. 또한 위에서 언급한 바와 같이 성공적인 변화를 위해 필요한 요소들도 있어야 한다. 마지막으로 여기에 덧붙여 변화는 변화를 추구하는데 있어 나타날 수 있는 다양한 변수들에 대한 사정을 필요로 한다. Frey(1990)에 따르면 조직변화를 수행하는데 있어 반드시 고려하여야 하는 변수 또는 요인들이 있다고 한다. 성공적인 변화를 달성하기 위한 변화계획과 관련하여 평가하여야 할 필요가 있는 변수들로 Frey(1990)는 열 개의 변수들을 제시하였는데 그것들은 첫째, 인지된 이점(advantage) 둘째, 노력 셋째, 위험, 넷째, 가라앉은 비용(sunken cost), 다섯째, 이해력, 여섯째, 능력, 일곱째, 깊이와 거리, 여덟째, 사고와 사상 아홉 번째, 욕구 마지막으로 열 번째, 일반성이다. 이러한 변수들에 대한 사정은 곧 변화를 추구하는 사회복지사들에게 조직적 지원이나 저항에 대한 잠재적 자원을 확인할 수 있도록 도와주기 때문에 필요하다고 할 수 있다. 이러한 변수들에 사정이 완수되고 나면 결국 변화세력은 구체적인 변화행동계획을 작성하는 단계로 넘어갈 수 있게 된다. 이들 변수들에 대해 살펴보면 다음과 같다.

1) 인지된 이점(advantage)

변화에 따른 인지된 이점은 변화에 따른 혜택을 의미한다. 하지만 현실적으로 모든 변화가 조직 안에 있는 모든 집단성원들에게 혜택을 가져다주지는 않기 때문에 어떤 집단에게는 긍정적인 혜택을 가져다주고 또 다른 어떤 집단에게는 부정적인 효과를 가져다주기도 한다. 따라서 변화계획의 혜택을 완전하게 이해하기 위해서 변화를 주도하는 사회복지사들은 다음과 같은 다양한 조직집단의 관점에서 변화계획을 사정할 필요성이 있다고 할 수 있다.

- **결정수립가**: 변화계획을 받아들이고 수정하고 그리고 거절할 수 있는 공식적 권위를 가지고 있는 사람들
- **변화실행자**: 변화계획을 실행으로 옮기는데 책임이 있는 사람들
- **직원**: 변화계획이 일단 실행되면 직접적으로 영향을 받는 사람들 또는 실질적으로 변화를 실행에 옮기는 사람들

물론 각각의 서로 다른 집단의 입장에서 변화계획이 어떻게 보여지는지를 확인하는 것은 매우 어렵다고 할 수 있다. 하지만 각각의 입장에서 바라다보는 변화계획에 따른 긍정적 또는 부정적 혜택의 여부를 사정하는 것은 매우 중요하다고 볼 수 있다. 이는 만약 변화계획이 조직에게 또는 client들에게 분명한 혜택으로 보여주지 않는다면 변화계획은 성공적으로 실행될 수 없을 뿐만 아니라 저항에 직면하게 될 것이기 때문이다.

2) 노력

노력은 변화계획을 실행과 수용을 보장하는데 필요한 에너지와 시간의 양을 의미한다. 노력은 또한 조직적 비용(organizational cost)으로 생각될 수 있다. 결국 노력이 변화계획을 실행하는데 들어가는 비용이라는 것을 의미한다는 것은 결과적으로 노력은 계획으로부터 오는 혜택이 계획에 들어가는 노력을 뛰어넘는다는 것을 입증할 필요가 있다는 점을 의미한다. 결국 들어간 비용보다 혜택이 적은 경우 효과적이고 성공적인 변화라고 말할 수 없게 된다. 변화계획이 조직성원들로부터 더욱 많은 에너지와 시간을 필요로 한다면 계획에 대한 높은 사명감과 관심을 유지하는 것이 더욱 어렵게 된다(Human Interaction Research Institute, 1976). 따라서 이렇게 되는 경우 변화계획은 방해에 직면하게 되고 변화계획은 축소되게 된다. 비록 변화과정의 발전에 있어서의 조

직성원들의 참여가 성공적인 변화노력에 있어서 결정적으로 중요한 변수이기는 하지만 장기적이고 계속 유지되는 노력을 필요로 하는 변화계획은 노력이 덜 필요한 계획보다 관리하기가 훨씬 어렵다는 점이 지적된다(Glaser, Abelson and Garrison, 1983; Frey, 1990).

3) 위험

조직변화는 조직에게 있어 불확실성을 만들어낸다. 누구든 변화의 결과가 어떻게 될 것이라는 것을 장담할 수 없기 때문에 변화에 따른 불확실성이 나타나게 되는 것은 당연하다고 할 수 있다. 변화계획이 목표하는 바를 성취하지 못하였을 경우에 상대적 비용과 관련된 위험이 초래하게 된다. 또한 일단 변화계획이 수용되면 기대하지 않은 문제들이 발생하게 되고 이것들이 변화계획이 종결되도록 하기도 한다. 결국 위험이란 변화계획의 부정적인 결과를 의미한다(Glaser, Abelson and Garrison, 1983). Frey(1990)에 따르면 일반적으로 위험도가 높은 세 종류의 계획이 있다고 한다. 위험도가 높은 세 종류의 계획 중에 첫 번째 유형의 계획은 일단 계획이 승인되면 조직에 근본적인 비용을 초래하는 것 없이는 종결될 수 없는 또는 바꿀 수 없는 계획을 의미한다. 이런 종류의 계획은 그 계획이 수용됨과 동시에 비용이 초래된다. 예를 들어 고가의 장비를 구매하는 것을 포함하는 계획안들이 이러한 높은 위험도가 있는 계획안이라고 할 수 있다.

두 번째 유형의 높은 위험도가 있는 계획은 단계별로 되어 있지 않은 계획이라고 한다. 계획은 단계에 따라 실행되어야 훨씬 수용될 가능성이 큰데 이는 이러한 변화가 조직에게 있어 위험을 줄일 수 있도록 하기 때문이라고 한다(Brager and Holloway, 1978; Rothman, Teresa, and Erlich, 1978). 이전의 단계가 다음단계로 진행되기 전에 먼저 평가되고 따라서 문제가 발생하는 경우 단계에 따른 발빠른 대응을 할 수 있게 되고 나아가 계획의 종결을 빨리 결정할 수 있도록 허용하기도 한다. Rothman, Erlich와 Teresa(1981)와 Resnick(1977)에 따르면 단계별로 부분화되어 있는 계획이 덜 저항에 직면한다고 한다.

세 번째 유형의 높은 위험도가 있는 계획은 조직이나 조직구성원들 또는 대중들과의 가치 갈등을 일으키는 계획이라고 한다. 이러한 계획은 너무 급진적인 또는 너무 보수적인 계획들을 의미한다. 이러한 논쟁적인 계획은 조직 내부성원들 사이의 갈등을 유발시키고 지역 성원들이나 집단 또는 조직들로부터의 지지를 상실하게 하는 원인을 제공하기도 한다. 결국 Roger(1962)와 Brager 그리고 Holoway(1978)에 따르면 계획이 급진적이면 급진적일수록 그 계획에 대한 저항은 더욱 거세진다고 한다.

4) 가라앉은 비용(sunken cost)

가라앉은 비용은 특정 실천을 지원하기 위한 조직적 투자와 관련이 있다. 이러한 투자는 조직을 위한 자원의 또 다른 유형으로 전환될 수 없는 에너지, 돈, 시간으로 구성된다(Patti, 1974). 예를 들어 어떤 기관이 사회복지사들에게 특정한 치료기법을 교육하기 위해 시간과 돈을 투자하는 경우 그러한 투자는 곧 가라앉은 비용을 나타내는데 이는 그 투자비용이 또 다른 유형의 자원으로 전환되지 않기 때문이다. 하지만 기관이 버스를 구입하는 경우 그러한 비용은 조직을 위한 하나의 자원이라고 할 수 있다. 왜냐하면 버스는 팔 수도 있고 그 자금을 다른 목적을 위해 사용할 수도 있기 때문이다. 따라서 가라앉는 비용을 사용하는 변화계획은 그러한 비용을 담고 있지 않은 계획보다 더 심한 저항에 직면할 가능성이 크다고 할 수 있다.

5) 이해력

이해력은 조직변화를 증진시키는 의사전달 기술의 중요성을 의미한다. 이해력은 두 개의 영역으로 나를 수 있는데 첫 번째 영역은 사람들이 성취하기를 희망하는 결과나 그러한 결과를 성취하기 위해 취해질 필요가 있는 일련의 행동들을 설명하는 것을 포함한다. 매우 복잡한 설명을 필요로 하는 제안서는 더욱 많은 저항에 직면할 수 있다. 따라서 복잡한 계획을 단순하고 이해하기 쉬운 언어로 요약할 수 있는 것이 중요하다. 결국 계획에 대한 저항의 정도는 실천가들이 간결하고 분명하며 이해할 수 있는 언어로 계획의 내용을 의사전달하는 능력과 연관이 있다고 한다(Glaser, Abelson and Garrison, 1983).

이해력의 두 번째 영역은 계획서의 제출을 받게 되는 사람들 또는 청중을 의미한다. 즉, 변화를 수행하는 실천가들은 청중들의 가치와 일치하는 언어로 그리고 그들의 주요 관심사를 해결하는 계획안을 작성할 필요가 있다.

6) 능력

능력은 제안된 계획을 실행하는 조직의 역량을 의미한다. 계획을 실행에 옮기는 조직의 역량은 크게 자금, 인적자원, 기술, 그리고 공간 등을 포함한다. 일반적으로 변화를 수행하는 실천가들은 추가적인 자금을 필요로 하는 계획은 많은 저항에 직면할 것이라고 가정할 수 있다. 자원의 희소성의 원칙에 입각해서 본다면 자금이 충분하지 않기 때문에 사장되는 훌륭한 내용의 많은 계획들이 있음을 짐작할 수 있다. 이러한 자원의 희소성을 극복하기 위해서는 현실적인 자금원천을 확인하는 것이라고 할 수 있다. 하지만 제안된 변화의 실행할 수 있는 조직의 능력이 자금에만 국한되는 것은 아니다. 때때로 변화는 특별한 기술을 가진 사람들을 필요로 한다. 또한 새로운 기술도 직원을 개발시키기 위해서 필요하다. 또한 어떤 경우에는 제안된 계획의 실행이 공간의 유용성 가능성에 의존하게 되는 경우도 존재한다.

7) 깊이와 거리

변화계획의 깊이는 조직을 변화시키는 정도를 의미하는데 Frey (1990)에 따르면 세 개의 상이한 수준의 깊이가 존재한다고 한다.

첫 번째 변화의 깊이는 절차(procedural)의 변화이다. 제안된 변화는 기관의 프로그램이나 정책을 실행하는 직원들의 매일 매일의 행동을 인도하는 규정이나 절차를 바꾸는 것을 추구하는 경우가 있다.

두 번째 변화의 깊이는 프로그램(programmatic)의 변화이다. 조직의 기본적인 목적이나 목표를 실행하는 현존하는 정책 또는 프로그램을 수정하는 것을 목적으로 하는 변화가 존재한다.

세 번째 변화의 깊이는 기초(basic)의 변화이다. 변화가 조직의 중심적인 목적과 목표를 변화시키는 것을 목표로 하는 경우이다(Patti, 1974).

변화계획의 깊이가 깊을수록 즉, 절차의 변화에서 기초의 변화로 나아갈수록 변화계획에 대한 저항은 증가하게 된다. 변화제안서가 경유하게 되는 조직의 거리는 조직의 잠재적 저항을 사정하는 하나의 주요한 요인이라고 할 수 있다. 조직의 거리는 계획을 작성하는 실천가들과 궁극적으로 그 계획을 결정하는 행정가 사이의 거쳐야 하는 행정적 단계 또는 수준을 의미한다. 변화계획이 경유하는 거리가 멀면 멀수록 더 많은 저항에 직면하게 되는데 이는 단계를 경유할 때마다 계획의 내용이 왜곡되고 바뀌게 되기 때문이다.

8) 사고와 사상

사고는 계획의 내용에 관한 현존하는 지식을 의미한다. 일단 조사를 거친 계획안은 저항에 덜 직면하게 되는데 이는 비용, 효과성, 그리고 실행에 관한 자료가 이용가능하기 때문이다. 반대로 조사를 거치니 않은 사고는 조직에게 잠재적 위험을 증가시키게 한다(Glaser, Abelson and Garrison, 1983). 계획은 또한 조직의 이념과 일치하여야 할 필요가 있다. 조직의 이념은 조직의 전반적인 운영을 인도하는 가정 또는 체계들로 구성된다. 예를 들어 어떤 조직은 조직성원들간에 폭넓게 공유된 과업을 가지고 있는 경우도 있고 또 어떤 조직은 특정 민족이나 인종 또는 성차별 등에 대해 강력한 사명감을 가지고 있는 경우도 있다. 따라서 변화계획은 저항을 배제하기 위해서 조직의 이념에 일치할 필요가 있다(Brager and Holloway, 1978).

9) 욕구

욕구는 다양한 의미를 포함하지만 조직변화의 측면에서 욕구는 조직성원들이 해결해야 하는 문제와 관련해서 비슷한 인식을 공유하는 정도로 인식할 수 있기 때문에 변화에 대한 조직성원들이 갖는 공감대라고 할 수 있다. 따라서 변화를 위한 욕구는 문제를 해결하기 위해서 이루어져야 하는 무엇인가에 대한 조직성원들의 인식을 반영한다. 변화를 위한 욕구는 변화계획의 목적을 강조한다. 예를 들어 어떤 절차는 조직성원들간의 동의가 가능하지만 어떤 절차는 동의가 불가능한 경우가 존재한다. 만약 변화를 위한 욕구가 대다수 조직성원들에 의해 지지를 받는다면 변화목적은 덜 저항에 직면할 것이고 계획은 성공적으로 수행될 가능성이 있게 된다.

10) 일반성

일반성은 변화계획에 의해서 영향을 받는 조직단위의 크기를 의미한다. 일반적으로 조직변화는 조직의 부서나 단위들에 영향을 미치게 되는데 일반성은 변화가 어디까지 영향을 미치는지를 나타낸다고 할 수 있다. Patti(1974)는 일반성의 세 개의 수준을 제시하였다.

- **구성요인**: 변화주도세력이 매일 매일 상호 작용하는 집단과 일차적으로 연관성을 가지고 있는 조직의 배열이나 운영에 있어서의 수정을 추구하는 변화노력을 의미한다.
- **하위체계**: 조직의 한 부서나 단위의 배열과 운영을 수정하는 것을 목적으로 하는 변화노력을 의미한다.
- **체계**: 모든 조직성원들에게 영향을 미치는 조직전반의 변화를 목적으로 하는 변화노력을 의미한다.

계획이 구성요인이나 하위체계보다 더 큰 체계에 영향을 미칠수록 더욱 큰 저항에 직면하게 된다. 따라서 일반성의 요인은 위에선 언급한 깊이와 연관이 있다고 할 수 있다. 따라서 계획이 조직의 목적에 영향을 미치고 전체 조직에 직접적인 영향을 미치면 저항은 가장 극렬할 수 있다.

결국 성공적인 조직변화를 위해서 반드시 평가해야 할 필요가 있는 일련의 변수들에 대한 사정은 첫째, 변화주도세력이 변화계획을 지지하는 또는 저항하는 잠재적 요인들을 인식하는데 도움을 주며 둘째, 저항이 지적된 후에 그 저항을 극복할 수 있는 논리적인 계획을 발전시키도록 돕고 셋째, 결정수립가들에게 공식적으로 제출되기 전에 분석이 이루어짐으로 인해 변화주도세력이 저항을 극복할 수 있는 이성적이고 실천적인 접근방안을 개발하고 잠재적 저항을 예측할 수 있도록 도움을 준다고 할 수 있다.

제10장

사회복지조직과 노동조합

제 1 절 사회복지조직과 노동조합

흔히들 사회복지사들이 노동자인가라는 질문에서부터 사회복지시설단체 또는 사회복지조직에 노동조합이 필요한가라는 질문에 이르기까지 사회복지사들의 노동성에 의문을 제시하는 말들을 많이 듣는다. 역사적으로 봉건주의시대를 거쳐 자본주의가 발달하던 초기단계에서 사회복지는 자선사업, 사회사업 내지는 박애사업으로 인식되어 국가적 개입보다는 개인주의적으로 박애정신이나 자선정신을 가지고 있는 일부 특정계층(예를 들어 부유층이나 지식인)들에 의해 주도되었다. 따라서 이들은 대부분 자신들이 선한 행동을 하고 있다고 믿었으며 대부분의 시민들도 사회사업가 또는 자선사업가를 선한 행동을 하는 사람들 믿는 경향이 강했다. 그들은 대부분 자신들이 가지고 있는 부와 자산을 나누어주는 빈곤구제사업을 중심으로 활동하였으며 그들의 노동은 일한 대가에 대한 지불이 필요 없는 단순히 사회적 선을 행하는 활동이 중심을 이루었다. 따라서 그들의 노동은 대부분 사회복지사업을 위해 특정 조직에서 조직적 삶을 사는 사람들의 노동이라기보다는 개인주의적 차원에서 이루어지는 임금으로의 보존이 필요 없는 노동이 중심을 이루었으며 그들의 업무는 조직적 환경과 사회적 환경에 전혀 영향을 받지 않았다.

하지만 일반적으로 알려져 있듯이 자본주의가 확대 발전하면서 사회문제의 복잡성과 다양성 그리고 이에 대한 사회적 갈등의 만연과 확대는 자본주의시장경제가 치유할 수 없는 사회적 현상으로 고착화되어 국가의 개입을 요구하였으며 국가는 사회문제를 해결하지 않으면 체제적 위험을 감수할 수밖에 없는 상황에 몰리게 되어 사회문제의 해결을 위해 적극적으로 나설 수밖에 없는 상황으로 발전하게 되었다. 복지국가의 발전은 이러한 자본주의의 확대재생산에 따른 필연적 결과로서 나타나게 되었으며 국가는 사회문제를 해결할 수 있는 지식과 기술을 가지고 있는 전문적인 집단을 필요로 하게 되었고 사회문제를 해결하기 위한 조직은 공적기관과 민간기관을 중심으로 빠르게 확대 발전하였다. 이들 조직에서 사회문제를 해결하는 전문가 집단으로서 사회복지사들의 필요성의 증대로 학교는 전문적인 사회복지교육을 제공하였으며 전문교육을 받은 사회복지사들은 사회문제를 해결하는 것을 일차적 목적으로 하는 사회복지서비스의 제공을 위해 공적 사적 사회복지조직으로 대거 유입되었다. 따라서 이들 사회복지사들은 과거 사회사업가나 자선사업과는 달리 조직의 환경이 그들의 업무환경과 작업조건에 많은 영향을 미치는 조직적 삶을 살아가는 전문가집단으로 인식되었으며 그들은 그들이 제공하는 전문적 서비스에 대한 노동의 대가로 임금을 지불 받는 임금노동자화되었다.

따라서 전문가이자 임금노동자로서 사회복지사들은 노동의 현장에 귀속되어 노동현장에서 조직의 목적을 실현하기 위해 움직이는 노동현장의 부속물로 자리잡게 되었으며 전문적 노동을 제공하는 하는 것에 앞서서 그들이 가지고 있는 노동에 대한 신성한 권리와 권익을 위해 노력하는 임금노동자로서의 삶을 살아가게 되었다. 따라서 임금노동자로서의 삶을 살아가는 사회복지사들은 그들의 노동조건의 유지 및 개선 그리고 복지증진 및 기타 사회 경제적 지위향상을 도모하기 위한 자주적인 조직이 필요하게 되었고 이에 따라 노동조합의 필요성이 등장하게 되었다. 결국, 자본주의 하에서 가장 일반적 형태의 조직의 유형으로서 한 기관에 부속되어 있는 또는 부착되어 있는 사회복지사들은 기관과 사회복지사들의 양자 결연의 유형으로 **고용**(employment)이라는 특수한 관계에 놓여 있다고 할 수 있으며 이러한 양자관계인 고용관계는 바로 사회복지사들이 특정 기관에 고용되어 그들의 노동력을 판매함으로써 삶을 유지한다는 것을 의미한다. 쉽게 설명한다면 가족성원들의 양자관계는 혈연관계에 의해서 유지된다고 할 수 있으며 기관의 고용주와 고용인들의 관계는 바로 고용관계에 의해 유지된다고 볼 수 있는 것이다.

노동조합은 고용관계 하에 있는 노동자들이 그들의 권익을 향상시키고 그들의 권리를 옹호하기 위한 필요성에 의해서 노동자들의 자체적인 의지에 의해서 설립된다. 노동조합은 노동자들이 주체가 되어 자주적으로 단결하여 근로조건의 유지 개선과 노동자들의 복지증진 및 기타 경제적 사회적 지위의 향상을 도모함을 목적으로 조직하는 단체 또는 그 연합단체를 의미하며 노동조합의 가장 우선적인 목적은 단결권, 단체교섭권, 단체행동권 등의 노동 3권의 보장과 노동자의 근로조건을 개선하는데 있다고 할 수 있다. 여기서 노동조건이란 노동시간, 휴가 및 휴식 그리고 안전에 관한 사항과 이에 덧붙여 주택이나 보건시설 그리고 노동자의 경영참가를 등의 조건을 포함한다. 하지만 이러한 노동조합의 당위적 필요성 이외에도 사회복지조직에서의 노동조합은 이 이상의 필요성에 의해서 지지받을 수 있다고 생각되는데 사회복지조직에서의 노동조합의 필요성에 대해 자세히 살펴보면 다음과 같다.

제 2 절 사회복지조직에서 노동조합의 필요성

사회복지조직에서의 노동조합의 필요성은 크게 조직 외부적 환경과 조직 내부적 환경에 의해서 나타나게 된다고 구분할 수 있다. 조직 외부적 환경은 자본주의가 가지고 있는 체제적 모순에 의해서 사회복지 노동조합의 필요성이 제기되고 있음을 설명해 주며 조직 내부적 환경은 사회복지사들이 실제적으로 개입하여 있는 조직의 작업환경과 밀접한 연관이 있음을 설명해 준다. 이러한 내 외부적 환경을 둘러싼 환경의 변화와 환경영향력의 증대는 단위 시설에서 일하고 있는 사회복지사들에게 노동조합의 필요성을 제시해 주고 있다. 조직 외부적 환경과 조직 내부적 환경에 따라 제기되고 있는 사회복지조직에서의 노동조합의 필요성에 대해 구체적으로 살펴보면 다음과 같다.

1. 조직 외부환경과 노동조합

먼저 노동조합 필요성을 위한 조직 외부적 환경은 자본주의가 가지고 있는 사회복지노동에 대한 역할억제를 방어하기 위한 방어기제 때문에 나타난다. 자본주의의 발전은 자본주의가 가지고 있는 체계적 모순과 문제에 대한 자체적인 완화나 방어기제의 부족으로 인하여 사회복지의 발전을 동시에 가져다주었다. 역사적으로 자본주의는 자본축적의 일반적 원칙에 따라 움직이는 운동메커니즘으로 구성되어 있기 때문에 수많은 사회문제를 양산하는 사회문제양산메커니즘으로 이해될 수 있다. 역사적으로 증명되었듯이 자본주의가 발전하면 할수록 사회문제는 더욱 복잡화되고 다양화되었으며 이는 자본주의가 가지고 있는 차별과 억압 그리고 배제메커니즘에 따라 나타나게 되는 당연한 현상으로 받아들여진다. 자본주의초기의 산업사회에서 사회문제를 양산하였던 아동노동, 산업재해, 장시간 노동과 저임금, 실업, 소외 등의 대표적 문제들은 현 후기산업사회에서는 나이차별, 능력차별, 성차별, 인종차별, 빈곤의 확대재생산, 대량실업의 만연, 불안정고용의 확산과 가정파괴, 개인주의의 확산에 따른 인간성파괴 등의 영역으로 고스란히 확대 전이되어 사회문제의 치료 없이는 더 이상 자본주의가 발전할 수 없는 극점에 달하여 이러한 사회문제를 치료하고 예방하기 위한 도구로서 사회복지의 발전을 가져다주었다. 따라서 자본주의가 발전하면 할수록 노동자 개개인과 가족 나아가 지역의 소외와 해체에 따른 사회문제를 해결하기 위한 사회복지의 발전도 동시에 이루어졌으며 자본주의의 기술의 발전은 동시에 사회복지노동의 기술 발전을 의미하였다. 따라서 사회복지조직을 둘러싼 노동조합의 필요성에 대한 조직 외부적 환경은 사회복지조직내부의 직원(또는 사회복지사)들이 수행하는 노동에 대한 착취를 보호하기 위한 집단적 대응으로 나타나게 된다고 할 수 있다.

보수주의 경제학자들이나 신자유주의 사상을 지지하는 대부분의 사람들은 사회복지노동 자체의 전문성을 강조하기보다는 그리고 사회복지조직에서 일하는 직원들을 매일 매일 노동력의 재생산을 필요로 하는 한 사람의 노동자로 인지하기보다는 봉건적인 자선과 자혜를 바탕으로 하는 봉사자라고 생각하여 직원들의 권리나 이익을 대변하는 행동들을 사회복지사들에게 어울리지 않는 이기적인 행동으로 치부하여 사회복지노동을 저임금, 장시간노동으로 고착화시키려고 노력하였으며 이러한 사회복지노동에 대한 인식은 결국 사회복지조직에서 일하는 전문적 직원들의 정당한 노동에 대한 요구를 억제하는 메커니즘 또는 기제로 작동하게 하여 사회복지직은 전문직에서 가장 낮은 연봉과 가장 높은 이직률 그리고 빠른 육체적, 정신적 소진을 일으키게 하는 업종으로 사회복지직의 역할을 억제하였다. 신마르크스주의적 관점에서 사회복지는 진보적 관점, 재생산적 관점 그리고 모순적 관점으로 나눌 수 있으며 이 세 분류는 다음과 같이 설명되어질 수 있다(Rojek, 1986).

첫째, **진보적 관점**: 사회복지에 대한 진보적 관점은 사회복지가 변화를 위한 긍정적인 기제로 작동한다는 점이 강조된다. 이러한 관점에 따르면 사회복지사들은 한 사회를 변화시키기 위한 촉매제 또는 변화 중심세력이 되며 사회복지사들은 변화를 성취하기 위해 집합적 행동과 의식을 증진시키는 대중들의 대변자 또는 자본에 대적해서 노동을 보호하는 대변인으로 역할하게 된다.

둘째, **재생산적 관점**: 사회복지에 대한 제생산적 관점은 사회복지가 자본주의사회에서 노동자계급을 억압하는 계급통제의 기제로 작동한다는 점이 강조된다. 따라서 이 관점에 따르면 사회복지사들은 자본주의 사회에서 자본가계급의 자본축적 기능 즉, 재생산기능을 보호해 주는 대변자로 이해된다.

셋째, **모순적 관점**: 사회복지에 대한 모순적 관점은 사회복지가 계급사회를 훼손시키고 통제하는 역할을 담당한다는 점이 강조된다. 이 관점에 따르면 사회복지사들은 양면의 역할을 수행하는데 한편으로는 사회통제의 대변인의 역할을 수행하게 되며 또 다른 한편으로는 노동자들이 정상적으로 기능하도록 그들의 능력을 증진시키기 위해 노력하게 된다.

결국, 신마르크스주의자들에 따르면 자본주의 하에서 사회복지노동은 변화의 추진과 사회통제라는 이중성을 담보하게 된다. 사회복지의 진보적 관점을 유지하게 되면 자본주의사회에서 사회복지사들은 사회의 변화세력으로서 자본주의사회의 모순을 변화시키는 중심세력으로 작동하게 되어 직업적 중요성이 증대된다. 진보적 관점을 유지하게 되면 사회복지는 다음과 같은 점들이 강조된다(Mullaly, 1993; Rojek, 1986).

첫째, 인본주의와 집합주의 그리고 평등 대한 사명감

둘째, 경제적 목적보다는 사회적 목적에 대한 우선권과 사회자본에 대한 평등한 배분의 추구 그리고 정부개입을 선호하는 경제적 신념

셋째, 참여민주주의를 향한 정치적 신념

넷째, 사회복지는 평등과 연대 그리고 집합주의를 위한 도구라는 사고

다섯째, 복지국가와 실천의 구조적 모델 추구

여섯째, 사회복지가 사람들을 존중하고 통합과 존엄을 고취시키며 client가 자기결정을 하도록 도우며 상이성을 인정하고 사회정의를 증진시다는 점들의 강조

사회복지에 대한 진보적 관점이 유지되면 사회복지사들은 사회에서 변화지향세력으로서 사회모순을 변화시키는 역할에 대한 정당한 대접을 받게 된다.

하지만 사회복지의 사회통제적 기능을 강조하는 신마르크스주의자들은 자본주의 하에서 국가가 자본축적과 사회조화의 증진(정당화)의 두 기본적인 기능을 한다고 보며 사회조화의 증진을 사회복지서비스를 통해 이룬다고 강조하였다. 즉, 사회복지가 자본주의 국가의 정당성확보를 위해 사용된다는 것이다. 이러한 관점은 사회복지를 위한 투자가 사

적자본을 위해 직접 이익을 창출하지는 않지만, 사회조화를 위해 사용된다고 보는 것이다. 따라서 사회복지는 자본의 측면에서 다음의 두 속성을 갖는다. 첫째는 자본의 이윤창출을 위해 노동자들에게 최소의 생활조건과 노동재생산의 물질적 조건을 제공함으로써 노동생산성을 유지 내지는 확대하기 위해서 이며, 두 번째는 계급의식의 생성과 발전에 따른 노동운동의 발전이 자본주의 경제체제의 테두리를 벗어나지 않도록 하기 위해서 사회복지를 확대 재생산하게 되는 것이다.

따라서 신마르크스주의자들에 따르면 자본주의 하에서 사회복지는 이중성 또는 양면성을 갖게 된다. 즉, 사회복지는 client들의 욕구를 해결하기 위해 다양한 사회적 서비스(social services) 또는 프로그램을 제공하기도 하지만 한편으로는 사회통제를 위한 수단으로 작용된다는 것이다. Burghart와 Fabricant(1987)은 신마르크스주의적 관점으로 국가가 자본의 영향력에 대한 지원을 강화시키기 위해 사회복지사를 노동계급의 태도와 행동을 변화시키는데 사용한다고 주장한다. 이는 국가의 제한적인 사회복지비 지출과 사회복지체계를 변화시키려는 의지의 결여 그리고 사회복지노동의 저임금화를 설명해 주는 이론적 토대를 제공해 준다. 다시 말해 사회복지에 대한 지출이 생산적 지출이 아니며 단순히 쓰면 없어지는 소비지출이라는 인식 하에 최소한의 국가지출을 사용해서 사회통제에 대한 기능을 담당하는 수준에서 봉합하려고 시도하기 때문에 사회복지사들에 대한 필요성은 인정하지만 그들의 역할을 억제하여 저임금과 높은 노동강도 그리고 장시간노동을 당연한 것으로 받아들이게끔 시도하게 된다. 현 자본주의 사회에서 가장 흔하게 일어나는 사회복지사들의 역할에 대한 억제 즉, 역할억제는 사회복지사가 갖추어야 하는 실천윤리와 임무(사회적 약자의 편에 서서 사회정의를 추구한다는 임무) 그리고 역할에 대해 국가로부터 억제를 받게 하는 것이다. 이는 사회복지서비스나 프로그램에 대한 예산삭감이나 프로그램의 축소 그리고 사회복지노동에 대한 자선적 의미의 강조와 사회문제해결에 있어 개인적 치료를 강조함으로써 일어난다.

결국, 이러한 사회복지의 이중성 또는 양면성은 사회복지사들이 현 사회복지체계 하에서 그들의 역할에 대한 억제(**역할억제**, role strain)와 과다한 노동 등에 의해 정신적, 육체적으로 탈진화가 가장 빠르게 일어나는 노동을 형성하는 근간을 이루게 한다. 이러한 사회복지의 양면성에 대처하고 사회복지의 진보적 관점을 유지하기 위하여 사회복지사들은 그들 자신들에게 영향을 미치는 역할억제를 위한 모든 정치, 사회, 경제적 모순들을 극복하고 나아가 불이익을 받는 지역 또는 집단 또는 피지배집단을 위한 사회조건을 개선시키고 복지지출을 증대시키기 위한 사회운동에 적극 참여하여야 하는 역사적 임무를 떠안고 있다고 할 수 있다. 이러한 임무를 실현하기 위하여 사회복지사들은 복지운동으로의 참여와 조직화사업에 참여하여야 하는 필요성이 제기되었고 사회복지직에 대한 역할억제를 극복하기 위한 행동을 구체적으로 담보하기 위한 단위 조직적 차원에서의 노동조합의 필요성이 제기되었던 것이다.

2. 조직 내부환경과 노동조합

Barnard(1938)는 **비공식적 조직**(informal organization)을 개인적인 접촉이나 상호행동의 총체 그리고 사람들의 조합집단(the associated groupings of people)이라고 개념화하였다. 그는 비공식적 조직의 세 가지 기능으로써 첫째, 직원들 사이의 의사소통 두 번째, 일할 의지를 규정하는 것에 의한 응집력의 유지 세 번째, 직원들의 감정과 자기존경심의 유지를 강조하였다. 따라서 직원들의 사기 증진과 의사소통의 원활화를 위해 비공식적 조직은 조직에 반드시 필요한 기능을 발휘한다고 볼 수 있다. 특히 인간의 복잡성과 사회문제의 복잡성과 다양성을 다루는 사회복지사들에게 있어 비공식적 조직은 더욱 중요한 의미를 가진다고 볼 수 있으며 때때로 비공식적 조직이 공식적 조직보다 더 중요하다고 생각되기도 한다. 이는 공식적 조직에 의한 공식적인 의사소통보다 사회복지사들끼리의 자연적 의사소통통로가 문제해결에 더욱 효과적일 수 있기 때문이다.

비공식적 조직은 조직의 공식적인 조직도(organizational chart)에는 나타나지 않지만 현실적으로는 조직에 강력한 영향력을 미친다. 사회복지사는 조직의 최고관리자(실무책임자, executive director나 관장 등)와 애기하는 것보다 동료사회복지사들끼리 서로 애기하는 것을 더 선호한다. 이는 사회복사들이 그들의 어려움이나 고통을 실무책임자에게 나타내지 않음으로 인해 책임자들에게 그들의 약점이 노출되거나 나쁜 쪽으로 낙인찍힐 걱정 없이 서로서로 상담할 수 있다는 장점 때문이라고 볼 수 있다.

일반적으로 조직 내에는 많은 비공식적 조직들이 존재한다. 다양한 모임이나 비공식적 의사소통을 통해서 사회복지사들은 그들의 고민을 애기하며 그들이 추구하는 새로운 변화를 추구하기도 하고 그들의 권익을 위해 노력하기도 한다. 조직 안에 있는 많은 비공식적 조직들 중에서 사회복지사들을 위해 가장 강력한 지도력을 발휘할 수 있는 것이 노동조합이다. 노동조합은 조직 내에서 가장 대표적인 비공식적 조직 중 하나이다. 비공식적 조직은 조직의 공식적인 조직도에는 드러나지 않는 조직 안에 실재해 있는 조직을 의미한다.

비공식적 조직으로서의 노동조합은 사회복지조직들이 제공하는 복지서비스의 제공과 관련하여 조직의 행정적 측면과 실천행동을 감시하고 조정하며 평가할 수 있는 비공식적인 강력한 지도력을 수행할 수 있으며 사회복지사들이 사회문제와 사회문제에 영향을 받은 개인들의 문제를 치료 예방할 수 있는 건강한 생산물을 산출할 수 있는 노동조건을 형성하고 그들의 노동력을 재생산할 수 있는 건강한 조직구조를 만들어서 차별과 억압 그리고 배제에 의해 소외 받은 사람들을 위해 재생산된 그들의 노동을 제공 투입할 수 있는 건강한 조직구조로 만들 수 있는 하나의 조직 메커니즘으로 역할하게 된다. 특히 책임성이 강조되는 현대의 사회복지환경에서 사회복지조직의 사회적 책임을 강화하는 기구로서 노동조합은 조직의 실천활동을 감시할 수 있는 역할을 수행할 수 있기 때문에 특히 현대 사회에서 사회복지조직에서 노동조합의 필요성은 내부적 책임감의 강화를 위해서도 반드시 필요하다고 볼 수 있다.

위에서 설명한 사회복지조직 내에서의 노동조합의 내부적 외부적 필요성들을 사회복지영역을 둘러싸고 있는 환경으로 국가, 조직, 그리고 client의 입장에서 다시 한번 정리하면 다음과 같다.

■ **국가의 역할 증대**: 사회복지조직의 노동조합은 국가의 역할 증대를 위해서도 반드시 필요하다고 볼 수 있다. 이는 사회복지의 대부분의 자원이 국가로부터 유입되고 복지사회에 대한 국가의 책임과 의무는 바로 국가적 책임의 한계를 계속적으로 증대시키는 것에 있기 때문에 이러한 국가적 책임의 증대를 계속적으로 유지 확대하기 위한 압력단체로서의 사회복지노동조합의 역할은 매우 중요할 수밖에 없게 된다는 점에 기인한다. 자본으로부터의 경제발전을 위한 계속적인 압력과 압박은 경제후퇴는 민생경제의 파탄이라는 이분법적인 이데올로기를 확대재생산하는 것에 의해서 지지받으며 복지비 지출의 확대는 생산을 위해 아무런 가치가 없는 소비에 지나지 않는다는 것을 강조하는 것으로 요약된다. 이러한 자본의 압박으로부터 복지사회를 지키기 위한 하나의

압력수단으로 자본에 대한 영향력을 무력화시키고 국가에 계속적인 복지권에 기초한 요구수립을 관철시키기 위해 노동조합은 필요하게 된다.

■ **조직의 역할 증대**: 사회복지사들이 단위 조직 내에서 노동조합을 결성함으로써 그들의 전문적 서비스를 전달할 수 있는 그리고 그들의 전문적 기술과 능력을 재생산할 수 있는 적절한 노동조건을 스스로 건설할 수 있으며 이러한 건강한 노동조건은 바로 조직의 수행능력증대와 직결되고 이러한 조직의 수행능력증대는 결국 보다 응답적인 또는 문제 해결적인 사회복지서비스를 창출한다는 점에서 매우 중요하다고 볼 수 있다. 또한 이는 정신적 그리고 지식집약적 서비스기술을 제공하는 사회복지노동자들은 그 어떤 노동자들보다 소진현상이 빨리 올 수 있으며 사회복지사들의 소진이 적절하게 예방되지 않는다면 결국 인적자원에 대한 국가적 낭비를 초래하고 인적자원의 회복을 위한 엄청난 시간과 예산의 낭비가 초래될 수 있기 때문이기도 하다. 그리고 국가의 사회적 안정을 책임지는 사회복지영역에 보다 고급의 인적자원이 들어오는 것을 장려하기 위해서도 사회복지사들의 창조적인, 변화 지향적인 그리고 문제해결 중심적인 근무조건을 형성하는 것이 매우 효과적이라고 할 수 있다.

■ **client의 역량강화**: 사회복지조직에서의 노동조합은 사회복지사들의 역량을 강화시켜 주고 사회복지사들의 역량강화는 조직의 수행력을 증대시키는 직접적인 영향을 미치며 이는 결국 client들에 대한 보다 응답적인 문제해결적인 서비스를 제공할 수 있게 되어 client들의 역량이 강화되는 결정적인 계기를 마련해줄 수 있기 때문에 반드시 필요하다고 볼 수 있다. 한번의 효과적인 서비스로 client의 문제가 해결된다면 이는 반복적인 서비스의 제공에 따른 인적 물적 자원을 절약할 수 있는 결정적인 역할을 제공할 수 있기 때문에 client의 입장에서도 사회복지사들의 역량을 강화시켜 줄 수 있는 노동조합은 필요하다고 볼 수

있다.

3. 노동조합의 긍정적 사용

여러 가지 측면에서 비공식적 조직은 효과적이고 긍정적이라고 볼 수 있는데 Williams(1980)는 비공식적 조직의 유용성을 다음의 세 가지로 지적하였다.

첫째, **의사소통의 통로**: 즉, 비공식적 조직이 조직 내에서의 의사소통을 위한 채널로 사용될 수 있다는 점이다.

둘째, **응집력 유지**: 비공식적 조직의 리더들을 잘 활용한다면 조직운영자들은 조직의 운영에 있어 비공식적 조직원들로부터의 지원과 지지를 획득할 수 있기 때문에 비공식적 조직이 조직의 응집력을 강화하는 데 유용하다.

셋째, 조직 성원들의 **자기존경심을 향상**시킨다: 대부분의 직원들은 인정받고 싶어한다. 따라서 비공식적 조직의 지도자들을 인정해주고 지위를 부여해주면 비공식적 조직성원들은 자기 자신에 대한 심리적 안정을 찾고 나아가 자기 자신에 대한 존경심을 갖게 된다고 한다.

이러한 비공식적 조직의 유용성에 기초하여 사회복지조직에서 노동조합의 유용성을 다음과 같이 정리할 수 있다.

첫째, **의사소통의 통로**: 노동조합이 조직 내에서 건전한 의사소통의 통로로 활용될 수 있다. 관료적인 엄격한 조직구조를 가진 그리고 상위하달식 조직구조를 가진 조직들에게 있어 노동조합은 아래서 위로 올

라가는 열린 의사의 통로를 제공하며 융통적이고 민주적 의사소통으로 역할을 담당할 수 있게 한다.

둘째, **응집력의 유지**: 노동조합의 지도자는 나름대로의 강력한 지도력을 가지고 있기 때문에 조직의 관리자가 조합지도자들과 민주적이고 열린 의사소통 통로를 유지한다면 조직의 관리자가 조합지도자를 통해서 조합원들을 쉽게 관리할 수 있어 조직의 목적을 성취하는데 높은 사명감과 응집력을 발휘할 수 있게 된다.

셋째, **자기존경심의 향상**: 노동조합을 통해서 사회복지사들은 그들의 업무조건을 향상시켜서 보다 건강한 노동력을 제공할 수 있음으로 인해 업무에 대한 경제적, 심리적 안정을 획득할 수 있어서 자기업무에 대한 존경심이 향상되며 client들에게 전문가집단으로서의 올바른 역할을 제공할 수 있기 때문에 동시에 자기존경심이 증대될 수 있다.

결론적으로 사회복지사들이 양질의 사회복지서비스를 제공하기 위한 토대로서 사회복지사들의 노동조건개선을 위해 노동조합은 필요하다고 할 수 있으며 조직적 차원에서 보다 책임감 있는 관리와 효과적이고 효율적인 관리를 위해서도 노동조합은 필요하다고 할 수 있다.

제 3 절 사회복지사들의 노동조건

사회복지사들의 노동조건은 사회복지사 1인당 다루는 사례의 수(노동강도), 평균 근무시간(노동시간), 그리고 임금수준 등을 단순 비교함으로서 어느 정도 파악할 수 있다. 일반적으로 사회복지사들에게 있어 소진현상으로 인한 직종변경은 다른 직업군에 비해서 상당히 높은 것으로 나타나고 있다. 일반적으로 사회복지사들이 사용하는 기술은 인간의 복잡성에 기반하는 매우 고차원적인 기술이며 특히 인간과 환경을 종합적으로 다루기 때문에 사회 심리적인 측면이 매우 강한 정신노동을 주로 수행한다. 따라서 일반 노동자들이 갖는 기술보다 사회복지기술은 정신적인 노동의 강도가 훨씬 강하여 정신적 그리고 심리적 소진 현상이 빠르게 나타난다는 특징이 있다. 따라서 낮은 임금과 높은 노동강도 그리고 초과노동 등의 조건에서 사회복지사들에게 사회문제해결을 위한 전문적인 서비스를 client, 집단, 가족, 지역, 나아가 전체 사회에 제공하는 것을 기대한다는 것은 무리인 것이다.

이러한 저임금과 높은 노동강도와 초과노동시간 등은 국가에 의래서 이루어지는 대표적인 사회복지사들에 대한 역할억제이기 때문에 이에 대한 극복을 위해 사회복지사들의 조직적 대응이 반드시 필요하다고 볼 수 있다.

사회복지사들은 일반적으로 공적기관에서 일하는 사회복지사와 사적기관에서 일하는 사회복지사로 크게 양분할 수 있다. 공적기관에서 일하는 사회복지사들은 1987년부터 배치되기 시작했던 사회복지전담공무원들이 주축을 이루고 있으며 2004년 현재 약 7,200명 정도가 있는 것으로 추산되고 있다. 그리고 여기에 공사기업 즉, 국민연금공단이나 국민건강보험공단 그리고 사회복지공동모금회 등의 국가 출연기관에서 일하는 사회복지사들이 있다.

그리고 사적기관에서 일하는 사회복지사들은 지역종합사회복지관이나 노인종합사회복지관 또는 장애인종합사회복지관, 그리고 복지시설이나 단체 등에서 일하는 사회복지사들이 주축을 이루며 여기에 병원이나 기업 등의 사적 기관에서 일하는 사회복지사들이 포함된다. 일반적으로 지역종합사회복지관이나 노인종합사회복지관 또는 장애인종합사회복지관 등의 시설이나 단체(대부분 민간 비영리 법인이 주축임) 등에서 일하는 사회복지사들의 노동강도나 근무시간들은 단위 시설에서 결정되지만 임금은 거의 국가의 보조금으로 충당되기 때문에 임금 수준은 국가지원금에 의해 결정된다고 할 수 있다.

■ 사회복지전담공무원

현재 사회복지업무를 담당하고 있는 사회복지담당공무원들은 2000년 기초보장생활보장제도의 시행에 따라 복지욕구의 심층적 파악을 위한 상담, 정보제공, 의뢰, 자활사업개발, 지역자원의 개발 및 관리 기획기능 강화 등의 업무가 추가되었다. 따라서 복지수요의 증대와 전문성에 대한 요구 그리고 이에 따른 복지업무의 확대 등에 대처할 만큼의 인력의 보강과 물리적 여건의 개선이 시급하다고 할 수 있다. 1999년 한국보건사회연구원에서 조사한 결과에 따르면 사회복지전담공무원들은 한달 평균 247.9시간(법정근무시간 한 달에 191시간, 일주일에 44시간: 44시간×52주÷12 = 191)을 노동하는 것으로 나타나 초과노동에 대한 과부하가 심각한 수준인 것으로 파악되고 있다(일주일에 44시간을 노동하는 것으로 본다면 사회복지전문요원들은 매주 약 13시간씩을 초과근무하고 있다). 그리고 사회복지전문요원의 업무라고 할 수 없는 일반행정업무에 대한 업무분담이 한 달에 평균 39시간으로서 많은 시간을 사회복지전담공무원들은 자신의 전문적 영역 이외의 업무에 많은 시간을 보내고 있다. 그리고 2002년을 기준으로 사회복지전담공무원 1인당 전담하여야 하는 가구(생활보호대상가구와 취약계층가구 포함)가 467가구인 것으로 파악되고 있다. 1999년 한국보건사회연구원에서 사회복지전담공무원들을 대상으로 조사한 결과에 의하면 현재 사회복지전담공무원들은 사회복지전문요원 1 인이 담당할 수 있는 적정 가구수로 취약계층가구 포함하여 전적으로 복지관련업무만 수행한다고 했을 대 149가구 정도가 적당하다고 대답하였다(강혜규, 2003a). 결국 사회복지업무의 과부하와 업무수행여건미흡은 반드시 해결해야 하는 문제점으로 지적되고 있다.

■ 민간 비영리 법인에서 일하는 사회복지사

2005년 현재 민간비영리법인에서 일하는 사회복지사들의 수를 정확하게 산출하는 것은 불가능하나 보건복지부에 신고된 사회복지시설(생활시설과 이용시설 포함)에서 일하는 사회복지사들은 대략 45,000[1]명에 달하는 것으로 집계되고 있다(보건복지부, 2005). 그리고 이들 민간비영리법인에서 일하는 사회복지사들의 노동조건은 일반기업이나 사회복지전담공무원보다도 열악한 것으로 파악되고 있다. 임금만을 가지고 단순 비교한다면 비영리 법인에서 일하는 사회복지사들의 평균한달 임금은 일반기업에서 일하는 직원들의 약 80%수준 이하로 알려져 있으며 노동 시간도 주 5일 근무에 하루 8시간씩 일하는 일반 기업노동자들보다 훨씬 많은 노동을 하고 있는 것으로 알려져 있다. 또한 비영리법인에서 일하는 사회복지사들은 사회복지전담공무원들과의 노동상태에 대한 비교에서도 훨씬 열악하다고 할 수 있는데 이는 일반적으로 공무원들은 각종 수당에 일정한 보수직급을 유지하며 노동 시간도 일정한 수준을 유지하는 것에 비해서 비영리법인에서 일하는 사회복지사들은 퇴근시간이 정해져 있기보다는 업무와 퇴근이 연관되어 있는 경우가 많고 임금에 수당이 많은 부분 포함되어 있지 않기 때문에 보수와 노동량에 있어 열악한 것으로 알려져 있다. 특히 대부분의 민간비영리법인에서 활동하고 있는 사회복지사들의 인건비가 정부보조금에 근거하고 있고 대부분의 비영리법인들의 재정상태가 사회복지사들의 시간외 노동을 인건비로 지불할 수 있는 수준이 아니기 때문에 더욱 심각한 수준인 것으로 파악되고 있다. 사회복지사들의 노동조건을 임금,

1) 보건복지부에서 사용한 정확한 용어는 사회복지시설에서 일하는 종사자로서 이들의 수는 44,332명이지만 이들 모두를 자격증을 가진 사회복지사라고 보기에는 무리가 있다.

노동시간, 노동강도를 중심으로 각종 이차적인 통계자료를 통해서 알아보면 다음과 같다.[2)]

■ 임금

먼저, 산업별 상용종업원의 월평균임금 및 근로일수를 비교해 보면 〈표 10-1〉에서 나타난 바와 같이 사회복지분야에 있는 노동자들의 임금이 전체 산업평균보다도 낮으며 특히 통신업에 비해서는 55%, 교육서비스업과 비교하면 67% 수준으로 매우 낮고 월 노동일수는 가장 높은 것으로 집계되고 있다.

〈표 10-1〉 산업별 상용종업원의 월평균임금 및 근로일수 비교

(단위: 원, 일)

	전체 산업	제조업	금융	통신업	건설업	교육 서비스	보건 사회복지
임금 총액	1,827,810	1,671,012	2,952,596	3,125,741	1,951,224	2,568,504	1,730,720
근로 일수	24.9	24.8	25.2	25.3	25.4	24.5	25.6

자료: 통계청, 한국통계월보, 2002, 5.

사회복지사들의 임금은 같은 인간봉사조직[3)]에서 일하는 종사자들과의 비교를 통해서 알아보면 〈표 10-2〉와 같이 매우 낮은 수준임을 알 수 있다.

---

2) 한국사회복지사협회에서 2006년 1,138개 사회복지시설 근로자 6,504명을 대상으로 우편 설문조사를 실시하였으며 아직 최종보고서가 나오지 않아 본서에서는 인용하지 않았지만 대체적으로 평균임금은 1,717만원이고 주당평균 54.3시간 노동하는 것으로 파악되고 있다.

3) 인간봉사조직은 일반적으로 교육, 의료(보건), 사회복지서비스 분야의 조직을 의미한다.

〈표 10-2〉 사회복지사, 간호사, 교사의 대졸 초임임금비교

(단위: 원)

직 종	간호사(1호봉)		교사(9호봉)*	사회복지사 (1호봉)
기준	2000년 간호사협회	종합병원** 대졸간호원	2000년 공무원 보수지급규정	2000년 서울특별시 사회복지관 보수지급규정
초임 본봉	697,000	708,000	695,500	547,000

*대졸 2급 정교사 초임은 9호봉임

** 종합병원은 서울시종합병원을 의미

자료: 보건복지부, 사회복지관협회, 2001. 사회복지관인력 및 프로그램전문성 강화방안.

사회복지사들의 임금을 대졸1호봉으로 계산하여 사회복지전담공무원, 간호사, 교사의 연봉과 상용근로자 5인 이상 사업채 통상임금을 보면 역시 사회복지사의 연봉이 사회복지전담공무원, 교사, 간호사, 그리고 일반기업 근로자보다도 열악한 것으로 나타나고 있다.

〈표 10-3〉 사회복지전담공무원, 교사, 간호사, 일반기업체 근로자와의 연봉비교

(단위: 원)

직 종	간호사		교사	공무원 (9급)	사회복지관 사회복지사	사용근로자 5인 이상 통상임금
	간호사 협회	종합병원				
연봉 총액	16,000,000	20,442,000	20,442,000	15,342,500	12,442,500	20,610,000

자료: 한국사회복지사협회, 2001. 사회복지사제도의 발전적 운영에 관한 연구.
보건복지부, 사회복지관협회, 2001. 사회복지관인력 및 프로그램전문성 강화방안.

위와 같은 임금의 차이는 기본적으로 첫째, 사회복지사의 초임 본봉이 다른 직종에 비해 작다는 점과 둘째, 각종 수당의 차이에 기인한다고 보여진다. 수당의 차이를 살펴보면 〈표 10-4〉와 같다.

〈표 10-4〉 사회복지사, 간호사, 교사에 지급되는 수당비교

직종	간호사	교 사	사회복지사
수당의 종류	상여수당(기발, 정근, 장기근속), 체력단련비, 자녀학비보조, 직책수당, 직무수당, 식비, 교통비, 가족수당, 위험수당, 근속수당, 야근수당, 휴일근무수당	상여수당(기말, 정근, 장기근속), 특수업무수당, 가족수당, 자녀학비보조, 시간외근무수당, 휴일근무수당, 관리업무수당, 수당외보조(가계보조비, 급양비 교통비보조, 효도휴가비)	상여수당(기말, 정근, 장기근속), 직무수당, 자계보조수당, 복지수당, 효도휴가비, 체력단련비, 교통비

자료: 보건복지부, 사회복지관협회, 2001. 사회복지관인력 및 프로그램전문성 강화방안.

■ 노동시간

현행 근로기준법은 1주일에 44시간, 1일 8시간이다. 그리고 예외로 당사자 사이의 합의에 의해 1주일에 12시간을 한도로 연장할 수 있도록 되어 있다. 따라서 법정 근로시간은 1주일에 8시간씩 44시간이지만 주 5일제 근무로 40시간 노동하는 기업체들이 대기업을 중심으로 빠르게 확산되고 있는 실정이다. 그러나 대부분의 민간사회복지시설에서 일하고 있는 사회복지사들의 경우 주 5일 근무는커녕 법정 근로시간조차도 지키지 못하고 장시간노동을 하는 경우가 허다하다고 볼 수 있다. 2001년 한국사회복지사협회의 조사에 따르면 사회복지시설종사자들의 평균근로시간은 주당 52.85시간인 것으로 나타났다.

〈표 10-5〉 사회복지시설 종사자 1주일 노동시간

		빈도(명)	백분율(%)
항목	44시간 이하	1,948	34.3
	45-50시간	1,745	30.7
	51-60시간	1,282	22.6
	61-90시간	494	8.7
	91-168시간	207	3.6
	합 계	5,676	100

자료: 한국사회복지사협회. 2001. 한국사회복지사 기초실태조사보고서.

■ 노동강도

사회복지사들의 노동강도를 정확하게 측정하는 것은 다른 일반 노동과는 달리 사회복지노동의 특성상 상당히 어렵다고 볼 수 있다. 생산직 노동자들은 단위 시간당 생산한 생산량에 의해 노동강도를 측정할 수 있지만 사회복지노동자들의 경우 정확하지는 않지만 일반적으로 1인의 사회복지사가 다루는 사례(case)의 수로 노동강도를 측정할 수 있다. 앞에서도 살펴보았지만 사회복지전담공무원들의 노동강도는 매우 높은 것으로 나타나고 있으며 이와 마찬가지로 민간비영리사회복지시설에 있는 사회복지사들 역시 모두 매우 높은 것으로 알려져 있다. 같은 인간봉사조직에서 일하고 있는 노동자들을 대상으로 노동강도를 비교한 통계자료를 보면 〈표 10-6〉과 같다.

〈표 10-6〉 사회복지사, 간호사, 교사의 업무량비교

<table>
<tr><th>직종</th><th colspan="2">간호사</th><th colspan="2">중등교사</th><th colspan="2">사회복지관
사회복지사</th></tr>
<tr><td rowspan="2">1인당 담당하는
대상인원(사례)</td><td>법적기준</td><td>현황</td><td>법적기준</td><td>현황</td><td>법적기준</td><td>현황</td></tr>
<tr><td>입원환자
2.5명</td><td>-</td><td>없음</td><td>20명</td><td>없음</td><td>58.5명</td></tr>
</table>

자료: 보건복지부, 사회복지관협회, 2001. 사회복지관인력 및 프로그램전문성 강화방안.

결국, 체계적이고 과학적 지식과 기술을 겸비한 경쟁력 있는 사회복지사의 배출이 복지사회를 구성하는 가장 강력한 하부구조라고 한다면 경쟁력 있는 인적자원이 계속적으로 사회복지분야에 유입되기 위해 그들의 노동조건을 개선시키는 것은 당연한 국가의 책무라고 할 수 있다. 하지만 우리나라는 낮은 복지예산이 사회복지사들에게 최소한의 노동조건을 유지하도록 강요하고 있으며 또한 전 근대적 봉사정신만을 강요하는 낮은 복지의식으로 대부분의 사회복지사들의 노동소진이 빠르게 일어나도록 하는 이중적 고통에 시달리고 있다고 할 수 있다.

제 4 절 조합운동과 사회복지운동

노동조합운동과 사회복지운동은 그 가는 길이 비슷한 선상에 놓여 있다고 할 수 있다. 이는 노동조합의 궁극적 목적이 이 땅의 모든 일하는 사람들의 삶의 질을 개선하는 것에 있고 사회복지운동의 궁극적 목적도 지역과 일반 시민들의 표준적 삶의 질을 유지하고 나아가 사회적 진보를 향한 행동을 취하는 것에 있기 때문이다. 따라서 삶의 질의 변화와 사회적 변화를 추진하는 운동으로서 사회복지운동과 노동운동은 같은 맥락 하에 있는 사회 시민운동이라고 할 수 있는 것이다. 시민운

동으로서의 사회복지운동의 발전은 시민참여가 강조되며 시민참여는 곧 사회복지사들의 조직적 대응에 의해서 인식의 수준이 달라질 수 있다. 우리나라와 같이 국가의 사회복지에 대한 책임의식이 미약한 경우에 사회복지조직들이 중심이 되어 지역 내 사회복지기관들과의 연대를 통해 조직적 차원에서의 복지시민운동을 펼쳐나가기 위해서도 단위 조직적 차원의 노동조합에서 산업별 노동조직으로의 발전에 따른 조직적 대응은 필요할 수 있으며 이러한 조직적 대응은 곧 국가로 하여금 반응을 이끌어내어 전체 시민의 복지의 질이 향상될 수 있는 하부구조를 만드는 사회복지운동의 근간이 될 수 있다.

참고문헌

강혜규. 2003a). 사회복지전담공무원의 직무수행 실태와 인력관리. 『한국의 사회복지행정』. 한국 사회복지행정학회편. 현학사.

______. 2003b). 국민기초생활보장과 사회복지전담공무원의 역할. 『한국의 사회복지행정』. 한국 사회복지행정학회편. 현학사.

김영종. 2002. 『사회복지행정론』. 학지사.

보건복지부, 사회복지관협회, 2001. "사회복지관인력 및 프로그램전문성 강화방안".

서울특별시사회복지협의회. 2003. "서울시사회복지시설 인력 및 근로조건실태조사".

신복기 외. 2004. 『사회복지행정론』. 양서원.

최성재, 남기민. 2000. 『사회복지행정론』. 나남출판사.

지은구 2005. 『사회복지행정론』. 청목출판사.

______. 2003a. 『사회복지경제학연구』. 청목출판사

______. 2003b. 『지역복지론』. 청목출판사.

______. 2005. 『사회복지프로그램개발과 평가』. 학지사.

채구묵, 2002. 사회복지노동조합결성의 필요성방향 및 전략. 사회정책, 제14집. 한국사회복지정책학회.

황성철 외. 2004. 『사회복지행정론』. 현학사.

한국사회복지사협회. 2001. "한국사회복지사 기초실태조사보고서".

________________. 2001. "사회복지사제도의 발전적 운영에 관한 연구".

Aldrich, H. E. 1979. *Organizations and environments.* Englewood Cliffs, NJ: Prentice Hall.

Aldrich, H. E. & Pfeffer, J. 1976. Environments of organizations. *Annual Review of Sociology*, 11, 79-105.

Allison, G. Public and private administrative leadership: Are they fundamentally alike in all unimportant respects? In T. Sergiovanni and J. Corbally(Ed), *Leadership and organizational culture.* Urbana, Chicago: University of Illinois Press.

Altshuler, A. (n.d.). *Ten lessons from innovation.* Harvard University: Innovations in American Government. Retrieved November 22, 1999, from the World Wide Web: www.ksg.harvard.edu/innovation/10less.htm

Alvesson, M. & Deetz, S. 1996.Critical theory and postmodernism approaches to organizational studies. In S. Clegg, C. Hardy, & W. Nord(Eds.), *Handbook of organization studies*(pp. 191-217). London: Sage.

Alvesson,M. & Willmott, H. 1996. *Making sense of management.* London: Sage.

Anheier, H. K. and Knapp, M. 1990. Editorial, *Voluntas*, vol. 1(1).

Anthony, R. N. and Young, D. W. 1984. *Management control in nonprofit organizations*(3rd ed.). Homewood, IL: Dow Jones.

Argyris, C. (1970). Intervention theory and method. Reading, MA: Addison-Wesley.

Austin, M. J. and Solomon, J. R. 2000. Managing the planning process. In Rino J. Patti. (Ed). *The handbook of welfare administration.* Thousand Oaks: Sage Publications.

Baghadi, M. K. 1975. *Protestants, poverty and urban growth: Organization of charity in Boston and New York, 1820-1865.* Unpublished doctoral dissertation, Brown University.

Bailey, D., & Koney, K. M.(2000). Creating and maintaining strategic alliances: From affiliations to consolidations. Thousand Oaks, CA: Sage

Baldridge, J.V.(1971). Power and conflict in the university. New York: Wiley.

Banfield, E. 1961. *Political influence.* New York: Free Press.

Barker, R. L. 1995. *The social work dictionary.* Washington, DC: The National Association of Social Workers.

Barley, S. R. 1980. The alignment of technology and structure through roles and networks. *Administrative Science Quarterly*, 35, 61-103.

Barnard, C. 1938. *The function of the executive.* Cambridge, MA: Harvard University Press.

Barnard, C. 1970. Formal organizations. In H. A. Schatz(Ed.), *Social work administration: A resource book.* New York: Council on Social Work Education.

Barry, B. 1965. *Political Argument.* London: Routledge & Kegan Paul.

Baum, J. A. C. 996. Organizational ecology. In S. R. Clegg, C. Hardy, & W. R. Nord(Eds.), *Handbook of organization studies* (pp. 77-114).Thousand Oaks, CA: Sage.

Baum, J. A C., & Singh, J. V. 1994a. *Evolutionary dynamics of organizations.* New York: Oxford University Press.

Baum, J. A. C. & Singh, J. V. 1994b. Organizational niches and the dynamics of organizational founding. *Organization Science,* 5, 483-501.

Baum, J. A. C. & Singh, J. V. 1994c. Organizational niches and the dynamics of organizational mortality. *American Journal of Sociology,* 100, 346-380.

Beechey, V., & Donald, J. (1985). Subjectivity and social relations. Philadelphia: Opa University Pree, Milton Keyes.

Bennis, W. G., Berkowitz, N., Affinito, M., & Malone, M. (1958). Authority, power and the ability to influence. Human relations, 11(2), 143-156

Bennis, W. 1979. Beyond Bureaucracy: Will organization men fit the new organizations? In J. Rice(Ed), *Industrial organizations.* Austin, Texas: Lone Star Publishers, Inc.

Bergin, A., and M. Lambert. 1978. The Evaluation of Therapeutic Outcomes. In S. Garfield and A. Bergin(Eds), *Handbook of Psychotherapy and Behavior Change*(2nd ed). New York: Wiley, 139-89.

Bidwell, C. 1970. Students and Schools: Some Observations on Client Trust in Client-Serving Organizations. In W. Rosengren and R. Lefon(Eds), *Organizations and Clients.* Columbus, Ohio: Charles E. Merril.

Blau, P. M. 1963. *The dynamics of bureaucracy.* Chicago: University of Chicago Press.

Blau, P. M. and Scott, R. G. 1962. *Formal organizations.* San Francisco: Chandler.

Blau, P. M. & Schoenherr, R. A. 1971. *The structure of organizations.* New York: Basic Books.

Borgatti, S. P., & Everett, M. G.1992. Notions of position in social network analysis. In P. V. Marsden(Ed.), *Sociological methodology 1992*(pp. 1-35). Washington, DC: American Sociological Association.

Bozeman, B. and Straussman, B. 1990. Public management strategies: Guidelines for managerial effectiveness. San Francisco, CA: Jossey-Bass Publications.

Barger, G. and Holloway, R. 1978. Change human service organizations: Politics and practice. New York: Macmillan Press.

Bills, D. 1992. Planned change in voluntary and government social service agencies. *Administration of Social work*, 16(3/4), 29-44.

Bolman, L. G., & Deal, T. D. (1991). Reframing organizations: Artistry, choice, and leadership. San Francisco: Jossey-Bass.

Bourdieu, P.(1977). Outline of a theory of practice. Cambridge: Cambridge University Press

Brager, G. and Holloway, R. 1978. *Change human service organizations: Politics and practice*. New York: Macmillan Press.

Braverman, H. 1974. *Labor and monopoly capital: The degradation of work in the twentieth century.* New York: Monthly Review Press.

Brody, R. 1993. Effectively managing human service organizations. Newbury Park, CA: Sage publications.

Bryson, J. 1988. *Strategic planning for public and nonprofit organizations*. San Francisco: Jossey-Bass Publishers.

Buchanan, D and Badham, R. 1999. Politics and organizational change: The lived experience. *Human Relations*, 52(5). 609-630.

Buchanan, J. M. 1965. Ethical rules, expected values, and large numbers. *Ethics.* 76, 1-13.

Burch, H. 1996. *Basic social policy and planning*. New York: Haworth.

Burger, W. R. and Youkeles, M. 2003. *Human services in contemporary America.* New York: Wadsworth.

Burghardt, S. and Fabricant, M. 1992. *The welfare state crisis and the transformation of social service work*. New York: M. E. Sharpe.

Burns, T., & Stalker, G. M. (1961). The management of innovation. London: Tavistock Publications

Burrell, G., & Morgan, G. (1979). Sociological paradigms and organisational analysis. London: Heinemann.

Burt, R. S.1991. *Structure: Reference Manual*(Version4.2). New York: Columbia University, Research Center in Structural Analysis.

Carlson, R. O. 1964. Environmental Constraints and Organizational Consequences: The Public School and Its Clients. In *Behavioral Science and Educational Administration*, Chicago: National Society for the Study of Education.

Cameron, K. S. 1986. Effectiveness as paradox: Consensus and conflict in conceptions of organizational effectiveness. *Management Science*, 21(5), 599-533.

Cameron, K. S. & Whetten, D. A(Eds.).1983. *Organizational effectiveness: A comparison of multiple models*. New York: Academic Press.

Caporaso, J. A. and Levine, D. P. 1992. *Theories of political economy*. Cambridge: Cambridge University Press.

Cavanaugh, M. S. 1984. A typology of social power. In A Kakabadse and C. Parjer(Eds.), *Power, politics and organizations*. Chichester: John Wiley.

Chakravarthy, B. S. 1982. Adaptation: A promising metaphor for strategic management. *Academy of Management Review*, 7(1), 35-44.

Chambers, D. E. 2000. *Social policy and social program: A method for the practical public policy analyst*(3rd ed.). Boston: Allyn and Bacon.

Child, J. 1972. Organizational structure, environment, and performance: The role of strategic choice. *Sociology*, 6,1-22.

Chin, R. and Benne, K. D. 1976. General strategies for effecting changes in human systems. In W. G. Bennis(Ed.), *The planning of change*. New York: Holt, Reinhart and Winston.

Cjild, J. & Kieser, A. 1981. Development of organizations over time. In

P. C. Nystrom & W. H. Starbuck(Eds.), *Handbook of organizational design*, Vol. 2, pp.28-64. London: Oxford University Press.

Clegg, S. & Dunkerley, D. 1980. *Organization, class, and control.* London: Routledge & Kegan Paul.

Coase, R. 1937. The nature of the firm. *Economica*, 12(16), 386-405.

Coe, R. 1970. *Sociology of Medicine*. New York: McGraw-Hill.

Cohen, A and Bradford, D. 1990. *Influence without authority*. New York: John Wiley and sons.

Cohen, B and Austin, M. 1994. Organizational learning and change in a public child welfare agency. *Administration in social work*, 18(1), 1-19.

Connolly, T., Conlon, E. M., & Deautsch, S. J. 1980. Organizational effectiveness: A multiple constituency approach. *Academy of Management Review*, 5, 211-218.

Coser, L. 1956. *The functions of social conflict.* New York: the Free Press.

Costello, S. 1994. *Managing change in the workplace*. New York: Irwin.

Cress,D. & Snow, D. A. 1996. Mobilizing at the margins: Resources, benefactors, and the viability of homeless social movement organizations. *American Sociological Review*, 61, 1089-1109.

Cumper, G. 1986. The changing role of NGOs: no longer the eunuch in the harem? *Health Policy and Planning*, vol. 1(4), 335-344.

Cushman, D. and King, S. 1995. Leading organizational change. In D. Cushman and S. King, *Communicating organizational change*. Albany, NY: State University of New York Press.

Dalton, M. (1950, June). Conflicts between staff and line managerial officers. *American Sociological Review*, 342-352.

Davis, S. and Lawrence, P. 1978. Problems of matrix organizations. *Harvard Business Review*, 55, 131-142.

Dawson, S. 2003. *Understanding organizational change: The contemporary experience of people at work*. Thousand Oaks: Sage.

Dawson, S. 1996. *Analysing organizations*. London: Macmillan Press

D'Aunno, T. 1992. The effectiveness of human service organizations. In Y. Hasenfeld(Ed). *Human services as complex organizations*. Newbury Park, CA: Sage Publications.

Dennis, S. M., Gillespie, D. F., and Mornsey, E. 1978. Technology and organisations: Methodological deficiencies and lacunae. *Technology and Culture*, Vol. 19, 83-92.

Dill, W. R. 1958. Environment as an influence on managerial autonomy. *Administrative Science Quarterly*, 2,409-443.

DiMaggo, P. D., & Powell, W. 1983. The iron cage revisited: Institutional isomorphism and collective rationality in organizational fields. *American Sociological Review*, 48, 147-160.

Donabedian, A. 1966. Evaluating the quality of medical care. *Milbank Memorial Fund Quarterly*, 44, 166-188.

Duncan, R. B. 1972. Characteristics of organizational environment and perceived environmental uncertainty. *Administrative Science Quarterly*, 17,313-327.

Drucker, P. 1999. The discipline of innovation. In F. Hesselbein & P. Cohen(Eds.), *Leader to Leader*. San Francisco: Jossy-Bass

Eadie, D. 1998. Building the capacity to lead innovation. In R. Edwards, J. Yankey, and M. Altpeter, *Skills for effective management of nonprofit organizations*. Washington DC: NASW Press.

Edward, R. 1979. *Contested terrain: The transformation of the workplace in the twentieth centry*. New York: Basic Books.

Emerson, R. M. 1962. Power-dependence relations. *American Sociological Review*, 27, 1-41.

Emery, F. E, & Trist, E. L. 1965 .The causal texture of organizational environments. *Human Relations*, 18, 21-32.

Etzioni, A. 1969. (Ed.). *Readings on modern organization*. Englewood Cliffs, NJ: Prentice Hall.

Evan, W. M. 1966. The organization-set: Toward a theory of interorganizational relations. In J. D. Thompson(Ed.), *Approaches to organization design* (pp.174-191). Pittsburgh, PA: University of Pittsburgh Press.

Feinstein, K. W. 1985. Innovative management in turbulent times: Large-scale agency change. *Administration of Social Work*, Vol. 9(3). 35-46.

Finch, W. A. Jr. 1976. Social workers versus bureaucracy. Social Work 21, 370-375.

Forrester, J. W. 1961. *Industrial dynamics*. Cambridge, MA: MIT Press.

Forrester, J. W. 1971. *Principles of systems*. New York: Wright-Allen Press.

Forrester, J. W. 1975. *Collected papers of Jay W. Forrester*. Cambridge, MA: MIT Press.

French, W. L., Bell, Jr., C., and Zawacki, R. A.(Eds.). 1978. *Organizational development: Theory, practice, and research*. Dallas: Business Publications.

Frey, G. A. 1990. A framework for promoting organizational change. *Families in Society*, 71(3). 142-147.

Fry, L. W. 1982. Technology structure research: Three critical issues. *Academy of Management Journal*, 25, 532-552.

Galpin, T. 1996. *Human side of change*. San Francisco: Jossy-Bass.

Galper, J. H. 1975. *The politics of social services*. Englewood Cliffs, NJ: Prentice Hall.

Gardner, J. W. 1965. How to prevent organizational dry-rot. *Harper's Magazine*(Oct. 1965). 20-26.

Gerth, H. H. and Mills, C. W. 1958. *From Max Webber: Essays in sociology*. New York: Oxford University.

Gibleman, M. 2000. Structural and fiscal characteristics of social service agencies. In Rino J. Patti. (Ed). *The handbook of welfare administration*. Thousand Oaks: Sage Publications.

Gilbert, N. 1977. The transformation of social services. *Social Service Review*, 51, 624-641.

Gilbert, N. and Specht, H. 1974. *Dimensions of social welfare policy*. Englewood Cliffs, NJ: Prentice-Hall.

Gillespie, D. F., Colignon, R. A., Banerjee, M. M., Murty, S. A., & Rogge, M. 1993. *Partnerships for community preparedness*(monograph No.53). Boulder, CO: Institute of Behavioral Science.

Glaser, E., Abelson, H. A., and Garrison, K. N. 1983. *Putting knowledge to use*. San Francisco: Jossey-Bass.

Glisson, C. 1992. Structure and technology in human service organizations. In Y. Hasenfeld(Ed). *Human services as complex organizations*. Newbury Park, CA: Sage
Publications.

Glisson, C. 1978. Dependence of technological routinization on structural variables in human service organizations. *Administrative Science Quarterly*, 23, 383-395.

Glisson, C. and Durick, M. 1988. Predictors of job satisfaction and organizational commitment in human service organizations. *Administrative Science Quarterly*, 33, 61-81.

Glisson,C. & Hemmelgarn, A. 1998. The effects of organizational climate and interorganizational coordination on the quality and outcomes of children's service systems. *Child Abuse & Neglect*, 22, 401-421.

Gliiespie, D. 2000. Organizational structure and performance. In Rino J. Patti. (Ed). *The handbook of welfare administration*. Thousand Oaks: Sage Publications.

Glisson, C. 2000. Organizational climate and culture. In Rino J. Patti. (Ed). *The handbook of welfare administration*. Thousand Oaks: Sage Publications.

Goodman, M. 1995. Organizational inertia or corporate culture. In D. Cushman and S. King, *Communicating organizational change*. Albany, NY: State University of New York Press.

Golden, O. 1997. Innovations in public sector human services programs: The implications of innovation by "groping along." In A. Altshuler & R. Behn(Eds.), Innovation in *American government: Challenges, opportunities, and dilemma*. Washington, DC: Brookings Institution.

Gȯran, A. 1994. *Social organization: Interaction inside, outside and between organizations*. London: Sage.

Green, A. and Matthias, A. 1997. *Non-governmental organizations and health in developing countries.* London: Macmillan.

Green, A. 1987. The role of non-governmental organizations and the private sector in the provision of health care in developing countries. *International Health Planning and Management*, vol. 2, 37-58.

Gruber, M. 1977. Innovation and organization: A polyorganizational approach. *Administration in Social Work* 1, 27.

Gummer, B. 1990. *The politics of social administration: Managing organizational politics in social agencies.* Englewood Cliffs, NJ: Prentice Hall.

Gulick, L. and Urwick, L.(Eds.). 1937. *Papers on the science of administration.* New York: Institute of Public Administration, Columbia University.

Gulick, L. 1937. Notes on the theory of organization. In L. Gulick and L. Urwick, *Papers on the science of administration.* New York: Institute of Public Administration, Columbia University.

Gummer, R. and Edwards, R. 1985. A social worker's guide to organizational politics. *Administration of social work*, 9(1), 13-21.

Hackman, R. and Suttle, J. 1977. *Improving life at work: Behavioral science approaches to organizational change.* Santa Monica, CA: Goodyear.

Hage, J. and Aiken, M. 1969. Routine technology, social structure, and organization goals. *Administrative Science Quarterly*, 14, 366-375.

Hall, R. H. 1982. Organizations: *Structure and process*(3rd.ed.). Englewood Cliffs, NJ: Prentice Hall.

Handler, J. F. 1992. Dependency and discretion. In Y. Hasenfeld(Ed), 1992. *Human services as complex organizations.* Newbury Park, CA: Sage Publications.

Handler, J. F. 1990. *Law and the search for community*. Philadelphia: University of Pennsylvania Press.

Handler, J. F. 1973. *The Coercive Social Worker*. Chicago: Markham.

Handler, J. F. 1979. *Protecting the Social Service Client: Legal and Structural Controls on Official Discretion.* New York: Academic

Press.

Hannan, M. T. & Carroll, G. R. 1992. *Dynamics of organizational populations: Density, competition, and legitimation.* New York: Oxford University Press.

Hannan, M. T., & Freeman, J. 1977. The population ecology of organizations. *American Journal of Sociology*, 82, 929-964.

Hannan, M. T., & Freeman, J. 1984. Structural inertia and organizational change. *American Sociological Review*, 49, 149-164.

Hannan, M. T. & Freeman, J. 1989. *Organizational ecology.* Cambridge, MA: Harvard University Press.

Hardy, C. 1994. Understanding interorganizational domains: The case of refugee systems. *Journal of Applied Behavioral Science*, 30(3), 278-296.

Hardcastle. D. A, Wenocur. S., and Powers, P. R. 1997. *Community practice: theories and skills for social workers.* New York: Oxford University Press.

Hardina, D. 2002. *Analytical skills for community organization practice.* New York: Columbia University Press.

Hasenfeld, Y. 2000. Social Welfare administration and organizational theory. In Rino J. Patti. (Ed). *The handbook of welfare administration.* Thousand Oaks: Sage Publications.

Hasenfeld, Y. 1983. *Human service organizations.* Englewood cliffs, New Jersey: Prentice-Hall.

Hasenfeld, Y. 1992. The nature of human service organization. In Y. Hasenfeld(Ed), *Human services as complex organizations.* Newbury Park, CA: Sage Publications.

Hasenfeld, Y. 1992. Theoretical approaches to human service organization. In Y. Hasenfeld(Ed), 1992. *Human services as complex organizations.* Newbury Park, CA: Sage Publications.

Hasenfeld, Y. 1987. Power in social work practice. *Social Service Review*, 61, 469-483.

Hasenfeld, Y., & Schmid, H. 1989a. The life cycle of human service organizations: An administrative perspective. *Administration of Social Work* (13), 243-269.

Hasenfeld, Y., & Schmid, H. 1989b. The community center as a human service organization. *Nonprofit and Voluntary Sector Quarterly*, 18(1), 47-61.

Hasenfeld, Y. 1978. Client-Organization Relations. A Systems Perspective. In R. C. Sarri and Y. Hasenfeld(Eds), *The Management of Human Services*. New York: Columbia University Press.

Hawkins F. and Cunther, J. 1998. Managing for quality. In R. Edwards, J. Yankey, and M. Altpeter, *Skills for effective management of nonprofit organizations*. Washington DC: NASW Press.

Hawley, A. 1968. Human ecology. In D. L. Sills(Eds.), *Handbook of organizational design*. London: Oxford University Press.

Haynes, K. and Mickelson, J. 1991. *Affecting change* (2nd ed.). New York: Longman.

Hedberg, B. 1981. How organizations learn and unlearn. In P. C. Nystrom & W. H. Starbuck(Eds.), *Handbook of organizational design* (pp.3-27). London: Oxford University Press.

Hickson, D. J., Pugh, D. S., and Pheysey, D. C. 1969. Operations Technology and Organizational Structure: An Empirical Appraisal. *Administrative Science Quarterly*, 14, 378-97.

Hirschman, A. O. 1970. *Exit, voice, and Loyalty*. Cambridge, Mass.: Harvard University Press.

Homans,G.1958. Social behavior as exchange. *American Journal of Sociology*, 62, 597-606.

Huber, G. and Glick, W. 1993.(Ed.). *Organizational change and redesign*. New York: Oxford University Press.

Hutchinson, J. G. (1967). Organizations: Theory and classical concepts. New York: Holt, Rinehart and Winston.

Human Interaction Research Institute. 1976. *Putting knowledge to use: A distillation of the literature regarding transfer and change*. Rockville, MD: National Institute of Mental Health.

Hunt, R. G. 1970. Technology and organization. *Academy of Management Journal*, 13, 235-252.

Hyde, C. (1992). The ideational system of social movement agencies:

An examination of feminist health centers. In T. Hasenfeld (Ed.), Human services as complex organizations. London: Sage.

Hyde, C. (2000). The hybrid nonprofit: An examination of feminist social movement organizations. journal of Community Practice, 8(4), 45-67.

James, L. & Jones, A. 1976. Organizational structure: A review of structural dimensions and their relationships with individual attitudes and behavior. *Organizational Behavior and Human Performance,* 16, 74-113.

Jansson, B. 1999. *Becoming an effective policy advocate.* Pacific Grove, CA: Brooks/Cole.

Jenkins, S. (1980). The ethnic agency defined. Social Service Review, 54, 249-261.

Kager, H. 1989. The common and conflicting goals of labor and social work. Administration of social work, 13(1), 1-15.

Kahn, S. 1991. *Organizing: A guide for grassroots leaders* (rev. ed.). Silver Spring, MD: NASW Press.

Kast, F. E. and Rosenzwig. E. 1974. *Organization and management* (2nd ed.). New York: McGraw-Hill.

Katz, D., & Kahn, R. (1966). The social psychology of organizations. New York: Wiley.

Kettner, P. 2002. *Achieving excellence in the management of human service organizations*. Boston, MA: Allyn & Bacon.

Kettner, P. M., Moroney. R. M., and Martin, L. 1999. *Designing and managing programs: An effectiveness-based approach*(2nd ed.). Thousand Oaks, CA: Sage Publications.

Kettner, P. M., Daley, J. H., and Nichols, A. W. 1985. *Initiating change in organizations and communities: A macro practice model.* Monterey, CA: Brooks/Cole.

Knight, F. 1924. Some fallacies in the interpretation of social cost. *Quarterly Journal of Economics*, Vol., 38, 582-606.

Kotter. J. 1996. *Leading change.* Boston: Harvard Business School Press.

Krammer, R. 1981. *Voluntary agencies in the welfare state.* Berkely:

University of California Press.

Kreps, G. L. 1987. *Organizational communication*: Theory and practice. New York: Longman.

Kurke, L, B., & Ulrich, D.1988. *When do theories of environmental selection and organizational adaptation best apply?* Paper presented at the Academy of Management Conference, Anaheim, CA.

Lakey, B., Lakey, G., Napier, R. and Robinson, J. 1995. *Grassroots and nonprofit leadership: A guide for organizations in changing times.* Philadelphia: New Society Publishers.

Lammers, C. J. & Hickson, D. J. 1979. A cross-national and cross-institutional typology of organizations. In C. J. Lammers & D. J. Hickson(Eds.), *Organizations alike and unlike.* London: Routle & Kegan Paul.

Larkin T. J. and Larkin, S. 1996. Reaching and changing frontline employees. *Harvard Business Review*, 74(3), 95-104.

Leifer, R. & Huber, G. P. 1977. Relations among perceived environmental uncetainty, organizational structure, and boundary spanning behavior. *Administrative Science Quarterly*, 22, 235-247.

Levine, S. & White, P. E. 1961. Exchange as a conceptual framework for the study of interorganizational relationships. *Administrative Science Quarterly*, 5, 583-601.

Leveinthal, D. & March, J. G. 1981. A model of adaptive organizational search. *Journal of Economic Behavior and Organization*, 2, 307-333.

Lewontin, R. C.1978. Adaptation. *Scientific American*, 239, 212-230.

Likert, R. 1961. New pattern of management. New York: McGrraw-Hill.

Likert, R. 1967. The human organization. New York: McGrraw-Hill.

Lipsky, M. 1976. Toward a Theory of Street-level Bureaucracy." In W. D. Hawley and M. Lipsky(Eds.), *Theoretical Perspectives on Urban Politics. sky*. Englewood Cliffs, N.J.: Prentice-Hall.

Lohmann, R. A. and Lohmann, N. 2002. *Social administration.* New York: Columbia University Press.

Lohmann, R. A. 1992. *The commons: Perspectives on nonprofit organization and voluntary action.* San Francisco: Jossey-Bass.

Louis, M. R. (1980). Surprise and sense making: What newcomers experience in entering unfamiliar organizational settings. Administrative Science Quarterly, 25(2), 226-251.

Luthans, F. 1992. *Organizational behavior.* New York: McGraw-Hill.

Lynn, L. 1980. *The state and human services: Organizational change in a political context.* Cambridge: MIT Press.

Lynn, L. 1997. Innovation and the public interest: Insights from the private sector. In A. Altshuler & R. Behn(Eds.), *Innovation in American government: Challenges, opportunities, and dilemma.* Washington, DC: Brookings Institution.

McNutt, P. A. 1996. *The economics of public choice.* Northampton, MA: Edward Elgar Publishing, Inc.

Manefee, D. 1997. Strategic administration of nonprofit human service organizations: A model for executive success in turbulent times. *Administration of social work*, 21(2), 1-19.

Mannheim, K. (1936). Ideology and utopian (L. Wirth & E. Shils, trans.). New York: International Library of Psychology, Philosophy of scientific Method.

March, J. G. 1981a. Decisions in organizations and theories of choice. In A. H. Van de ven & W. F. Joyce(Eds.), *Perspectives on organization design and behavior*). NewYork: John Wiley.

March. J. G. 1981b. Footnotes to organizational change. *Administrative Science Quarterly*, 26, 563-577.

Martin, J., & Frost, P. (1996) Organization culture war games: Struggle for intellectual dominance. In S. R. Clegg, C. Hardy & W. R. Nord (Eds.), Handbook of organization studies (pp. 598-621). London: Sage.

Martin, P. Y. (1990). Rethinking Feminist organizations. Gender & Society, 4(2), 182-206.

Martin, L. 2000. The environmental context of social welfare administration. In Rino J. Patti. (Ed). *The handbook of welfare administration.* Thousand Oaks: Sage Publications.

Martin, L. L., & Kettner, P. M. 1997. Performance measurement: The new accountability. *Administration in Social Work*, 21(1), 17-29.

Martin, L. 1993. *Total quality management in human service organizations*. Thousand Oaks, CA: Sage.

Martin, P. 1980. Multiple constituencies, dominant societal value, and the human service administrator: Implications for service delivery. In S. Slavin(Ed.), *An introduction to human services administration*. New York: Haworth Press.

Marsden, P. V. 1990. Network data and measurement. *Annual Review of Sociology*, 16, 435-463.

Merton, R. 1979. Bureacratic structure and personality. In J. Rice(Ed), Industrial organizations. Austin, Texas: Lone Star Publishers, Inc.

Meyer, J. 1986. Organizations as ideological systems. In T. Sergiovanni and J. Corbally(Ed), *Leadership and organizational culture*. Urbana, Chicago: University of Illinois Press.

Meyer, J. W. & Rowan, B. 1977. Institutionalized organizations: Formal structure as myth and ceremony. *American Journal of Sociology*, 83, 340-363.

Meyer, J. W. & Rowan, B. 1983 The structure of educational organization. In J. W. Meyer & W. R. Scott(Eds.), *Organizational environments: Ritual and rationality* (pp. 71-98). Beverly Hills, CA: Sage.

Meyer, J. W. & Scott, W. R.(Eds.).1983. *Organizational environments*. Beverly Hills, CA: Sage.

Meyer, J. W., Scott, W. R., Strang, D., & Creighton, A. 1988. Bureaucratization without centralization: Changes in the organizational system of U.S. Public education, 1940-1980. In L. Zucker(Ed.), *Institutional patterns and organizations*(pp. 139-168). Cambridge, MA: Ballinger.

Meyer, A., Goes, J. and Brooks, G. 1993. Organizations reacting to hyperturbulence. In G. Huber and W. Glick.(Ed.), *Organizational change and redesign*. New York: Oxford University Press.

Miles, R. 1975. *Theories of management: Implications for organizational behavior and development*. New York:

McGraw-Hill.

Miles, R. & Snow, C. 1978. *Organizational strategy, structure, and process.* New York: McGraw-Hill.

Miller, J. B. 1983. Women and power. *Social Policy*, 13(4), 3-6.

Mintzberg, H. 1973. The nature of managerial work. New York: Harper & Row.

Mintzberg, H. 1979. *The structuring of organizations: A synthesis of the research.* Englewood Cliffs, NJ: Prentice Hall.

Mintzberg, H. 1983. *Power in and around organizations*. Englewood Cliffs, NJ: Prentice Hall.

Mockler, R. 1979. The system approach to business organization and decision making. In J. Rice(Ed), Industrial organizations. Austin, Texas: Lone Star Publishers, Inc.

Mondros, J. and Wilson, S. 1994. *Organizing for power and empowerment.* New York: Columbia University Press.

More, L. B. 1971. Organizational technology and organizational structure. *Administrative Science Quarterly*, 16. 444-459.

Montana, P. and Charnov. 1993. *Management.* Hauppauge, NY: Barrron's Educational Series.

Morris R., and Hirsch Lescohier, I. 1978. Service Integration: Real Versus Illusory Solution to Welfare Dilemmas. In R. C. Sarri, and Y. Hasenfeld(Eds.), *The Management of Human Services*. New York: Columbia University Press.

Motamedi, K K. 1977. Adaptability and copability: A study of social systems, their environment, and survival. *Group and Organization Studies*, 2(4), 480-490.

Morgan, G. 1997. *Image of organization*(2nd ed.) Thousand Oaks, CA: Sage.

Morgan, G. 1986. *The images of organization.* Newbury Park: Sage.

Morse and Lorsch. 1979. Beyond theory Y. In J. Rice(Ed), *Industrial organizations*. Austin, Texas: Lone Star Publishers, Inc.

Mullally, R. P. 1993. *Structural social work: Ideology, theory and practice.* Tronto: McClelland and Stewart.

Munsterberg, H. (1922). *Hugo Munsterberg, his life and work.* New

York: Appleton.

Murphey, D. 1999. Presenting community-level data in an outcomes and indicators framework: Lessons from Vermont's experience. *Public Administration Review*, 59(1), 76-89.

Morris, R. 1964. *Centrally planned change: Prospects and concepts.* New York: National Association of Social Workers.

Nadler, D. 1995. Beyond the heroic leader. In D. Nadler, R. Shaw, & A. Walton(Eds.), *Discontinuous change: Leading organizational transformation.* San Francisco: Jossy-Bass.

Nadler, D. and Tushman, M. 1995. Types of organizational change: From incremental improvement to discontinuous transformation. In D. Nadler, R. Shaw, & A. Walton(Eds.), *Discontinuous change: Leading organizational transformation.* San Francisco: Jossy-Bass.

Nelson, R. R. & Winter, S. G. 1982. *An evolutionary theory of economic change.* Cambridge, MA: Belknap Press of Harvard University.

Nemiroff, P and Ford, D. 1979. Task effectiveness and human fulfillment in organizations: A review and development of a conceptual contingency model. In J. Rice(Ed), *Industrial organizations. Austin,* Texas: Lone Star Publishers, Inc.

Netting, F. E and O'Connor, M. K. 2003. *Organization Practice: A social worker's guide to understanding human services.* New York: Allyn and Bacon.

Netting, F. E., Kettner, P. M., and McMurtry, S. L. 2004(3rd ed.). *Social work macro practice.* New York: Pearson.

Netting, F. E., Kettner, P. M., and McMurtry, S. L. 1998(2nd ed.). *Social work macro practice.* New York: Longman.

Norlin, J. M. and Chess, W. A. 1997. *Human behavior and the social environment: social system theory.* Boston: Allyn & Bacon.

Neugeboren, B. 1985. *Policy and practice in the human services.* New York: Longman.

Nobel, D. F. 1977. *America by design: Science, technology and the rise of corporate capitalism.* New York: Knopf.

OECD. 1988. *Voluntary aid for development: The role of non-governmental organizations*(Paris: OECD).

Olson, M. 1965. *The logic of collective action.* Cambridge, MA: Harvard University Press.

Oster, S. M. (1992). Nonprofit organizations as franchise operations. Nonprofit Management & Leadership, 2(3), 223-238.

O'Toole, J. 1995. Leading change: Overcoming the ideology of comfort and the tyranny of custom. San Francisco: Jossey-Bass.

Page, W. J. 1988. Organizational structure and service delivery arrangements in human services. In J. Rabin & M. B. Steinhauer (Eds.), *Handbook on human services administration*(pp.45-75). New York: Marcel Dekker.

Pascale, R. T. (1990) Managing on the Edge: The learning Organisation (New York: Simon & Schuster)

Parsons, T. 1970. How are clients integrated into service organization. In W. Rosenvberg and M. Lefton(Eds.), *Organization and clients.* Ohio: Charles E. Merrill.

Parsons, T. 1960. *Structure and process in modern societies.* Glencoe, IL: Free Press.

Parsons, T. 1956. Suggestions for a sociological approach to the theory of organizations. *Administrative Science Quarterly*, 1, 63-85.

Parsons, T.1951. *The social system.* New York: Free Press.

Patti, R. J. (Ed). 2000. *The handbook of welfare administration.* Thousand Oaks: Sage Publications.

Patti, R. J. 2000. The landscape of social welfare management. In Rino J. Patti. (Ed). *The handbook of welfare administration.* Thousand Oaks: Sage Publications.

Patti, R. J. 1974. Organizational resistance and change: The view from below. *Social Service Review*, 48, 367-383.

Pawlak, E. J. 1976. Organizational tinkering. *Social Work* 21, 379-380.

Payne, M. 1997. *Modern social work theory*(2nd ed.). Chicago, IL: Lyceum Books.

Permutter, F. D. 2000. Initiating and implementing change. In Rino J. Patti. (Ed). *The handbook of welfare administration.* Thousand

Oaks: Sage Publications.

Perrow, C. 1973. The short and glorious history of organization theory. Organizational Dynamics,2(1).2-15.

Perrow, C. 1972. *Complex organization: A critical essay.* Chicago: Scott Foresman.

Perrow, C. 1967. A framework for the comparative analysis of organization. *American Sociological Review*, 32, 194-208.

Perrow, c. 1965. Hospitals: Technology, structure and goals. In J. G. March, *Handbook of organizations*. Chicago: Rand McNally.

Pfeffer, J. 1982. *Organizations and organization theory*. Marshfield, MA: Pitman.

Pfeffer, J. 1995. Mortality, reproducibility, and the persistence of styles of theory. *Organization Science*, 6(6), 681-686.

Pfeffer, J. 1978. The Micropolitics of Organizations. In M. Meyer and associates(Eds.), *Environments and Organizations.* San Francisco: Jossey-Bass.

Pfeffer, J. & Salancik, G. R. 1978. *The external control of organizations.* New York: Harper & Row.

Pigou, A. C. 1920. *The economics of welfare*. London: Macmillan.

Piven, F. F. and Cloward, R. 1971. *Regulating the poor*. New York: Pantheon.

Piven, F. F. and Cloward, R. 1993(Updated Ed.). *Regulating the poor.* New York: Pantheon.

Plant, R. 1993. *Social justice, labour and the new right.* London: Fabian Society.

Plovick, M., Fry, R., and Burke, W. 1992. Organization and development: Exercises, cases, and readings. Boston: Little, Brown.

Posner, B.,& Rothstein, L. 1994. Reinventing the business of government : An interview with change catalyst David Osborne. *Harvard Business Review*, 72(3), 133-143.

Proehl, R. 2001. *Organizational change in the human services.* Thousand Oak, CA: Sage Publications.

Quadagno, J. 1988. *The transformation of old age security*. Chicago:

University of Chicago Press.

Quinn, R. E. & Cameron, K. S. 1983. Organizational life cycles and shifting criteria of effectiveness. *Management Science*, 9, 33-51.

Rapp, C., Shera, W., and Kisthardt, W. 1993. Research strategies for consumer empowerment of people with severe mental illness. *Social Work*, 38(6), 727-36.

Rapp, C. A. and Poertner, J. 1992. *Social Administration: A centered approach.* White Plains, NY: Longman.

Raven, B. 1965. Social influence and power. In I. D. Steiner & M. Fishbein, *Current studies in social psychology.* New York: Holt, Rinehart and Winston.

Reitan, T. C.1998. Theories of interorganizational relations in the human services. *Social Service Review*, 72(3), 285-309.

Resnick, H. 1980. Effecting internal change in human service organizations. In H. Resnick and R. J. Patti(Eds.), *Change from within: Humanizing social welfare organizations.* Philadelphia: Temple University Press.

Resnick, H. 1978. Tasks in changing the organization from within(COFW). *Administration in Social Work* 2, 30-43.

Resnick, H. 1977. Effecting internal change in human service organizations. *Social Casework*, 58, 546-553.

Resnick, H. and Patti, R. J. (Eds.). 1980. *Change from within: Humanizing social welfare organizations.* Philadelphia: Temple University Press.

Robbins, S. P, Chatterjee, P., and Canda, E. R. 1998. *Contemporary human behavior theory: A critical perspective for social work.* Needham Heights, MA: Allyn & Bacon.

Rogers, F. M. 1962. *Diffusion of innovation.* New York: Free Press.

Rogers, E. M. and Shoemaker, F. F. 1971. *Communication of innovation: A cross-cultured approach*(2nd ed.). New York: Free Press.

Roethlisberger, F. J., & Dickson, W. J. (1939). Management and the worker. Cambridge, MA: Harvard University Press.

Rothman, J., Erlich, J. L., and Teresa, J. G. 1981. *Changing organizations and community programs.* Beverly Hills, CA: Sage Publications.

Rothman, J., Teresa, J. G. and Erlich, J. L. 1978. *Fostering participation and promoting innovation: Handbook for human service professionals*. Itasca, IL: F. E. Peacock.

Sackman, S. A. (1993). Cultural knowledge in organizations: Exploring the collective mind. Newbury Park, CA: Sage.

Samuelson, P. A. 1954. The pure theory of public expenditure. *Review of Economics and Statistics*, 36, 350-356.

Savage, A. 1987. Maximizing effectiveness through technological complexity. *Administration of Social Work*(Fall/Winter, 1987), 127-143.

Sayer, A. 1995. *Radical political economy.* Oxford: Blackwell.

Schein, E. 1985. *Organizational culture and leadership.* San Francisco: Jossy-Bass.

Schein, E. 1992. *Organizational culture and leadership*(2nd ed.). San Francisco: Jossy-Bass.

Scheff, T. J. 1965. Typification in the Diagnostic Practices of Rehabilitation Agencies. In M. Sussman(Ed.), *Sociology and Rehabilitation.* Washington, D.C.: American Sociological Association.

Schein, E. 1989. A formal definition of organizational change: In R. McLennan(Ed.), *Managing organizational change.* Englewood Cliffs, NJ: Prentice Hall.

Schmid, H. 2000. Agency-environment relationships: Understanding task environments. In Rino J. Patti. (Ed). *The handbook of welfare administration.* Thousand Oaks: Sage Publications.

Schmid, H. 1986. Managing the environment: Strategies for executives in human service organizations. *Human Systems Management*, 6, 307-315.

Schmid, H. 1992. Strategic and structural change in human service organizations: The role of the environment. *Administration in Social Work*, 16(3-4), 167-186.

Schmid. H. 1995. Merging nonprofit organizations: Analysis of a case study. *Nonprofit Management and Leadership*, 5(4), 377-391.

Schmid. H. & Hasenfeld, Y. 1993. Organizational dilemmas in the provision of home care services. *Social Service Review*, 67(1), 40-54.

Scott, W. G., & Mitchell, T. R. (1972). Organization theory: A structural and behavioral analysis (rev. ed.). chicago: Dorsey.

Scott, W. R. 1992. *Organizations, rational, natural, and open systems*, Englewood Cliffs, NJ: Prentice Hall.

Scott, W. R. 1987. The adolescence of institutional theory. *Administrative Science Quarterly*, 32, 493-511.

Scott, R. A. 1969. *The Making of Blind Men*. New York: Russel Sage Foundation.

Scott, W. G. 1961. Organization theory: An overview and an appraisal. *Journal of Academy of Management* 4, 9-26.

Scott, C. and Jaffe, D. 1989. *Managing organizational change: A practical guide for managers*. Menlo Park, CA: Crisp.

Scruton, R. 1982. *A dictionary of political thought*, London: Macmillan.

Seldon, A. 1977. *Charge*. London: Temple Smith.

Selznick, P. (1948) Foundations of the theory organization. American Sociological Review, 13, 25-35.

Senge, P. 1990. *The fifth discipline: The art and practice of the learning organization*. New York: Doubleday/Currency.

Senge, P. 1999. The practice of innovation. In F. Hesselbein & P. Cohen(Eds.), Leader to Leader. San Francisco: Jossy-Bass.

Senge, P., Kleiner, A., Roberts, C., Ross, R., Roth, G., & Smith, B.1999. The dance of change: The challenges to sustaining momentum in learning organizations. New York: Doubleday.

Sergiovanni, T. 1986. Cultural and competing perspectives in administrative theory and practice. In T. Sergiovanni and J. Corbally(Ed), *Leadership and organizational culture*. Urbana, Chicago: University of Illinois Press.

Shafritz J. and Steven Ott, J. 1996. *Classics of organization theory*. New York: Wadsworth Publishing Company.

Shafritz, J. M and Ott, J. S. (Eds). 1996. *Classics of organization theory*(4th ed.). Belmont: Wadsworth Publishing Company.

Shein, E. H. 1985. Defining organizational culture. In J. M. Shafritz and J. S. Ott(Eds). 1996. *Classics of organization theory*(Fourth ed.). Belmont: Wadsworth Publishing Company.

Simon, H. A. (1946). The proverbs of administration. Public Administration Review, 6, 53-67.

Simon, H. A. (1947). Administrative behavior. New York: Macmillan.

Smith, D, H. (1996). The effective grassroots association, Part one: Organizational factors that produce internal impact. Nonprofit Management and Leadership, 9(4), 443-456.

Singh,J. V., & Lumsden, C. J.1990. Theory and research in organizational ecology. *Annual Review of Sociology*, 16, 161-195.

Singh, J. V., Tucker, D. J., & Meinhard, A. G. 1991. Institutional change and ecological dynamics. In W. W. Powell & P. J. Dimaggio(Eds.), *The new institutionalism in organizational analysis* (pp. 390-422). Chicago: University of Chicago Press.

Skidmore, R. 1995. *Social work administration: Dynamic management and human relationships.* Boston: Allyn and Bacon.

Spalding, K. & Toseland, D.1997. *Lessons from the union-management partnerships task force.* Berkeley, CA: Institute of Industrial Relations.

Starbuck, W. H. 1976. Organizations and their environments. In M.Dunnette(Ed.), *Handbook of organizational and industrial psychology*(pp. 1069-1123). Chicago: Rand MnNally.

Stacy, R. 1992. *Managing the unknowable: Strategic boundaries between order and chaos in organizations.* San Francisco: Jossey-Bass.

Starbuck, W. H., & Milliken, F. J.(1988). Executives' perceptual filters: What they notice and how they make sense. In D. C. Hambrick (Ed.)., The executive effect: Concepts and methods for studying top managers (pp. 35-65). Greenwich, CT: JAI.

Stein, H. 1970. Social work administration. In Harry A. Schatz(Ed.), *Social work administration: A resource book.* New York: Council on Social Work Education.

Stein, H. 1961. Administrative implications of bureaucratic theory. *Social Work* 6, 14-16.

Szasz, T. S. and Hollender, M. H. 1956. The Basic Models of the Doctor-Patient Relationship. *Archives in Internal Medicine,* 97, 582-92.

Theoderson G. A. and Theoderson A. G. 1969. *A modern dictionary of sociology*. New York: Crowell.

Thompson, V. A. 1961. *Modern organizations.* New York: Knopf.

Thompson, J. 1967. *Organization in action.* New York: McGraw-Hill.

Thompson, J., & Ingraham, P. 1996. The reinvention game. *Public Administration Review*, 56(3), 291-298.

Tolbert, P. M. & Zucker, L G. 1996. The institution alization of institutional theory. In S. R. Clegg, C. Hardy, & W. R. Nord(Eds.), *Handbook of organization studies* (pp.175-190).

Thousand Oaks. CA: Sage.

Tolsdorf, C. C. 1976. Social networks, support, and coping: An exploratory study. *Family Process*, 15, 407-417.

Tongsawate, M. and Tips, W. 1988. Coordination between government and voluntary organizations(NGOs) in Thailand's rural development. *Public Administration and Development*, vol. 8, 401-420.

Trahant, B., & Burke,W.1996. Crating a change reaction: How understanding organzational dynamics can ease reengineering. *National Productivity Review*, 15(4), 37-46.

Tropman, J. E. 1975. The welfare calculus: Allocation and utilization within the american states. *Journal of Sociology and Social Welfare*, 2, 416-435.

Tsui, A. S. 1990. A multiple-constituency model of effectiveness: An empirical examination at the human resource subunit level. *Administrative Science Quarterly*, 35, 458-483.

Tushman, M. 1977. A political approach to organization: A review and rationale. *Academy of Management Review*, 2(2), 201-216.

Tushman, M., & O'Reilly, C.,Ⅲ. 1996. Ambidextrous organizations: Managing evolutionary and revolutionary change. *California*

Management Review, 38(4),8-29.

Tushman, M. and Romanelli, E. 1985. Organizational evolution: A metamorphosis model of convergence and reorientation. *Research in Organizational Behavior*, 7, 172-222.

Tyson, S. and Jackson, T. 1992. *The essence of organizational behavior.* New York: Prentice-Hall.

Van De Ven, A., Delvbecq, A., and Koenig, R. 1976. Determinants of Coordination: Models Within Organizations. *American Sociological Review*, 41, 322-38.

Van Maanen, J. (Ed.). (1979). Qualitative methodology. Newbury Park, CA: Sage.

Van Maanen, J. (Ed.). (1983). Qualitative methodology. Newbury Park, CA: Sage.

Van Maanen, J., Dabbs, J. M., Jr., & Faulkner, R. R. (Eds.). (1982). Varieties of qualitative research. Newbury Park, CA: Sage.

Vinter, R. 1963. Analysis of Treatment Organizations. *Social Work*, 8,3-15.

Von Bertalanffy, L. 1950. An outline of general system theory. *British Journal for the Philosophy of Science*, I(2), 493-512.

Wagner, J. A. & Schneider, B. 1987. Legal regulation and the constraint of constituency satisfaction. *Journal of Management Studies*, 24, 198-200.

Walker, A. H., & Lorsch, J. W. (1968). Organizational choice: Product vs. Function. Harvard Business Review, 46, 129-138.

Wasserman, H. 1971. The professional social worker in a bureaucracy. *Social Work*, 16, 89-95.

Weber, M. 1979. Bureaucracy. In J. Rice(Ed), *Industrial organizations.* Austin, Texas: Lone Star Publishers, Inc.

Weber, M. 1947. *The theory of social and economic organization.* New York: Free Press. (Original work published 1922)

Weick, K. E. (1995). Sensemaking in organizations. Thousand Oaks, CA: Sage.

Weick, K. 1993. Organizational redesign as improvisation. In Huber, G. and Glick, W. 1993.(Ed.), *Organizational change and redesign.*

New York: Oxford University Press.

Weick, K. 1979. *The social psychology of organizations*(2nd.ed.). New York: Addison- Weseley.

Weick, K. 1976. Educational organizations as loosely coupled systems. *Administrative Science Quarterly*, 21, 1-19.

Weinbach, R. W. 1990. *The social worker as manager. Theory and practice*. New York: Longman.

Weinbach, R. W. 1998. *The social worker as manager: A practical guide to success*. Boston: Allyn and Bacon.

Weiner, N. (1948). Cybernetics. Cambridge, MA: MIT Press.

Weissman, H. 1973. *Overcoming management in the human services.* San Francisco: Jossey-Bass.

Wheatley, M. 1999. *Leadership and the new science: Discovering order in a chaotic world.* San Francisco: Berrett-Koehler.

Whyte, W. H. Jr. 1956. *The organization man.* New York: Simon & Schuster.

Whyte, W. F., Jr. (1948). Human relations in the restaurant business. New York: McGraw-Hill.

Williams, R. (1977). Marxism and literature. Oxford: Oxford University Press.

Wilbur, R. 1999, March 7. Making changes the right way, *Workforce*, 12-13.

Williams, J. D. 1980. *Public administration: The people's business.* Boston: Little, Brown.

Williamson, O. E. 1975. *Markets and hierarchies.* New York: Free Press.

Wrong. D. H. 1979. *Power: Its forma, bases, and uses*. New York: Haper Colophon Books.

Yasai-Ardekani, M. 1986. Structural adaptations to environments. *Academy of Management Review*, 11(1), 9-21.

Yates J. 1998, March. *Partnerships with the faith community in welfare reform.* Welfare Information League. Washington. DC. Retrieved on June 6,2000, from the World Wide web: www/welfareinfo.org./faith.htm.

Young, D. R. (2001). Organizational identity and the structure of nonprofit umbrella associations. Nonprofit Management & Leadership, 11, 289-304.

York, R. O. and Hanley H. C. 1986. Perceptions of bureaucracy. *Administration in Social Work* 10, 12.

Yukl, G. & Falbe, C. 1990. Influence tactics and objectives in upward, downward, and lateral influence attempts. *Journal of applied Psychology*, 75(2), 132-140.

Zald, M. (1970). Political economy: A framework for comparative analysis. In M. Zald (Ed.), Power in organizations (pp. 221-261). Nashville: Vanderbilt University Press.

Zammuto, R. F.1982. *Assessing organizational effectiveness: Systems change, adaptation, and strategy.* Albany: SUNY Press.

Zammuto, R. F.1984. A comparison of multiple constituency models of organizational effectiveness. *Academy of Management Review*, 9(4), 606-616.

Zucker, L. G. 1988. Where do institutional patterns come from? Organizations as actors in social systems. In L. Zucker(Ed.), *Institutional patterns and organizations* (pp.23-52). Cambridge, MA: Ballinger.

Zucker, L. G.1987. Institutional theories of organizations. *Annual Review of Sociology*, 13, 443-464.

찾아보기

[ㅅ]

[ㅇ]

[저자 약력]

한신대학교 사회복지학과 졸업
중앙대학교 대학원 사회복지학과 졸업
미국 Columbia University, School of Social Work 졸업(사회복지학 석사)
미국 The City University of New York, Department of Social Welfare졸업
(사회복지학 박사)
현 계명대학교 사회과학대학 사회복지학과 교수

〈주요 저서〉

지은구, 2003. 『사회복지경제학연구』. 청목출판사(2003년 문화관광부선정 우수학술도서).
지은구, 2003. 『지역복지론』. 청목출판사.
지은구, 2005. 『사회복지프로그램개발과 평가』. 학지사.
지은구, 2005. 『사회복지행정론』. 청목출판사.
지은구, 2006. 『자본주의와 사회복지』. 청목출판사.

〈주요 논문〉

Eun-gu Ji. 2006. A study of the structural risk factors of homelessness in 52 metropolitan areas in the U. S. *International Social Work* 49(1): 107-117.

사회복지조직연구

2007년 2월 15일 초판인쇄
2007년 2월 20일 초판발행

저 자 지 은 구
발행인 유 성 렬

발행처 **청 목 출 판 사**

150-845
서울특별시 영등포구 신길4동 233-96
전화 (02) 849-6157(代) · 2820
FAX (02) 849-0817
등록 제318-1994-000090호/1994.2.2

·파본은 바꾸어 드립니다.

값 20,000원

http://www.chongmok.co.kr

ISBN 978-89-5565-183-6